FIGURACIONES DEL INFANTICIDIO (SIGLOS XVI-XVIII)

Enrique Álvarez Cora

FIGURACIONES DEL INFANTICIDIO (SIGLOS XVI-XVIII)

Dykinson, S.L.

Este trabajo pertenece a los Proyectos de investigación titulados «Literatura del crimen: doctrina jurídica y crónica social (siglos XVI-XX)», ref. DER2015-64627-P, financiado por el Ministerio de Economía y Competitividad del Gobierno de España, y «El crimen en la doctrina jurídica europea: espacio común y singularidades territoriales», financiado por la Fundación Séneca, ref. 19208/PI/14.

Este libro ha sido sometido a evaluación por parte de nuestro Consejo Editorial
Para mayor información, véase www.dykinson.com/quienes somos

Imagen de cubierta: *Medea furiosa,* de Eugène Delacroix

Editorial DYKINSON, S. L. - Meléndez Valdés, 61 - 28015 Madrid
Teléfonos (+34) 91 544 28 46 - (+34) 91 544 28 69
e-mail: info@dykinson.com
http://www.dykinson.es
http//www.dykinson.com

ISBN: 978-84-9148-533-9
Depósito legal: M-3067-2018

Preimpresión e Impresión:
SAFEKAT, S.L.
Laguna del Marquesado, 32 - Naves J, K, y L - 28021 Madrid
www.safekat.com

Pero a nadie le importan los niños, los muertos,
a nadie los niños que viajan solos por el país de los muertos.

Leopoldo María Panero,
Pavane pour un enfant défunt

ÍNDICE

CAPÍTULO I. *PROTOTIPICIDAD CRIMINAL DEL INFANTICIDIO* ... 11
1. *Pertinencia del criterio material infanticida* ... 12
2. *Problemática metodológica del criterio formal infanticida* ... 19
3. *Carpzov y el prototipo del infanticidio* ... 48

CAPÍTULO II. *CAUSAS CRIMINALES COLINDANTES DEL INFANTICIDIO* ... 59
1. *El estupro* ... 61
2. *El adulterio* ... 96
3. *El amancebamiento* ... 109
4. *El incesto* ... 123

CAPÍTULO III. *FORMAS CRIMINALES CIRCUNDANTES DEL INFANTICIDIO* ... 131
1. *Lesión e injuria* ... 133
2. *Rapto y plagio* ... 156

CAPÍTULO IV. *NATURALEZA JURÍDICA DEL INFANTICIDIO* ... 181
1. *Infanticidio y homicidio* ... 184
2. *Neonaticidio, aborto y abandono de infante* ... 198
3. *Libericidio y parricidio* ... 210

APÉNDICE. *PLEITO CONTRA ESTEFANÍA LÓPEZ (1618)* ... 219

BIBLIOGRAFÍA ... 263
1. Fuentes primarias ... 263
2. Fuentes secundarias ... 267

CAPÍTULO I
PROTOTIPICIDAD CRIMINAL DEL INFANTICIDIO

El infanticidio, entendido ampliamente como el crimen que consiste en el animacto de causar bajo cualidad de dolo la muerte de un niño, más allá del significado estricto de neonaticidio que arrastra el término jurídico desde su alumbramiento, es un asunto que provoca esa meditación característica de la metodología histórica en la que estalla la pregunta, antes de comenzar el viaje interpretativo por las fuentes, de si la figura en busca está definida, como idea, y si lo está con un contorno formal o material. Una comprensión formal de la figura jurídica exigiría la determinación histórica de una categoría, terminológicamente precisa, del infanticidio, y a su vez de la infancia afectada (infancia neonata o estricta, o sumada la pubertad o toda la minoría de edad); o quizá la terminología tampoco sería estrictamente necesaria si se alcanzase a percibir, por ejemplo, una cualificación institucional suficiente, respecto del homicidio, a la manera cuando menos de una construcción en ciernes de un tipo delictivo independiente, separado, con su propia lógica. Pero si esta comprensión formal se antoja imposible de concretar, porque en las fuentes jurídicas históricas no se percibe un ánimo tipificador de tal jaez, ni siquiera una percepción evidente de aquella cualificación, todavía cabe el propósito de perseguir la institución del infanticidio en el entendimiento de que la singularidad o gravedad de su realidad o concepto, por la razón que fuere (como la relevancia ya detectada de la infancia en sectores colindantes, así en el funcionamiento de la *restitutio in integrum* o por la vía de la *incapacitas doli*), se encuentra históricamente captada, aun de modo indirecto o presupuesto, sobreentendida aunque no formulada, sensitiva aunque no manifiesta, sin contornos fijos, y desde este punto de vista susceptible a un enfoque teórico pertinente por mucho que la teoría coetánea la mantuviera subyacente o soterrada o sin consolidación[1]. En definitiva, puede perseguirse el rastro de al menos la conciencia de una fragilidad de la infancia, o de la convicción de la quiebra de un deber de protección para con ella en la salvaguarda de una proyección natural hacia el futuro o bien de una protección civil del presente, que hace de la muerte de la infancia, por extrema, como quizá entonces también de la violencia extremada, una perturbación, una circunstancia contraria a la regla natural.

1. PERTINENCIA DEL CRITERIO MATERIAL INFANTICIDA

Como el término y el tipo delictivo de infanticidio, aun neonaticida, tarda formalmente en pergeñarse, obviamente aquí se acepta la validez suficiente de un concepto material de agresión contra la infancia, o parainfanticida. Esto es, no cuajada en clave omnipresente la forma técnica del infanticidio, ni aun su terminología, o alumbrada sin tipificación jurídica redonda propiamente, o escorada hacia ciertas formas parciales de su significación (neonaticidio, infanticidio propiamente dicho, puericidio), se entiende suficiente la hipotética conciencia social de una peculiaridad derivada de la pasión de la niñez frente a la agresión externa y al fin la muerte dolosa... esa conciencia antecedente que facilitaría y empujaría hipotéticamente la aparición primero de una voz o término y tal vez después la precisión de un significado jurídico acotado técnicamente[2]. Lo importante es

[1] Desde este enfoque es interesante (como todo el estudio) la conclusión de R. H. Helmholz, «And were there children's rights in early modern England?», en *The International Journal of Children's Rights*, 1 (1993), p. 32: «Third, at least in this area of family law, there was both congruence and dissonance between the formal canon law and the law as put into practice in the Church's external forum. The former clearly predominated. Limitations on parental authority found stated in the canon law were not put into practice in the external forum of the public courts of the Church. However, the principle that was found most often in the canonical texts was obedience to one's parents. The perceived danger was that children would violate parental authority, not that children would be subject to child abuse».

[2] Cabe adelantar que la reducción sustancial del infanticidio (término consolidado en el siglo xviii por los tratados jurídicos) a neonaticidio no solo ha podido arrinconar una progresiva importancia del infante como víctima del crimen, sino aun a favorecer, en sentido contrario, su depauperación o irrelevancia, una vez fijada su

que esta secuencia se produzca y que la voz o su sentido se abra paso, más allá de su precisión material o de su encaje formal. Hay una razón material de impacto social en la aparición formal del infanticidio aunque la cirugía de este tipo cualificado de homicidio no presente rasgos destacables frente al parricidio que lo había acogido potencialmente hasta entonces. Además, no debe olvidarse que la profusa utilización de un término en el ámbito jurídico, con mayor motivo cuando se trata de un sistema jurídico como el de la Edad Moderna en el que prima la arbitrariedad judicial, no es irrelevante (la equidad judicial puede convertir en factor tipificador de un crimen, por ministerio de la ley, un factor socialmente capturado como *qualitas delicti*), por mucho que su densidad material parezca escasa o condicionada por otros elementos preeminentes (en el parricidio, la sangre), si abre la puerta a líneas penológicas matizadas institucionalmente, al margen o desde la ambigüedad de la teoría jurídica.

La asunción de la razón material que constituye la sustancia implícita singular de la infancia a efectos de una obligación criminal de homicidio (o, mejor, de toda obligación en el tracto de agresión que rodea o es análogo al homicidio: el golpe y la herida, la mutilación, la injuria...) justifica un recorrido ulterior de análisis histórico-jurídico pero no es en sí mismo un criterio en el que pueda localizarse (como su razón en sí) una razón jurídica, al menos por completo, porque jurídicamente el infanticidio es una bruma entre figuras criminales y respecto de sus propias especies. Desde luego, el hecho de que, por ejemplo, la incapacidad del menor de edad sea tenida en consideración por el Derecho en distintas lides, añade un factor jurídico referencial a la hipotética tipificación infanticida, pero no hasta el punto de integrar una idiosincrasia que no pudiera ser digerida por el tipo delictivo del parricidio, al fin y al cabo un homicidio cualificado que

---

existencia, contra la plenitud estricta septuanual de su propio nombre, en un tiempo posparto y anterior no solo a la discreción de juicio, sino aun al uso de razón, excluido por lo demás de la potencia de cualquier futuro. No hay más que leer a Cesare BECCARIA, *Dei delitti e delle pene. Nuova Edizione Corretta e Accresciuta*, Parigi, Della Raccolta di Cazin, 1786, §. 36, p. 137: «L'infanticidio è parimente l'effetto di una inevitabile contraddizione in cui è posta una persona che per debolezza o per violenza abbia ceduto. Chi trovasi tra l'infamia, e la morte di un essere incapace di sentirne i mali, come non preferirà questa alla miseria infallibile a cui sarebbero esposti ella e l'infelice frutto. La miglior maniera di prevenire questo delitto sarebbe di proteggere con leggi efficaci la debolezza contro la tirannia, la quale esagera i vizj che non possono coprirsi col manto della virtù».

pone en valor la trama de relaciones familiares, obligaciones recíprocas e *imbecillitates* subyacentes. Pero tiene que haber, no obstante, alguna razón cultural, de índole no rigurosamente jurídica, que explique el alba de la conciencia histórica de una singularidad o peculiaridad del infanticidio como pasión de la violencia. Si el conyugicidio se independiza terminológicamente, en el seno del parricidio, y se adivina la particularidad de las relaciones jurídicas matrimoniales que sirven de telón de fondo, algo semejante podría ocurrir con el infanticidio; el problema es que la mera especie que el conyugicidio es deriva de una homogeneidad con el resto de supuestos parricidas, una vez asumida la concepción católica de la *una caro* matrimonial, o sea, una ficción sanguínea, mientras que en el infanticidio, entendido en sentido lato, se trata de ver si llega a superarse la limitación de la realidad criminal a la relación paternofilial, más allá de que la práctica abone una identificación de sus circunstancias más profusas con la violencia doméstica, abierta a otros escenarios no familiares sino extraños y siendo a su vez especies, como el neonaticidio, el infanticidio en sentido estricto o el puericidio, y no el género del infanticidio, las que permiten la conexión parricida. Por cierto que entonces resulta a su vez pertinente la pregunta de si las especies de neonaticidio, infanticidio estricto o puericidio responderán más bien a los patrones del crimen de parricidio o a los de un crimen de infanticidio caracterizado con una singularidad no parental.

Para atisbar el factor cultural material alumbrador del infanticidio (genérico y estricto), hay que recurrir evidentemente a las fuentes neotestamentarias del catolicismo en la forma de su comentario teologal, que es el recibido de modo autorizado por los fieles. Los pasajes relevantes para la enseñanza de Cristo sobre la infancia son *Mateo* 19:13-14, *Marcos* 10:13-16 y *Lucas* 18:15-17; también es importante 1 *Pedro* 2:1-3[3]. Pues bien, los comentarios teológicos del siglo XVI coinciden en

[3] *Mateo* 19:13-14: «Tunc oblati sunt ei parvuli, ut manus eis imponeret, et oraret. Discipuli autem increpabant eos. Iesus vero ait eis: Sinite parvulos, et nolite eos prohibere ad me venire: talium est enim regnum caelorum. Et cum imposuisset eis manus, abiit inde»; *Marcos* 10:13-16: «Et offerebant illi parvulus ut tangeret illos. Discipuli autem comminabantur offerentibus. Quos cum videret Iesus, indige tulit, et ait illis: Sinite parvulos venire ad me, et ne prohibueritis eos: talium enim est regnum Dei. Amen dico vobis: Quisquis non receperit regnum Dei velut parvulus, non intrabit in illud. Et complexans eos, et imponens manus super illos, benedicebat eos». *Lucas* 18:15-17: «Afferebant autem ad illum et infantes, ut eos tangeret. Quod cum viderent discipuli, increpabant illos. Iesus autem convocans illos, dixit: Sinite pueros venire

que el episodio evangélico protagonizado por los niños ha de interpretarse entendiendo que la designación que utiliza el término de *pueri* está referida significativamente a los *parvuli spiritu*, de modo que *in puellorum figura* se expresa la *humilitas animi*[4]. No parece haber, en consecuencia, una concepción de la infancia a la manera de una naturaleza que se encuentre más cerca de Dios, en una posición de mayor acceso comunicativo, si no es mediante el entendimiento de una espiritualidad humilde que entonces ya se encuentra al alcance de cualquier edad. La reflexión de Pedro, que caracteriza a la infancia por la ausencia de malicia, dolo, simulación, envidia, murmuración y cualquier otro vicio de la voluntad, pierde pues la aparente posibilidad de convertirse en una defensa de la infancia como un estado modélico de pureza espiritual, en su blancura próxima a Cristo, y ha de entenderse a la manera de un modelo abstracto que se propone como fin para un crecimiento *in salutem* en la aproximación a Dios, al alcance de cualquier hombre con independencia de sus años. Y esto es posible, además, comprenderlo así, porque ciertamente la infancia responde solo a la fotografía de un ser humano cuya comprensión real y completa precisa de la cinematografía del vórtice del tiempo (como la humanidad solo puede entenderse espiritual-profundamente en el fenómeno de la parusía), y porque ningún estado mejor que la infancia representa, aun de forma física, esa tensión hacia el *crescere*.

En la literatura moral del siglo XVII no cambian las cosas, aunque, si se abandona el género del comentario teológico, la función modélica de la pureza original de la infancia (diríase que armónica en antinomia con esa mancha heredada y de género humano que es el pecado original, y por lo demás, como se ha dicho, traducible en la pureza

---

ad me, et nolite vetare eos: talium est enim regnum Dei. Amen dico vobis: Quicumque non acceperit regnum Dei sicut puer, non intrabit in illud». 1 *Pedro* 2:1-3: «Deponentes igitur omnem malitiam, et omnem dolum, et simulationes, et invidias, et omnes detractationes, sicut modo geniti infantes, rationabile, sine dolo lac concupiscite: ut in eo crescatis in salutem: si tamen gustastis quoniam dulcis est Dominus». Se transcriben conforme a la *Biblia Sacra iuxta Vulgatam Clementinam. Nova editio. Logicis partitionibus aliisque subsidiis ornata a Alberto Colunga, O. P. et Laurentio Turrado professoribus Sacrae Scripturae in P. Universitate Eccl. Salmanticensi. Novena editio*, Matriti, Biblioteca de Autores Cristianos, 1994.

[4] Iacobo FABRO STAPVLENSI, *Commentarii initiatorii in qvatvor Evangelia*, 1576, f. 84v; HILARIONE monacho IANVENSE, *Commentariorvm in Sacroancta IIII Evangelia, Iuxta vulgatam editionem, svmmam tvm animi pietatem, tum Euangelicae eruditionis copiam continentium: tomi dvo*, Brixiae, Apvd Thomam Bozolam, 1578, I, p. 238.

de la humildad, edad al margen) desaparece. La *Navegacion del hombre, a la bienaventurança de la Gloria por las tres Carreras, o estados de la Vida Humana, que son Niñez, Mocedad, y Vejez*, no transmite en relación con la infancia ningún tipo de valoración sustancial, de esencia o de naturaleza, si no es la de un material espiritual blando, susceptible de ser moldeado según los principios católicos y civiles, un sujeto en crianza sujeto a educación cuya horma se ajusta (no en vano se admite que pueda existir en la infancia una maldad natural, siempre vencible: aquella a la que se asoma continuamente la condición del pícaro), y en conclusión la misma perspectiva del ser en crecimiento hacia Dios[5]. En particular, el *ius correctionis* o derecho de castigo mo-

[5] Se trata de un manuscrito cuyo título completo es *Navegacion del hombre, a la bienaventurança de la Gloria por las tres Carreras, o estados de la Vida Humana, que son Niñez, Mocedad, y Vejez. Dividese en tres Libros, y en cada vno de ellos se trata lo que a cada vno de los sobre dichos Estados le pertenece*. Esta es la tabla de los capítulos de su primer libro: «Cap. 1. Que para dar principio a una buena niñez importa mucho que los padres no sean viciosos porque no pegen a sus hijos en la generacion la sarna de sus vicios. / Cap. 2. Las madres aunque sean señoras no den a criar sus hijos a amas porque con la leche agena no bastardeen de la nobleza propria. / Cap. 3. De lo mucho que ayuda el buen exemplo de los padres a la buena niñez y criança de los hijos. / Cap. 4. Que no solo los padres deben vivir concertados en su familia sino todos los de ella porque es la virtud tan delicada que uno solo que vista mal vasta para impedir el aprovechamiento de muchos. / Cap. 5. Que se an de criar los hijos desde pequeños con exercicios de aspereza y trabajo para que salgan hombres de valor y robustos. / Cap. 6. Que bien sepan los cassados que en teniendo hijos an de tener cuidados y que el mayor a de ser criallos para Dios desde su niñez. / Cap. 7. Que inquiriendo los padres a los hijos desde su niñez para Dios los logran y inquiriendolos desordenadamente y para si y sus intereses los pierden. / Cap. 8. Es tan poderossa la buena criança de los hijos en su niñez que viene a vencer el mal natural dellos por malo que sea. / Cap. 9. Que quando no bastare la blandura de los padres para la correccion de los hijos usen con ellos de severidad y rigor. / Cap. 10. Que es de mucha ymportancia que en llegando los hijos a edad de discrecion los padres les aficionen al templo y cossas sagradas y ofrezcan a Dios y enseñen la virtud y que por esto solo merecen llamarse verdaderos padres. / Cap. 11. Que deben los padres auisar a sus hijos en llegando a edad de servir a Dios que an de hallar contradicion en la virtud porque no se espanten de ella. / Cap. 12. Que deben auisar tambien los padres a sus hijos principiantes en la virtud an de pelear en las tentaciones y que no desmayen en ellas, pues Dios les asegura que no seran mas tentados de lo que pudieren llebar. / Cap. 13. Prosige la misma materia y dice que los padres deben instruir a sus hijos desde niños en los misterios de nuestra Señora y en la obseruancia de sus mandamientos. / Cap. 14. Que a los hijos primero se les a de enseñar la virtud que las Letras. / Cap. 15. Trata lo mismo y que los padres procuren inclinar a sus hijos al conoci-

derado, que forma parte de la veterotestamentaria y proverbial disciplina que por lo demás integra tradicionalmente la patria potestad, sobrepone el ideal educativo a los instrumentos prudentes utilizados para su consecución, y la violencia, graduada como todo acto justamente mensurado, no se percibe como un factor contrario por naturaleza a la naturaleza de la infancia[6]. Por otro lado, aunque este orden institucional de la actividad correctiva parecería desplazar la atención hacia la figura paterna, en virtud de la prevalente patria potestad, su potencial es más amplio, y así resulta muy sugerente cómo Agustín Barbosa, a propósito de la muerte del hijo causada por la madre (cuya calificación jurídica a título de parricidio parece entender este crimen como una entre otras posibilidades innominadas, y que resulta muy oportuna para el infanticidio libericida), contempla como causa de excusación de la pena la iracundia máxima y justa, que parecería comprenderse en su excepcionalidad ciertamente como propia de aquel ámbito doméstico de conminación[7].

---

miento de Dios y al temor santo suyo primero que es el principio deste conocimiento y de la verdadera sabiduria de nuestra christiana religion. / Cap. 16. Que las personas que tienen obligacion a criar hijos ora sean proprios ora agenos deben dejalles escoger el estado arte o oficio a que mas se ynclinan como no desdiga de su calidad y nobleza. / Cap. 17. Que deben los padres inclinar a los hijos al estudio de las ciencias en particular. / Cap. 18. Que para aprender las letras Divinas y christianas es gran disposicion la pureza del alma. / Cap. 19. Que conoce y sabe mas un estudiante de Dios por los afectos sencillos y ferborosos de la voluntad que por la especulacion bachillera del entendimiento. / Cap. 20. Del cuidado que deben tener los padres de que sus hijos traten con los buenos. / Cap. 21. Del recato con que deben andar los padres en desviar las malas compañias a sus hijos. / Cap. 22. Que an de ser los padres espera en la enmienda de sus hijos, que ay algunos tan impacientes que en un dia los querrian ver santos. / Cap. 23. Que no deben tener los padres puesta su esperança para el acrecentamiento de sus familias en solo medios humanos, que teniendo fee en Dios el se las acrecentara por otros divinos que elllos no alcançan. / Cap. 24. Que no an de vuscar los padres de familias ni nadie el augmento de ellas ni de las honrras con perjuicio de terceros ni quando andan las Republicas y Comunidades rebueltas. / Cap. 25. Que lo que mas ayuda al acrecentamiento temporal de las familias es la providencia cuidadosa en vuscar lo necessario y el buen orden en gastallo despues».

[6] Sobre la relación entre la disciplina parental y el infanticidio, Sara M. BUTLER, «A Case of Indifference? Child Murder in Later Medieval England», en *Journal of Women's History*, 19-4 (2007), pp. 64-66.

[7] Augustini BARBOSAE, *Collectanea doctorum, tam veterum quam recentiorum in Jus Pontificium Universum. Tomus tertius, in quo quintus Decretalium liber continetur*, Lugduni, Sumptibus Anisson & Possuel, 1716, titulus 10, caput 1, p. 88.

Es más, en una obra publicada en la primera mitad del siglo xviii, la *Infancia ilustrada, y niñez instruida* de Juan Elías Gómez de Terán, se mantiene la misma tónica pero hasta el punto de señalar como «Homicidas de sus hijos, impios, sin misericordia, y autores de almas, sin auxilio» a quienes, en el oficio de padre, «los principiaron en la raíz, sin continuar a la perfecta filiacion», de suerte que en relación con los hijos importa más el homicidio espiritual que el corporal, lo que recuerda el clásico factor (material, diluido, pero socialmente presente, y aun técnico desde la axiología jurídica) de tipificación del infanticidio por mor de la imposibilidad de que la criatura haya recibido el bautismo antes de la muerte que se le provoca[8]. Y cuando Gómez de Terán afirma que estos padres «por la negligencia en doctrinarles», a sus hijos, «hazen vna alma desanimada, y destituída», se ofrece el sempiterno razonamiento del cuidado moldeador que merece la infancia, como una naturaleza mutante, mientras la corrección corporal de la necedad, flemática y sin ira, mantiene la remisión a una violencia disciplinar y enderezadora, que no es violencia como tal contraria a la naturaleza de la infancia sino barro de su cerámica[9].

Durante el proceso de educación, hay en la infancia una insuficiencia de ánimo y espiritualidad que se explica porque no consiste en pureza ni en una mejora automática, sino en una capacitación paulatina que se corresponde con la apreciación jurídica de la incapacidad por razón de la minoría de edad. Las disquisiciones jurídicas sobre la infancia y la proximidad a la infancia, la pubertad y la proximidad a la pubertad, reflejan el tránsito y la imposibilidad de soluciones jurídicas tajantes en su sensibilidad maduradora. Pero la incapacidad suele tener relevancia criminal a la hora de determinar la obligación en el sujeto activo, y no necesariamente para tipificar o cualificar en virtud de aquel estado del sujeto pasivo (de ahí que exista reciprocidad

---

[8] Nella Lonza, «'Two souls lost': Infanticide in the Republic of Dubrovnik (1667-1808)», en *Dubrovnik Annals*, 6 (2002), p. 96: «If the child were to die unbaptized, it would be denied both life on earth and in heaven. Infanticide was, therefore, considered a double crime: two souls were at stake, that of the perpetrator and that of the victim». Así también Alfred Soman, «Les procès de sorcellerie au Parlement de Paris (1565-1640)», en *Sorcellerie et Justice Criminelle: Le Parlement de Paris (16e-18e siècles)*, Hampshire-Brookfield, Variorum, 1992, I, p. 799.

[9] Juan Elías Gómez de Terán, *Infancia ilustrada, y niñez instruida en todo genero de virtudes Christianas, Morales, y Politicas, que conducen á la santa educacion, y buena criança de los niños*, segvnda impression corregida, Madrid, Por Manuel Román, 1720, ff. 3r, 5v.

penal en el parricidio entre padre e hijo, porque es el lazo de sangre y no la eventual incapacidad de obrar la que excita la obligación criminal).

De cualquier forma, si no hay inocencia perfecta en la infancia, es claro que hay otra cosa: la frustración del bautismo, o la oquedad ontológica espiritual, o el recipiente instructivo de la espiritualidad católica[10]. Estas serían causas suficientes para afrontar y reprimir manifestaciones de agresión contra los niños que efectivamente han de ser bautizados al nacer, seguir con esa educación infusa espiritual y transformarse en adultos cabalmente católicos. Se trata de la «providentialist vision of human life» que afecta al crimen perpetrado en el ámbito doméstico y al infanticidio, de la que habla Sandra Clark[11]. El infanticidio podría haber sido ya, con este criterio material coetáneo, una renacentista y barroca tipificación sustantiva o cualificada agresión homicida contra el molde singularizado del humano católico. El infanticidio podría haber protegido la inmadurez espiritual. Pero hay que reconocer que esta interpretación no cuenta con declaraciones históricas teóricas tajantes, indubitadas, absolutamente concluyentes en este sentido, proclamadoras o en eco. Quizá porque, en definitiva, siguió primando la presencia del infante como solo un cuerpo fantasma, en la vida dentro de nada, y en poco tiempo ya transfigurado.

2. *PROBLEMÁTICA METODOLÓGICA DEL CRITERIO FORMAL INFANTICIDA*

El infanticidio genérico y estricto es el crimen de homicidio en el que la víctima es un niño, de cualquier sexo, que no ha alcanzado la mayoría de edad, en el que la tipificación se produce por mor de

[10] Y sin embargo, Luc RACAUT, «Acusations of infanticide on the eve of the French Wars of Religion», en M. Jackson (ed.), *Infanticide. Historical Perspectives on Child Murder and Concealment, 1550-2000*, Surrey-Burlington, Ashgate, 2002, p. 26, recuerda la «monastic idealization of children's virginity as a mark of purity and innocence. The medieval catalogue of saints included many infants whose sanctity derived from their virginity». Claro que, ¿se pone en valor la virginidad como maduración espiritual, o la infancia misma?

[11] Sandra CLARK, «Deeds against Nature: Women and Crime in Street Literature of Early Modern England», en *Sederi. Yearbook of the Spanish and Portuguese Society for English Renaisance Studies*, 12 (2002), p. 28.

la protección singularizada de la infancia. El infanticidio tiene como especies el neonaticidio, el infanticidio estricto y el puericidio, que plantean problemas de conexión con el aborto y el parricidio. El problema de la formalización del infanticidio, entendida como tipicidad jurídica en ciernes o como prototipicidad jurídica (o cultural/jurídica)[12], reside en el hecho de que no abarque en su sentido el concepto genérico pero sí, de modo eventual en la doctrina jurídica y en las resoluciones judiciales, alguna de sus especies. Este seísmo característico del infanticidio explica que haya podido discernirse como un crimen impropio, en lo que influye también la variedad de delitos que con él se entreveran[13].

---

[12] A la *tipicidad* delictiva se podría oponer la *distipicidad*, por la que hay que entender la voluntad político-jurídica de no contemplación formalizada, con relevancia jurídica, de una figura delicitiva. Mas si la tipicidad puede encauzarse directamente, por la manifestación de la ley, o bien indirectamente o por ministerio de la ley, mediante el ejercicio del arbitrio judicial, esta última posibilidad indirecta entraña una conexión con el uso a través de su tratamiento conceptual y analítico por parte de la doctrina jurídica, así Enrique Álvarez Cora, «Tipicidad y fragmentariedad criminal en la España moderna», en *Cuadernos de Historia del Derecho*, 20 (2013), pp. 212-222. Pues bien, se entiende aquí por *prototipicidad* cuando, no alcanzada la tipicidad, la distipicidad tampoco es completa, porque se da alguno de los factores propios de la tipicidad por ministerio de la ley bien de forma constante y clara (arbitrio judicial), bien de forma inconstante y con cierta ambigüedad (doctrina jurídica).

[13] Así en el pleito contra Juan de Yllana y Manuela Martín por estupro e infanticidio (en Castilla, Somosierra, 1767-1768) la defensa de la moza se refiere al «crimen impropiamente llamado ynfanticidio» y la querella del promotor fiscal explica la «mezcla» de «distintos delitos» que se produce con el infanticidio. (Archivo de la Real Chancillería de Valladolid, Pleitos criminales, caja 0541.0001.) Una propuesta doctrinal curiosa, ya en el siglo xviii, es la de Matthaei Antonii Bassani, *Theorico-praxis criminalis*, Ferrariae Sed Prostant Venetiis, Apud Antonium Bortoli, 1755, liber 1, cap. 14, p. 82, quien condiciona la calificación del infanticidio como parricidio a la presencia de dolo malo en el primero: «Dixi –sine dolo malo– nam si mater occidat infantem dolo malo, dicitur committere Crimen Parricidii, & poena Parricidii quae est mortis»; de esta manera, se deriva un *infanticidium* con una forma de comisión (antepuesta en la argumentación) *proprie & stricte*: «Crimen Infanticidii proprie, & stricte sumptum, committitur, quando mater, seu nutrix suffocat Infantem in proprio lecto retentum, vel quocumque alio modo occiditur Infants sine dolo malo»; pero, si bien se mira, y dejando al margen la muy ceñida identificación del infanticidio como neonaticidio lactante, este infanticidio propio implica una distipicidad subliminal, porque si el infanticidio no admite figura dolosa, cuando el dolo es la esencia de todo delito, será porque no alcanza la plenitud conceptual criminal, y porque si es tan solo figura culposa por esta misma razón hay esencialmente y en puridad una tipicidad

Dice Juan Miguel Mendoza Garrido, respecto de la manifestación formal o terminológica, que el infanticidio resulta reflejado en muy escasa medida en las fuentes judiciales hasta que se encuentra avanzada la Edad Moderna «sin que eso quiera decir fuera menos frecuente en los siglos anteriores». La frecuencia y constancia es un factor que permite entender la existencia prototípica de una figura criminal de infanticidio que puede ir consolidándose progresivamente desde una cierta ambigüedad: una cierta percepción cultural y una imprecisión como tipo jurídico; en relación con la función subyacente de la institución cuando germina socialmente con una simultánea desconsideración típicamente jurídica, Mendoza Garrido comprende el infanticidio como «un medio de control de la población», propia de sociedades en las que las prácticas anticonceptivas son desconocidas y el aborto entraña graves riesgos[14]. Mas en esta línea parece conveniente advertir, con Margaret Brannan Lewis, que la complejidad de los motivos que podrían dar lugar a la terminología genesíaca (genérica o específica) o incluso a la teoría institucional del infanticidio (entre los cuales no tiene por qué estar presente siempre, como una causa principal, la pura violencia, susceptible por lo demás de muy diversas expresiones) cabe se mantenga oculta no sólo para la lectura histórica, sino también para los propios contemporáneos[15], lo cual evidentemente no implica la inexistencia de un espíritu institucional, pero tampoco excluye graves problemas metodológicos en una determinación que enfrenta no exactamente la teoría (si la hubiere, o al menos la hubiere habido, como la del homicidio y el parricidio) y la práctica, sino la teoría pura y la teoría de la práctica.

De similar manera, la generación o no de un lenguaje jurídico propio en la práctica no debe prejuzgar orientaciones interpretativas, pues el lenguaje pergeñado en las fuentes judiciales puede apuntalar pausada pero tenazmente la concepción de un embrión institucional

---

impropia (y la propia que le adjudica el doctor será mera apariencia) porque está reflejando una obligación criminal de efectos incompletos, en la que acaso afloran las tensiones altomodernas hacia la no generación o mitigación de la obligación penal en los supuestos neonaticidas tan proclives a la dificultad probatoria.

[14] Juan Miguel Mendoza Garrido, *Delincuencia y represión en la Castilla bajomedieval. (Los territorios castellano-manchegos)*, Granada, Grupo Editorial Universitario, 1999, p. 203.

[15] Margaret Brannan Lewis, *Infanticide and Abortion in Early Modern Germany*, London-New York, Routledge, 2016, p. 164.

tanto como matizar una singularidad estructural del delito (el sujeto pasivo) o valer como realce de un criterio de conmoción o alarma social, sin que ello implique ninguna novedad en el tratamiento dogmático de la figura criminal que lo ampara; añádase la circunstancia de que la fuente judicial sedimente un lenguaje jurídico que ha tenido que tener un uso previo[16], lo que vale como síntoma de trascendencia social, de consolidación de un significado y también de una tensión hacia su categorización delictiva. Ciertamente, si se limita la cuestión al afloramiento del lenguaje, en cuanto al término de infanticidio lo que importa es esa razón de pretipicidad que puede derivar tanto de la

---

[16] Un diagnóstico neutro, sintético y ordenado de la documentación judicial de archivo para la historia de la criminalidad, de su riqueza y de sus «limitaciones» (también en su lector), en Beatriz López Morán, «Historia criminal y archivos judiciales», en *La Administración de justicia en la Historia de España. Actas de las III Jornadas de Castilla-La Mancha sobre investigación en archivos. Guadalajara, 11-14 noviembre 1997*, Guadalajara, Junta de Comunidades Castilla-La Mancha, 1999, pp. 328-332. Tomás A. Mantecón Movellán, «Los impactos de la criminalidad en sociedades del Antiguo Régimen: España en sus contextos europeos», en *Vínculos de Historia*, 3 (2014), p. 56, dice: «Contar delitos, delincuentes, sentencias... puede ocupar minuciosos y laboriosos estudios que ofrecen interesantes perspectivas comparativas, pero estos recuentos se apoyan sobre fuentes oficiales –pleitos, juicios, registros de policía...– y en las sucesivas épocas históricas cambiaron las categorías legales, las instituciones y la eficacia de control del delito. [...] La documentación oficial, la generada por las instituciones, que constituye la base empírica fundamental en este tipo de estudios históricos, es una fuente *contaminada* por la propia intención con que se gestaban esos documentos, pero éstos también quedaron impregnados con las opiniones, comentarios y expresiones de las gentes que se relacionaban con las instituciones a propósito de cada caso». Pero en todo caso parece recurrente, y no sólo entre historiadores jurídicos sino también sociales, la preferencia por el empleo de fuentes judiciales sobre el estudio de las notas, crónicas, experiencias, anales, efemérides, historias locales, relaciones, correspondencia, pliegos sueltos, etc., en los que es viable descubrir una interpretación neutral (jurídicamente argumentativa) externa, o por lo menos no más tergiversada que la procesal de parte o testimonio, de los hechos: cf. María Begoña Villar García, «Violencia y delitos en los tiempos modernos. Publicística y documentación», en *Baetica. Estudios de Arte, Geografía e Historia*, 32 (2010), pp. 472-492. Por lo demás, esto no quiere decir que el diagnóstico dudoso de las fuentes judiciales, si bien depaupere consecuencias jurídicas, no enriquezca la comprensión de la riqueza de los criterios, ideas comunes, percepciones sociales, desde otros puntos de vista (en los que el valor del discurso jurídico puede incluso esfumarse pertinentemente) paradójicamente más abstractos que concretos, como se deduce de Malcolm Gaskill, «Reporting Murder: Fiction in the Archives in Early Modern England», en *Social History*, 23-1 (1998), pp. 1-30.

valoración judicial de un crimen que se percibe distinto como de las alegaciones de parte a la hora de subrayar criterios estructurales (por ejemplo la proditoriedad, en el ámbito del parricidio) de convicción[17]. Ahora bien, el hecho de que el prototipo carezca del respaldo directo de la literatura dogmática doctrinal tiene que activar todas las precauciones porque su empleo por instancias jurisdiccionales desconectadas acaso esconda una versatilidad incompatible con el diagnóstico común de un patrón criminal a la postre unitario y homogéneo[18], y en

---

[17] Afirma James A. SHARPE, *Crime in Early Modern England 1550-1750*, London-New York, Longman, 1984, pp. 46-47: «Out-of-court settlements and the compounding of criminal cases raise some intriguing questions about contemporary expectations of the legal system. In particular, it would seem that individuals were sometimes more anxious to obtain satisfaction from the offender, pecuniary or otherwise, than to see the full rigour of the law brought to bear. [...] These examples, apart from their role in enhancing a proper scepticism about crime statistics, are useful in displaying the flexibility of the law-enforcement system». En la misma línea, Tomás A. MANTECÓN MOVELLÁN. *Conflictividad y disciplinamiento social en la Cantabria rural del antiguo régimen*, Santander, Universidad de Cantabria-Fundación Marcelino Botín, 1997, p. 23: «Los documentos judiciales aún siendo *crónicas hostiles*, *fuentes sesgadas* por la intención de *arbitrar*, *disciplinar* y *pacificar*, también eran una ocasión para que emergieran opiniones contrastadas en los testimonios y probanzas. No debe olvidarse que las partes presentaban las preguntas para efectuar los interrogatorios de probanza. Además, las discordancias entre testigos, y sus opiniones expresadas al margen de las preguntas, ofrecen una valiosa información sobre el asunto que se tratara y sobre sus concepciones del *orden*. Por todo esto, soy de la opinión de que la consciencia de las limitaciones documentales permite explotarlas en sus posibilidades. Los pleitos son una documentación fragmentaria, pero no lo son menos que los *Protocolos Notariales*, sujetos a los acontecimientos biográficos de los notarios. El recuento de los pleitos civiles y criminales permite observar los momentos en que más frecuentes eran las *disputas intensas* en las que se expresaban intereses, fidelidades y comportamientos. Está claro que los contemporáneos no tenían una noción matemática de la frecuencia en el pleitear, sin embargo, esto no debe conducir a un relativismo tal que excluya la aplicación de estos métodos en la historia de la *conflictividad* y del *disciplinamiento social*». Sobre el valor de los protocolos notariales para la investigación histórica de la criminalidad, Jessica CARMONA GUTIÉRREZ, «Los protocolos notariales como fuente para el estudio de la violencia y la conflictividad en el periodo moderno: cartas de poder, apartamientos de querellas y fianzas», en *Clio & Crimen*, 10 (2013), pp. 189-206; en cuanto a las reales ejecutorias, María del Pilar ESTEVES SANTAMARÍA & Susana GARCÍA LEÓN, «Las reales ejecutorias como fuente para el estudio de la historia», en *Clio & Crimen*, 10 (2013), pp. 373-390.

[18] Y no puede ser de otra manera finalmente (pues el empate técnico entre teoría pura y teoría de la práctica, sin reducción a conclusión conceptual sintética desde

este sentido las estadísticas judiciales son tan ambiguas en su generación de lenguaje jurídico como en la catalogación bajo voces globales de casos concretos[19]. Aunque la idea de Marie-Sylvie Dupont-Bouchat y Xavier Rousseaux según la cual la violencia «telle qu'elle est perçue

---

ambas rutas conceptuales, deriva por fuerza en fracaso de la práctica, debido a su multiplicación a priori inaprehensible) porque la práctica sólo puede dialogar con la teoría en la medida en la que ha generado una alternativa o corrección a la teoría en forma asimismo teorética. Si además hay un principio preasumido de no contradicción entre teoría pura y teoría de la práctica (a mayor gloria de la legitimación unívoca de toda instancia de poder jurisdiccional que acepta el arbitrio pero impide la arbitrariedad, acepta el ministerio de la ley pero no la contradicción con la ley) la pura generación de nociones prácticas requiere, en su interpretación misma, de un hilo conductor que parte de o aspira a teorizarse.

[19] James A. Sharpe, «Quantification and the History of Crime in Early Modern England: Problems and Results», en *Historical Social Research*, 15 (1990), pp. 17-32, revisa las disfunciones de la estadística criminal, advirtiendo la tendencia a la adaptación de sus datos a «preconceived models of historical change», los problemas derivados de la multiplicidad de instancias jurisdiccionales, y de la ausencia de documentación judicial de algunas de ellas, la incidencia de factores demográficos, sexuales o relativos, por ejemplo, a las diferencias entre el espacio rural y el urbano, y la plausible confusión entre «felonies» y «regulative offences» a la que podría añadirse la sinonimia o polisemia terminológica en la tipicidad delictiva, para en definitiva, venciendo el pesimismo, ofrecer a la postre una línea diferente y positiva de valoración de estos conocimientos archivísticos, centrada en las variantes evolutivas y sobre todo en el ámbito penológico: «Our consideration of the uses of quantification in the history of crime leads to a final point: statistics may provide an uncertain basis for discussions of 'real' levels of crime, but they do allow some fairly concrete conclusions to be drawn about changes in punishment» (p. 28). Dice en sus conclusiones Pedro Ortego Gil, *Entre jueces y reos. Las postrimerías del Derecho penal absolutista*, Madrid, Dykinson, 2015, p. 532, que todo historiador busca obtener a partir de sus fuentes «unos parámetros, incluso unos paradigmas, para explicar complejos procesos sociales y jurídicos», si bien el cruce de informaciones obtenidas en la documentación judicial de archivo le lleva a la conclusión de que «ninguno de los pretendidos paradigmas sobre la violencia o la criminalidad pueden ser extrapolables más allá del período, lugar, personas o hechos investigados. [...] Alrededor de la documentación criminal confluyen modos de vida diferentes, concepciones vitales de grupo diferentes, disposiciones normativas diferentes, autoridades con atribuciones diferentes, jueces y tribunales que juzgan conforme al precedente, a su libre albedrío o que buscan la justicia a través de un arbitrio reglado, reos y víctimas con trayectorias diferentes y que perpetran el delito con circunstancias diversas, conflictividades desenvueltas en períodos de paz o de posguerra diferentes...». Con una valoración de la importancia de las fuentes judiciales en la historiografía jurídica, María Dolores Ma-

à travers les archives judiciaires n'est pas un 'donné' mais un 'construit'» a partir de la ley, la costumbre y la doctrina[20], no tapona toda circulación innovadora de conceptuación jurisdiccional, particularmente en virtud de ese uso o costumbre que la autoridad judicial cristalizaría, lo cierto es que la condiciona por las propias circunstancias fácticas plurales de su excitación. A esto se añade la circunstancia de que los archivos judiciales presenten exclusivamente estadísticas sobre los crímenes penados, pero no de los crímenes impunes o desconocidos, cuando resulta que en la formación histórica de un tipo criminal o de su cualificación jurídica puede estar influyendo, en una sede social con relevancia jurídica potente o demediada, tantos unos como otros[21].

DRID CRUZ, «Relatos y narraciones en los procesos criminales. La construcción de lo verosímil en el espacio judicial», en *Clio & Crimen*, 10 (2013), pp. 228-233.

[20] Marie-Sylvie DUPONT-BOUCHAT & Xavier ROUSSEAUX, «Le prix du sang: sang et justice du XIVe au XVIIIe siècle», en A. Farge (ed.), *Affaires de sang*, París, Imago, 1988, p. 44: «La violence telle qu'elle est perçue à travers les archives judiciaires n'est pas un 'donné' mais un 'construit'. Ce n'est pas un fait brut enregistré tel quel, mais une sélection opérée par des autorités judiciaires qui obéissent, plus ou moins, selon les époques et les régions, à des 'modèles' fixés, selon les cas, par la coutume, la loi et la jurisprudence, et qui réagissent en fonction du contexte institutionnel qui leur est propre –juridictions royales, provinciales, tribunaux urbains ou justices villageoises– compte tenu de la demande sociale et des impératifs politiques du moment et de l'endroit. C'est dire que l'image de la violence qui se dégage des différentes sources habituellement interrogées varie selon le regard porté sur elle par ceux qui ont la charge d'en neutraliser les effets ou de la réprimer. Il nous paraît dès lors impossible de faire l'économie de la 'construction du pénal' puisque c'est à l'intérieur même de ce modèle que s'élaborent au fil du temps les images de la violence qui nous sont renvoyées par les archives judiciaires».

[21] Valgan, mutatis mutandis si es preciso, las palabras de Constancio BERNALDO DE QUIRÓS, *Criminología de los delitos de sangre en España*, Madrid, Editorial Internacional, 1906, pp. 14-16: «¿Qué intensidad alcanza en el día en nuestra España la actividad productora de estos delitos sangrientos? / La estadística puede decírnoslo. Pero ante todo, librémonos de creer que sus cifras sean otra cosa que la expresión sólo aproximada, no de los delitos que se cometen realmente en un país, dado un determinado Código penal, sino únicamente de los castigados. / De lo uno á lo otro ¡cuánta diferencia! / Primero los crímenes desconocidos. / Después los crímenes impunes, por todas las causas de impunidad, de hecho y de derecho, que nuestro estado social admite. / Estáticamente, pues, estos dos coeficientes menguan la cifra real de la criminalidad; pero, además, dinámicamente; obran con una intensidad variable, dependiente de factores personales que diríamos arbitrarios, en tanto que, como sucede, no nos sea sensible el ritmo, la regularidad propia de los hechos sociales.

En esta tesitura, quizá de preterjuridicidad del infanticidio, hay una salida fácil consistente en afirmar que el acercamiento a la figura debe arrostrar una metodología de interdisciplinariedad, entre la Historia jurídica y otras especialidades históricas, habida cuenta de que no se cataloga en la noción un concepto ni una semántica jurídica rigurosamente estable (en el sentido de la formación técnica consumada de una peculiaridad jurídica) y de que su aceptación problemática proviene de funciones sociales diversas y bajo una relativa o imprecisa receptividad de las fuentes de la práctica jurídica[22]. La interdisciplina-

A un tiempo de relajacion de la actividad procesal, sucede un tiempo de mayor celo; por donde si estáticamente no conocemos la intensidad real de la delincuencia en un momento determinado, dinámicamente tampoco sabemos bien las oscilaciones de su marcha, supuesto que éstas se hallan, para la estadística, en función de las oscilaciones de la actividad procesal, varias en cada país y en cada momento, é inapreciadas y quizá inapreciables para aquélla. / El valor de la estadística criminal es, por consiguiente, muy relativo; sus cifras son, diríamos, la sombra, vaga y fugitiva, de la criminalidad producida en la vida interior de un grupo. / Con todo, es precisamente en los delitos de sangre donde el valor de la estadística criminal sube más y, á la vez, se hace más fijo. Cierto que el desequilibrio entre la criminalidad conocida y la castigada no es igual para cada una de las figuras jurídicas que, conforme antes se ha visto, constituyen el grupo. Desde el aborto y el infanticidio, ó desde las lesiones, la desproporción, tan exagerada entonces, se reduce al pasar al homicidio, al parricidio, al asesinato, pero sin que jamás se anule». Nótese esta idea interesante de la compensación de la certeza estadística con la gravedad del delito. Mario Sbriccoli, «Fonti giudiziarie e fonti giuridiche. Riflessioni sulla fase attuale degli studi di storia del crimine e della giustizia criminale», en *Storia del Diritto penale e della giustizia. Scritti editi e inediti (1972-2007)*, Milano, Dott. A. Giuffrè Editore, 2009, tomo II, pp. 1138-1139, plantea un razonamiento semejante a propósito de las contrariedades de una historia cuantitativa de la criminalidad: «Il fatto è che gli esercizi di storia criminali condotti su base eziologica (spesso anche criptoeziologica), e/o con altissimi dosaggi di seriale/quantitativo, riposano tutti sul falso presupposto che negli archivi giudiziari si tovi effettivamente la storia della criminalità, mentre vi è soltanto quella della giustizia criminale. Tale falso presupposto non è ovviamente falso in assoluto e senza alcun residuo: è evidente che elementi per la storia del fenomeno criminale debbono essere raccolti anche interrogando le fonti giudiziarie, ma bisogna sapere, e non dimenticare, che i processi *trattano* il crimine, ma *rivelano* la giustizia. I numeri che è possibile estrarre da un fondo criminale non quantificano i delitti commessi, ma quelli perseguiti, e quindi non misurano la presenza del crimine, ma il funzionamento della giustizia».

[22] Gerd Schwerhoff, *Aktenkundig und gerichtsnotorisch. Einführung in die Historische Kriminalitätsforschung*, Tübingen, Diskord, 1999, op. cit., pp. 14-22, 35-38, 69-83, desarrolla un análisis de las principales corrientes y temáticas bibliográficas

riedad, sin embargo, no resuelve los problemas institucionales estrictamente jurídicos[23], ni descubre una forma estable de conceptuación jurídica cuando la semántica es voluble[24].

---

de la historia de la criminalidad, atendiendo a distintas perspectivas metodológicas y a una problemática común de sus fuentes, bajo un principio latente de interdisciplinariedad. Hay una nutrida literatura alemana sobre problemas metodológicos y estados bibliográficos de la cuestión relativos a la historia de la criminalidad; v. gr., Dirk BLASIUS, «Kriminalität und Geschichtswissenschaft. Perspektiven der neueren Forschung», en *Historische Zeitschrift*, 233 (1981), pp. 615-626, y «Kriminologie und Geschichtswissenschaft. Bilanz und Perspektiven interdisziplinärer Forschung», en *Geschichte und Gesellschaft*, 14 (1988), pp. 136-149; Karl Siegfried BADER, «Aufgaben, Methoden und Grenzen einer historischen Kriminologie», en M. Killias (hg.), *Rechtsgeschichte und Rechtssoziologie. Zum Verhältnis von Recht, Kriminalität und Gesellschaft in historischer Perspektive*, Berlin, Duncker & Humblot, 1985, pp. 29-41; Richard VAN DÜLMEN, *Verbrechen, Strafen und soziale Kontrolle. Studien zur historischen Kulturforschung*, Frankfurt am Main, Fischer Taschenbuch Verlag, 1990; Heinz MÜLLER-DIETZ, «Von der Historischen Kriminologie zur Sozialgeschichte der Kriminalität und Kriminalitätskontrolle», en H.-H. Kühne (hg.) *Festschrift für Koichi Miyazawa. Dem Wegbereiter des japanisch-deutschen Strafrechtsdiskurses*, Baden-Baden, Nomos, 1995, pp. 63-74; Hans-Jörg ALBRECHT, «Geschichte und Kriminologie: Was kann der historische Zugang für Untersuchungen kriminologischer Fragestellungen leisten?», en U. Böker (hg.), *Literatur, Kriminalität und Rechtskultur im 17. und 18. Jahrhundert*, Essen, Blaue Eule, 1996, pp. 36-53; Joachim EIBACH, «Neue historische Literatur: Kriminalitätsgeschichte zwischen Sozialgeschichte und Historischer Kulturforschung», en *Historische Zeitschrift*, 263-3 (1996), pp. 681-715; Andreas BLAUERT & Gerd SCHWERHOFF, «Crime and History. The German Workshop», en *Crime, Histoire & Sociétés*, 2-1 (1998), pp. 137-140; Simon TEUSCHER, «Devianz, Gewalt, Soziabilität und Verwandtschaft am Übergang vom Mittelalter zur Neuzeit», en *Traverse. Zeitschrift für Geschichte*, 18-1 (2011), pp. 77-103.

[23] La vocación de interdisciplinariedad aporta poco a un saber o técnica caracterizada por la construcción de un lenguaje críptico, como sucede en el Derecho; además, el segmento jurídico de realidad con relevancia jurídica no se resuelve mediante la interpretación-faro de las realidades extrajurídicas, ni exclusivamente mediante pautas extrajurídicas de interpretación, en la medida en la que estas no se sustraen a problemas epistemológicos semejantes a los que padecen las fuentes jurídicas. El problema más bien está en encontrar el camino de formalización jurídica, considerado problemáticamente y en trance, para un concepto como el infanticidio que, como cualquier otro, puede incorporar dimensiones extrajurídicas incluso más trascendentes, para la historia de la cultura o de la sociedad en general, pero que al fin, si se quiere en calidad de acto o norma jurídica, ha de acomodarse al lenguaje jurídico; esas manifestaciones no teorizadas jurídicamente, tanto si son susceptibles de serlo como si guardan su perla fuera o más allá del Derecho, la teoría jurídica se

Por eso, la propuesta que estas páginas van a desarrollar adopta una alternativa que consiste en la interpretación institucional del infanticidio desde una ampliación de su semántica, entendiendo que si

---

las encuentra en la práctica, por lo que el problema metodológico se reconduce al de la relación entre teoría pura y teoría de la práctica jurídica. En su análisis de la filosofía de Immanuel Kant, Mario Caimi, «Estudio preliminar», en I. Kant, *Crítica de la razón pura. Edición bilingüe alemán-español*, primera reimpresión de la primera edición, México, Fondo de Cultura Económica-Universidad Autónoma Metropolitana-Universidad Nacional Autónoma de México, 2011, pp. LIX-LX, entrelaza la pluralidad cognoscitiva del mundo y la conexión entre razón y experiencia: «Esto significa, por ejemplo, que todos los conocimientos de las ciencias han de entenderse como conocimientos parciales e incompletos de un único *mundo*, aunque este sea inaccesible como tal para el conocimiento. Esos conocimientos parciales (las ciencias particulares) serán, pues, compatibles entre sí (pues se refieren a un mundo único) y podrán integrarse, al menos idealmente, en sistemas de complejidad creciente. Esto es lo que la razón exige mediante su idea de mundo. De igual modo, aquella idea de Dios como suma de toda realidad nos obliga a considerar siempre como defectuosa e incompleta cualquier suma parcial de realidades que encontremos o que logremos efectuar entre los objetos de nuestro conocimiento. Al considerar incompletas las realidades efectivamente conocidas, evitamos ponerlas en el lugar de lo absoluto, y a la vez recibimos el estímulo, o el mandato, de progresar infinitamente en la determinación de lo real (ya que cada determinación parcial se revelará como incompleta, al compararla con el Ente realísimo). / De este modo se alcanza un segundo aspecto de la función regulativa de la razón; según este, la función de la razón consiste en poner límites al entendimiento y a la experiencia. Pues, 'la experiencia, que contiene todo lo que pertenece al mundo sensible, no se pone límites a sí misma'. Liberada a sí misma, la actividad del entendimiento tiende a desarrollar pretensiones absolutistas (tiende a actuar como si pudiera afirmar que no hay *nada más* que el mundo de la experiencia y sus leyes). Si bien la razón no puede afirmar nada positivo acerca de lo que está fuera de ese mundo de la experiencia, ya el mero fracaso de la razón en la metafísica da testimonio acerca de esa otra dimensión no empírica en la que el ingreso nos está vedado [...] La razón viene a ser así una especie de guardiana de lo absoluto, que impide que ese lugar de lo absoluto sea usurpado por conocimientos o por ideologías que pretenden erigirse en doctrinas metafísicas, sin tener los fundamentos para ello».

[24] En general, las estadísticas no quedan libres de problemas metodológicos y de convención material para la determinación de los términos y factores valorados, precisamente porque son campo práctico de una incipiente, frustrada o no, teorética. Para un análisis en este sentido, Sharpe, *Crime*, cit., pp. 41-72; y con atención a la evolución de la estadística criminal contemporánea, Herbert Reinke, «Une 'bonne' statistique pour la lutte contre la criminalité? Observations sur les origines de la statistique criminelle en Allemagne au XIXe et au début du XXe siècle», en *Déviance et*

la agresión a la infancia ha sido percibida históricamente como una agresión singularizada, por motivos materiales persistentes o variables de índole parajurídica o extrajurídica, la investigación histórica tiene que ir avanzando mediante el escudriñamiento de esas manifestaciones agresivas, de modo social o culturalmente abierto pero a su vez pendiente y sujeta a las formalizaciones jurídicas secantes o tangentes, distinguiendo en qué medida la tipicidad eventual de tales agresiones incluye o no el factor de la infancia, hasta alcanzar en su contraste la manifestación consumada del homicidio infanticida, y fi-

---

société, 22-2 (1998), pp. 113-122, y Bruno AUBUSSON DE CAVARLAY, «Des comptes rendus à la statistique criminelle: c'est l'unité qui compte (France, XIXe-XXe siècles)», en *Histoire & Mesure*, 22-2 (2007), pp. 39-73. Consciente de los problemas de las fuentes judiciales, Randolph ROTH, «Yes We Can: Working Together toward a History of Homicide that is Empirically, Mathematically, and Theoretically Sound», en *Crime, Histoire & Sociétés*, 15-2 (2011), pp. 135-136, aboga por una estadística diferenciada de las fuentes extrajurídicas: «The best way to ensure the statistical independence of the lists, as Eckberg demonstrates, is to compile one list from legal sources and another from non-legal sources. Legal sources are not statistically independent from one another, so they belong on the same list. For instance, if a coroner's inquest is available, there is roughley a two-thirds chance that there will also be an indictment; and if there is an indictment, it is almost certaine there will be an inquest, if the inquests survived. Experience has shown that legal and non-legal sources are largely independent statistically: an appearance in a newspaper, diary, or local history is no guarantee that a homicide wil show up in the legal record, or viceversa. Our decision to make lists from legal and non-legal records is not arbitrary, as Spierenburg claims, but mathematically and empirically sound: the accepted method among statisticians. [...] Matching-list mathematics does not, as Spierenburg claims, inflate the number of homicides that occurred the farther we go back in time (although such inflation would support Spierenburg's thesis, not mine). The estimate of the proportion of homicides that appear in the surviving sources goes up and down with the history of record loss and recording failures. Spierenburg also objects to the fact that non-legal sources outnumber legal sources in the seventeenth century, but that is simply because a large proportion of perpetrators escaped prosecution and because some legal records have not survived. These are precisely the circumstances in which matching-list mathematics is useful». Véase también Helmut GRAFF, *Die deutsche Kriminalstatistik. Geschichte und Gegenwart*, Stuttgart, Enke, 1975. En particular a propósito del homicidio, tras crítica epistemológica y con recopilación de cuadros estadísticos, Tomás A. MANTECÓN MOVELLÁN, «Los impactos», cit., pp. 59-73; Manuel EISNER, «Long-Term Historical Trends in Violent Crime», en *Crime and Justice. A Review of Research*, 30 (2003), pp. 83-141, presenta una valoración entre Edades Media y Contemporánea, con dimensión europea, a partir de precedentes particulares conclusiones bibliográficas que asume como fuentes.

nalmente el sedimento de la formalización terminológica del infanticidio, ya en el siglo xviii, aun en la estricta reducción típica como neonaticidio o libericidio[25].

Margaret Brannan Lewis recoge estas posibilidades metodológicas en toda su variedad. Por una parte, toma como referencia la «definición» de infanticidio en la *Constitutio criminalis Carolina* de 1532, que considera influida por la *Constitutio criminalis Bambergensis* de 1507. Realmente, la legislación no ofrece ningún *dicitur* del infanticidio, y no hay por qué rectificar cuanto se ha dicho hasta ahora sobre la ausencia altomoderna de una formalización institucional típica de un supuesto delito con este cariz; lo que Lewis considera una definición es más bien un relato de las circunstancias delictivas que permiten la prueba de un infanticidio material y específicamente parricida, esto es, la descripción de la muerte de un niño, recién nacido, por la mujer que lo dio a luz de forma secreta[26]. Concretamente, se enfoca la investigación judicial, entre otras diligencias que todavía dan suma importancia a las deposiciones de los testigos[27], hacia la comprobación de los cambios corporales experimentados por la madre presuntamente neonaticida, de manera que el examen físico por parte de comadronas, la exploración de la presencia o ausencia de leche en el pecho materno, y el tormento como mecanismo procesal en el caso de que persista la negativa a asumir la culpabilidad marcan el tono procesal de la regulación[28]. El mismo espíritu descriptivo, con otro perfil pro-

---

25 Lewis, *Infanticide*, cit., pp. 164-165.

26 El protagonismo práctico materno o femenino en el infanticidio neonaticida, que destaca Anne-Marie Kilday, *A History of Infanticide in Britain c. 1600 to the Present*, Hampshire, Palgrave-Macmillan, 2013, pp. 25-31, estaría condicionando su prototipicidad teórica. Según Gregory Durston, «Eighteenth Century Infanticide. A Metropolitan Perspective», en *Griffith Law Review*, 13-2 (2004), p. 161, al varón, si interviene, le corresponde por lo común la condición de cómplice.

27 Yves-Bernard Brissaud, «L'infanticide à la fin du Moyen Âge, ses motivations psychologiques et sa répression», en *Revue Historique de Droit Français et Étranger*, 50 (1972), pp. 243-246, explica sintéticamente las diligencias habituales de la información sumaria. Asimismo, Claudio Povolo, «L'imputata accusa: un processo per infanticidio alla fine del Settecento», en G. L. Fontana - A. Lazzarini (ed.), *Veneto e Lombardia tra rivoluzione giacobina ed Età Napoleonica. Economia, territorio, istituzioni*, Milano-Bari, Cariplo-Laterza, 1992, pp. 566-569.

28 *Constitutio criminalis Carolina* (1532): «*Von heymlichem Kinder haben, vnd tödten durch jre mütter, gnugsam anzeygung.* / 35. Item so man eyn dirn so für eyn jungfraw geht, imm argkwon hat, daß sie heymlich eyn kindt gehabt, vnnd ertödt

batorio, estará presente años más tarde en Francia con el edicto de Henri II de 1556, que establece una presunción de homicidio para la mujer que oculta su embarazo deshonesto cuando subsigue la muerte del recién nacido sin bautismo ni sepultura eclesiástica[29]. Es de notar

---

habe, soll man sonderlich erkunden, ob sie mit eynem grossen vngewonlichen leib gesehen worden sei, Mer, ob jr der leib kleyner worden, vnd darnach bleych vnnd schwach gewest sei. So solchs vnd dergleich erfunden wirdet, wo dann die selbig dirnn eyn person ist, darzu man sich der verdachten thatt versehen mag, Soll sie durch verstendig frawen an heymlichen stetten, als zu weither erfarung dienstlich ist, besichtigt werden, würd sie dann daselbst auch argkwönig erfunden, vnd will der thatt dannocht nit bekennen, mag man sie peinlich fragen. / 36. Item wo aber das kindtlein, so kürtzlich ertödt worden ist, daß der mutter die milch inn den prüsten noch nit vergangen, die mag an jren prüsten gemolcken werden, welcher dann inn den prüsten recht vollkommene milch funden wirdet, die hat deßhalb eyn starck vermutung peinlicher frag halber wider sich, Nach dem aber etliche leibärtzt sagen, daß auß etlichen natürlichen vrsachen etwann eyne, die keyn klndt getragen, milch in prüsten haben möge, darumb so sich eyn dirnn inn disen fellen also entschuldigt, soll deßhalb durch die hebammen oder sunst weither erfarung geschehen». Helen FRONIUS, «Images of infanticide in eighteenth-century Germany», en H. Fronius & A. Linton (ed.), *Women & Death. Representations of Female Victims and Perpetrators in German Culture 1500-2000*, Rochester, Camden House, 2008, p. 94.

[29] *Edit du Roy Henry II. Sur le fait des Femmes grosses, & des Enfans morts-nais; Avec l'Arrêt de Reglement de la Cour de Parlement pour la publication du dit Edit* (1556): «Et estans deuëment avertis d'un crime trés énorme & execrable, frequent en notre Royaume, qui est, que plusieurs femmes ayant conçû enfans par les moyens deshonnêtes ou autrement, persuadées par mauvais vouloir & conseil, déguisent & cachent leurs grossesses, sans en rien découvrir & declarer: Et avenant le temps de leur part & délivrance de leur fruit, occultement s'en délivrent, puis le suffoquent, meudrissent, & autrement supriment, sans leur avoir fait impartir le S. Sacrement de Baptême: Ce fait les jettent en lieux secrets & immondes, ou ensevelissent en terre profanne, les privant par tel moyen de la sepulture coutumiere des Chrestiens. De quoi estans provenues & accusées pardevant nos Juges, s'excusent, disant avoir eu honte de declarer leur vice, & que leurs enfans sont sortis de leurs ventres morts, & sans aucune apparence ou esperance de vie: tellement que par faute d'autres preuves, les Gens tenans tant nos Cours de Parlemens, qu'autres nos Juges, voulans proceder au jugement des procès criminels faits à l'encontre de telles femmes, font tombez & entrez en diverses opinions: les uns concluans au suplice de mort, les autres à question extraordinaire; afin de çavoir & entendre par leur bouche si à la verité le fruit issu de leur ventre estoit mort ou vif. Aprés laquelle question endurée, pour n'avoir aucune chose voulu confesser, leur sont les prisons le plus souvent ouvertes, qui a été & auroit été déclarée dûement atteinte & convaincuë d'avoir celé & couvert sa grossesse & son enfantement, latité son part, & entetré dans un jardin hors la sepulture

que el reconocimiento de que se bautizó al recién nacido implica la aceptación de que la criatura ha nacido viva[30], y en consecuencia un reconocimiento del neonaticidio, de manera que la medida legal francesa parece contrariar los efectos de esta presunción (la negación del bautismo presume nacimiento de la criatura muerta, imposibilitado el neonaticidio) con otra en sentido contrario (la ausencia de bautismo presume neonaticidio).

Hay un infanticidio neonaticida materialmente considerado como relevante ya en este primer tercio del siglo XVI, y pudo haberlo antes, sin duda, aunque no se haya formalizado como tipo criminal o cualificación delictiva del homicidio, y parece difícil aventurar (el consabido problema del criterio material) qué es lo que haya provocado esta relevancia tópica que provoca una normativa específica: no hay ningún juicio de valor sobre la debilidad o indefensión del recién nacido, del infante en sí, pero la importancia del acto contemplado parece derivarse de otros factores como la supuesta virginidad previa de la madre, a la manera de un bien ya perdido cuya apariencia la neonaticida protege, y también una dificultad o singularidad probatoria que podría derivarse como una singularidad de cierto tipo de homicidio o parricidio. Esta índole procesal asumida por la noción material de infanticidio, o si se quiere esta sustancia procesal por sobre típica de la noción supuestamente formal de infanticidio (todavía de otra mane-

---

publique & accoutumée, sans avoir pris aucun témoignage de la vie & mort d'icelui, même de lui avoir causé & procuré la mort; pour réparation de quoi condamnée d'être penduë & étranglée justques à ce que mort s'ensuive à une potence, qui seroit pour cet effet dressée par l'Executeur de la Haute Justice, en la place publique du dit Sancerre à jour & heure de marché, pour l'execution faite le corps de la dite Tolleron rester exposé à la dite potence une demie-heure durant, & ensuite enterré en terre sainte, & ses bien déclarez acquis & confisquez au profit du Sieur du dit lieu & autres qu'il appartiendroit, & où confiscation auroit lieu». Cf. BRISSAUD, «L'infanticide», cit., pp. 255-256.

[30] Véase cómo en el pleito contra Estefanía López (en Castilla, La Puebla de Alcocer, 1618) se presta atención a la comprobación, por declaración de la madre, de si el recién nacido fue bautizado antes de su muerte, como condición para concederle sepultura cristiana: en efecto, como la madre defiende en un primer momento que la criatura nació muerta (y que las heridas que tiene son consecuencia del parto), aunque después vaya a dudar si nació viva (y a atribuirse la autoría de ciertas lesiones inmediatas, hasta al fin reconocer que con ellas causó la muerte), niega que fuera bautizada y en consecuencia es enterrada no en sagrado sino en un simple hoyo. (APÉNDICE, ff. 16v-19r, 29v, 82r.)

ra, la captación judicial prototípica, por ministerio de la ley, del problema), es percibida por Lewis en la medida en la que, inmediatamente, pone en relación este singular acontecimiento criminal que excita determinados modos de investigación con las figuras criminales típicas que pueden plantear problemas semejantes: la *expositio infantium*, por una parte, cuya similitud se aprecia en las causas, principalmente la ocultación de actos inmorales y antijurídicos, o las dificultades económicas, y sus consecuencias (hijos ilegítimos)[31], en la tendencia a subrayar la autoría materna aun en los supuestos en los que un varón haya participado en la desaparición o abandono, además evidentemente de que hay que tener en cuenta cómo en esta situación la muerte se presenta como una de las consecuencias más que plausibles del acto delictivo (una muerte por abandono quizá tan irremediable como la muerte homicida directa), y por otra parte el aborto, que no solamente se asimila al infanticidio neonaticida en cuanto muerte de una criatura discriminada o acotada en el tiempo, sino en la complejidad procesal de su prueba, que una vez más invita al reconocimiento médico[32], a la investigación científica, así del cuerpo materno (por ejemplo, la hinchazón del vientre) o de los cadáveres infantiles con el objeto de determinar (a la vista de la longitud de los huesos, o de posibles traumas) en qué momento de su corta (pre)vida, y más allá del problema de la infusión anímica, se produjo el fallecimiento[33]. Nella Lonza

---

31 Manon VAN DER HEIJDEN, *Women and Crime in Early Modern Holland*, Leiden-Boston, Brill, 2016, p. 58, explica la incidencia de la descendencia ilegítima en el agravamiento de la pena.

32 En el pleito contra Miguel de Gaztañondo, María Ángela de Echeverría, Josefa de Yarza y Catalina de Echevarría sobre «infanticidio» (en Castilla, Guipúzcoa, 1772-1776) se encuentra un buen ejemplo de la declaración de cirujanos en el reconocimiento médico del cadáver de una niña recién nacida: «Dixeron de una conformidad que dicho cadaber tiene una herida contusa a la parte del hueso parietal, y parte del coronal echo al parecer con algun ynstrumento pero tambien puede ser echo con la violencia de haverle arrojado al osario de dicha parroquia por lo que y por causa de hallarse el foetus del dicho cadaber con el mismo cordon humilical aderido a la parte de dicho cadaber, le pudo sobrebenir su muerte, que segun el concepto de los declarantes puede haber de a ocho o diez dias que fue muerto, y segun el juicio prudencial de los declarantes tenia dicha chriatura cumplida hedad de los nuebe meses de su creacion». (ARCHIVO DE LA REAL CHANCILLERÍA DE VALLADOLID, Causas secretas, caja 0016.0001.)

33 Christophe REGINA, «L'infanticide au Siècle des Lumières à Marseille. Une affaire de femmes», en L. Faggion & C. Regina (dir.), *La violence. Regards croisés sur une réalité plurielle*, Paris, CNRS Editions, 2010, pp. 294-296, 299, llama la atención

ha descrito vívidamente cómo la propia situación del parto entraña un riesgo en el que la vida y la muerte depende a veces de modo inaprehensible de una medida determinada de conocimiento, experiencia o esfuerzo por parte de la madre[34].

De esta manera, la «definición» de Lewis sobrepasa una tipicidad reducida del infanticidio (neonaticida) para entenderlo todavía en una clave ancha efectivamente material, se diría que en un cúmulo superior de violencia: por mucho que pueda captarse la relevancia específica de la muerte infantil natalicia, la infancia no ha asumido un criterio formal de separación que permita contemplar el crimen en exclusiva desde un acotamiento, y la percepción lata se impone. Por eso Lewis, que ha rodeado el infanticidio del abandono infantil y del aborto, todavía rodea estas tres figuras en un círculo de diámetro con mayor longitud[35], mencionando la violencia extrafamiliar padecida

sobre la dificultad que para los cirujanos deriva de la rápida descomposición de los cadáveres infantiles (obviamente, este factor repercute sobre el desarrollo eficaz de las investigaciones y procedimientos judiciales) aunque también suele suceder que sea bastante rápida (y así se constata en la mayoría de los pleitos referidos en estas páginas) la localización de tales restos mortales. Sobre esta cuestión, también Kilday, *A History*, cit., pp. 101-110.

[34] Lonza, «Two souls lost», cit., pp. 87-88: «For a child to survive birth, the umbilical cord had to be cut and tied. A woman who was giving birth without anybody's help had to do it herself to prevent the baby from bleeding to death through the umbilical cord or the placenta. This certainly draws out attention to the mother's conscious effort and skill during the whole process. Some women may have had previous labour experience, others may have seen or heard about the procedure concerning the umbilical cord, but to a number of women the analogy with the animal world was their only source of information. In addition, the quality of neonatal care, for example the removal of the mucus from the respiratory tract and being kept warm, may have been essential for the infant's life. That is why unattended labour proved more threatening to the baby's life, particularly if the mother was not motivated to fight for it».

[35] En este sentido de dilatación del ámbito de la violencia criminal se encaminan las reflexiones metodológicas de J. Carter Wood, «Criminal Violence in Modern Britain», en *History Compass*, 4-1 (2006), pp. 77-90. Anteriormente, Susan Dwyer Amussen, «Punishment, Discipline, and Power: The Social Meanings of Violence in Early Modern England», en *Journal of British Studies*, 34-1 (1995), pp. 1-34, desarrolló un análisis de la violencia en la Modernidad que partía del homicidio como crimen más representativo para ir ampliando el objeto desde el punto de vista del ejercicio de la represión por parte del poder público, también a la luz de la percepción de la opinión pública y en avance por una consideración de los principales ámbitos

por los niños de la que da cuenta la documentación judicial del Consejo de Augsburgo: lesiones de todo tipo, con armas blancas o de fuego, agresiones sexuales, ritos de brujería... y no sólo de infantes, sino también de púberes, a los que la «definición» del infanticidio según la legislación que contempla la muerte del recién nacido difícilmente podría extenderse, demostrando de nuevo que el muy alto grado de especificación parricida no resulta una exclusión; y por eso sembrando la duda de si realmente estos casos de violencia, lejos el nacimiento y aun la familia, fueron menos frecuentes que los infanticidios de recién nacidos, o simplemente no particularizados ni especificados a falta de aquella singularidad, material, probatoria y procesal[36].

---

y formas del ejercicio de la violencia. Contrastan los fenómenos de violencia letal y no letal Soenita M. GANPAT & Marieke LIEM & Joanne VAN DER LEUN & Paul NIEUWBEERTA, «The influence of criminal history on the likelihood of committing lethal versus nonlethal violence», en *Homicide Studies*, 18-2 (2014), pp. 221-240.

36 La cuantificación de los crímenes, por ejemplo mediante los datos obtenidos de los archivos judiciales, propone a primera vista ciertas conclusiones sobre la relevancia real de aquellos, pero el caso expuesto (¿son más frecuentes los homicidios de infantes o de púberes?, y no digamos nada si se sustituyen los términos de edad con valor jurídico por pautas temporales más generales o vulgares (niñez, adolescencia), plantea un enigma cuando los conceptos y sus fronteras no han sido asumidos históricamente como un factor clarificador. Una cuantificación de infanticidios, si el infanticidio se presume legalmente (o al menos, quizá, judicialmente) como la muerte del recién nacido, no sólo impide saber hasta dónde alcanza un infanticidio sin ese límite de configuración, sino que al mismo tiempo frustra cualquiera comparación con los infanticidios otros que, por no ser nocionalmente asumidos (pues no se sabe muy bien donde empieza ni dónde acaba su infancia), carecen de valoración discriminada. El problema tiene algo que ver, aunque probablemente va más allá, con la necesidad, defendida por Xavier ROUSSEAUX, «Crime, Justice and Society in Medieval and Early Modern Times: Thirty Years of Crime and Criminal Justice History. A tribute to Herman Diederiks», en *Crime, Histoire & Sociétés*, 1-1 (1997), pp. 87-118, de construir una historia cuantitativa que se combine o complemente con una historia cualitativa que conduzca a estudiar ciertos y complejos patrones de la delincuencia: el sexo, la edad, el status social y económico, el espacio rural o urbano en el que se desarrolla la criminalidad, así como el control social y de la justicia y las representaciones intelectuales del crimen y su represión; también se aproxima a la metodología cuantitativa en la historia de la criminalidad Gerd SCHWERHOFF, *Aktenkundig und gerichtsnotorisch*, cit., pp. 46-48, 50-68, 112-114, pendiente de poner de relieve las alternativas de análisis cualitativo que incluyen la determinación de campos materiales (aspectos políticos (pp. 124-147), jurídico-sustantivos y procesales de la justicia (pp. 85-98), penológicos (pp. 99-102), sociales (pp. 133-136) o sexuales (pp. 149-155)) de la represión. Véase, asimismo, Eric MONKKONEN, «The quantitative historical study

Los factores jurídicos y extrajurídicos se aúnan en esa virtualidad expansiva de la violencia contra la infancia que absorbe al infanticidio. Gregory Hanlon encuentra causas de un infanticidio no estrictamente neonaticida en la preferencia de las familias por la descendencia masculina, en la solución del abandono de los hijos por razones de supervivencia familiar, así como en el estupro con promesa incumplida de matrimonio y embarazo no deseado de la joven honesta, prácticas en cuya apreciación hay que tener en cuenta el cedazo del arbitrio

---

of crime and criminal justice», en J. A. Inciardi–Ch. E. Faupel (ed.), *History and Crime. Implications for Criminal Justice Policy*, Beverly Hills, Sage, 1980, pp. 53-73, y Eric A. Johnson, *Quantification and Criminal Justice History in International Perspective*, Köln, Center for Historical Social Research-University of Cologne, 1990. Lo cierto es que este complemento esencial de los factores cualitativos debe precisarse en su contenido con un criterio histórico, porque en caso contrario primará un tornado gnoseológico con órbitas de prejuicios, cajones de sastre y anfibologías. El concepto mismo de delito o crimen padece estos riesgos; se sitúa en la Edad Moderna, con una aproximación ahistórica y desjuridificada al concepto de delito o crimen, Sharpe, *Crime*, op. cit., p. 4: «Our starting-point must be that the word crime is a general blanket term rather than a precise analytical or descriptive category. The term can be used to describe an accident; an incidental and unpremeditated explosion of passion or despair; a behaviour pattern expressive of emotional or mental instability or frustration; something akin to business activity; or even a chosen way of life. Defining behaviour as 'criminal' varies according to different circumstances or social conventions, and there is a constantly moving frontier of what is, and what is not, acceptable conduct in any given society. Crime thus includes not only those acts which most human beings would regard as intrinsically wicked but whose motivation can vary enormously (theft and murder, for exemple); it also comprehends behaviour which can be newly classified as criminal by a specific society and can therefore be created by legislators or law-enforcement agencies. As criminologists have recently reminded us, there is a need to distinguish between crime waves and 'enforcement waves' when analysing criminal statistics. / Moreover, definition of behaviour as 'criminal' can vary according to social status or class, and is also prone to change over time: what a workforce might regard simply as taking traditional perquisites might be regarded as pilfering by employers, while types of violence which are acceptable in some periods might be less so in others. 'Crime', therefore, covers a wide range of activities, and is likely to be defined differently by different people at different times». Resulta paradójico que el historiador sustituya un concepto histórico de delito o crimen, elaborado por la doctrina jurídica, por otro concepto metodológicamente ortopédico y autodidacta más o menos complejo y acertado pero de peligrosa (im)pertinencia histórica; para la pertinente definición doctrinal histórica, Enrique Álvarez Cora, «La definición del delito entre los siglos xvi y xviii», en *Ius Fugit. Revista de Cultura Jurídica*, 19 (2016), pp. 35-63.

judicial, con mayor razón cuando prima un ambiente general de clemencia judicial, que al fin y al cabo es un mecanismo técnico que opera en dirección contraria a la tipificación singularizada o cualificación del crimen. Por supuesto, siguiendo a Hanlon, esta clemencia puede deberse no tanto a un afán de distipicidad cuanto a la dificultad de probar la premeditación o a la facilidad de probar la ausencia de dolo; en el infanticidio neonaticida no es fácil distinguir la deliberación criminal de la muerte accidental en casos tan frecuentes como el ahogamiento de la criatura durante el sueño que comparte con su madre[37]. Por lo demás, la prueba de la premeditación, que implicaría la subsunción del infanticidio en la categoría del homicidio proditorio, no evita otro condicionante que afecta en general a un hipotético cómputo de comportamientos claramente infanticidas y a los procedimientos de investigación médica de los cadáveres infantiles: la mortalidad infantil, que parece mantener un número similar en los recién nacidos y en los infantes o púberes, y que además lo aumenta cuando se trata

---

[37] Por ejemplo, atísbense entre líneas las relaciones personales que trasluce este certificado del escribano del pleito que pende ante el corregidor de Vizcaya sobre el «ahogamiento a una criatura» (en Castilla, Vizcaya, 1604): «pende pleito criminal, actor, el Licenciado Antonio de Barraycua, y doña Mari Ybañez de Basurto y Acha, su muger, y Reos demandados Juan de Eguia, y Maricruz de Echavarria, su muger, vezinos desta villa, sobre y en razon, de que el dicho licenciado Barraycua, y la dicha, doña Mari Yvañez de Basurto y Acha, su muger, hauiendo hecho confianza en los dichos Juan de Eguia, y su muger, en hauerles dado, a criar, una hija, recien nascida, para que con cuidado, y custodia, y diligencia, que en semejante caso se requeria para la crianza de la dicha criatura, tubiesen cuidado della, y su criança con el pesado sueño, de los dichos marido y muger, deuiendo considerar y prebenir el daño futuro dormiendo juntos, con la dicha criatura, la ahogaron, y murio naturalmente en una noche, de las pasadas, del mes de septiembre, deste presente año, de la datta deste testiminio, de que el dicho señor corregidor mando recevir ynformazion, con vista de la qual, mando prender de su persona a la dicha Maricruz, y poner en la carcel publica desta villa, y auiendosele rescivido su confesion, y alegado de su justicia se le dio, su casa, por carcel en fiado = y a primero dia, del mes de octubre del dicho año, auiendose presentado una peticion, de parte del dicho Licenciado Barraycua, en que en un capitulo della referia, que los dichos delinquentes, andauan y se paseauan, donde el suso dicho biuia y dauan ocasiones, muy vigentes, a mayores daños, con vista della, el dicho señor corregidor mando al dicho Juan de Eguia, marido de la dicha Mari Cruz, no se atrabesase por la calle, ni puertas de la casa del dicho Licenciado Barraycua, ni andubiese por ellas so pena de dos años de destierro desta villa». (Archivo de la Real Chancillería de Valladolid, Sala de Vizcaya, caja 0657.0004.)

de poner en comparación los hospitales con las circunstancias vitales exteriores, un dato a su vez obviamente supeditado a la circunstancia de la intervención de sujetos en situación de riesgo o enfermedad[38].

En definitiva, dice Lewis, «Accidents and other uncertain cases formed part of a vast gray area of violencia toward children. Excepting abandonment or death, what entailed lawful behavior of parentes toward their children was ambiguous, with significant leeway for physical discipline. A certain amount of violence toward children was expected and a part of everyday practice as a method of discipline and of enforcing paternal authority»[39]. Lewis llega a la conclusión de que el criterio material extenso se impone, frente a una consideración típica formal, en el concepto renacentista y barroco de infanticidio, pero en esa materialidad cree se halla también el criterio de valoración de la edad en sí misma y la inocencia de las víctimas[40]. Solo en

---

[38] Gregory Hanlon, «L'infanticidio di coppie sposate in Toscana nella prima Età Moderna», en *Quaderni Storici*, 113-2 (2003), pp. 455-457, 464, 466-468, 475. El alto índice de mortalidad infantil en Inglaterra es mencionado por Barbara A. Hanawalt, «Violent Death in Fourteenth- and Early Fifteenth-Century England», en *Comparative Studies in Society and History*, 18-3 (1976), pp. 307-308, quien llama la atención además sobre la escasez de procesos por infanticidio en los tribunales eclesiásticos.

[39] Lewis, *Infanticide*, cit., pp. 22-27, 34, 38-45, 126-127.

[40] Pero si la inocencia infantil no es el factor material de protección penal de la infancia, sino que lo es la idea proyectiva de la maduración espiritual, quizá aquella inocencia pueda interpretarse de otro modo, como un refuerzo del dolo del infanticida, en una incipiente tensión atécnica o guadiana de cualificación aun a falta de tipicidad propia. El propósito doloso sería el elemento esencial criminal desde el que crece la malicia o *mala voluntas*, y no desde luego el riesgo social, el *periculum*, ni tampoco la *prava consuetudo* (la reincidencia, que no constituye esencia del crimen sino eventual cualidad o circunstancia) que propone Antonella Bettoni, «The perception of 'social danger' among ius commune jurists: a reconstruction of the concept of malus in Sixteenth and Seventeenth century Italian and German juridical doctrine», en *Liverpool Law Review*, 26 (2005), pp. 45-56. Ahora bien, Lewis y Hanlon han llamado la atención sobre unas causas del infanticidio, que fuerzan la conducta criminal por razones morales o crematísticas, susceptibles de encaminarse precisamente en sentido contrario a una intencionalidad dolosa cualificada que respondería a su vez a un relieve acentuado de la inocencia; otros problemas potencialmente (aunque al fin no cuajen) excusadores o mitigadores de obligación criminal (legítima defensa del honor, estado de necesidad, por ejemplo) objetivamente estarían ocupando el primer plano, y no la debilidad, falta de malicia o imposibilidad de precaverse de la víctima, y así la cualificación en general o la proditoriedad en particular se encontrarían aún en cuarentena. Se trata de pensar en qué hay de infanticida en el momento

este punto parece difícil conciliar este diagnóstico del contenido material de la agresión a la infancia precisamente con el hecho de su falta de formalización específica y su comprensión en un ámbito de violencia más anchuroso, porque si la inocencia tuviera tanta relevancia como, por ejemplo, el vínculo de sangre, el infanticidio, cabe pensar, se habría desprendido típicamente del parricidio al que parece permanecer (como al homicidio proditorio, si el homicida no es pariente) conexo. La estrecha relación del infanticidio con el aborto parece escorarse igualmente, como si de la misma forma que el aborto puede equipararse al homicidio cuando el ánima está infusa en el feto, el infanticidio se equiparase al homicidio en la muerte de un cuerpo animado nacido al fin en un paso ulterior *immediate* y *sponte* del proceso de gestación, pero mantenida no obstante y sin contradicción la idea de que puede haber algo potencialmente no homicida o criminal (doloso) en el aborto, lo que parece extenderse al infanticidio, como si tanto uno como otro fuera discernido, conforme a la reflexión de Hanlon, «considerandolo uno sgradevole fatto della vita»[41].

No hay, pues, un *dicitur* doctrinal temprano del infanticidio; no hay una definición, como sostiene Joanne M. Ferraro, y la comprensión del infanticidio avanza en el seno del homicidio o del parricidio como homicidio cualificado, de suerte que la problemática infanticida sólo comenzará a ser definida y entendida autónomamente, en lo social y en lo jurídico (con tipo delictivo y denominación concreta), cuando comience a desarrollarse, ya en el siglo XVIII, «a new and more positive attitude toward infants»[42], pero a su vez esta afirmación habrá de matizarse si se entiende que, desde una distinta actitud, el valor de la infancia podía estar jugando anteriormente su influencia como factor, materialmente, y no como forma jurídica, al menos desde tiempos bajomedievales pero desde luego renacentistas[43].

histórico de cultivo social y jurídico del infanticidio que todavía formalmente no es o es mera especie (neonaticidio, libericidio).

41 HANLON, «L'infanticidio», cit., p. 477.

42 Joanne M. FERRARO, «One Community's Secret»: Incest and Infanticide in the Late Sixteenth-Century Veneto», en *Acta Histriae*, 15 (2007), pp. 444, 446-447.

43 Wolfgang P. MÜLLER, *The Criminalization of Abortion in the West. Its Origins in Medieval Law*, Cornell, Cornell University Press, 2012, p. 145, comenta la descriminalización infanticida medieval, aun meramente neonaticida; HANAWALT, «Violent Death», cit., pp. 307-308, atisba más bien en una oscilación entre la criminalización (meramente homicida) y la descriminalización. Linda Gail STONE, *Terrible Crimes and Wicked Pleasures: Witches in the Art of the Sixteenth and Seventeenth Centuries* (thesis),

Es lógico que si hubo un recorrido material del infanticidio previo a su formalización jurídica como tipo delictivo, el prototipo infanticida no tenga por qué completar su perfil con una descripción jurídica englobadora de toda su problemática (infanticidio), sino que puede adoptar concretamente los rasgos derivados de la realidad social en la que el fenómeno tiene su génesis y desenvolvimiento más destacado (neonaticidio). En una ruta para la eclosión conceptual rigurosamente teórico-jurídica de la nueva figura del infanticidio sus acreedores pueden ser el homicidio y la cualificación parricida, pero en una composición más bien práctico-jurídica el contenido brotará con ese afán más socialmente reseñable, y en menor medida de ingeniería dogmática, del neonaticidio. Cuando se piensa, sin embargo, en una formalización tardía del infanticidio al constatarse en el iluminismo el compás de la transformación de la valoración cultural de la infancia a la que se refería Ferraro, aquellos encajes de tambaleante dogmática parecen, sencillamente, balbuceos de respuesta judicial a una institución prefigurada pero de contenido institucional y sistemático impreciso. Abigarradas las dos ópticas, se levanta un escenario del que parece imposible salir y un laberinto en el que resulta imposible la fuga, porque la formalización jurídica no parece haber acompañado paso a paso los cambios de la mentalidad social. Así, Karen Fiorentino se ocupa de la definición de infanticidio que aparece en la *Encyclopédie méthodique*, que es efectivamente ya un *dicitur* (aunque no pasado por el tamiz de la técnica doctrinal jurídica) en el que el infanticidio se explica como «la mort violente et méditée d'un enfant né vivant, ou prêt à naître». De esta manera, el infanticidio sigue vinculado al homicidio premeditado, y sobre todo sigue acotado en la muerte del recién nacido, cuya vida invoca a las dificultades para diferenciar la muerte

---

Toronto, University of Toronto, 2012, p. 68, explica el aumento, pero bajo penas atenuadas, de la atención al infanticidio en el siglo xvi, y con mayor intensidad todavía en el siglo xvii, de acuerdo con la importancia social primordial atribuida al matrimonio, cuya salvaguarda repercute así en la valoración del fenómeno neonaticida (contra la descendencia ilegítima) que antes había cubierto, como estrategida demoníaca contra el no bautizado, la ahora decaída brujería. J. R. Dickinson & J. A. Sharpe, «Infanticide in early modern England: the Court of Great Sessions at Chester, 1650-1800», en M. Jackson (ed.), *Infanticide. Historical Perspectives on Child Murder and Concealment, 1550-2000*, Surrey-Burlington, Ashgate, 2002, pp. 38-39, apunta una disminución de casos de infanticidio desde el número más alto en la segunda mitad del siglo xvii, al menor de la primera mitad y más bajo de la segunda mitad del siglo xviii.

sobrevenida natural o casual, o bien en la proximidad del nacimiento, lo que enlaza el infanticidio con el aborto. Esto no es otra cosa que, con todo el iluminismo a cuestas, el prototipo social clásico del infanticidio, sin ninguna novedad, y sin ningún reflejo de cambio de sentimiento social respecto de la infancia; de hecho, la novedad que parecería derivarse de una definición que no concreta en libericidio la muerte de recién nacidos y así por su discurso genérico comprendería muertes cometidas por extraños, no familiares, se pierde cuando, como dice Fiorentino, los juristas coetáneos abordan el término y concretan que el homicida se entiende habrá sido el padre o la madre. La literatura médica, por otro lado, aunque a veces marca un límite de siete años en el infanticidio que lo convierte en una expresión estricta, teniendo en cuenta la edad coincidente que la doctrina jurídica señala como propia de la infancia, a menudo restringe a la postre al neonaticidio su percepción inercial del infanticidio, tanto por el hecho de que en él pese como presupuesto la condición de vida (mutatis mutandis, como en el aborto con ánima infusa, y al tiempo para diferenciarse del aborto), cuanto por la tendencia de la defensa procesal a alegar la muerte previa del recién parido[44].

Y este escorarse del infanticidio hacia el neonaticidio, en el que la comisión del crimen por la madre se impone a su vez como predominantemente típica[45], vuelve a plantear los problemas procesales habi-

---

[44] Karen FIORENTINO, «Un homicide ordinaire? L'infanticide devant le Tribunal criminel de la Côte-d'Or», en *Revue Historique de Droit Français et Étranger*, 93-2 (2015), p. 206.

[45] Lo que no empece que la madre acusada fuera preguntada en el proceso por el padre: LEWIS, *Infanticide*, cit., pp. 56-57. VAN DER HEIJDEN, *Women*, cit., pp. 59-61, relaciona el problema de la determinación de la paternidad (o de la acusación falsa de paternidad) con la existencia de una presunción de soporte financiero que operaría a favor de la honra y en consecuencia de la mitigación al menos de la obligación criminal. Peggy MCCRACKEN, «Engendering Sacrifice: Blood, Lineage, and Infanticide in Old French Literature», en *Speculum. A Journal of Medieval Studies*, 77 (2002), p. 56, explica que no hay en la literatura de ficción medieval, ni en sus modelos bíblicos, ejemplo de infanticidio materno que cumpla, como el paterno, una función legendaria y sacrificial al servicio de un bien superior: «when a mother kills her child, the infanticide is always a murder». Robert MUCHEMBLED, «Fils de Caïn, enfants de Médée. Homicide et infanticide devant le parlement de Paris (1575-1604)», en *Annales. Histoire, Sciences Sociales*, 5 (2007), p. 1.080, presenta estadísticas que contrastan claramente el número mayoritario de mujeres neonaticidas con la participación aun a título de complicidad de los varones en tales crímenes. En el pleito contra

tuales, y prototípicos de la figura criminal, de investigación probatoria, en los que el diagnóstico médico en virtud de sus técnicas de análisis (por ejemplo, el pulmonar, o el de hematomas y fracturas), recogidas en el seno de la literatura jurídica,[46] y de forma paralela

---

Estefanía López (en Castilla, La Puebla de Alcocer, 1618) es la madre quien identifica y pide al alcalde que prenda al padre de la criatura, según dice ella por el mero hecho de serlo, sin precisar su responsabilidad y al mismo tiempo que descarta la intervención de otros cómplices, que no obstante la justicia inquiere, mientras han sido detenidos, como ella, tanto su padre como su hermana, por sospecha de haber participado en la muerte del herido recién nacido (APÉNDICE, ff. 4r-5r, 11r-v, 25r).

[46] Su práctica es anterior, pero el planteamiento sistemático científico de esta analítica se produce en el siglo XVIII. Io. Rvdolphi ENGAV, *Elementa ivris criminalis Germanici-Carolini ex genvinis fontibvs dedvcta variis observationibvs et formvlis illvstrata atqve commoda avditoribus methodo adornata qvibus novas qvasdam observationes addidit D. Io. Avgvst Hellfeld*, Ienae, Svmtibus Vidvae Croekerianae, 1767, liber 2, titulus 6, §82., pp. 381-382: «De *corpore infanticidii* certus est, cui de eo, quod partus vixerit, et sine causa naturali perierit, nullum superest dubium. Vt vero omne dubium cesset, debent medici et chirurgi, quod iudex hic eodem modo, quo in homicidio, adhibet, cadaver iusto et maturo tempore accurate secare, et (a) attendere: num organa sint integra, et funiculus vmbilicalis conformatus? atque, quantum sanguinis ex hoc effluxerit? quae qualitas secundinarum? adsit in hiatu rhomboideo, temporibus, cranio etc. sugillatio vera cum liuore et sanguine extrauasato? etc. (b) interna conspicere et viscere in thorace, abdomine et capite sita probe considerare; quae vitae et mortis legerunt vestigia, iudici significare, atque quam de infanticidio commisso vel non comisso habent sententiam, additis rationibus ferre»; titulus 15, §195., pp. 441-442: «Femina, cuius *vterus* solido maior subito decreuit, *facies* pallida secuta est vires corporis debilitatas, *mammae* lac iustae crassitiei et albedinis continent, ac *vulua* ob certa *signa* partum enixa videtur duabus obstetricibus, hanc videntibus et tangentibus, peperisse, et partum, qui non extat, occidisse creditur adeo, vt semiplena probatio contra eam militet. Cui neruum suum subtrahere potest, docens (a) ex alia causa creuisse et decreuisse *vterum*, (b) *aquam subdulcem*, non lac, et (c) si hoc, tamen ex hola *mensium* suppressione, in mammis fuisse; (d) *inspectionem* vel a caecis vel ab iniuratis obstetricibus factam, aut (e) sine certis *signis* partus editi relatam esse, (f) se *molam* tantum vel grismam sanguinis edidisse». CREMANI, *De iure*, cit., liber 2, caput 5, articulus 8, pp. 284-286: «Sed vivus ne, an mortuus lucem foetus adspexerit, semper id rite prius constet in infanticidio oportet; ac si vivum editum fuisse accusator ostenderit, eum insuper dolo matris, vel patris vere necatum probare debet; aliter ordinaria parricidii poena excluditur. Ac dolum satis arguit confessio parentis non nuda, sed criminis adiunctis, indiciis, & similibus confirmata; non aeque huiusmodi confessio arguit puerum ex utero matris vitalem exiisse. Quae res accuratissimam inspectionem desiderat ab iudice suscipiendam adhibitis medicis, qui non modo externum, sed internum quoque cadaveris statum diligentissime explo-

también en la literatura de medicina legal[47], aunque nunca radical-

rent. Signa namque externa in infantulis ambigua admodum sunt, quandquidem mors iis inferri potest omissa umbilici obligatione, inedia, derelictione, quae quidem nullum relinquunt vestigium, quo de violenta, & procurata caede admoneamur. Hinc si medici ex interna cadaveris inspectione, ex hepatis putredine, & similibus arguant respirare infantem non potuisse, superest, ut infantem ex matris alvo mortuum prodiisse dicamus, atque iudex a severissima parricidii poena abstinebit, quantumvis confessio matris in medio sit. Nam aut mater ita confitetur, ut siimul dubitare de vita infantis, & ambigue respondere videatur; aut omnino dicit partum fuisse vitalem. Si primum, vix ea confessio dicenda est; tantum abest, ut ei dumtaxat acquiescere tuta conscientia iudex debeat; si alterum, praestat a matre caussas exquirere, cur partum fuisse vivum putet, & diligenter ponderare, utrum exquisitae omnino concludant. Nam quaedam mulieres partum ideo vitalem renunciant, quia eum calidum tetigerunt, cum tamen vix utero solutus mox omni calore destituatur, etiamsi destituatur vita. Aliae ad motum infantis provocant, nec certo statuere valent ab intrinseco ne infantis principio, vel extrinseco motus ille processerit. Aliae alia sibi fingunt, quae non sunt secura vitalitatis argumenta. At si confessioni matris accedant indicia, puta studium eiusdem matris vere singulare occultandi praegnantem uterum, & partum, vel deiectio ipsius partus in flumen, in latrinam, aliumve absconditum locum ex industria quaesitum; item si accedant testimonia eorum, qui se pueri vagitus, & ululatus audivisse, aut eum vidisse vivum, oculos moventem, & mox a parente in flumen proiectum in iudicio rite affirment, matri sane prodesse non debet, quod medicorum iudicio, & argumentis ex cadaveris inspectione desumptis firmari ea confessio non possit. Quippe tunc qualificata, ut aiunt, ea confessio videtur, adeoque sufficit ad poenam criminis ordinariam infligendam, ne aliter vix unquam huiusmodi poenae locus futurus sit». Véanse también los criterios de investigación del cuerpo del delito y los indicios de infanticidio según Ioannis ZANGERI, *Tractatus duo: de exceptionibus et quaestionibus, seu torturis reorum*, Francofurti ad Moenum, Apud Iohan. Gothofr. Conradi, 1730, «Tractatus de quaestionibus seu torturis reorum», caput 2, pp. 818-819, e Io. Christoph. KOCH, *Institvtiones Ivris Criminalis*, Ienae, Apvd Melchioris Haeredes, 1791, liber 3, caput 8, §723., p. 368, y caput 30, §742., p. 376. Pueden verse *formulae* del reconocimiento del cadáver infantil y del peritaje médico y obstétrico en BASSANI, *Theorico-praxis*, cit., liber 1, cap. 14, pp. 73-81.

[47] Valga como ejemplo significativo Guilielmi Godofredi PLOUCQUET, *Commentarius medicus in processus criminales super homicidio, infanticidio, et embryoctonia*, Argentorati, Sumtibus Amandi Koenig bibliopolae, 1787, que en la *sectio* II de su *conspectus*, pp. IX-XIII, articula las siguientes cuestiones *De infanticidio*: «Definitio. / Necessitas specialis pertractationis. / Suspicio infanticidii graviditatis, prophylaxis infanticidii. / Signa graviditatis & historia puerperii. / Partus exanimis examen generale. / Requisita subjecti, in quod infanticidium committi possit. / Falsae graviditates. / Molae. / Monstra. / Partus non virales. / Signa immaturitatis. / Abortus. / Non vitalitas ex prava conformatione. / Quaestio de vita sub partu & post eum. / Signa mortui ante partum. / Praesumtio vitae sub & post partum. / Simul utrumque casum consi-

mente concluyentes por otra parte[48], tiene tanto que decir sobre la

derari debere. / Signa vitae: Turgor capitis. / Haemorrhagiae, sugillationes &c. / An foetus per allisionem &c. in utero laedi possit? / Monstrosae laesionum formae. / Motus artuum ut signum. / Respirationis factae vestigia. / Quid inspectio doceat, & quomodo ea, & sectio institui debeat. / Statio diaphragmatis, Reliqua consideranda. / Modus ratiocinandi ex repertir. / Mutationes ex respiratione, in systemate aërifero. / Color pulmonum mutatus. / Gravitas specifica imminuta. / Quid ex hac sequatur, quid non? / Inflatio ab aliis facta. / Emphysema pulmonum. / Putredo pulmonum. / Raritas & volumen auctum. / Reliqua signa, praesentiam aëris demonstrantia. / Aëris praesentia in pulmonibus vitam infantis non probat. / Nobilior mutatio pulmonum per respirationem. / Major sanguinis copia post respirationem restat. / Ejus notae aliquae. Pondus absolutum auctum. / Rationes repertae inter corpus totum & pulmones. / Respiratio duplicat rationem pulmonum ad corpus, ipsumque pulmonum pondus. / Praerogativae hujus novae docimasiae. / Dubia contra eam & responsiones. / Diameter vasorum aucta. / Aliae mutationes circa cor &c. / Consequentiae ex hisce. / Submersio pulmonum. / Vita sine respiratione. / Respiratio minima etiam cum voce pulmones non mutat. / Explicatio miri hujus phaenomeni. / Horum vitam pulmones non docent. / Caussae, primam respirationem praepedientes. / Caussae morbosae violentae. Partus in blaneo. / Obvolutio membranarum. / Velox praecipitatio in sordes cloacarum. / Lintea, sanguis, sordes, lectus, &c. respirationis primae impedimenta. / Inundatio per liquorem amnii. / Consequentiae ex hisce. / Ulteriora signa vitae ex urina & meconio capi non posse. / Collective consideranda sunt signa. / Procedendum ad determinationem generis mortis, an spontaneum, an violentum fuerit? / Spontanea mortis genera neonatorum. / Violenta non semper ex dolo prodeunt. / Ipsae violentiae. / Haemorrhagia letalis per solutum funiculum umbilicalem. / Omissa solutio a placenta. / Suffocatio violenta. / Strangulatio. / Veneficium. / Pontentiae nocentes physicae. / Mors ex omissione auxiliorum. / Mortis genera composita»; todo lo cual se desarrolla en pp. 207-338. Sobre las fases procesales de la investigación judicial en torno al infanticidio en el siglo xviii, Durston, «Eithteenth Century Infanticide», cit., pp. 172-179.

48 Fiorentino, «Un homicide ordinaire?», cit., pp. 220-223, 225-226: «Le moyen privilégié pour savoir si l'enfant a eu vie est la docimasie pulmonaire, c'est-à-dire une expérience consistant à jeter une partie des poumons de l'enfant dans de l'eau et à en observer le comportement. Si l'organe pulmonaire coule, l'enfant n'a pas respiré, si au contraire il surnage c'est la preuve que de l'oxygène est entré dans les tissus. [...] Par ailleurs, il existe des objections contre cette preuve: la putréfaction des poumons peut dégager un fluide volatile permettant aux poumons de surnager alors que l'enfant n'a pas respiré. Il faut aussi tenir compte du fait que l'enfant, qui naît par la tête, peut aspirer de l'air et mourir avant d'avoir été entièrement dégagé. De même, il est tout à fait probable que le nourrisson après avoir vécu quelques minutes rende l'âme, sans qu'il n'y ait eu acte de malveillance de la part de la mère. [...] Les officiers de santé de l'hospice civil de Dijon relatent les manoeuvres qui ont été accomplies, pour déterminer si de l'air avait ou non pénétré dans l'appareil respiratoire. Ils concluent

circunstancia de que fuera nacido vivo el infante que hubiera sufrido el golpe premeditado de la muerte, condición sine qua non para la imposición de la pena capital[49], hasta el punto de dar la impresión de que la definición del infanticidio, como le ocurría a Lewis, puede

par la négative, mais précisent que ce n'est pas parce qu'un enfant n'a pas respiré qu'il n'a pas eu vie. [...] En effet l'infanticide peut découler de quantité d'autres moyens, évoqués par Desortiaux, notamment l'introduction de corps acérés dans les fosses et cavités, que Fodéré appelle 'acu-puncture'. Il faut par conséquent se livrer à des investigations minutieuses sur toute l'enveloppe du défunt, afin de détecter les traces laissées par des instruments. La mort peu également résulter de coups portés au nouveau-né. Il convient alors d'examiner tout hématome, afin d'en définir la cause, de rechercher d'éventuelles fractures, ainsi que des écoulements sanguins. L'emplacement des épanchements du fluide vital et celui de la plaie permettent d'ailleurs de décluire si les blessures sont survenues alors que l'enfant avait vie. En cas de luxation du cou, il faut scruter l'état des vertèbres et de la moelle épinière, susceptible de laisser apparaître une torsion criminelle. L'avis de l'expert médical est déterminant pour connaître la cause du décès. [...] L'homicide du nouveau-né peut également résulter d'une omission majeure: celle de la ligature du cordon ombilical. [...] Il faut alors que l'expert recherche si l'enfant accouché était viable. Il existe des critères de maturité du foetus comme la couleur de la peau, des cheveux, la présence d'ongles, la relative duraté des os, l'ouverture de la fontanelle. Si la taille et le poids reflètent le stade de développement, pour attester de la viabilité d'un enfant, il faut s'assurer de l'absence de malformation fatale et de ses aptitudes à assumer les fonctions vitales: respiration, ingestion et excrétion. Parallèlement à l'immaturité du foetus, les mères infanticides évoquent un accident ou un lourd effort peu de temps avant l'expulsion, qui serait un avortement spontané. / Si le légiste consulté acquiert la conviction que l'enfant est venu au monde vivant et viable, encore faut-il écarter l'hypothèse d'un accident pour retenir le geste criminel de la génitrice». Asimismo, sobre el examen de los signos y análisis médico del embarazo, parto y muerte de la criatura, Mark JACKSON, *New-born Child Murder. Women, illegitimacy and the courts in eighteenth-century England,* Manchester-New York, Manchester University Press, 1996, pp. 60-103.

[49] Así v. gr. VAN DER HEIJDEN, *Women*, cit., pp. 54-55. Decía Filippo MIROGLI, *Istruzzioni teorico-prattiche criminali. Tomo terzo,* Roma, Nella stamperia di Generoso Salomoni, 1764, cap. 13, pp. 251-252: «La prima si è, che il Parto sia nato vivo, poichè sebbene la presunzione legale sia, che ciascuno esca vivo dall'utero della Madre [...] Tuttavia si replica, che una tale presunzione puole aver luogo in *civilibus,* ma non si ammette in *criminalibus* massime per la prova del Corpo del Delitto, che debe esser certa, evidente, e manifesta particolarmente, ove si tratta di imporre pena di morte [...] e perciò ad ogetto, che dir si possa, che costa del Corpo del Delitto sia incombenza del Fisco il provare, che il Parto sia nato vivo. [...] Perche in dubbio sempre si debba presumere che sia nato morto».

confundirse sencillamente con el régimen probatorio de su consumación natalicia en un nido de violencia. Ocurre así además porque en cuanto el juicio se aparta del recién nacido para enfrentarse a un infante de mayor tiempo, la peculiaridad probatoria del infanticidio (y sus vínculos con la muerte natural, el homicidio casual o el aborto) parece desaparecer para subsumirse en la propia y común del homicidio proditorio o del parricidio, y por lo tanto la singularidad infanticida corre el riesgo de retroceder si no es que encuentra sujeción en un criterio material social y jurídicamente admitido. Pero, razonando de vuelta, la querencia por el neonaticidio como singularización del infanticidio da a entender que el criterio material, sea el temprano de la frustración de la maduración espiritual, sea el ulterior de una inocencia infantil en sí misma protegible, no funciona con fortaleza, no es por sí mismo cualificador formal y requiere de una retracción a sus factores más problemáticos (probatorios) para subrayar su peculiaridad, con el amparo de la perspectiva legislativa (si no también de la constatación, con algún fuste de cualificación delictiva pero sin vigor constructor de tipo, de la frecuencia delictiva[50], si se tuvieran parámetros comparativos solventes), que en cualquier caso hacen del infanticidio, como afirman Tanu Gupta y Ramandeep Mahal, un «inexact term», entendiendo desaconsejable su uso antes de 1624[51], fecha del *Act to Prevent the Destroying and Murdering of Bastard Children* en Inglaterra, con el que se reencuentra el implante de un criterio descriptivo del infanticidio, a raíz del embarazo deshonroso,

---

[50] Reconociendo ahora, con un sentido de profusión criminal sociológica como el que se encontrará en Carpzov, esa costumbre de delinquir con la que argumenta BETTONI, «The perception», cit., pp. 45-56. En Castilla, en el pleito contra Estefanía López (en Castilla, La Puebla de Alcocer, 1618) la frecuencia de los neonaticidios cometidos por las madres (cuestión así de escándalo y orden público) parece ser una razón de peso en la imposición de la pena de muerte de horca cualificada por arrastramiento; pero quizá esta misma cualificación subraya la existencia de unas circunstancias extraordinarias que resulta difícil colegir de no estar presentes si se hubiera dado lugar a una reducción a la pena legal ordinaria sin cualificación o incluso a mantener la cualificación (pues podrían valorarse entonces las heridas crueles causadas al recién nacido, que en esta ocasión se consideran significativas pero ni siquiera necesarias para la resolución final) o bien a una pena extraordinaria (APÉNDICE, ff. 36v, 82v, 88r-91r).

[51] Tanu GUPTA & Ramandeep MAHAL, «The Use of Infanticide in English Literature», en *Research Scholar. An International Refereed e-Journal of Literary Explorations*, 2-4 (2014), pp. 114-115.

con presunción de homicidio salvo prueba testifical del nacimiento difunto[52].

A pesar de que el tono procesal se mantenga, hay que reconocer (nueva razón de zozobra en la argumentación) que la ley produce un cierto efecto tipificador, aunque carezca de la referencia de un tipo delictivo amparado por el *dicitur* de la doctrina jurídica[53], tanto más necesario cuanto más se aspire a su cualificación jurídica bien fundamentada, y así a partir del citado *Act* de 1624, según Randolph Roth, se produce un aumento del número de neonaticidios, porque la indicación legal de las vías probatorias permite que la realidad sea percibida e interpretada por tribunales y justiciables en la esperanza de un encauzamiento jurídicamente relevante (una tipicidad) a raíz de su absorción legal: cuando la ley sanciona la obligación criminal de la madre por la muerte de un hijo ilegítimo y la condiciona a la par al previo nacimiento con vida, deslinda campos conceptuales y probatorios que la realidad puede haber mantenido en sombra, pero que potencialmente (en cuanto darán lugar a una declaración judicial en uno u otro sentido) van a encontrar luz, a partir de ciertos criterios que

---

52 *Act to Prevent the Destroying and Murdering of Bastard Children* (1624): «Whereas many lewd Women that have been delivered of Bastard Children, to avoid their Shame, and to escape Punishment, do secretly bury or conceal the Death of their Children, and after, if the Child be found dead, the said Women do alledge, that the said Child was born dead; whereas it falleth out sometimes (although hardly it is to be proved) that the said Child or Children were murthered by the said women, their lewd Mothers, or by their Assent or Procurement: / It For the Preventing therefore of this great Mischief, be it enacted by the Authority of this present Parliament, That if any Woman after one Month next ensuing the End of this Session of Parliament be delivered of any Issue of her Body, Male or Female, which being born alive, should by the Laws of this Realm be a Bastard, and that she endeavour privately, either by drowning or secret burying thereof, or any mother Way, either by herself or the procuring of others, so to conceal the Death thereof, as that it may not come to Light, whether it were born alive or not, but be concealed: In every such Case the said Mother so offending shall suffer Death as in Case of Murther, except such Mother can make proof by one Witness at the least, that the Child (whose Death was by her so intended to be concealed) was born dead». Cf. JACKSON, *New-born Child Murder*, cit., pp. 30-51, y DURSTON, «Eighteenth Century Infanticide», cit., pp. 167-170.

53 En palabras de Arlie LOUGHNAN, *Manifest Madness: Mental Incapacity in the Criminal Law*, Oxford, Oxford University Press, 2012, p. 206, «the offence created in the 1624 Act –a constructive crime, paralleling murder, which was based on a presumption that a woman concealing the death of her illegitimate newborn had murdered it».

serán, por el propio uso o estilo judicial, explicitados. Eso no quita que, como dice también Roth, la regulación legal surja a partir de una inquietud social por la impunidad de los sospechados neonaticidios y la dificultad de su prueba, inquietud que a su vez puede deberse a múltiples factores sociales, tanto un acento moral en el rechazo de las relaciones sexuales ilícitas y sus consecuencias, cuanto un aumento de la práctica neonaticida a raíz de un ciclo de recesión económica que puede traducirse (por la dificultad en la juventud de hacer frente a la responsabilidad de la constitución de una familia) en crisis demográfica empujada además por la utilización de diversos medios de control de la fertilidad (de no imponerse un criterio social favorable a la abstinencia), si no, en fin, un clima general de violencia, derivado de «the politics of neighbourhood» (independiente de la carestía y de problemas anejos como el abandono de hijos), que convierte al infanticidio en una mera expresión del homicidio, en ambientes extradomésticos de peligro donde circunstancialmente los menores de edad se ven involucrados sin que su muerte sea premeditada por razón de su condición natural ni de ninguna otra singularidad. Mas la existencia de una previa legal contemplación prototípica con atención a las claves probatorias procesales amaga en el sentido de la configuración de un crimen independiente, y tan solo este amago precipita el aumento de los procesos judiciales que se produjo efectivamente a partir de mediados del siglo XVII[54]. La realidad crea un lenguaje pero el lenguaje nace como un devorador atrayente de la realidad.

3. *CARPZOV Y EL PROTOTIPO DEL INFANTICIDIO*

En nuevo vaivén, a pesar de esta tipificación procesal del neonaticidio la doctrina jurídica moderna no se ha sentido muy estimulada a la elaboración de un *dicitur* del crimen, consolidado y a partir del cual cupiese el desarrollo de la estructura completa delictiva del infanticidio, si bien, como ha puesto de relieve Nella Lonza, esta posición de

---

[54] Randolph Roth, «Homicide in Early Modern England 1549-1800: The Need for a Quantitative Synthesis», en *Crime, Histoire & Sociétés*, 5-2 (2001), pp. 38-42, 47. Sigue este argumento Gregory Durston, *Wicked Ladies. Provincial Women, Crimen and the Eighteenth-Century English Justice System*, Newcastle upon Tyne, Cambridge Scholars Publishing, 2013, pp. 188-189, aunque para añadir que «Of course, the statute's impact can still be exaggerated».

la tratadística jurídica, en la que no hay más que comparar capítulos dedicados al parricidio con los dedicados al infanticidio aun en su versión limitada neonaticida, tiene una excepción en el célebre Benedicto Carpzov, cuya *Practica novae Imperialis Saxonicae rerum criminalium* incluye una expresa *quaestio de poena infanticidii*, justo entre las *quaestiones* dedicadas al *parricidium* y a la *expositio infantium*. Lonza considera que hay aquí «a clear distinction between infanticide and other types of offences», y si para Lewis las singularidades probatorias procesales establecidas por la ley en el neonaticidio eran suficientes para localizar una definición, para aquella (que, por cierto, también se refiere a la búsqueda de una definición) esta claridad distintiva se basa, con el paralelismo del Derecho canónico (la *purgatio canonica*), tanto en la singularidad procesal como en la especificación de una pena propia.

Bien es verdad que, así las cosas, la preocupación de Carpzov por las presunciones y circunstancias probatorias, con la significativa y definitiva ausencia (ay) de un *dicitur*, y su planteamiento estricto *de poena*[55], mantiene la coherencia con dos parámetros registrados. Uno, la confirmación de la existencia de la intuición material de un concepto infanticida de querencia neonaticida, habida cuenta de las habituales conexiones con la muerte natural, la exposición de infantes, las relaciones sexuales forzadas, los incestos, los matrimonios frustrados del estupro, el aborto...[56] Y dos, el recurrente planteamiento infanticida de la problemática procesal probatoria, que es no solo el criterio que permite dotar de cierta formalización al régimen propio de la institución criminal ya puesta en relieve por su problemática social, sino también el que ayuda a distinguir este crimen de los que parezcan más próximos en naturaleza, a saber, el homicidio y el aborto, tanto en su versión generadora de obligación penal cuanto en sus factores casuales distipificadores. Es significativo así que, al margen de más

---

[55] Benedicto CARPZOV, *Practicae novae Imperialis Saxonicae rerum criminalium. Pars I. Qvaestionum fere universarum in materia cujusqve generis homicidiorum, fractae pacis publicae, laesae Majestatis, tam humanae, qvam divinae, falsificationis monetarum, blasphemiarum, perjurii & sortilegiorum, ex Jure Civili Romano, Imperiali, Saxonico, Ordinat. & Constitut. Electoral. decisiones absolutas, responsis scabinorum Lipsensium approbatas, & usu ac observantia fori Saxonici confirmatas*, Wittebergae, Sumptibus Haeredum D. Tobiae Mevii & Elerdi Schumacheri, 1670, qvaestio 9, pp. 39-45.

[56] LONZA, «Two souls lost», cit., pp. 68, 70, 73-74, 88-90.

sesudos diagnósticos médicos, el llanto del neonato se convirtiese en una clave de la culpabilidad neonaticida[57], por encima de la valoración de los signos de gestación en el cuerpo de la madre[58], en la medida en la que excluye la defensa de la propia inocencia en el ámbito difuso de la muerte natural abortiva o por parto… y a la par, por simpatía simuladora, el sofoco de ese vagido explica las formas más repetidas de comisión del neonaticidio mediante el ahogamiento, el estrangulamiento, el lanzamiento a un pozo o el arrojamiento a la devoración por los cerdos…[59] Estas claves de fondo siguen muy presentes, aunque

---

[57] Se le da al llanto del recién nacido, como prueba de nacimiento vivo y especie de apellido contra la neonaticida y consiguiente motivo de las lesiones que pretenden impedirlo por parte de la madre, evidente importancia en el pleito contra Estefanía López (en Castilla, La Puebla de Alcocer, 1618). (Apéndice, ff. 18v, 82r.) Dice Mirogli, *Istruzzioni*, cap. 13, pp. 252-253, 255, respecto de la presunción de muerte del neonato por parte de la madre: «E specialmente se non dica averlo sentito piangere, e vagire, perchè niente più di naturale, che subito, che il Feto esce dall'utero materno, e conseguentemente da un luogo caldo all'aria, ed a luogo freddo vagisca, e pianga […] E conferisce la dottrina del *Zacchia* […] il quale dice, che li segni, che dimostrano, che un Parto non sia nato in tempo maturo, e che non sia vitale, sono, allorchè nasce, se non si muove, o se si muove debbolmente, se non piange, ne vasgisce […] E perciò conviene, che apparisca, che il Feto fosse maturo, e nato nel nono mese, perchè in questo caso si presume vitale».

[58] Porque estos signos de gestación, como dice Laura Gowing, «Secret births and infanticide in seventeenth-century England», en *Past and Present*, 156 (1997), pp. 90, 97, a menudo son ambiguos, o ambiguamente interpretados. En el pleito contra Estefanía López (en Castilla, La Puebla de Alcocer, 1618) no parece quedar claro que haya sido posible ocultar el embarazo a su hermana, aunque fuera cierto que se le haya ocultado y negado, pero el parto se ha intentado ocultar con la excusa de los dolores de la menstruación (Apéndice, ff. 19r-20r, 29r).

[59] R. W. Malcolmson, «Infanticide in the Eighteenth Century», en J. S. Cockburn (ed.), *Crime in England 1550-1800*, London, Methuen & Co., 1977, p. 205, encuentra en el llanto del recién nacido la explicación de por qué determinadas madres neonaticidas, especialmente las criadas del servicio doméstico, que tienen poco tiempo para que desaparezca la prueba de su delito cercadas por el ámbito clausurado en el que viven, optan por el crimen infanticida frente a la *expositio infantium*, puesto que esta, por escasa que sea la distancia en la que se abandona al hijo, entraña ya el riesgo de que su vida, y la sucesión del crimen, se manifieste en el berrido. Mikel Berraondo Piudo, *La violencia interpersonal en la Navarra moderna (siglos xvi-xvii)* (tesis), Pamplona, Universidad de Navarra, 2012, p. 103, se refiere a como se utiliza, en las alegaciones procesales en defensa de la neonaticida, precisamente la circunstancia exculpatoria de que nadie hubiera oído el llanto de la criatura. A propósito de las formas de comisión del infanticidio, Kilday, *A History*, cit., pp. 96-101.

haya que reconocer a Carpzov un paso de vestidura jurídica nada desdeñable: la manifestación explícita de la institución criminal en un término catalogado de infanticidio y en este sentido más prototipo (en vez de pre-tipo) que nunca. Como culminación, en el siglo XVIII, Matteo Antonio Bassani considerará llanto y examen anatómico materno como elementos para la composición típica del *committitur* del *infanticidium*, a saber, la muerte del recién nacido con vida provocada por la madre[60].

Para Carpzov el *infanticidium* se produce «qvando parentes liberos occidunt», un libericidio que no se reduce a neonaticidio pero que resulta claramente parricida. Sin embargo, el nudo con el parricidio se deshace desde el punto de vista punitivo si, de acuerdo con Iacobus Menochio, se entiende que la *poena gladii* debe sustituir a la pena ordinaria del parricidio, que es el *culeum*. La razón material de esta diferencia punitiva, entendida como factor de discriminación de la propia obligación criminal, es «qvia patria potestas non in atrocitate, sed pietate consistere debet», lo que extrañamente no ofrece ningún criterio que aporte un matiz respecto del criterio propio tipificador del parricidio, a no ser que se considere que en el infanticidio la *pietas* contravenida se acentúa, como expresión por lo demás de una patria potestad que permite plantear el infanticidio como una deriva nefasta de la facultad de corrección, que a su vez confirmaría el universo mental de la maduración espiritual que restó constatada como una razón suficiente para un infanticidio al menos materialmente relevante. Pero, a la sazón, es como si la pena del infanticidio tuviera que conservar la piedad inherente al ejercicio de la patria potestad, mien-

---

[60] BASSANI, *Theorico-praxis*, cit., liber 1, cap. 14, p. 73: «Prosequendo materiam interemptionis hominum, ex ea quoque desumi potest infanticidium, quod committitur quando mater infantem jam natum occidit, cujus delicti corpus constare dicitur, cujus delicti corpus constare dicitur, cum in actis constabit cadaveris infantis recognitio facta a Notario coram Testibus in loco, ubi reperitur, & per Peritiam duorum Physicorum, qui non sufficit, quod dicant esse natum vivum, ex quo in omnibus suis membris bene organizatum videtur, sed debent allegare sortiores rationes, quibus tale quid probetur, quam probationem Judex etiam facere potest per Testes, qui infantis statim nati audierunt vagitum, itidemque per Testes praesentes ortui infantis, qui statim ac ex utero exivit, fletum edidisse audierint. Et si mulier delictum confitetur, necessarium est, quod recognoscatur ab ipsa pro illomet, qui natus praetenditur, ad hoc, ut de illius identitate dubitari non contingat, & clam est in posse Curia, venit per duas obstetrices recognoscenda in mammillis, & partibus pudendis ad hoc, ut appareat in Processu eam peperisse, alias corrueret corpus delicti».

tras que en el parricidio el encubamiento golpea, potencialmente desde fuera de la sangre (cuando su razón es la sangre) la aberración cometida. Si el parricidio cualifica el homicidio, el infanticidio descualifica el parricidio.

Ahora bien, la subsunción parricida del infanticidio en la ley permitiría una extensión de la *poena culei* de la que se ocupa Carpzov, muy disciplinado en la cita y observancia de las normas legales o constitucionales. Esta extensión se encuentra fundamentada en que no cabe la discriminación punitiva de la muerte provocada en hijos naturales o espurios frente a la de los hijos legítimos, porque la pena parte de un vínculo «ubi concubinatus non toleratur» y la *natura vel amor parentum naturalis* afecta tanto a unos como a otros, sin distinción. En consecuencia, no hay una *pietas* ligada a la patria potestad que consolide una singularidad punitiva infanticida divergente del seno criminal del parricidio. Lo que sucede, según Carpzov, es que cuando existe una duda sobre la maternidad, como en el supuesto de que la mujer tenga la condición pública de prostituta, de modo que aquel que mata a su posible hijo pueda sostener que el embarazo no derivó de su acceso carnal sino del de cualquiera de los otros que con aquella yacieron, o sencillamente la ignorancia sobre su propia paternidad, entonces la pena que habrá de aplicarse será la *poena gladii* (y será oportuna la opinión de Menochio). Lo cual significa que el factor probatorio (adjetivo y procesal, no sustantivo) cobra brío en el infanticidio entendido como libericidio, y además ha de notarse que se trata en definitiva de la tesitura de un *incertus pater*, que no solo justifica la inaplicación de la pena ordinaria del parricidio en un supuesto especial de infanticidio, sino en el supuesto también, no probado plenamente, de parricidio[61].

Dicho esto, Carpzov recoge la idea de que la muerte del hijo *incestuosum vel ex adulterino & damnato coitu natus* merece la pena de la *amputatio capitis* o la *poena gladii*. En este momento, realzando la condición de *natus*, el infanticidio entendido como libericidio se ha desplazado, suavemente (a través de las categorías filiales), hacia un neonaticidio, para predicar de este neonaticidio, otra vez, una pena singular y distinta de la ordinaria de parricidio. La justificación es la siguiente: el parricidio solo se comete sobre aquellas personas a las que se está unido por un vínculo de consanguinidad o por un *ius ne-*

[61] Carpzov, *Practica*, cit., pars 1, quaestio 9, pp. 39-40.

cessitudinis, algo que no sucede con los hijos adulterinos o espurios. Ahora bien, Carpzov asume como verdadera la opinión de Daniel Mollerus, quien estaba a favor de la *poena culei* ordinaria del parricidio incluso en este caso de la ilegitimidad porque entendía que el régimen punitivo debía depender solamente de la *substantia parentum & liberorum seu filiationis*, y no de su *qualitas*, y en este sentido los hijos adulterinos y nacidos de un coito nefando o incestuoso serían tan *liberi* como cualesquiera otros; de nuevo, la *natura* no establece diferencias *inter liberos*, y por lo tanto el *naturale vinculum*, de sangre y cognación, permanece. Hay que aplicar la pena del parricidio a este neonaticidio, cuya tipicidad se difumina de nuevo y cuya naturaleza es abducida por el tipo parricida[62].

También hay neonaticidio en el caso de la madre que mata al *infantulus seu partus*, a menudo mediante la asfixia. En realidad, se trata del mismo caso anterior ampliado, pues no explicita condiciones de legitimidad o ilegitimidad en la descendencia, y se contempla el homicidio como acto criminal de la madre. Acaso se apunta ahora a una mayor proximidad temporal al parto, que puede depender del protagonismo materno. Carpzov está pues definitivamente inclinado a la argumentación en torno a los supuestos que en la práctica suelen plantearse en relación con el infanticidio predominantemente neonaticida; su teoría del infanticidio va perdiendo generalidad, aun desde el libericidio, para especificarse. Pero la perspectiva punitiva sigue primando. Ahora trae a colación la opinión de Julio Claro o de Ludovico Careri, partidarios de la aplicación al neonaticidio materno de la decapitación, la horca o la vivicombustión; Matthaeus Wesembecius recordaba la costumbre romana del empalamiento en vida. Con todo, también el encubamiento se valora como propio del crimen de la parricida *in propriam sobolem*. Desde luego, todas son penas que oscilan entre la capital y su cualificación ejecutiva, e invocan la cualificación homicida o de los crímenes de lesa majestad. Y esta gravedad de la pena apunta a un criterio material característico de la naturaleza del infanticidio, que parece sobreponerse y servir tanto para la especificación de una pena de tal dureza cuanto para la atracción del régimen punitivo (igualmente duro) del parricidio: la crueldad del infanticidio, que se impone aun sobre la *imbecillitas sexus muliebris*, una crueldad que no puede interpretarse simplemente como la consustancial a cual-

---

62 CARPZOV, *Practica*, cit., pars 1, quaestio 9, pp. 40-42.

quier crimen cualificado, sino a rebufo de la perspectiva materna asumida en la descripción del supuesto delictivo:

> Haec enim si unqvam aggravanda, certe gravissimum supplicium pro infanticidio imponendum erit, qvod uti crudelissimum, ita & pessimo ac nefando hoc seculo freqventissimum est. Qvid namque crudelius, qvam ad evitandum vituperium ex crimine leviori fornicationis contractum, gravius crimen parricidii committere! qvid horribilius, qvam contra affectionem, amorem naturalem, & jura sangvinis liberis suis impias manus inferre! Nihilominus tamen, qvod dictum horrendum, nullum fere aliud crimen hoc seculo nefando freqventius committitur, ut totis illis duodecim annis, qvibus Elect. Saxon. Scabinat. Lipsens. Assessor fui, ex variis actis criminalibus ad Collegium illud transmissis, colligere potui[63].

Así que Carpzov no ha encontrado una razón típica del infanticidio más allá del parricidio, pero ha ido escorando su razonamiento, desde el libericidio, hacia el neonaticidio, como quien se va aproximando felinamente al problema práctico de mayor relevancia *hic et nunc*, como si abandonara la cuestión abstracta de la fundamentación de una tipicidad sustantivamente pareja al reconocimiento específico del término de infanticidio, para entrar en la problemática concreta a la que se reconoce, en consecuencia, la razón del reconocimiento de aquella especificación terminológica. Y es ya centrado el neonaticidio como eje del infanticidio, cuando Carpzov finalmente explica la razón de la distinción material de este crimen: una crueldad que además se identifica con la preferencia delictiva del parricidio sobre la asunción de los efectos del adulterio u otra relación sexual ilícita que produce el fruto del parto. Es en esta comparación de males donde Carpzov encuentra la crueldad: quien quiso evitar la deshonra medante la muerte de la criatura nacida. Y en este sentido hay que reconocer que el neonaticidio parece dibujar aquí una razón de singularidad que no es la misma que la frustración de la maduración espiritual que en general parecería operativa respecto de un infanticidio sin límites libericidas ni neonaticidas. El neonaticidio aspira técnicamente a menos: encaja en las estrecheces del parricidio y por eso encuentra tantas dificultades para sustantivarse, pero a cambio ha encontrado una alternativa técnica, como un crimen de rara resolución prelativa de un concurso hipotético de delitos. Y esta orientación además se encuentra apuntalada por una práctica criminal que Carpzov ha constatado con la importancia social suficiente como para capitularla en su *Practica*.

---

[63] Carpzov, *Practica*, cit., pars 1, quaestio 9, p. 42.

La *crueldad frecuente* ha hecho aflorar una figura en otro sentido técnicamente paralítica por su incapacidad de abstraerse y generalizarse.

Por lo demás, el inseminador o *impraegnator* no merecerá pena ordinaria *ob infanticidium*, sino arbitraria del juez, de limitarse a la fornicación, pero sí la merecerá si presta *opus vel auxilium* a la perpetración de la muerte del infante, como promotor de parricidio, como *socius* de este crimen que ha de sufrir, *tamquam principalis*, la *poena culei*. Cuando padre y madre consienten en el crimen, cometiendo así un único homicidio, *ob unicum infanticidium* padecerán, *in solidum*, la imposición, de nuevo como parricidas, de la *poena culei*. El parricidio rebrota así en todas estas cuestiones técnicas de la participación delictiva, sin ninguna singularidad infanticida, así como en la imposibilidad de privilegiar penalmente, respecto de la pena ordinaria de tal crimen cualificado, por razón del *status & conditionis*[64].

Lo llamativo es que esta aplicación del arquetipo parricida al infanticidio puede dar lugar a una nueva oscilación conceptual, que demuestra la no colmada prototipicidad del infanticidio. Habiendo localizado Carpzov un criterio material como el de la crueldad frecuente para sostener la aparición terminológica del infanticidio singularizándolo en cierta medida respecto de la primacía formal típica parricida, y manteniendo esta primacía formal a los efectos de continuar con el desarrollo completo del tratamiento de la obligación criminal en el resto de los aspectos institucionales (participación delictiva), la línea familiar que el parricidio asume como fuente de obligación criminal homicida cualificada viene a ser transferida al ámbito del infanticidio, de manera que su calificación cubra los supuestos de muerte por parte de los abuelos de los descendientes *in infinitum*. Por supuesto, a estos ascendientes, si matan a sus descendientes, se les impondrá la *poena culei*, como parricidas. En cierto momento Carpzov fundamenta esta posibilidad parricida en la *affectio avorum erga nepotes*, la misma o mayor que pueden tener los padres hacia sus hijos; si este afecto recuerda a la *pietas* paterna, lo cierto es que, como aquella, rige a la postre en los límites y cauces del parricidio, y no en el margen de una singularidad infanticida[65]. Pero al haber ampliado la actividad criminal a los abuelos, lo cierto es que, salvo que se fuerce el planteamiento, el neonaticidio tiende a desaparecer, para recuperar ya no solo y

---

64 CARPZOV, *Practica*, cit., pars 1, quaestio 9, pp. 42-43.

65 CARPZOV, *Practica*, cit., pars 1, quaestio 9, p. 43.

sobre todo un libericidio (que, en cierta medida, también, por extensión), sino acaso un infanticidio de mayor género y amplitud temporal, potencialmente desconectado del parto y el nacimiento, a modo de un cierre del círculo desde el que Carpzov comenzó a elaborar su argumentario. La extensión del infanticidio a los *immanes ac barbari parentes* ahonda en esta dilatación, aunque en ellos se razone la existencia de una acción *contra ipsum naturae instinctum* que atrae un remoto contacto sanguíneo (de índole libericida), al tiempo que se subraya la crueldad y atrocidad de los actos perpetradores del infanticidio, una crueldad que probablemente tiene que ver, en dirección contraria, con la mayor extrañeza de su vínculo; también ellos sufren la pena ordinaria del parricidio. Pero de esta suerte, en efecto, el neonaticidio ha quedado desplazado, porque las formas horrendas de comisión del infanticidio que suelen practicar estos parientes, según explica Carpzov, se plantean, ciertamente, en términos de libericidio, y a su vez bajo el régimen punitivo del parricidio, más por cierto con una dosis de saña que remite a la crueldad enarbolada anteriormente como criterio material caracterizador del infanticidio[66]. El criterio amplio tiene además un ejemplo último, más allá del libericidio y como discusión en sí misma de los límites de la descendencia legítima afectada por el infanticidio, en la muerte de un hijastro o hijastra perpetrada por el padrastro o la madrastra; la imposición de la *poena culei* es, una vez más, objeto de discusión doctrinal, pero Carpzov la defiende, conforme al régimen de extensión del parricidio *in affinibus*[67]. El wittenbergense ha recuperado su arranque parental, que ha sido en todo momento el límite de la amplificación del infanticidio.

Antes de que en el siglo xviii el término de *infanticidium* comience a repetirse con mayor profusión en los tratados criminales, el cardenal Kollonicz, a finales de la anterior centuria, dedica también un

---

66 Carpzov, *Practica*, cit., pars 1, quaestio 9, pp. 44-45: «Qvibuscunqve igitur modis mortem liberorum procuraverint parentes, parricidii poenam ordinariam incurrunt. Sive liberos suffocaverint, manu, supparo, aliave re os sive nasum cooperiendo, eoqve modo ipsos aere privando. [...] Vel manibus crudelissime discerpendo, jugulando, cerebrum excutiendo, & contrucidando [...] Certe horrenda sunt haec facinora, qvae unumqvemque obstupefacere possent. Ego sane mallem hic conticescere, qvam talia & tam detestanda crimina proferre; sed cum barbari parentes haec facere non erubescant, qvis mihi vitio verter, ejusmodi facta horrenda, qvae poenam parricidii ordinariam meruerunt, referre, qvo horror incutiatur hujusmodi facinora audientibus».

67 Carpzov, *Practica*, cit., pars 1, quaestio 9, p. 45.

artículo separado en sus páginas a lo que denomina, de manera original, la *suppressio infantum*. El alumbramiento formal de esta figura fija la definición del infanticidio como neonaticidio, próximo al aborto y vinculado al parricidio[68]. A pesar de este *dicitur*, el tratamiento institucional permanece en una línea de predominio de la vertiente procesal y penal, aplicando el régimen *tamquam principalis* a cómplices y consejeros (pero no al conato)[69]. Se intensifica asimismo la im-

---

[68] Cardinalis a KOLLONICZ, *Forma processus judicii criminalis, seu Praxis criminalis*, Tyrnaviae, Typis Academicis per Joannem Andream Hormann, 1697, pars 2, articulus 66, p. 44: «Etsi quidem sub mentionato in praecedenti articulo Parricidio, omino etiam Matres comprehendatur, quae proprias proles, sive in, sive statim post partum, vita privare, & occulte supprimere praesumunt».

[69] KOLLONICZ, *Forma*, cit., pars 2, articulus 66, pp. 45-46: «*Indicia ad incarcerationem, & torturam.* / Si igitur haec, & similia reperiantur, & illa persona sic constituta sit, ut de ea tale delictum praesumi possit, captivanda, & per prudentes mulieres (quantum ad majorem notitiam conducit) inspicienda, & deprehensis ulterioribus conjecturis, per torturam examinanda est. Attamen dictae mulieres, aut obstetrices, cum indicijs causarum jurato attestentur, inspectam taliter constitutam esse, ut opportuerit eam vere prolem peperisse. / Si etiam proles reperiatur, quae paulo ante occisa fuit, & in ea vicinia, quaepiam aliunde suspecta, & diffamata mulier esset, quae argueretur gestare ubera lacte turgentia, mulgeri posset; &, si perfectum lac deprehenderetur, gravis contra eam est conjectura ad torturam; quod si excusationem afferret, lac sibi suppetere ex alia causa naturali, per obstetrices, aut alios Medicae peritos ulterius indagandum est. / Si vero mulier vivam, & membris rite formatam prolem, quae mortua reperta sit, occulte peperisset, & occultasset, & deprehensa mater desuper examinaretur, pro excusatione autem afferret, prolem citra suam culpam mortuam a se genitam esse, admittenda est ipsi legitima, & in hac nostra praxi criminali praescripta purgatio, in cujus defectu, per torturam examinanda erit. / Multo magis si mulier vivam, & membris rite formatam prolem occulte peperisset, & deinceps tanquam Virgo incessisset, praesertim si neget editam fuisse prolem, quae postea mortua deprehensa fuisset: quo casu praetensa excusatio mortui partus audienda non est, nec ideo purgatio concedenda, sed contra eam per torturam procedendum est. / Similiter torquenda est illa, quae allegaret ex improviso, & contra suam voluntaten, in secretum locum cecidisse, praesertim si subticuisset se gravidam esse, & insuper omni possibili modo praegnantem uterum occultasset, & interim tanquam caelibem personam se gessisset. / Idipsum locum etiam habet in illa; quae pro excusatione afferret, se nescivisse an gravida esset, ideoque se culpa vacare, quod proles in secretum locum ceciderit: Parcendum tamen esset torturae, si illa, prout aequum esset, probaret, quod se paucis antea diebus per prudentes mulieris inspici curasset, & hae nullam gravidationem reperissent. / Ulteriori indicia, & quidem ad torturam sunt, si delatae personae probetur, quod se ipsam in lateribus, aut ventre pugnis, aut alio modo concussisset, compressisset, & falcijs constrinxisset: quo casu

portancia de la crueldad, considerada como una circunstancia agravante[70].

se a tortura non eximit, nisi probare possit, quod proles alio naturali modo mortua, ab ipsa in lucem edita sit. / Denique huc adduci possent omnia indicia, quae in procuratione abortus, sequenti articulo expressa sunt. / Puncta examinis sic fere formari possunt, ut sequitur. / *Interrogatorium.* / A quo impregnata fuerit? / Quo tempore? / An verbis, aut promissis persvasa fuerit? aut sponte eo devenerit? / Quando, & quomodo senserit se gravidam esse? / An, & cur illud occultaverit, & secreto habuerit? / Quamdiu fuerit in proposito prolem occidendi? / An prolis Patri considerit, quod ab eo impregnata sit, & prolem occidere velit, & an ille consilium, svasionem, aut auxilium ad infanticidium praestiterit? / Qumodo? / An se ipsam in lateribus concusserit, corpus fascijs constrinxerit, aut ligaverit in terra se volutaverit, ex altiori loco desilierit, potionem, aut aliam medicinam sumpserit, & plures alias hujusmodi levitates exercuerit in hunc finem, ut abortum procuraret? Et si similia egit, an tunc, aut ante, proles in utero se moverit? / Unde medicinas acceperit? / An Apothecarius, aut a quo eas comparavit, notitiam habuerit, aut interrogaverit, in quem finem petita medicina uti velit? / Unde sciat, quod similes medicinae, aut alia supra memorata media, ad suum propositum conducant. / Quomodo proles ab ea in lucem exierit? / An aliquis, & quis tum temporis illi praesens adfuit? / An ab alijs interrogata fuerit, quod sit gravida? /An praesentes id adverterint? / An mater, aut cognati sciverint, quod sit gravida, aut partui proxima? / An aliquis ipsi consulerit, svaserit, aut auxilium praestiterit ad infanticidium, quomodo, & qua ratione? / Quomodo tandem infanticidium perpetratum? enarratis circumstantijs. / An durante, aut peracto infanticidio, poenituerit ipsam criminis? / In quen finem suam propriam carnem, & sangvinem occiderit? / An prius prolem baptizaverit, aut baptismi conferendi recordata fuerit? / An non plures infantes perdiderit? / *Sententia finalis.* / Habita Reae sassione, aut alias sufficienti probatione, acceptaque criminis notitia manifesta, etsi alias, tam ex Jure communi, quam specialiter ex praxi criminali Caroli V. hujusmodi infanticidae mulieres vivae sepultae, & impalatae, aut ubi occasio aquae est, submersae fuerint; nihilominus ad cavendam desperationem, volumus, ut hujusmodi Reae, gladio plectantur. / Ille vero, per quem ad libidinis crimen perducta fuit, si auxilium, aut consilium ad infanticidium praestitit, similiter plectendus est: si vero id factum non fuisset, sed potius impedire conatus fuisset, aut nullam ejus notitiam habuisset, arbitrio Judicis solum ob patratum carnis flagitium puniatur».

[70] KOLLONICZ, *Forma*, cit., pars 2, articulus 66, p. 46: «*Circumstantiae aggravantes.* / E contra, hoc delictum aggravat, si saepius, vel singulari quadam crudelitate perpetratum sit, quo casu Rea, ad locum supplicij ducenda, & vel amputatione manus, aut ignitis forcipibus, tot vicibus, quot proles occidit, crucianda est, penes supra memoratam poenam gladij».

CAPÍTULO II
CAUSAS CRIMINALES COLINDANTES DEL INFANTICIDIO

La descendencia ilegítima y la deshonra vergonzosa que provoca es una razón tozudamente repetida, aislada o en consonancia con otras de cariz sociológico, en toda descripción histórica de las causas del infanticidio[71]. La apreciación de los criterios materiales o formales del prototipo del infanticidio requiere su consideración, porque la causa explica el porqué de una construcción tipificadora institucional del crimen, y sus márgenes. El conocimiento de la causa de un crimen dice mucho sobre la naturaleza del crimen mismo, por supuesto entonces también sobre su formalización jurídica más o menos cuajada, y además sobre la forma de su percepción social.

Parece claro que no se necesitan muchas más palabras para explicar por qué un estudio del infanticidio necesita saber cuáles han sido sus causas históricamente más evidentes[72]. A ello se añade la necesi-

---

[71] BRISSAUD, «L'infanticide», cit., pp. 231-238, reseña en este sentido algunos casos de estupro, adulterio e incesto, a veces en la frontera entre el neonaticidio y el aborto provocado por los sufrimientos físicos y psíquicos que provoca en el feto las medidas adoptadas para ocultar el embarazo.

[72] Hay en estas páginas un entendimiento formal delictivo de las causas del infanticidio (o una formalización delictual de las causas sociales del infanticidio). Dice BUTLER, «A Case of Indifference?», cit., p. 60: «For years, historians and sociologists have relied primarily on two explanations to make sense of such a seemingly senseless crime. First, the have explained infanticide (in particular) as a crime of desperation, branding it a woman's crime, and often specifically a singlewoman's crime.

dad de perfilar jurídicamente el infanticidio, en la hipótesis complicada de su género y en la manifestación compleja de sus especies. En efecto, si se quieren desarrollar las características jurídicas conceptuales y estructurales del infanticidio, se precisan no cualesquiera causas, sino causas susceptibles de análisis jurídico[73]. La circunstancia de que estas causas (relaciones sexuales ilícitas, en términos globales) estén en el origen de la descendencia ilegítima que causa el infanticidio, y que lo estén bajo forma de tipificación criminalizada, y con un grado de formalización criminal o tipificación técnica romano-canónica mucho más desarrollada y completa que aun el propio crimen de infanticidio, se muestra con nitidez al servicio de la reconstrucción jurídica de los criterios materiales y formales que el infanticidio ha podido tener en cuenta en la dinámica de su problemática sociocriminal. El infanticidio puede obtener densidad jurídica de sus causas.

Por lo tanto, y sin que esto impida posteriores repeticiones a modo de recordatorio, bien se puede decir en este momento que el estudio de las causas criminales del infanticidio consiste en el estudio de causas que colindan porque procuran con simultaneidad dos tipos de información:

a) Por una parte, las causas criminales del infanticidio, o sea el conocimiento, desde un punto de vista jurídico orientado a su repercusión infanticida, de las razones sociales criminales que impulsaron el efecto de la práctica del infanticidio, entendido tanto en sentido genérico como en relación con sus especies del neonaticidio, el infanticidio estricto y el puericidio.

b) Por otra parte, los modelos colindantes de violencia contra la infancia, o sea el conocimiento de las formas jurídicas criminales que fungen de causas del infanticidio a los efectos de la determinación de posibles modelos de violencia que hayan podido alimentar materialmente el prototipo teórico del infanticidio.

Poverty, insufficient access to effective contraception, and widespread censure of sexually active singlewomen have become the villains in this circumstance. [...] Second, and more recently, insanity in its various guises (puerperal insanity, postpartum depression) has come to dominate historical studies of murdering mothers».

[73] Lo que obviamente no excluye el interés de los tópicos reflejados en otras fuentes, como las literarias, médicas y pedagógicas: Fronius, «Images», cit., pp. 94-107.

1. EL ESTUPRO

Una de las causas más constatadas de infanticidio durante la Edad Moderna parece haber sido el embarazo no deseado, probablemente consecuencia, en el caso de la mujer virgen, de un crimen de estupro o acceso carnal bajo seducción, con frecuente promesa incumplida de matrimonio[74]. Quizá la existencia de esta promesa matrimonial, que no es imprescindible para el delito, dependiera de las diversas y complejas relaciones sociales que constituyen el telón de fondo de esta actividad criminal: cabe presumir, por ejemplo, que la promesa es una forma de seducción viable cuando el estupro afecta a una víctima de status social igual a quien lo comete, mientras que estaría ausente, o sería poco fidedigna, cuando el agresor tuviera una condición social superior. La existencia de un conocimiento previo entre agresor y víctima parece además una presunción cohonestable con la eficacia de la seducción: las criadas del servicio doméstico[75], por ejemplo, han resultado ser unas víctimas características de este crimen de estupro, y activas neonaticidas[76]. En definitiva, la afección corporal a la mujer

---

[74] Cf. Nenad VEKARIC, «Omicidi tra parenti nella Repubblica di Ragusa (1667-1806)», en *Acta Histriae*, 10-2 (2002), p. 378; HANLON, «L'infanticidio», cit., pp. 456-457; Alicia DUÑAITURRIA LAGUARDA, *La justicia en Madrid. El arbitrio judicial en la Sala de Alcaldes de Casa y Corte (1751-1808)*, Madrid, Dykinson, 2010, p. 223. La intensidad de la violencia mental o moral del estupro, debida a la relación de subordinación entre víctima y agresor, tuvo que ser muy fuerte también, a juicio de Francisco Javier SÁNCHEZ-CID, *La violencia contra la mujer en la Sevilla del Siglo de Oro (1569-1626)*, Sevilla, Universidad de Sevilla, 2011, pp. 179-180, en la solicitación en confesión (cruzando instituciones, cuenta el autor en p. 180 el caso de un escribano que solicita a una madre que iba a presentarle querella contra el estuprador de su hija). LEWIS, *Infanticide*, cit., p. 29, explica cómo hubo mujeres activas en la querella contra el padre, en caso de embarazo, con el fin de conseguir el casamiento o una indemnización económica, pero no siempre fue fácil que tuvieran éxito en esta persecución; es significativo que esta búsqueda del padre fuera alegada por las mujeres procesadas por infanticidio, como si su crimen hubiera sido una consecuencia del abandono insalvable por parte de aquel.

[75] En el pleito de Manuela Fernández contra Pablo Rodríguez de Ledesma «sobre estupro y daños» (en Castilla, Castrillo de la Vega, 1768-1769), la criada confía en la promesa de matrimonio de su amo, bien es cierto que una vez ha padecido la violencia sexual de este y la sigue padeciendo de forma continuada. (ARCHIVO DE LA REAL CHANCILLERÍA DE VALLADOLID, Pleitos criminales, caja 0528.0007.)

[76] DICKINSON & SHARPE, «Infanticide», cit., p. 45; KILDAY, *A History*, cit., pp. 37-40; Anne-Marie KILDAY, *Women and Violent Crime in Enlightenment Scotland*, Roches-

joven y virgen formaba parte del cúmulo de violencia potencial que pudiera padecer la infancia, aun alcanzada la pubertad, entendida en sentido amplio y matizable en virtud de la manifestación exterior de su desarrollo físico.

Según Bonifacio de Vitalinis, la *defloratio virginis* constituye el factor nuclear del estupro, siempre y cuando esta defloración sea ilícita, lo cual obedece al hecho de que su causante sea un varón que carece de la condición marital respecto de la víctima[77]. Es esta una diferencia

ter, Boydell Press, 2015, pp. 73, 75. También se ocupa de las criadas Amy L. MASCIOLA, «'The unfortunate maid exemplified': Elizabeth Canning and representations of infanticide in eighteenth-century England», en M. Jackson (ed.), *Infanticide. Historical Perspectives on Child Murder and Concealment, 1550-2000*, Surrey-Burlington, Ashgate, 2002, pp. 61-65, que añade una conveniente precisión por razón del espacio: «Indeed, by the eighteenth century the context and forms of domestic service had changed. Relationships among servants and their employers were no longer familial, rural and customary; rather, they had become contractual, urban and based on wage labour». BERRAONDO PIUDO, *La violencia*, cit., pp. 98-99, 101, considera que el caso concreto de las criadas resulta muy significativo por reunir potencialmente las condiciones de adolescencia, virginidad y fertilidad, dependencia económica o laboral y sobre todo el lazo de una relación de sujeción y obediencia en el que se convierten en muy relevantes las razones presuntivas de la violencia en el estupro, como ha señalado igualmente DURSTON, *Wicked Ladies*, cit., pp. 178-179. También se ocupa de ellas y de sus circunstancias GOWING, «Secret births», cit., p. 104, Tomás A. MANTECÓN MOVELLÁN, «Mujeres forzadas y abusos deshonestos en la Castilla moderna», en *Manuscrits*, 20 (2002), p. 176, mencionando la intervención de los amos a favor del matrimonio entre criados como forma de reparación, con la financiación de complementos de la dote o gastos de crianza de hijos, Renato BARAHONA, *Sex Crimes, Honour, and the Law in Early Modern Spain: Vizcaya, 1528-1735*, Toronto-Buffalo-London, University of Toronto Press, 2003, pp. 81, 91, Gregory DURSTON, *Victims and Viragos. Metropolitan Women, Crime and the Eighteenth-Century Justice System*, Suffolk, Arima Publishing, 2007, p. 88, y María SIMÓN LÓPEZ, *Delitos carnales en la España del Antiguo Régimen: el estupro y los abusos deshonestos* (tesis), Granada, Universidad de Granada, 2010, pp. 284, 294, 309, a propósito de un «grupo doméstico» que «está compuesto por las criadas, amas de llaves, criada de servicio, amas de gobierno, un ama de posada y una criada de cocina», mayoritario (junto, por ejemplo, a las solteras huérfanas) entre las víctimas del estupro, por cierto que habitualmente con el amo como agresor.

[77] Bonifacii de VITALINIS, *Tractatus super maleficijs, cum additionibus antea positis, necnon cum apostillis Domini Hieronymi Cuchalon Hispani, & cum summarijs nouiter additis*, Venetiis, Petrus Dusinellus excudebat, 1578, en Angeli ARETINI, *De maleficiis tractatus, de inqvirendis animadvertendisque criminibus. Opus nedum vtile,*

clave entre el estupro y el adulterio[78]. Como explican dos Domingos, Raynaldus y Báñez, el matrimonio o su promesa envuelve con licitud la pérdida de la virginidad[79], lo que se compadece con el hecho de que

---

sed necessarium omnibus, maxime ijs, qui ad prouincias regendas constituti sunt. Cui tractatus Alberti de Gandino, nec non Bonifacii de Vitalinis, una cum apostillis Augustini de Arimino, & Hier. Cuchalon, ueluti apendices subiecimus, Venetiis, Apud Franciscum de Franciscis Senensem, 1578, f. 377v.

[78] Angeli ARETINI, *De maleficiis tractatus, de inqvirendis animadvertendisque criminibus. Opus nedum vtile, sed necessarium omnibus, maxime ijs, qui ad prouincias regendas constituti sunt. Cui tractatus Alberti de Gandino, nec non Bonifacii de Vitalinis, una cum apostillis Augustini de Arimino, & Hier. Cuchalon, ueluti apendices subiecimus*, Venetiis, Apud Franciscum de Franciscis Senensem, 1578, f. 129r: el adulterio se realiza «cum vxorata», mientras que el estupro se realiza «cum masculis vel virginibus vel viduis liberis». En este sentido, Paloma AGUILAR ROS, *El adulterio: discurso jurídico y discurso literario en la Baja Edad Media* (tesis), Granada, Universidad de Granada, 1989, pp. 16-19; María José COLLANTES DE TERÁN DE LA HERA, «El delito de adulterio en el Derecho general de Castilla», en *Anuario de Historia del Derecho Español*, 66 (1996), pp. 202-204, y Andrea MARCHISELLO, «'Alieni thori violatio': l'adulterio como delitto carnale in Prospero Farinacci (1554-1618)», en S. Seidel Menchi & D. Quaglioni (a cura di), *Trasgressioni. Seduzione, concubinato, adulterio, bigamia (XIV-XVIII secolo)*, Bologna, Società Editrice Il Mulino, 2004, p. 138. Para la sinonimia entre adulterio y estupro en el Derecho antiguo, o el vacío frente al adulterio del concepto de estupro, véase Rosa MENTXAKA, «Delitos contra la moral sexual en las 'Etimologías' de Isidoro», en *Labeo. Rassegna di Diritto Romano*, 44-1 (1998), p. 80; Anna ESPOSITO, «Adulterio, concubinato, bigamia: testimonianze dalla normativa statutaria dello Stato pontificio (secoli XIII-XVI)», en S. Seidel Menchi & D. Quaglioni (a cura di), *Trasgressioni. Seduzione, concubinato, adulterio, bigamia (XIV-XVIII secolo)*, Bologna, Società Editrice Il Mulino, 2004, pp. 22-23; y Eugenia MALDONADO DE LIZALDE, «*Lex Iulia de Adulteriis Coercendis* del emperador César Augusto (y otros delitos sexuales asociados)», en *Anuario Mexicano de Historia del Derecho*, 17 (2005), pp. 367, 397. Por lo demás, el varón puede cometer estupro, pero no adulterio: Sara MCDOUGALL, «The Transformation of Adultery in France at the End of the Middle Ages», en *Law and History Review*, 32-3 (2014), p. 520.

[79] Jo. Dominici RAYNALDI, *Observationum Criminalium, Civilium, & Mixtarum. Liber secundus*, Venetiis, Ex Typographia Balleoniana, 1735, caput 23, §4-6., p. 335. Con mucha claridad Dominicus BAÑES, *De iure & iustitia decisiones*, Salmanticae, Apud Ioannem & Andream Renaut Fratres, 1594, quaestio 64, articulus 5, p. 340: «Ad hunc igitur modum dicimus, quod stuprum habet specialem deformitatem contra castitatem, videlicet quia ipsa natura ordinauit integritatem illam ad placendum viro in vinculo matrimonij, ita vt non aliter esset licitum rumpere signaculum virginitatis nisi per matrimonium».

el acceso carnal ilícito pueda sanarse mediante el cumplimiento de la promesa, habitualmente emitida para obtener el consentimiento sexual femenino, de contraer matrimonio. Pero este argumento matrimonial solo desarrolla la patología (o la convalidación) de una ausencia de licitud matrimonial que tiene que ver con la condición ilegítima del estuprador y su seducción, y no identifica la esencia sexual del acto criminal en sí. En realidad, la objetivación del crimen en la defloración virginal depaupera el valor del consentimiento de la virgen; este consentimiento viene a ser tan solo la aceptación de un acceso carnal o cópula que el matrimonio prometido acaso sanará, espiritual y civilmente, como si la promesa de futuro resultara la mera explicación de una fantasmagoría por parte del sujeto activo del crimen que se atribuye próxima una condición de licitud ausente en el momento de la consumación delictiva.

La preeminencia del factor objetivo de la defloración como caracterizador del estupro tiene así un peculiar efecto sobre el juicio que merece el posterior comportamiento neonaticida, porque si este podría arrogarse la eliminación física del producto ilegítimo del coito como una negativa a la prolongación de los efectos criminales de la conducta prohibida a falta de convalidación, finalmente no puede ser así porque la vida del recién nacido no está sometida a una entelequia no sustantiva ni se impone al margen de esperanzas o desengaños, de modo que el infanticidio que pretende ser contemplado a la lumbre de una jerarquía axiológica que impone la repugnancia hacia los resultados del estupro sobre la preservación de una vida ya animada, ya cierta, entrañaría, como decía Carpzov, un egoísmo, una crueldad, en nada enlazada o en todo neutralizadora de la valoración de un consentimiento ultrajado, inaceptable. Y así el acto mismo de la defloración, con su objetividad remarcada en una adjetivación ilícita dependiente de un acto institucional como el matrimonio, ha excluido la cirugía de la subjetividad viciada, como la excluye en el aborto, y con más razón cuando el ánima está infusa. Dicho de otra manera, el consentimiento engañado de la virgen, por muy doloroso que resulte el engaño y sus resultados, inclusive respecto de las futuras expectativas matrimoniales frustradas tras el estupro, es un cauce de perfección que no puede justificar la exención penal neonaticida porque es el acto en sí de agresión violenta sexual, y no la perturbación consensual que la subsigue, lo que se pena, aunque es posible que la mitigación de la pena extraordinaria que la doctrina jurídica o la actividad judicial defendieron respecto del infanticidio haya podido tener su apoyo, de un modo indirecto y algo forzado, en tales causas próximas de la seducción o el engaño como una supuesta legítima defensa del honor o un estado de necesidad[80].

La ilicitud (que remite a la licitud matrimonial) de la *defloratio virginis* es una condición repetida por los doctores[81]. Pero algunos

---

[80] En esta línea mantiene Povolo, «L'imputata», cit., pp. 572-573: «La scelta del Tribunale di Padova esprimera l'impossibilità di una condanna nei confronti di due persone accusate di reati diversi, ma accomunate da un unico e breve destino. L'assoluzione di Anna Grisaro, così come era avvenuta, tramite il coinvolgimento dell'uomo che l'aveva sedotta e lasciata a se stessa, era implicita in una sorta di dereponsabilizzazione che si era voluto assegnare al ruolo dell'infanticida. L'assoluzione di Benetto Gallo era insita nell'imputazione anacronistica che gli si era rivolta. La sua condanna avrebbe significato stigmatizzare una condotta di vita, di per sé socialmente accettata. / La sentenza comportava, inoltre, una sorta di depenalizzazione di fatto del reato d'infanticidio, che solo la spinta verso il nuovo e il desiderio di rompere con i pregiudizi del passato, potevano aver indotto ad abbracciare. Una scelta rischiosa, che sarebbe presto stata abbandonata. I nuovi codici ottocenteschi avrebbero infatti previsto pene severe per il reato d'infanticidio, anche se poi di fatto, sul piano della prassi, sarebbe corrisposto un atteggiamento mite e comprensivo». Hay que advertir que la atenuación de la obligación criminal no opera exclusivamente por causa de honor. Así Mirogli, *Istruzzioni*, cap. 13, pp. 257-258, considera «la Causa di onore, volendosi da taluni, che la Donna, che muovevasi ad occidere il Feto per ricoprire la propria disonestà, si dovesse esimere dalla pena della morte. *Thesaur.* [...] dove assegna il motivo, cioè perche si crede, che allora sia forzata a commettere tal scelleraggine, e che questa forza sia di tal vigore, che superi l'amore materno [...] Benchè per altro erano ancora di sentimento contrario [...] ove tratta di quella Donna, che per causa d'onore nasconde il Parto, e lascia, che muoja senza Battesimo [...] ove parla della Donna, che espone il parto in luogo solitario, e remoto, acciò muoja, e seguendone la morte sia punibile con pena ordinaria non ostante, che ciò faccia per sfuggire l'infamia. / Ed in fatti nella contrarietà di queste opinioni sembra al nostro debbole intelletto, che la più vera sia questa, che la causa di onore non possa esimere dalla pena ordinaria la Rea di questo così enorme Delitto. In sostanza verrebbe ella ad esser giovata da una cansa, di cui ella stessa si è di già abusata con prostituirsi ad un illecito concubito, e verrebbe a riportar commodo dalla propria iniquità, perchè quell'onore, che ha di già tradito, gli servirebbe di mezzo per sfuggire il meritato gastigo». Pero si a la causa de honor se le añade otra circunstancia como la pasión de la violencia del estupro, entonces la atenuación tiene mayores posibilidades.

[81] Ioannis Bernardi Diaz de Lvco, *Practica criminalis canonica*, Lvgdvni, Apvd Gvliel. Rovillivm, 1569, caput 77, p. 165. Diego Perez, *Ordenanzas reales de Castilla. Recopiladas, y compuestas por el doctor Alonso Diaz de Montalvo. Glosadas. Tomo III*, Madrid, En la Imprenta de Josef Doblado, 1780, tomo 3, libro 8, título 15, p. 287.

otros, como Martín de Azpilcueta, no la concretan expresamente en la rotura del sello virginal[82]. Diego de Cantera, que por supuesto mantiene la condición de ilicitud, explica que hay un estupro propio y un estupro impropio y que este segundo se refiere al padecimiento del crimen por una viuda o una recién parida. En realidad, el estupro propio, con virgen, puede también devenir impropio, porque si al estupro sigue una relación carnal continuada, aun momentáneamente interrumpida (lo cual por cierto viene a objetivar de nuevo, en la defloración, la naturaleza del estupro, porque se está presumiendo que el consentimiento de la mujer, existiera o no durante su virginidad, ha venido después a perderse con la pérdida de esta misma), solo podrá calificarse como estupro el primer acceso carnal, pues los que lo siguieron ya no pudieron violar la virginidad perdida. La razón de que el estupro pueda ser impropio, pero estupro al fin, tiene que ver, entonces, de nuevo, con la ausencia de relación matrimonial, tanto en el coito continuado, como en el acceso carnal con viuda o puérpera, porque se parte de que en ninguno de los tres casos hay con el estuprador (soltero, casado o clérigo) sino amancebamiento o mera fornicación, amén de posible inexistencia de la defloración virginal. Es como si el estupro tuviera una escala de esencias, que pasan por el acceso carnal con la pérdida de la virginidad, en primer lugar, y con la ausencia de matrimonio, en segundo, mas al fin simultáneamente. En el estupro impropio la defloración virginal no rige, sino la ilicitud derivada de la ausencia de matrimonio; en términos positivos y concluyentes, la virginidad (propia) se corresponde con la honestidad (impropia) de mujeres en cualquier caso no casadas (derribada la frontera entre propiedad e impropiedad). El matrimonio, que legitima, se opone al infanticidio con mayor solidez y radicalidad, porque la descendencia entonces sería legítima y con mayor razón merecedora de protección. En sentido contrario, el embarazo de la puérpera o de la viuda, que deriva o no de una pérdida de la virginidad, sigue necesitando la cobertura del estupro, aun impropio, para que la obligación criminal del estuprador compense y liquide y así descarte la crueldad

---

Alphonso de Azevedo, *Commentarii juris civilis in Hispaniae regias constitutiones. Tomus quintus, octavum librum novae recopilationis complectens*, Lugduni, Apud fratres Deville, 1737, libro 8, título 20, *rubrica*, p. 395. Antonii Matthaei, *De criminibus ad lib. XLVII. et XLVIII. Dig. commentarivs*, Rhenum, Typis Ioannis a Waesberg, 1644, liber 48 Digestorvm, titulus 3, caput 5, p. 448.

[82] Martini ab Azpilcueta Nauarri, *Compendivm omnivm opervm*, Venetiis, Apud Robertum Meiettum, 1598, f. 153v.

infanticida al servicio de la yugulación del resultado negativo deshonroso que la mujer, aun sin virginidad que proteger, ha experimentado de modo análogo[83]. Y puestos a encontrar analogías, Cantera se refiere también al estupro de una mujer prometida en matrimonio por palabras de presente, que implica el concurso del crimen de estupro con el de adulterio[84], cuyos efectos trastornadores podrían plantearse, incluso, respecto de la mujer que ya ha contraído matrimonio, pero que todavía no ha tenido acceso carnal con su marido. Obviamente, las consecuencias de este estupro en caso de embarazo son muy duras, y desde este punto de vista se entiende que si bien no hay una aceptación jurídica teórica de convertirlas en causa mitigadora o eximidora de pena por actos infanticidas, la práctica haya contemplado, como se ha constatado en numerosas ocasiones, la permisividad hacia su frecuencia social espontánea, si no artificialmente como una prolongación de los márgenes del consentimiento que presentaba el estupro propio (al fin y al cabo, tampoco hay ninguna tolerancia formal hacia la eliminación de los hijos ilegítimos no naturales sino incestuosos o adulterinos), sí en cambio desde la atención a la virtud de la cobertura matrimonial cuya vulneración o ausencia o incumplimiento destaca (como destaca igualmente, en sentido positivo, la más sencilla definición del estupro, al exigirse la ilicitud de la defloración) la extensión característica del estupro impropio[85].

---

83 Berraondo Piudo, *La violencia*, cit., p. 102, recuerda el bajo número de viudas infanticidas.

84 Didaco a Cantera, *Qvaestiones criminales tangentes ivdicem, accvsatorem, reum, probationem, punitionemque delictorum*, Salmanticae, Excudebat Cornelius Bonardus, 1589, *De quaestionibus tangentibus punitionem delictorum*, quaestio 1, cap. 4, p. 464.

85 El pleito contra Luisa Colodrón, sus padres Andrés Colodrón y Esther Varela y el criado Agustín de Rueda Molón (en Castilla, Pozáldez, 1768-1769) es interesante en este sentido. Luisa Colodrón tiene veinte y un años (una pubertad muy próxima a la mayoría de edad) y da a luz de un embarazo ocultado a sus padres (hasta el momento de sufrir los dolores del parto) dizque por «miedo reverencial». Atribuye la paternidad a Ramón Lorenzo, un mozo soltero absuelto primero, y condenado después en apelación, por estupro cometido contra Luisa (con el fruto de un primer hijo), impuesta condena de casamiento o en su defecto de resarcimiento de daños, cuya pena supletoria a su vez de reclutamiento en el regimiento fijo de Ceuta al servicio del rey. Durante su estancia en la cárcel, según Luisa, parece que sale (se le permite) para, colándose por la ventana (la cárcel está contigua a la casa de Colodrón), tener repetido contacto sexual con ella, pero no todos los testigos confirmarán las circunstancias de esta versión, en la que se atribuye finalmente al mozo el emba-

Joos Damhouder, en el siglo xvi, aunque se refiere a la defloración como un crimen gravísimo, entiende así el estupro como un crimen de acceso carnal simplemente cometido *in virginem viduamque honeste viuentem*; también Alexandro Brugiotti, en el siglo xvii, define el estupro como *iniusta compressio virginis aut honestae viduae*[86]. Concretamente en el discurso de Damhouder el refuerzo que implica la atrocidad del estupro en virtud de la defloración convierte en incómodo el concepto impropio, amplio, de estupro; se alegará que, antes bien, cuando Damhouder diferencia entre el estupro voluntario y el violento, parece concederse prioridad al estupro impropio, pues en el primero consiente tanto la virgen como la viuda, y en el segundo, *per vim*, sufren la agresión sexual tanto la viuda como la virgen, pero es muy significativo que finalmente el estupro violento, con su relevancia cri-

---

razo de la niña parida y después abandonada. Luisa explica en su confesión que Lorenzo prometió hacerse cargo de las obligaciones familiares a la vuelta de cumplir su destino en Ceuta (luego no pensaba cumplir la pena principal ni la primera supletoria), pero este negará que pueda atribuírsele el segundo embarazo durante su estancia en prisión, y se lo adjudicará al criado Rueda; lo cierto es que el abandono de la recién nacida significa que Luisa (llega a fugarse de la cárcel) no espera al reclutado. Pues bien, por lo que al «infanticidio» se refiere (realmente un conato de infanticidio, pues el criado a quien los padres envían a que abandone a la recién nacida en una iglesia no llega a cumplirlo, al ser detenido por unos vecinos), el pleito termina en absolución de la hija, sus padres y el criado. Si es cierto que el estuprador ha vuelto a estuprar, el velo sobre el crimen contra la descendencia natural tiene su razón de ser en el ejercicio continuado de la violencia interpretativa que sufre la soltera menor de edad, pero si el hijo bastardo es del criado (como denuncia el cura párroco: «como en dicha villa, ha parido segunda vez, Luisa Colodron, moza soltera, hija de Andres Colodron, y Theresa Varela, vezinos de esta villa, en el termino de onze meses; es un escandalo publico, y notorio desde el mas niño, al anciano, y todos consienten ser sus fetos, hijos de Agustin de Rueda Molon; vulgo Torrondo, hombre casado en esta villa, mal entretenido, quien haze poco, o ningun caso de su muger, como ella, lo ha dicho varias vezes, quexandose a la justizia y a mi como parroquo; se le cojio con la criatura el dia diez, y ocho de este mes, que iba a exponerla a Medina, como todo constara a V. S.ª por autos hechos por esta justicia en este expediente. Todo el pueblo clama a la justicia, y a mi como parrocho, para el remedio de tan conozido escandalo») el velo que cubre lo criminal cobra mayor sentido en el respeto a las relaciones propias y entrecruzadas del ámbito doméstico y matrimonial contra el amancebamiento ilícito. (Archivo de la Real Chancillería de Valladolid, Pleitos criminales, caja 0377.0001.)

[86] Alexandri Brvgiotti, *Institvtiones criminales*, Romae, Typis Michaelis Herculis, 1667, liber 3, titulus 17, p. 177.

minal, sea considerado, *proprie*, un *raptus*[87], lo que conduce a la paradoja de que el estupro propio no es estupro y el estupro impropio ha de ser propiamente el estupro. Esto no quiere decir que no se mantenga, sin empacho, formalmente, la clásica distinción entre estupro propio e impropio, definido el primero como *virginum illicita defloratio* y haciendo hincapié, como Carpzov o Ludovico Gilhausen, en la honestidad (no corrupta, ni obscena o prostituida) de la viuda[88], diríase que una virgen impropia. Mas en definitiva la actividad antimatrimonial que subyace como causa en la infanticida eliminación de pruebas habrá de adaptarse mejor a la flexibilidad del estupro impropio, más propio del estupro que su propia propiedad.

La relativización del factor virginal se transforma en una apreciación más general de la violencia sexual contra la honestidad[89]. Carp-

---

[87] Iodoco DAMHOUDERIO, *Praxis rervm criminalivm, elegantissimis iconibvs ad materiam accommodis illvstrata, praetoribus, propraetoribus, consulibus, proconsulibus, magistratibus, reliquisque id genus iustitiariis ac officiariis, apprime vtilis ac necessaria*, Antverpiae, Apud Ioannem Bellerum, 1555, caput 92, pp. 335-337. De una *qualitas raptus* habla, quizá con mayor finura, Lvdovici CARERII, *Practica cavsarvm criminalivm*, Lvgdvni, Apvd Gvlielmvm Rovillivm, 1562, f. 205v; sin embargo, RAYNALDI, *Observationum*, cit., liber 2, caput 23, §1-3., p. 296, afirma que «inter stuprum violentum, & raptum nulla erat differentia».

[88] Benedicto CARPZOV, *Practicae novae Imperialis Saxonicae rerum criminalium. Pars II. Qvaestionum fere universarum in materia delictorum carnis, furtorum, rapinae, sacrilegii, falsi & injuriarum, ex Jure Civili Romano, Imperiali, Saxonico, Ordinat. & Constitut. Electoral. decisiones absolutas, responsis scabinorum Lipsensium approbatas, & usu ac observantia fori Saxonici confirmatas*, Wittebergae, Sumptibus Haeredum D. Tobiae Mevii & Elerdi Schumacheri, 1670, quaestio 68, pp. 141, 148. Lvdovici GILHAVSEN, *Arbor iudiciaria criminalis, in qva tam delictorvm genera quam inquisitionum & accusationum, vti etiam defensionum, iudiciorum & poenarum, materia & formulae dilucide arguteque declarantur, tractantur, explicantur & continentur*, Coloniae Agrippinae, Sumptibus Petri Henningii excudebat, 1642, capvt 2, titvlvs 21, p. 107.

[89] Milagros ÁLVAREZ URCELAY, «*Causando gran escandalo e murmuraçion*». *Sexualidad transgresora y su castigo en Gipuzkoa durante los siglos XVI, XVII y XVIII*, Bilbao, Universidad del País Vasco, 2012, pp. 277-278, 280-281, insiste en que las estupradas alegan su condición honesta anterior a la consumación del estupro, y concluye efectivamente en que la virginidad «no constituiría en sí misma el bien dañado», sino que el estupro «constituye una afrenta al honor, un honor que se presenta asociado a la honra y a la honestidad [...] sin que se extiendan esta deshonra o este deshonor a su entorno familiar». Quizá esta anteposición de la honra y la honestidad a la virginidad en concreto, pero que obviamente la incluye, es lo que quiere decir Iñaki BAZÁN DÍAZ,

zov analiza el consentimiento de la mujer virgen o viuda estuprada bajo violencia tanto desde la perspectiva instrumental (en lo que acaso quepa intuir una gradación apreciable judicialmente), con armas y amenazas como medios de ejercerla que refuerzan evidentemente la anulación de la voluntad victimaria, incluso en el supuesto de que haya existido una declaración de consentimiento que habrá que considerar fingida o apariencia mera. La mención del *periculum* sufrido, que no es sino el acceso carnal del estupro en sí mismo, lleva a idéntica conclusión[90], lo que podría derivar (es difícil saber si Carpzov tiene este afán ulterior) a una objetivación criminal completa del estupro en el que la agresión sexual se considera tan repugnante que la presencia de consentimiento es incompatible con el propio peligro. En rigor, Carpzov identifica la violencia con una *voluntas coacta* de la víctima, de la que tanto el acto de agresión sexual cuanto sus instrumentos pueden ser signos evidentes, yugulada la *propria voluntas*. La combinación de la ilicitud antimatrimonial (que permite asimilaciones entre el estupro y la bigamia)[91] con la relevancia criminal de la violencia en la agresión sexual explica que el estupro pueda ampliarse conceptualmente y absorber (esta vez sí que impropiamente) la figura del adulterio violento[92].

Parece así que no hay fundamento para una valoración de la violencia de manera tajantemente opuesta, como si fueran nociones contradictorias, a la voluntariedad, en el sobreentendido de que el proce-

---

«El estupro. Sexualidad delictiva en la Baja Edad Media y primera Edad Moderna», en *Mélanges de la Casa de Velázquez*, 33-1 (2003), pp. 19-20, cuando afirma que se impone evolutivamente, en la difícil precisión conceptual del estupro, «la noción de estupro ligada a yacer con virgen o doncella», y constata al mismo tiempo la exigencia de honestidad o buena fama (frente a la corrupción) que permite incluir a las viudas y a las religiosas.

90 El *periculum* es así valorado, contra lo que dice Georges Vigarello, *Historia de la violación. Siglos xvi-xx*, trad. A. Martorell, Madrid, Ediciones Cátedra-Universitat de València-Instituto de la Mujer, 1999, p. 65.

91 Carerii, *Practica*, cit., f. 205v; Ioannes Vela & Acuña, *Tractatvs de poenis delictorum*, Salmanticae, Excudebat Didacus a Cussio, 1596, caput 7, p. 29. Giuliano Marchetto, «'Primus fuit Lamech'. La bigamia tra irregolarità e delitto nella dottrina di diritto comune», en S. Seidel Menchi & D. Quaglioni (a cura di), *Trasgressioni. Seduzione, concubinato, adulterio, bigamia (XIV-XVIII secolo)*, Bologna, Società Editrice Il Mulino, 2004, p. 79, considera que es la infamia la que puede aproximar los crímenes de estupro, adulterio y bigamia.

92 Carpzov, *Practicae*, cit., pars 2, quaestio 75, pp. 200-202.

so de captación de la voluntad virginal entraña una perversión potencial tanto por quien lo lleva a cabo como por quien la padece. Dice Juan Vela y Acuña que hay tres supuestos que plantear a propósito de la voluntad de la estuprada. El primero, cuando la virgen consiente mediante persuasión, dones o halagos, en el que la obligación criminal del estuprador es indudable. El segundo, cuando hay dudas sobre la seducción anterior, que entonces hay que presumir; Milagros Álvarez Urcelay se ha referido a la justificación en la seducción y promesa de matrimonio que alegan las estupradas para evadirse de la prueba de su propia voluntariedad[93], y Alicia Duñaiturria Laguarda ha destacado el interés judicial en tratar como estupro supuestos de abuso sexual de todo tipo precisamente con el objetivo de ofrecer a la mujer una vía de convalidación matrimonial[94]. Y el tercero, cuando consta la libre voluntad de la virgen, lo que entraña una pena dotal por su aquiescente padecimiento[95]. Pues bien, en realidad, no hay en este razonamiento ninguna matización del criterio objetivo de la *defloratio virginis*; tan solo se escudriña si la obligación criminal pesará exclusivamente sobre el estuprador, o si también, aun en otra medida, sobre la estuprada. Este planteamiento quiere decir que no hay razones subjetivas que vicien la obligación criminal en ningún caso, una vez que la conducta se ha perfeccionado; la persuasión de la estuprada prueba el dolo del estuprador, y el consentimiento de la estuprada no lo excluye, sino que añade una actitud dolosa por su parte, por mucho que sea la víctima del acto criminal objetivo. En estas condiciones de escaso desarrollo analítico subjetivo del estupro, la *imbecillitas* no puede ser criterio mitigador de conductas criminales que la articulan[96].

---

93 ÁLVAREZ URCELAY, *Causando*, cit., p. 158.

94 Alicia DUÑAITURRIA LAGUARDA, «La criminalidad de Madrid en los Libros de Acuerdos», en *Clio & Crimen*, 10 (2013), p. 287.

95 VELA & ACUÑA, *Tractatvs*, cit., caput 35, pp. 187-188.

96 Deborah G. BURKS, *Horrid Spectacle. Violation in the Theater of Early Modern England*, Pittsburgh, Duquesne University Press, 2003, p. 159, considera que la edad legal del consentimiento matrimonial (doce años en la mujer y catorce en el varón) es la que activa la condición sexual y permite entender operativo el padecimiento de un rapto o estupro voluntario. Sin embargo, esta es una interpretación que parece equiparar la activación sexual matrimonial y la activación sexual pasiva penal de una manera excesivamente intercondicionada, que pasa por alto el hecho de que el matrimonio, y sobre todo a edades tan tempranas, obedece a menudo a una política de relación entre familias que se superpone, o ni siquiera eso, a la relación entre los

El estupro es en la doctrina también un vocablo que tiene una función significativa más allá de la clasificación de estupro propio e impropio antes comentada. Próspero Farinacio explica que por estupro se entiende, *large*, todo coito ilícito, incluido el adulterio o la sodomía. Estrictamente, el estupro es, sin novedad, una *violatio virginis*, una *illicita virginum defloratio*. Conforme a la exigencia de ilicitud, Farinacio explica que el estupro o corrupción de la virginidad se comete cuando la virgen se encuentra bajo la custodia paterna o vive en concubinato, esto es, la consabida razón de no-matrimonio. Pero cuando plantea concretamente la posibilidad de extender el concepto de estupro, más allá de la virgen, a la viuda, entonces recuerda la costumbre de la exención punitiva del estupro cometido en la viuda *sine vi*. Se toma conciencia, así pues, de un factor objetivo modulador y rigurosamente típico del estupro: la violencia. De hecho, es la violencia sexual la que permite una ampliación de supuestos de estupro en los que la razón matrimonial pasa a oscurecerse o descartarse: el estupro cometido por un tutor o curador sobre su pupila, por ejemplo[97]. Inmediatamente, Farinacio advertirá de un mayor rigor de la obligación criminal *in stupro violento*. Y empezará a reflexionar sobre qué se entiende por tal, para decir que se trata de un crimen personal, o sea, que se trata de una violencia esencial al acto mismo del estupro, contra el cuerpo de la estuprada, y no de una violencia accidental o real: no se trata de romper una puerta o una ventana para acceder a la estuprada, sino del ejercicio de violencia sobre su persona, en el acceso carnal[98]. Aunque Farinacio no es claro a la hora de sentenciar si el

---

esposos, que bien puede ser perfectamente inexistente desde un punto de vista interpersonal. Por otra parte, la teoría del estupro y la del rapto parten del ejercicio de una violencia directa o indirecta, pura o interpretativa, que afecta a la virginidad o a la honestidad de la mujer (y qué decir si se trata de estupro sodomítico, donde los paralelismos matrimoniales de nada sirven) sin acotamientos temporales (desde la infante virgen a la viuda honesta), de modo que la voluntariedad pasiva no puede excluirse, pero es residual en la medida en la que se persigue el castigo de la violencia exitosa o no, y desde luego si concurre no es en función exclusivamente de la capacidad matrimonial. La presunción opera automática respecto de la violencia, no respecto del consentimiento pasivo.

[97] O el carcelero con la presa, añade ÁLVAREZ URCELAY, *Causando*, cit., p. 264.

[98] Así también GILHAVSEN, *Arbor*, cit., capvt 2, titvlvs 22, p. 107, o RAYNALDI, *Observationum*, cit., liber 2, caput 23, §1-3., p. 293. Como destaca Jacinto MARTÍN RODRÍGUEZ, *El honor y la injuria en el Fuero de Vizcaya*, Bilbao, Diputación Provincial de Vizcaya, 1973, p. 192, el allanamiento de morada es una violencia real que tiene

estupro punible debe ser violento o no, la asimilación de la violencia como factor parece subyacente cuando asegura que el estupro de la virgen inmadura o menor de doce años merecerá una pena más dura que el estupro de la virgen madura. Curiosamente, esta especie de estupro cualificado por la inmadurez puede perder en cierta medida la referencia de sus efectos más notables característicos de la edad núbil: el embarazo no deseado a falta de menstruación, la promesa incumplida de matrimonio por ser temprano para esponsales; se aproxima al infanticidio no porque este se convierta en una solución a los efectos criminales no deseados, sino porque el estupro mismo es un acto de violencia contra la inmadurez, como el infanticidio.

Hay un flujo institucional en el sentido de la valoración de la violencia sobre la infancia o la pubertad; lo que enseña este estupro de menores presumido violento es que, al margen de los resultados antimatrimoniales o ilegitimadores de la filiación en el estupro, se abre en esta tesitura una apreciación suficiente de la infancia como objeto de la violencia, y el hecho de que se haya producido así en el estupro impide, entonces, consiguientemente, descartar esa misma valoración material (la salvaguarda de la inocencia inmadura) en el caso del crimen de infanticidio. Además, el criterio material de una maduración espiritual como bien jurídico protegido se desvanece de algún modo (si no se extrema), cuando menos porque sin duda la protección se activa en el estupro concretamente, no de modo tan abstracto sino frente a un cuerpo infantil sexualmente violentado, aquí y ahora, antes de la menarquía. En qué medida influya la percepción social de la virginidad o del dolor de su pérdida mediante la agresión violenta (o de la violencia sexual frente a otro tipo de violencia aun de sangre) no oculta que la violencia sexual sobre la mujer inmadura se está sopesando por el hecho mismo de ser inmadura; la discriminación de penas, justamente después de tratar la violencia, lo deja claro: «In stuprantibus virgines immaturas, minores scilicet duodecim annorum, quos puniri acrius debere, quam stuprantes virgines jam maturas, dubitandum non est». Y la prueba está además en que, desde el momento en que se desplaza la atención hacia el estupro de la muchacha o mujer madura, la circunstancia de si existe, como necesaria para el delito, violencia o no, queda en el aire. Esta *puella* estuprada, incluso si consintió, no exime de pena al estuprador, dicen unos doctores;

como finalidad frecuente tanto el estupro como el rapto, figuras enlazadas sustantivamente por la literatura jurídica.

otros, como Antonio Gómez, citado por Farinacio, informan sobre la práctica de la exención de pena si aquella consintió libremente, pero siempre y cuando no hubiera (proyección dolosa del estuprador) seducción o persuasión (*sine blanditiis, & deceptionibus*)[99], lo que recuerda las hipótesis sobre el consentimiento de la víctima de Vela y Acuña.

La violencia se yergue como una manifestación radical del engaño o seducción, pero mientras el engaño quedaba soterrado por la preeminencia objetiva criminal del factor objetivo de la defloración virginal, que la absorbe, la violencia, entendida como presente de forma esencial en el crimen, se presume cuando la edad de la mujer es menor o su inmadurez mayor, y se diversifica, para fungir igualmente de factor objetivo equiparable que debería producir, con independencia del tiempo, un vicio de la voluntad, en sí misma como fuerza física y en seducción como instrumento de su consumación. Es relevante entonces, como se ha dicho, que la violencia, potencial vicio de la voluntad, se active presuntivamente (una presunción *iuris et de iure,* como interpreta con todo acierto, en relación con el estupro de la menor de edad, Anna Coluccia)[100] tanto más cuanto más lejana se encuentra la edad núbil y menores sean las posibilidades de que los efectos del estupro se manifiesten (menor la posibilidad de embarazo, menor la asunción y frustración de una esperanza matrimonial), para que cuando estos efectos resulten más visibles, en la nubilidad, la violencia quede como un factor objetivo pendiente de prueba, pero presumida como el dolo en todo crimen y abiertas en canal las formas en las que puede llegar a probarse su entidad, que es la perturbación de la voluntad, hasta tal punto concentrada en el estupro y hasta tal punto su esencia que, después, se difumina, como propia de la pasión criminal,

---

[99] Prosperi Farinacii, *Praxis, et theoricae criminalis. Pars quarta,* Lvgdvni, Sumptibus Iacobi Cardon, 1631, quaestio 147, pp. 712-716, 718.

[100] Anna Coluccia, «Indagine tecnico-scientifica e valenza etica nell'attività peritale sul reato di stupro nella trattatistica settecentesca», en L. Berlinguer & F. Colao (a cura di), *Criminalità e Società in Età Moderna,* Milano, Giuffrè, 1991, p. 153: «Lo stupro è sempre 'violento', indipendentemente dal consenso o dalla violenza, quando è commesso su bambina che 'non è uscita dall'infanzia' o su fanciulla che ha compiuto i sette anni, ma non ancora i dodici. È in questo caso che la presunzione della violenza opera *juris et de jure,* anche se è consentito al reo di 'agire contro la presunzione e di dimostrare l'assenso della stuprata'. La presunzione cessa dopo il dodicesimo anno di età e l'onere della dimostrazione dell'avvenuta violenza è a carico del 'Fisco' mentre incombe 'al presunto reo' quello di provare il contrario».

desaparece, se esfuma, en las derivas abortivas o infanticidas, esto es, cuando se ha producido la sucesión hacia otro régimen criminal.

En cualquier caso, conviene repetir que la violencia sobre la virgen inmadura o menor de edad ha significado una atención tuitiva a la infancia o a la pubertad por sí misma[101], aun en la visión de su más duro trance, algo que no es tan evidente en el infanticidio, quizá porque con la muerte viene la desaparición, mientras la mancha sexual es persistente y un cruel recordatorio de por vida de la maldad padecida. En este sentido llama particularmente la atención sobre esta preeminencia de la inmadurez que un doctor renacentista como Ludovico Careri hubiera incluido en la noción de estupro, rompiendo con la asimilación del matrimonio perfecto y de la promesa de matrimonio, el acceso carnal de un esposo con una esposa inmadura menor de edad[102].

Por lo demás, cuando Gilhausen diferencia entre el *stuprum voluntarium* y el *violentum*, y se ocupa a continuación de las vírgenes o las viudas honestas como víctimas[103], está asumiendo, en su catalogación, que la única posibilidad distinguida del estupro consentido es el estupro violento, lo cual puede dar a entender que la violencia es el factor esencial del crimen y aun se presume, y la seducción misma es un acto de violencia o violación[104], si no también del cuerpo como consecuen-

---

[101] MANTECÓN MOVELLÁN, «Mujeres forzadas», cit., p. 174, cree también que la «fragilidad» de la víctima menor de edad traía consigo que el «grado de victimización» fuera mayor.

[102] CARERII, *Practica*, cit., f. 205v.

[103] GILHAVSEN, *Arbor*, cit., capvt 2, titvlvs 21, p. 107.

[104] Así podría explicarse que, como relata SIMÓN LÓPEZ, *Delitos carnales*, cit., p. 181, las penas pudieran ser más duras respecto del estupro con seducción que respecto del estupro con violencia sexual física. José SÁNCHEZ-ARCILLA BERNAL, «Violación y estupro. Un ensayo para la historia de los 'tipos' del Derecho penal», en *Anuario Mexicano de Historia del Derecho*, 22 (2010), pp. 511-512, apunta una hipótesis en la que se da a entender una ambivalencia respecto del estupro, referido como violación de virgen, entre seducción y violencia, pero al mismo tiempo parece reservarse solo la primera al estupro. Sin embargo, cuando Victoria RODRÍGUEZ ORTIZ, *Historia de la violación. Su regulación jurídica hasta fines de la Edad Media*, Madrid, Consejería de Educación y Cultura de la Comunidad de Madrid, 1997, p. 96, dice que «La diferencia del estupro y la violación era, por tanto, clara: aunque en los dos delitos pudiera darse un yacimiento entre un hombre y una mujer viuda, doncella o un joven, en el primero el acto sexual se realizaba de común acuerdo, mientras que en el segundo la ausencia de consentimiento de la víctima, era superada mediante la fuerza empleada por el agresor», la claridad parece una interpretación inexacta y demasiado simple.

cia, al menos de la voluntad[105]. Esta violencia lata parece también implícita en la *corruptio* con la que Antonio Matthaeus identifica el estupro, y que afecta no solo a la virgen o a la viuda honesta, sino in-

---

[105] Esta es la razón por la que Francisco Pradilla añade, como explica Sánchez-Arcilla Bernal, «Violación y estupro», cit., p. 508, la perpetración en un yermo, porque la violencia del estupro admite diferencias circunstanciales. Cuando Bazán Díaz, «El estupro», cit., pp. 24-25, se pregunta si hay diferencia entre la violación y el estupro violento, intuye perfectamente que hay una violación explícita y (aunque no lo diga) otra implícita, que es la que viene a identificarse con la seducción o el engaño. Quizá le confunde, a la hora de plantear esta dicotomía de la violencia, la edad núbil, porque distingue entre una violencia por seducción posterior a la edad núbil y una violencia pura física sin engaño anterior a esta edad, cuando en realidad ningún tipo de violencia, verdadera o interpretativa (según la terminología de Careri), tiene una correspondencia por edad, porque cabe perfectamente tanto la seducción de una niña inmadura como la de una adolescente madura (otra cosa es que cambien las formas de seducción al compás de la psicología trastornada), y la violencia física efectiva (directa o posterior a la seducción) en uno y otro caso. El matiz que percibe Bazán Díaz es lo que en puridad debe considerarse la fuerza de la presunción de violencia, más fuerte en la edad no núbil que en esta, y en cuanto más necesitada de contraprueba, una vez alcanzada, más abierta correspondientemente a diversas formas (físicas o mentales) de manifestación. Bazán Díaz demuestra que no está lejos de esta interpretación cuando finalmente, a tenor de la documentación judicial, decide sintetizar y dice: «Así las cosas, es en el campo judicial, a través de los procesos criminales, donde se puede llegar a establecer una aclaración, y así tendríamos que el estupro violento aludiría a la manipulación previa de la voluntad de la mujer con halagos o engaños, predisponiéndola a los deseos del varón, aunque finalmente se consuman por la fuerza». Aunque la violencia final podría prescindir de la seducción, y la seducción convertir en violenta la aceptación del acceso carnal sin resistencia. Por eso la violencia no es «una cualificación del estupro»; es, como en el rapto, una adjetivación esencial a un tipo delictivo, un factor activador de la tipicidad criminal, en el que la ausencia de la realidad-calificación desvanece la figura o demuestra las alternativas conductivas que se evaden del régimen penal ordinario. Así que *Partidas* 7.20 son rigurosas cuando, tratándose de definir tan solo la violencia, rezan: «Atrevimiento muy grande fazen los omes que se auenturan a forçar las mugeres, e mayormente quando son de orden o biudas, o virgines que fazen buena vida en sus casas»; o en 7.20.1: «Forçar o robar muger virgen, o casada, o religiosa, o biuda que viua honestamente en su casa, es yerro, e maldad muy grande [...]»; como dice Bazán Díaz, sin referencia a la edad. María Dolores Madrid Cruz, «El arte de la seducción engañosa: algunas consideraciones sobre los delitos de estupro y violación en el Tribunal del Bureo. Siglo xviii», en *Cuadernos de Historia del Derecho*, 9 (2002), p. 125, se refiere a un formulario de Indias de mediados del siglo xviii, «el único que utiliza el término violación para describir el acto carnal», en cuya definición del estupro («es

cluso al *puer* con sexo indistinto: «Corruptionis verbo usi sumus, quod quanquam & ad animum refertur, & ad corpora seu animata, seu anima carentia»[106]. También en este orden de cosas el renacentista Careri había adelantado que la *vis* puede ser o bien *vera*, o bien *interpretativa*, y que esta se ejerce *cum promissionibus, & allectamentis, & blandis verbis*, o sea mediante las prácticas de seducción que engarzaban la objetividad de la defloración y la presunción de dolo con la voluntad coaccionada de la víctima[107]. Asimismo, el barroco Raynaldus entenderá que *allectamenta, blanditiae, seductiones, & dolosae promissiones* no activan la capacidad de dolo de la *puella*, y que la violencia del estupro no requiere coherentemente resistencia por su parte[108].

La seducción, según Renato Barahona, integra diversos modos de manifestación que siempre son privados[109], frente al carácter público del cortejo, de tal manera que el puente o enlace entre el cortejo y la seducción sería trazado por la promesa de matrimonio[110]. La promesa de matrimonio, contenido de la seducción, parece relevante en toda descripción práctica del estupro[111]. La seducción, al asumir una natu-

---

el que comete el que viola a una doncella, aunque sea con su gusto, y que precede algun engano para ello...») destaca ese concesivo «gusto» o consentimiento que solo es, efectivamente, un concepto residual, derivado de la no presencia primordial de violencia directa, porque cuando esta está presente lo excluye; también se refiere a este tipo de definición SÁNCHEZ-ARCILLA BERNAL, «Violación y estupro», cit., p. 553.

106 MATTHAEI, *De criminibus*, cit., liber 48 Digestorvm, titulus 3, caput 5, pp. 448-449. CARERII, *Practica*, cit., f. 205v, decía que en el estupro se actúa *propter animum corruptum*.

107 CARERII, *Practica*, cit., f. 205v.

108 RAYNALDI, *Observationum*, cit., liber 2, caput 23, §1-3., p. 293.

109 BARAHONA, *Sex Crimes*, cit., pp. 7-8: «Typically, the woman details that *before* seduction and sexual relations had occurred, the man for some time –for months or even years– had made a series of explicit amorous advance known to many in the community. These actions could be good-natured, in the form of affectionate expressions, both oral and written (*palabras amorosas, cartas de amor, recados*); physical displays of affection (*besos, abrazos, caricias*); presents or tokens of friendship (*regalos, dádivas, prendas*); and flattery (*halagos*). The advances could also be presented as serious requests (*ruegos, solicitaciones*), more insistent persuasions and inducements (*persuasiones, inducciones*), and, finally, patently unwelcome and ominous pursuit and harassment (*perseguimientos*). A close examination of the expressions used in courtship bears out that it was a complex and multifaceted endeavour».

110 BARAHONA, *Sex Crimes*, cit., pp. 14, 17-18.

111 MADRID CRUZ, «El arte», cit., p. 124: «'*Havia logrado quitarme mi onor con titulo de casamiento*'. Esta es la expresión más reiterada e insistente que pronuncia-

raleza de violencia implícita o interpretativa, refuerza, por lo demás, el factor de ilicitud del acceso carnal, sin cobertura sacramental matrimonial. Como dice Fabio T. López-Lázaro, el estupro no es percibido simplemente como un acto de fuerza física sexual, sino que se caracteriza por la frustracción de ese aliento finalista matrimonial, de tal modo que la frustración del matrimonio en cuyo seno la violencia habría quedado desactivada criminalmente retrotrae a un acceso carnal cuya violencia, tanto si es directa cuanto si queda en el engaño, es violencia siempre cuando obtiene su fin trastornando la voluntad pasiva (así un estupro sin violencia física verdadera no es voluntario si hubo seducción y engaño, sino violento), y todo sin perjuicio de que la promesa incumplida de matrimonio sea cierta o no, porque a menudo existe un interés fiscal en presumirla justamente por cuanto se tiene perfecta conciencia de que ese engaño abre la vía calificatoria del estupro violento[112]. Abigail Dyer recuerda las variaciones en la definición doctrinal o legal del estupro como si permitieran enfrentar dos categorías, un estupro bajo promesa de matrimonio y un estupro violento, aun cuando ambas no son sino formas de forzamiento o de vio-

---

ban las mujeres y que inundan las causas por estupro. El honor, la honra en primer lugar. Resulta indiferente la fecha de los procesos (de 1661 el primero y 1835 el último), la edad o la condición de las víctimas, las circunstancias que rodeaban el acto». Duñaiturria Laguarda, *La justicia en Madrid*, cit., p. 146: «Así vemos expresado este delito como 'trato ilícito con promesa de matrimonio', aludiendo quizás a un trato continuado, o 'haber privado de su honor y virginidad bajo palabra de matrimonio', matizando especialmente el bien jurídico protegido, 'daños causados bajo palabra de matrimonio' o 'haber desflorado bajo palabra de matrimonio', en el mismo sentido de privación del honor. Lo común a todos los vocablos, por tanto, es la referencia a la promesa de matrimonio [...]». Duñaiturria Laguarda, «La criminalidad», cit., pp. 286-287: «A veces se emplean otras expresiones que no son la de estuprar, pero que por su total semejanza no pueden conducir al error. Así vemos expresado este delito como *'trato ilícito con promesa de matrimonio'*, aludiendo quizás a un trato continuado, o *'haber privado de su honor y virginidad bajo palabra de matrimonio'*, matizando especialmente el bien jurídico protegido, *'daños causados bajo palabra de matrimonio'* o *'haber desflorado bajo palabra de matrimonio'*, en el mismo sentido de privación del honor. Lo común a todos los vocablos, por tanto, es la referencia a la promesa de matrimonio».

[112] Fabio T. López-Lázaro, *Crime in Early Bourbon Madrid (1700-1808). An Analysis of the Royal Judicial Court's Casebook*, Lewiston-Queenston-Lampeter, The Edwin Mellen Press, 2008, pp. 249-250.

lencia[113], como demuestra por otra parte la insistencia doctrinal tanto en este factor coactivo cuanto en el hecho de que en el estupro se destaque la honestidad de la víctima, que es precisamente el elemento habilitador de extensión de la violencia implicada en una rectitud que se ha quebrado de una u otra manera, y la razón preeminente que tiene además un efecto probatorio sobre la promesa de matrimonio y que explica cómo esta, con palabras de presente o de futuro, sigue siendo factor principal de alegación aunque no produzca los mismos efectos perfectivos antes que después del decreto *Tametsi* aprobado por el Concilio de Trento en 1563, cuando en todo caso existe una honra dañada (coito que deflore o no) y ha de existir una fuerza (seductora o efectiva) que provoca el daño, y reclama indemnización o resarcimiento[114]. Esta relativa incidencia en el estupro de la legislación tridentina se explica, siguiendo a Alessio Basilico, si se tiene en cuenta que la promesa de matrimonio constituye, en cualquier caso, un acto intermedio en el camino hacia el matrimonio que genera proximidades sociales, familiares y sexuales si no económicas, como la determinación de la dote; es respecto de estas expectativas matrimoniales personales y patrimoniales (María José Collantes de Terán de la Hera añade a la promesa misma de matrimonio la promesa de concesión de una compensación económica con el objeto de constituir la dote de un futuro matrimonio, de afrontar el embarazo y los gastos posteriores de la crianza del hijo o aun de la entrada en religión)[115]

---

[113] Bajo esta interpretación pueden entenderse las palabras de SÁNCHEZ-CID, *La violencia*, cit., pp. 158, 162, cuando explica que en las cartas de perdón «no es fácil distinguir cuándo media el abuso de la fuerza viril, el engaño o la alevosía, de los actos cometidos con consentimiento, tolerancia o plena voluntad de las partes»; y después que en el siglo XVII «la palabra estupro se usa para englobar toda copulación con doncella, independientemente de que se hubiese logrado con su anuencia manifiesta o sin ella».

[114] Abigail DYER, «Seduction by Promise of Marriage: Law, Sex, and Culture in Seventeenth-Century Spain», en *The Sixteenth Century Journal*, 34-2 (2003), pp. 443-445, 447-448, 451. Situándose, antes bien, en el estupro voluntario, Joanne M. FERRARO, *Nefarious Crime, Contested Justice. Illicit Sex and Infanticide in the Republic of Venice, 1557-1789*, Baltimore, The Johns Hopkins University Press, 2008, p. 5, lo define, incluyendo el componente de la deshabilitación procesal respecto de un perjuicio, «signified sex by mutual consent, stripped the woman of any legal recourse and decriminalized the acto for men».

[115] María José COLLANTES DE TERÁN DE LA HERA, *El delito de estupro en el Derecho castellano de la Baja Edad Moderna*, Madrid, Dykinson, 2012, pp. 35-36. Se refirió antes a este *interesse* BAZÁN DÍAZ, «El estupro», cit., pp. 21-22.

que la voluntariedad en el estupro podría excluir reclamaciones de la víctima, de lo que se deduce, en sentido inverso, que no podrá considerarse estupro voluntario solamente aquel en el que la violencia física no existe, sino aquel que se constate no influido por una coacción dolosa o engañosa (aun seductora) que vicie la voluntad[116]. En este sentido puede afirmarse con Basilico (quien insiste además en la criminalidad del estupro derivada del factor objetivo de la ausencia de cobertura de licitud matrimonial) que el consentimiento de la mujer era considerado «secondario, poiché estremamente fragile e mutevole», aunque no se comprende cómo entonces, en vez de ampliar correspondientemente la incidencia esencial de la violencia en el crimen, asegura que «costituiva soltanto un'aggravante», a no ser que se entienda que la salvedad que sigue, «ma non il suo tratto qualificante», es una forma de retraer la violencia a condición ordinaria de la perfección criminal[117].

Cuando Anna Esposito afirma que el *stuprum sine vi* es una figura del *ius commune* irrelevante en el Derecho estatutario, se llega a un puerto sin sorpresas predibujado por los rincones de la propia reflexión doctrinal[118]. Ahora bien, la existencia fundamental y esencial de la violencia ha de interpretarse compleja, que es sin duda lo que apunta la seducción como posible forma de su manifestación o de su encauzamiento o de su preparación; si la seducción significa que la violencia estupral tiene un matiz de expresión intelectual armónico y alternativo con su sentido físico, cuando solo hay violencia, y no hay seducción, esa violencia se identificará, para constituir la genuina violencia del estupro, con ciertos factores, como la defloración o el

---

[116] A esta conclusión llega también Bazán Díaz, «El estupro», cit., pp. 21-22.

[117] Alessio Basilico, «Giustizia ecclesiastica e trattamento del reato di stupro. Indicazioni di ricerca dalla diocesi di Teramo (1615-1750)», en *Dimensioni e Problemi della Ricerca Storica*, 14-2 (2011), pp. 208, 213-214, 217, 219-220.

[118] Esposito, «Adulterio», cit., pp. 33-34. Por cierto que resulta significativo que, como recuerda Bazán Díaz, «El estupro», cit., p. 15, el estupro *sine vi* fuera contemplado por la *lex Iulia de adulteriis* como propio de los supuestos en los que con la mujer víctima no existe la posibilidad de contraer nupcias legítimas, lo que excluye la posibilidad de que funcione la promesa de matrimonio, además de quedar excluida, por definición, la violencia física directa. Por el contrario, para una constatación de la estrecha asociación terminológica romana entre *stuprum, vis* y *violatio*, véase Kelly Cristina Canela, *O estupro no Direito romano*, Sao Paolo, Cultura Acadêmica Editora, 2012, p. 70.

daño a la honestidad, que la diferencian de la propia de otros tipos delictivos[119].

Al margen de la articulación del estupro y de su violencia sexual en función de expectativas matrimoniales (puesto que no hay estuprada casada sino casadera) o pasiones corporales concretas (como la pérdida de la virginidad), lo cierto es que esta violencia sexual es perfilada por la doctrina jurídica sin hacer de sus posibilidades un condicionamiento esencial de la figura, antes bien manipuladas como medios o factores o instrumentos que aspiran a ejemplificar, con un sentido realista y sociológico, una característica naturaleza de la violencia estupral en sus múltiples manifestaciones. En este sentido, el tipo criminal del estupro nunca debe apartarse de la posibilidad de indistinguir el sexo en los sujetos activo y pasivo, como explicitó Careri al incluir en él[120], como tantos doctores, las relaciones de sodomía y lesbianismo, que como ya se dijo aceptará también el barroco Matthaeus, y que desde luego es tradicional en la consideración doctrinal del estupro por su absorción de todo *coitus contra naturam* (incluido el incesto)[121]. No se puede olvidar que existe un constatado vínculo

---

[119] Y en este sentido son relevantes cualesquiera circunstancias que se consoliden como características del tipo criminal del estupro, como por ejemplo, junto a la minoría de edad, el habitual conocimiento previo, familiar o cotidiano, que la víctima tiene del estuprador, un presupuesto de su violencia, señalado por Miguel Ángel MOTIS DOLADER, *Pecado y sociedad en Aragón (ss. XV-XVI)*, Zaragoza, Gobierno de Aragón, 2002, p. 255, y MANTECÓN MOVELLÁN, «Mujeres forzadas», cit., p. 185, que incluso podría considerarse, en cierta medida y en ciertas tesituras, sustitutivo implícito del engaño.

[120] CARERII, *Practica*, cit., f. 205r.

[121] ARETINI, *De maleficiis*, cit., f. 126r. En la literatura jurídica moderna, el pecado sodomítico es el que se comete, contra la costumbre y la naturaleza, por el coito entre varones o entre mujeres (estricta sodomía), o de varón con mujer *extra vas naturale, per vas inconsuetum* o *in vase praepostero*, con las bestias (*bestialitas*), *cum descendentibus* o *ascendentibus* (conexión con el incesto), o mediante la *mollities* (*mastupratio*). Así v. gr. en el siglo XVI, CANTERA, *Qvaestiones*, cit., *De quaestionibus tangentibus punitionem delictorum*, quaestio 1, cap. 5, p. 505, Ivlii CLARI, *Opera omnia, sive Practica civilis atqve criminalis*, Lvgdvni, Sumpt. Horatii Boissat & Georgii Remevs, 1661, liber 5, pp. 361, 403, DAMHOUDERIO, *Praxis*, cit., caput 96, pp. 353-356, VELA & ACUÑA, *Tractatvs*, cit., caput 33, pp. 181-182; en el siglo XVII, AZEVEDO, *Commentarii*, cit., libro 8, título 21, *rubrica*, p. 418, e *in legem primam*, pp. 422, 424, BRVGIOTTI, *Institvtiones*, cit., liber 3, titulus 18, p. 180, CARPZOV, *Practicae*, cit., pars 2, quaestio 76, pp. 210-213, FARINACII, *Praxis*, cit., pars 4, quaestio 148, pp. 728, 732-734, RAYNALDI, *Observationum*, cit., liber 2, caput 21, §1., pp. 242-243, Ludovici M.

histórico entre sodomía, pederastia o pedofilia y violación[122], para el que el estupro ofrece una sede criminal perfecta[123]. Por otra parte, la razón de la criminalización del comportamiento sexual estupral sodomítico reside, como en toda forma de pecado nefando, en el incumplimiento de la finalidad de la *liberorum procreatio*, que es la que sana la

---

Sinistrari, *De delictis, et poenis tractatvs absolvtissimvs*, Venetiis, Apud Hieronymum Albriccium, 1700, titulus 4, §11., pp. 254-258 titulus 4, y §12., pp. 269-271; y en el siglo xviii, Engav, *Elementa*, cit., liber 1, titulus 19, §246-247., p. 150.

[122] El *puer* o *adolescens* asume un papel pasivo en la relación sodomítica y por razón de su minoría de edad queda excluido de la obligación crimina según: Guido Ruggiero, *The Boundaries of Eros. Sex Crime and Sexuality in Renaissance Venice*, New York-Oxford, Oxford University Press, 1985, pp. 121, 124. Véase también María del Carmen Calero Palacios & Francisco Javier Crespo Muñoz, «Un proceso de sodomía entre los moriscos del reino de Granada, a través de la documentación del Archivo de la Real Chancillería de Granada», en *Chronica Nova*, 31 (2005), p. 504, n. 8.

[123] Jurídicamente, y en particular cuando son *pueri* quienes participan en esta sexualidad nefanda, el crimen que cubre la relación sexual, junto a la misma sodomía, es ciertamente el estupro, como confirma Clari, *Opera*, cit., liber 5, p. 404: «Stvprum multis modis committitur, scilicet cum virgine [...] cum vidua [...] & cum puero. Caeterum de eo stupri genere, quod cum puero committitur, dictum est supra §. *Sodomia*. nunc de eo, quod cum virgine, vel vidua, committitur, videamus»; si existe voluntad activa y pasiva en el acto sodomítico pederasta, es como si el crimen nefando de sodomía redondease el carácter residual del estupro voluntario, rematando expandida por naturaleza la criminalización, en toda circunstancia, por nefandas, de esta suerte de conductas sexuales. Sobre la seducción en el estupro sodomítico, Cristian Berco, *Jerarquías sexuales, estatus público. Masculinidad, sodomía y sociedad en la España del Siglo de Oro*, València, Universitat de València, 2009, pp. 41, 46. La misma función del estupro, en Glenn W. Olsen, *Sodomites, Effeminates, Hermaphrodites, and Androgynes*, Toronto, Pontifical Institute of Mediaeval Studies, 2011, p. 38, más el incesto en Jacques Chiffoleau, «Dire l'indicible. Remarques sur la catégorie du *nefandum* du XIIe au XVe siècle», en *Annales. Économies, Sociétés, Civilisations*, 45-2 (1990), p. 295; y del rapto, más el incesto, en Garthine Walker, «Everyman of a Monster? The Rapist in Early Modern England, c. 1600-1750», en *History Workshop Journal*, 76-1 (2013), p. 18. Esperanza Osaba, *El adulterio uxorio en la «Lex Visigothorum»*, Madrid, Marcial Pons, 1997, p. 27, sitúa en la *turpitudo*, como vergüenza o deshonor, y en la *impudicitia*, como deshonor concreto en la relación sexual ilícita, el factor de atracción por el estupro de las uniones adulterinas u homosexuales y del rapto con violación; en relación con estos mismos conceptos, Canela, *O estupro*, cit., p. 67. Para la reincidencia como factor de distinción entre sodomía y estupro en la obra de Sinistrari, Miguel Ángel Chamocho Cantudo, «El delito de sodomía femenina en la obra del Padre franciscano Sinistrati D'Ameno, 'De Sodomía Tractatus'», en *Revista de Estudios Histórico-Jurídicos*, 30 (2008), pp. 387-424.

suciedad sexual máxime cuando media sacramento… una idea que permite entender la probable percepción social de que la procreación ilegítima, pasto del infanticidio, es aquello que no hubo de ser (y aun podría decirse prescindible por su esencia tendente al no ser) justamente porque se engendró en un acto que repugnaba aquel objetivo[124].

Esta amplitud de géneros de la violencia intersexual es recogida también por Ludovico Sinistrari, quien acepta una concepción amplia del estupro que incluye todo coito *illicitus seu damnatus*, y en el caso de la víctima femenina contempla tanto a la virgen como a la que no lo es ya. Pero este doctor barroco ofrece otras claves interesantes, en la línea del avance del discurso sobre el estupro. En primer lugar, la *defloratio*, que no significa un estupro propio (como en seguida se verá y de acuerdo con lo que se vio), sino, entonces, una modalidad, podría decirse, del estupro, tiene un *gradus malitiae* superior a cualquier otro acceso carnal pecaminoso o ilícito, como la fornicación, el concubinato o el adulterio. Se está apuntando así una cualificación dolosa que se corresponde con la condición virginal de la mujer, de manera que el consentimiento de esta queda en segundo plano no solo por una valoración exclusiva del acto objetivo criminal de la defloración, en el que esta agresión sería constitutiva suficiente del crimen pero no cualificadora, sino porque se aprecia cualificadamente el dolo, aumentando la obligación criminal, en el estuprador, como si lo que pudiera conseguir a efectos de mayor pena la ausencia del consentimiento de la mujer se obtuviera por sí solo de la defloración en cuanto implica-

---

124 El comportamiento antinatura responde en efecto a un sexo que se desvía de la *liberorum procreatio*, y VELA & ACUÑA, *Tractatvs*, cit., caput 33, p. 180, lo explica muy bien: «Cvm liberorum procreatio iuris naturalis sit […] necessaria quoque maris, & foeminae coniunctio, ex qua liberi procreantur […] Vnde ea solum coniunctio iure naturali permissa videtur, ex qua liberorum procreatio sequi potest, & inde omnis concubitus & feminatio, ex que non potest, quantum est ex natura actus sequi generatio, dicitur esse contra naturalem ordinem naturae». Por eso resulta algo contradictorio que, como dice AZPILCUETA, *Compendium*, cit., f. 255v, «Sodomia admissa cum propria vxore minus peccatum est, quam cum alia», pues precisamente con la propia mujer legítima habría de cumplirse con mayor rigor la finalidad procreadora del matrimonio, a no ser que se entienda, de modo realista, que la existencia constante de ese fin procreador en el matrimonio convalida en cierta medida prácticas extravagantes. La misma descriminalización de la sodomía conyugal por regularidad de la finalidad procreadora podría tener un paralelismo inverso en la hipotética descriminalización del neonaticidio por regularidad de la negación de la finalidad procreadora.

dora de un dolo cualificado; por eso son antónimos en Sinistrari la *violentia* y el *adesse consensus foeminae*. El hecho de vincular el acto objetivo de la defloración con una cualificación de la malicia parece responder a una consideración de la defloración como una afección materialmente relevante, lo que es tanto decir como una consideración de la virginidad como una virtud que merece una protección jurídica especialmente apuntalada. Esta idea se confirma cuando Sinistrari expone su concepto de estupro propio. Resulta que, a primera vista por otro camino reflexivo, el estupro propio no depende de la virginidad de la mujer, porque (aproximándose al estupro amplio o tradicionalmente impropio) la mujer que lo sufre puede ser virgen o no serlo; pero el estupro propio exige (referencia que en otros doctores derivaba de la ilicitud) que se trate de mujer soltera, entendiendo así el matrimonio como una suerte de habilitación o convalidación institucional (y sacramental) del sexo. La soltería de la mujer propia del estupro convierte a este en causa relevante del infanticidio en cuanto está constatado que las mujeres neonaticidas fueron frecuentemente solteras[125], que están sujetas a la vigilancia del contexto vecinal y social, particularmente de otras mujeres[126], se ven situadas a menudo con el embarazo en una situación socioeconómica y laboral crítica[127],

---

[125] Butler, «A Case of Indifference?», cit., pp. 69-70, Kilday, *A History*, cit., pp. 31-37, y Kilday, *Women*, cit., p. 70. Durston, *Wicked Ladies*, cit., pp. 155-157, mantiene este diagnóstico de soltería neonaticida prevalente en el infanticidio aun durante el siglo xviii, ligado al problema de la descendencia ilegítima y en un contexto de confusión práctica e inseguridad jurídica habida cuenta de la frecuencia de las muertes (aparentemente) accidentales y del alto porcentaje de mortalidad infantil, además de estrategias neonaticidas indirectas como la intervención de comadronas para deshacerse de los recién nacidos, pero en todo caso señalando a la par la muy probable ignorancia de muchos acontecimientos y la línea de una minoritaria opción por el infanticidio.

[126] Dickinson & Sharpe, «Infanticide», cit., p. 46; Sharon Howard, *Law and Disorder in Early Modern Wales. Crime and Authority in the Denbighshire Courts, c. 1660-1730*, Cardiff, University of Wales Press, 2008, pp. 82, 84.

[127] Gowing, «Secret births», pp. 88-89. Asimismo, Alexandra de Rivera, *Reconstituting Patriarchy: A Study of the Criminalization of Infanticide in Early Modern England* (thesis), Massachusetts, Mount Holyoke College, 2008, p. 11. Marilyn Francus, «Monstrous Mothers, Monstrous Societies: Infanticide and the Rule of Law in Restoration and Eighteenth-Century England», en *Eighteenth-Century Life*, 21-2 (1997), pp. 134-135, distingue, en los procesos por neonaticidio, dos tipos de madres acusadas, «docile and rebellious»: «The women who presented narratives of female weakness, ignorance, fallibility, and repentant virtue were acquitted, for such narra-

y no cuentan con el instrumento legitimador de un matrimonio que disimule[128]. Por lo demás, lo que caracteriza en último término y en esencia la naturaleza del estupro propio es que se consume *cum vi*, y esto quiere decir que el *gradus malitiae* que se contempla a partir de la defloración cuando esta se produce, se transfiere al estupro propio en calidad de violencia, lo que también puede interpretarse en sentido inverso, como si el *gradus malitiae* fuera una sustitución de la violencia al producirse la defloración, esto es, la defloración implicaría una violencia mental (Azevedo, por ejemplo, hablaba de *coitus realis vel mentalis* respecto del estupro)[129] si no existe además una violencia física[130]. Una vez presente la violencia, Sinistrari además jerarquiza la atrocidad de la sufrida por *puella*, superior, y *puber*[131], lo que reitera la idea, presente como se ha visto en el *gradus malitiae* de la defloración, de que el estupro entraña una agresión cualificada hacia el sujeto que se acentúa cuanto menor es su edad (o mayor su inmadurez).

En consecuencia, el factor de la infancia, en sentido lato (y no neonato), excita la protección jurídica, nítidamente, y tanto más protegido se encuentra el ser cuanto la violencia la sufre en una situación de mayor indefensión física, lo que se corresponde sin duda con una tuición mayor de la menor edad. Bajo este prisma, no puede sostenerse

---

tives allowed them to be recuperated into the social order as chastened and conformist. Conversely, the rebellious infanticidal mother renounced neither her agency nor her identity, and because she could not be accommodated by the female narrative of ignorance and passivity, she was silenced by death. Whereas the docile infanticidal mother proclaimed ignorance of her pregnancy, suddenly giving birth in the privy or in bed, the rebellious infanticidal mother threw her child out the window, or slit its throat with a knife. [...] Yet the courts perpetuated maternal monstrosity rather than eliminate it; for like their sanctioning of lower-class infanticide, the criminalization of the rebellious infanticidal mother allowed her seemingly submissive twin to remain a site of social disruption that was all the more insidious because she continued to pass as normal. Ironically, then, the courts' favorable response to these doctile infanticidal mothers reenacted the crime of concealment that the law was designed to prosecute».

[128] DURSTON, *Wicked Ladies*, cit., pp. 190-191, se refiere al valor probatorio de los preparativos domésticos para el recién nacido que suele tener lugar en el matrimonio, así como a la habitual divulgación de la buena nueva.

[129] AZEVEDO, *Commentarii*, cit., libro 8, título 20, *rubrica*, p. 395.

[130] La violencia mental es así valorada, contra lo que dice VIGARELLO, *Historia*, cit., p. 65.

[131] SINISTRARI, *De delictis*, cit., titulus 4, §5., p. 215.

que en las centurias de la Modernidad la infancia constituya un factor, desde el ámbito de la violencia sexual, descartable en la valoración del entendimiento material amplio del infanticidio[132]. Pero, además, la obligación criminal formalmente derivada del prototipo del infanticidio puede experimentar el mismo régimen de protección de la víctima que el estupro manifiesta cuando están presentes los elementos de la minoría de edad, la soltería, la honestidad y el padecimiento de la violencia sexual directa o interpretativa. Un pleito en Castilla, avanzada la mitad del siglo xviii, recoge el escrito de la defensa de una doncella neonaticida que recalca cómo esta carecía, en el momento del alumbramiento, de «cabal juicio», perturbada por el «miedo reverencial de sus padres» y la «segura infamia», sin diligencia práctica para ocuparse del recién nacido y con el ánimo alterado por las «turbulencias» físicas del parto. Se dirá que estas razones pudieran alegarse en cualquier nacimiento, pero su eficacia atenuante respecto del infanticidio se consigue únicamente cuando quien las sostiene es doncella violentada soltera y honesta menor de edad, entre la absolución y la imposición de la pena extraordinaria[133].

---

[132] Pero no puede llegar por esto a deducirse sin más que hay un criterio material de protección de la infancia, como situación vital en sí misma, absolutamente claro y transferible al infanticidio por la vía del estupro. Se recordará que el criterio material antepuesto de la maduración espiritual entrañaba, en el neonato, que el infanticidio constituyera una frustración del bautismo por entrañar no solo una pérdida del cuerpo, sino también del alma, como explica Stone, *Terrible Crimes*, cit., p. 68. Si ese riesgo espiritual no existe en el estupro (violencia sexual al fin), ¿cómo es que este va a ofrecer un criterio material expansivo al infanticidio que el homicidio por sí mismo revelaría con más claridad? A no ser que la deshonra de la privación violenta de la virginidad se equipare, en la mentalidad social, a aquella muerte espiritual, pero esto parece sin duda exagerado, con mayor razón si se piensa que el retiro espiritual, la consagración a Dios de la estuprada, sería justamente el camino contrario a la pérdida espiritual que el homicidio antibautismal pudiera causar; la edad en la que se sitúa el estupro, por último, aunque refuerza la infancia, se aleja en tesitura infanticida del neonaticidio, salvo en los casos más aberrantes de pedofilia.

[133] En el pleito contra Juan de Yllana y Manuela Martín por estupro e infanticidio (en Castilla, Somosierra, 1767-1768) se califica como estupro violento un estupro en el que la violencia es ejercida de forma físicamente directa, sin optar por la vía de la seducción; también se califica el acto como adulterio (Juan está casado y Manuela es soltera), impropiamente. Por el estupro Manuela queda embarazada, da a luz sola a un niño y causa su muerte arrojándole a un pajar sin que hubiera recibido el agua del bautismo. Es soltera y tiene veintidós años, su defensa alega: «Y porque la prueba del delito de dicho Yllana se halla corroborada con el grave indicio que resulta de la

En el siglo XVIII, Aloysius Cremani va a dejar claras algunas ideas que se han ido obteniendo fruto de la interpretación. Desde luego la ilicitud del estupro, traducida en la inexistencia de cobertura institucional y sacramental matrimonial, quedará muy bien ratificada, porque se expresa como condición para el estupro, en cuanto a la víctima, *nec ceteris uxor est*, tanto si se refiere a la soltera virgen cuanto a la

---

fuga que hizo de dicha villa el dia mismo que dicha justizia ordinaria dio principio al conocimiento de esta causa sin haver comparecido a purgarse del no obstantes quantas diligencias resultan de autos hechas en su busca = Y porque por lo respectivo a dichos Pedro Martín de Francisco y Maria Hernandez ninguna cosa resulta de autos que les califique, ni aun remotamente sabidores de dicha preñez, ni alumbramiento y mucho menos del crimen impropiamente llamado ynfanticidio, pues fuera de que nada en contra resulta de la sumaria y su ratificazion van conformes asi las confesiones o declaraziones de los susodichos como la de la recordada Manuela su hija que dichos sus padres no fueron noticiosos, y mucho menos encubridores de tales desaciertos a lo que es consiguiente la absoluta y libre absolucion que a su merced llevo pedida = Y porque dicha Manuela mi parte preocupada en el critico lance de dicho alumbramiento asi del miedo reverencial de sus padres, como de la segura infamia, y por otra parte sorprendida de las congojas y desfallecimiento del parto, sin saber lo que se hacia deposito el tierno recien nacido en el pajar, no haviendo dado en la necesaria diligencia de atarle la vida o intestino umbilical para impedir el fluxo de sangre, lo que es mas verosimil a vista de que una doncella nada practica en semejante conflicto no se puede conceptuar en su cabal juicio asi porque los dolores de un parto por ser tan recios pueden ocasionar turbulencias en el animo, como porque la mente desvancada de su tranquilidad en fuerza de la vehemente consideracion de la infamia no atina a oberar, si dislates». El fiscal considera el infanticidio «otro delito, mas atroz» que el estupro con violencia, y pide que se castigue a Manuela «con la pena mas sebera, para que por este medio otras escarmienten y se refrenen en hazer semejantes abominables escesos, en que se mezclan distintos delitos, y de la mayor gravedad, maxime teniendo consideracion a que no avia recivido el agua del bautismo por lo que se privava del inmenso tesoro de la gloria». La importancia del sacramento refuerza el criterio de protección de la minoría de edad porque finalmente no lo debilita, cuando la sentencia condena a cuatro años de destierro a Juan y a dos años de destierro a Manuela. Vence pues la pena extraordinaria y lo hace además en una gradación que implica la mayor gravedad del estupro adúltero (en el sentido de haber violentado el sacramento del matrimonio del estuprador) que del infanticidio neonaticida. (ARCHIVO DE LA REAL CHANCILLERÍA DE VALLADOLID, Pleitos criminales, caja 0541.0001.) En el pleito contra Luisa Colodrón, sus padres Andrés Colodrón y Esther Varela y el criado Agustín de Rueda Molón (en Castilla, Pozáldez, 1768-1769), donde por cierto está presente también la alegación del miedo reverencial a los padres, se encuentra un ejemplo de absolución. (ARCHIVO DE LA REAL CHANCILLERÍA DE VALLADOLID, Pleitos criminales, caja 0377.0001.)

viuda honesta. No se hace referencia a la propiedad o impropiedad del estupro, lo que se compadece muy bien con la aproximación o complementariedad, en sustancia, más que catalogación, que ha podido contemplarse entre estas dos maneras de estupro. Cremani aprovecha el requisito anterior para diferenciar el estupro del concubinato, porque en este, aunque no exista cónyuge legítimo, la mujer se sitúa *loco uxoris*, lo que no sucede en el estupro. Pero añade a la par un comentario sugerente que tiene que ver, cómo no, con la distinción entre el estupro violento y el estupro voluntario, este último con un consentimiento expreso o tácito. Se trata de que el estupro violento se refiere expresamente *ad mentecaptam, dormientem aut infantem*. Evidentemente, he aquí una presunción de la violencia en el supuesto de que la víctima sea incapaz de dolo (son, en definitiva, los casos clásicos de incapacidad de dolo), una presunción que afecta a la mujer menor de edad, a la infancia, acentuada, en el sentido de que no parece incluirse, aunque quizá no quepa excluirla, la pubertad. De una forma explícita, la infancia atrae la violencia del estupro, siendo el estupro violento al fin y al cabo el estupro criminal por antonomasia. La infante no puede *velle aut nolle*[134], la violencia ha de presumirse porque no es viable la voluntariedad, el consentimiento, de manera radical, ni positivo ni negativo. La virgen niña se eleva como víctima protegida, y con mayor razón protegida en cuanto niña (no hay en Cremani una mención de la defloración, tan relevante para otros doctores hasta ahora) que en cuanto virgen, aunque desde luego entendiendo que esta condición se da con mayor probabilidad en la infante (con menor probabilidad en la pubertad no citada), y que esa suma de condiciones virginal e infantil efectivamente es percibida por el sistema penal como de una violencia tajante y extrema contra el desvalimiento, la indefensión, propia de la naturaleza del menor de edad, con más motivo cuanto menor de edad sea. Otra vez aparece con nitidez un criterio de valoración moral de la infancia como situación o condición jurídica en sí que no se puede descartar por impertinente, en el mismo tiempo histórico, para una valoración de las razones por las que se pudiera contemplar típicamente o no, como neonaticidio o más allá, el infanticidio.

Georges Vigarello ha defendido que en los tratados de la Edad Moderna la debilidad o la inocencia de la víctima agrava la culpabilidad

[134] Aloysi Cremani, *De iure criminali libri tres. Volumen II*, Ticini, Apud Haeredes Petri Galeatii, 1792, liber 2, caput 6, articulus 2, pp. 319-321.

(aunque también, erróneamente, que la violación de una niña impúber es tratada con los mismos esquemas que la violación de cualquier otra mujer), pero como si fuera un principio que después viene a modular o incluso a desmentir la pulsión del status social de criminal y víctima. Desde luego, en la definición jurídica teórica del estupro (otra cosa son privilegios procesales o de ejecución penal) no se contempla este condicionamiento, antes bien una concepción de la violencia en verdad favorable a la víctima. La constatación de una cultura que en el siglo XVIII presume, en las niñas o adolescentes que padecen la agresión sexual, voluntariedad, capacidad de seducción o consentimiento, artimañas (acaso vindicativas)[135] de las jóvenes o de sus familias, que también Ángel Alloza e Iñaki Bazán Díaz reseñan en las centurias anteriores[136], pero que fueron asimismo frenos infamantes para la de-

---

[135] ÁLVAREZ URCELAY, *Causando*, cit., p. 264, se refiere a casos de relaciones sexuales consentidas (convencidas) por mujeres de toda edad pero que luego, por el incumplimiento de la palabra de matrimonio y la revelación de la seducción (cuyas artes son «'halagos', 'inducimientos' o 'inducciones', 'persuasiones', 'seducciones', 'engaños', 'requiebros', 'instancias', 'malas artes', 'solicitaciones', 'ruegos importunos', 'molestas dádivas', 'ofertas' y 'promesas'» que «conforman el glosario a través del cual se manifiesta esta maquinaria del dolo»), provocan, quizá al cabo de un tiempo, desengaño y un sentimiento de deshonra que mueve a interesar judicialmente, con ánimo vindicativo, la reparación por lo que ya queda concebido como estupro. Por eso es interesante que, como dice la autora en p. 275, en la práctica judicial las portadas de los expedientes, en vez de una conceptuación sustantiva del crimen de estupro, muestren como «los escribanos registran [...] la de *'daños'* o *'daños estuprales'*. Se hace así referencia no al hecho delictivo en sí mismo, sino a sus consecuencias, a ese quebranto de su honra que la mujer pretende reparar a través de la demanda». Anteriormente, Iñaki BAZÁN DÍAZ, *Delincuencia y criminalidad en el País Vasco en la transición de la Edad Media a la Moderna*, Vitoria, Gobierno Vasco, 1995, p. 309, había explicado que la querella por estupro «fue también la excusa empleada por las mujeres solteras para justificar ante la familia y la sociedad la existencia de unas relaciones sexuales a las que había accedido voluntariamente» y «medio de vengar el abandono y punto final de una relación de amancebamiento por parte del hombre».

[136] Ángel ALLOZA, *La vara quebrada de la justicia. Un estudio histórico sobre la delincuencia madrileña entre los siglos XVI y XVIII*, Madrid, Los Libros de la Catarata, 2000, p. 197; BAZÁN DÍAZ, «El estupro», cit., pp. 25-26, 28, 34. Valentina CESCO, «Due processi per rapimento a confronto (Repubblica di Venezia - seconda metà del XVI secolo», en *Acta Histriae*, 7-1 (1999), p. 352, descarta que este tipo de prácticas calumniosas, que efectivamente considera propias de la argumentación viable a través del estupro voluntario, fuera la razón de la ley veneciana de 1520 (cuyo criterio cam-

nuncia de la violencia sexual[137], tiene su encaje en la permanente viabilidad del estupro voluntario (como estrategia de defensa del acusado, si se quiere), aunque tal vez sea muy atrevido decir que de tal modo que se imponga o excluya la concepción preeminente de un estupro violento a raíz de la atención a lo que podría denominarse una violencia mental inversa, de la víctima sobre el agresor[138], porque, por el contrario, la doctrina jurídica se mantiene con claridad en una posición que deriva la ausencia de consentimiento, residualmente, de la violencia misma, y esta la tiene en cuenta tanto en el sentido de la seducción cuanto en su sentido más físico y directo, sin culpabilización victimaria que la matice. Cuando Vigarello se refiere a la «convergencia» del rapto de seducción y del rapto de violencia en las «declaraciones de embarazo» obligatorias en Francia desde mediados del siglo xvi, no debería ver en ello una transformación del segundo hacia su disolución en el primero («relato de seducción» impuesto a un «relato de barbarie») sino una proximidad conceptual (como el «abuso», seductor o violento) de formas de violencia (efectivamente, en la seducción cabe el chantaje, la mentira y la coacción)[139] que atraen la sustancia del crimen, y en las que las posibilidades de negociación no la contradicen ni derivan de un cuestionamiento de su gravedad, sino que operan desde otro lado, desde el lado de la tensión hacia la exigencia convalidadora de una realidad matrimonial que estaba implícita en la condición de ilicitud del estupro. Miguel Ángel Dotis Dolader aprecia vinculados el estupro «de prevalimiento» y el «fraudulento» en virtud de la minoría de edad (niñas de edad frecuentemente inferior a los doce años)[140], lo que da lugar a la posibilidad, por parte del estuprador, de conseguir «un consentimiento condicionado», y además señala condicionamientos múltiples (vecindad, amistad, parentesco, pertenencia a la misma comunidad doméstica...) que permiten entender esa seducción como ciertamente coactiva, violenta, anuladora de

---

biará una ley de 1577) que hacía recaer la carga de la prueba en caso de estupro sobre la estuprada.

137 Mantecón Movellán, «Mujeres forzadas», cit., p. 177.

138 Collantes de Terán de la Hera, *El delito de estupro*, cit., p. 32, alude también a la defensa del estuprador en el sentido de presentarse como un sujeto de «buenas cualidades al tiempo que atribuye a su acusadora una total falta de recato y honestidad».

139 Vigarello, *Historia*, cit., pp. 24, 31-32, 47, 51, 58, 63, 82-84, 86, 89.

140 Duñaiturria Laguarda, *La justicia en Madrid*, cit., p. 145, cita casos de diez, once y trece años.

una voluntad libre[141]. La minoría de edad (en la que se articulan instituciones como la *restitutio in integrum*)[142] contrasta con la mayoría de edad por lo que afecta a la estrechez o anchura del ámbito viable del estupro voluntario, y no porque haya distinción en el peso nuclear de la violencia, de tal modo que el dolo se excluye en la primera porque la presunción de violencia opera taxativa mientras que tiene la posibilidad de hacer sentir su eficacia en la segunda bien que no sin hacer frente a la potencia jurídica, aun vencible, prevalente, de la violencia.

El planteamiento se diría negativo del dolo que desarrolla Cremani, mediante la valoración de la incapacidad, dejando campo prevalente a la pulsión de la violencia, es mucho más convincente que el que aplica Rudolph Engau, para quien el esencialismo del dolo en la criminalidad se convierte en suficiente razón como para definir el crimen de estupro como un coito cometido por un hombre soltero con una mujer honesta *dolo malo*. Insiste en ello al decir que, a falta de dolo malo, no hay crimen de estupro[143]. La inconveniencia, como se habrá imaginado, deriva de que el estupro se desvanece entonces en la constatación positiva o negativa de la malicia del autor[144], un tanto al margen de la violencia (pues se mantiene la categoría de estupro violento como estupro disentiente) y de la condición física y mental de la víctima femenina, que sobrepujaba ya, clásicamente, incluso desde la *defloratio*, sustituida además en Engau, de acuerdo con la identificación de la víctima como *femina honesta*, por la *immisio seminis*[145]. Quién sabe si es esta preocupación directa y en primer plano por el dolo la que da lugar a aquellas disquisiciones de la mentalidad social sobre las malas intenciones no solo de criminales, sino también de las supuestas indefensas víctimas, que subrayaba, como una desviación,

---

141 Motis Dolader, *Pecado*, cit., pp. 254-255.

142 Argumentación a favor y en contra de tal beneficio, por razón de edad, en el pleito contra Estefanía López (en Castilla, La Puebla de Alcocer, 1618). (Apéndice, ff. 32r-v, 35v-36r.)

143 Engav, *Elementa*, cit., liber 1, titulus 13, membrvm 1, §167-168., pp. 108-109.

144 Frente a esta valoración, en formulación directa, del dolo (y no, indirectamente, desde la violencia), otro elemento atendido clásicamente como la *viripotentia* funcionaría mejor a efectos de neutralizar la violación de la defloración al menos desde el punto de vista de la relevancia criminal del estupro: véanse Iacobi de Bello Visv, *Avrea practica criminalis... vetustissimi cum practici, tum iuris interpretis, ex recognitione Arnoldi Baert*, Coloniae, Apud Maternum Cholinum, 1580, liber 1, caput 9, p. 109, o Gilhavsen, *Arbor*, cit., capvt 2, titvlvs 22, p. 108.

145 Engav, *Elementa*, cit., liber 1, titulus 17, §220-222., pp. 136-137.

Vigarello. Se pierde con este último planteamiento una buena parte de la objetivación, y la víctima queda al albur de una obligación principal pendiente de la intencionalidad criminal, que puede llegar a afectarla incluso en cuanto sujeto pasivo de una aparte cirugía intencional y dolosa. Pero se trata de un discurso excepcional, contrario a la trayectoria histórica del estupro tanto en su determinación cuanto en su desarrollo moderno.

Así las cosas, la investigación en relación con una institución criminal que permitiera estudiar por simpatía la hipótesis de un prototipo de infanticidio creciente en su valoración social y jurídica por causa de una percepción de alarma relevante en cuanto a la violencia sufrida por la infancia, y que en un principio parecía contar con la dificultad de que la razón material de protección en la literatura moral y jurídica coetánea no se concretaba en un valor cristalizado y fijo de la condición infantil sino, como mucho, en la consideración de la protección que merece la humanidad en trance de madurez, corporal y sobre todo espiritualmente, encuentra en el estupro un crimen cuya naturaleza implica una afección no a la vida sino al sexo (entendido el sexo no solo como la protección de la virginidad o, de una forma más amplia, de la honestidad, sino también como la intimidad ultrajada en su honor al convertirse en pasión de un acto violento, o sea de un acto cuya violencia entendida latamente anula o trastorna la voluntad en virtud de un acceso carnal físicamente directo, e indeseado, o bien sucesivo, aceptado o no, a una labor de engaño y seducción) pero que desde el sexo y sin discriminación de sexos puede fijar esa inmadurez como merecedora de un amparo criminal especial que permitiría interpretar el infanticidio bajo la misma razón. Así como el estupro, cuando existe este factor de la sexualidad inocente que se vulnera, brinda al infanticidio el modelo de un crimen en el que ciertamente cabe víctima de cualquier género, hombre o mujer, y en el que la violencia se convierte en factor esencial (pues el consentimiento eventualmente contemplado no es otra cosa que la ausencia de violencia), de suerte que es el infanticidio el que marca distancia y peculiaridad cuando obedece a una práctica de primacía (acotada) de neonaticidios (en alumbramiento) y libericidios (en sangre), sobre todo además le confiere un fundamento viable o base material que es puesta en terreno histórico, constatable, cual la de una infancia y pubertad inmadura, previa a o en la nubilidad, en la que la violencia se presume más allá de su carácter esencial criminal (esto es, porque el consentimiento de la víctima resulta jurídicamente excluido), y todavía con mayor razón cuando es el estuprador y no la madre quien protagoniza el neonaticidio así en continuidad criminal forzando el sexo y matando a la criatura[146], haciendo difícil de entender por qué esa infancia o

---

[146] En el pleito de Manuela Fernández contra Pablo Rodríguez de Ledesma «sobre estupro y daños» (en Castilla, Castrillo de la Vega, 1768-1769), sin referencia así pues en su portada al infanticidio, se encuentra el interrogatorio a Manuela, moza soltera natural de Ciruelos de Zerbera, criada del anteriormente citado, con un relato en el que el estupro continuado con promesa de matrimonio pertenece a una red de clausurada presión doméstica en la que participan ominosos personajes que rodean a la moza entre los que destaca (junto al mismísimo cirujano) una dependiente de extraña amabilidad que no duda en convertirse en cómplice del amo a la hora de afrontar el parto y el neonaticidio. Es relevante que la madre aun estuprada y engañada una y otra vez muestre una especie de amor póstumo hacia su hijo; parece eternamente resignada a la promesa matrimonial, suficiente como para añadir un anhelo de descendencia, al fin y al cabo natural por la soltería del amo. Es el estuprador quien sitúa a la madre y a su hijo fuera de toda esperanza de cobertura matrimonial: la primera no pasará de ser un objeto de deseo y el segundo estorba y ha de ser cadáver. La condena por estupro que recae sobre este amo, de trescientos ducados y un año de destierro si no contrae matrimonio, silencia al cabo el episodio neonaticida: absorbida la obligación criminal del amo por el estupro, la mujer ultrajada no puede ganar ni la maternidad de la criatura muerta ni merece el recordatorio de su deshonra. Rezaba así su plástica declaración: «A la quarta pregunta dijo que es cierto que la vispera del dia de santo Thomas de diziembre por la noche de el año pasado de mil setezientos sesenta y cinco, despues de haver zenado y a tiempo de irse acostar estando solos la que declara y dicho don Pablo, su amo, en el quarto de la que declara bastante distante de otro en que estaban recojidos dos hombres que el uno se llama don Manuel Ruiz de Castañeda, vezino de la villa de Santa Cruz de la Salzeda, y el otro don Ambrosio, cuio apellido ignora, y si que es clerigo en la villa de Fuenterepe; el referido don Pablo su amo comenzo a solicitarla de amores ofreciendola para que condescendiere a su torpe gusto se casaria con la que declara y para ello la dio palabra y mano de matrimonio, y aunque la susodicha se resistio dello con todo dicho don Pablo biolentamente, la arrojo en la cama y tapandola la boca con la mano por que no diere bozes la forzó y logró su intencion, no solo una bez, sino es, otras tres mas en el discurso de dicha noche que se quedo y acosto con la que declara en su propia cama, a puros ruegos que la hizo y ofrecimientos de que se casaria con ella, quien creiendole seria cierto ya, una bez, y mas biolado su onor, continuó en tener con la que declara actos carnales quando se le antojaba, y dormiendo con ella, quando le parecía como si fuera su muger propia, y por lo mismo la zelaba, sin permitirla salir de casa ni tratar con hombre alguno, por lo que temerosa y para que dicho su amo estubiese satisfecho de su recato y fidelidad, y que no llegase a desconfiar de ella, si alguna vez salia de casa dicho su amo y partia a algun biaje la que declara asta que bolbia a su casa haciase quedase en su compania así de noche como de dia,

pubertad que ha podido ser protegida solidificada en su sexualidad, no pueda serlo a su vez, con una propia tipicidad criminal (y al margen de dificultades técnicas, que en el caso del estupro no faltan ni dan

---

la explicada Alphonsa Esteban a quien la que declara habia comunicado y expresado todos los lanzes, que desde el principio habia pasado con dicho su amo y por que como persona de quien tenia entera satisfacion dicho su amo, pudiere asegurar deste el recato de la que declara, y algunas bezes la dicha Alphonsa decia a la que declara que bien conozia quando habia dormido con el dicho su amo, porque su cama no estaba urdida, ni con señales de que en ella hubiese acostadose persona alguna, y que tambien es cierto que a poco tiempo despues de los primeros actos carnales que tubo con la que declara y como a un mes con corta diferenzia se sintio y conoció estar embarazada porque cada vez la iban creciendo mas los pechos y e elebandose el vientre, y como no cesare en sus gustos y torpezas el expresado don Pablo barias veces le dijo la que declara el estado en que se hallaba y que a quando aguardaba a casarse con ella a que siempre la respondio no la diere cuidado, que a su tiempo cumpliria su palabra, y con efecto habiendo entrado a los siete meses de su preñado, hallandose la que declara, con algunos dolores que la parece fue el dia cinco de julio del año siguiente de mil setezientos sesenta y seis, y pasado a visitarla Antonio, cuio apellido ignora y sí que a la sazon era cirujano de la villa y al presente lo es del lugar de Fuentemolinos y expresadole la que declara dichos dolores, siendo como a las diez de la mañana de dicho dia y pidiendo llamado de orden de dicho su amo, la receto unos paños con bino y manteca calientes, los que la aplico a dicho bientre la referida Alphonsa quien bien habia conocido que la que declara se hallava preñada lo que se berifica de que hallandose enferma la que declara a los tres meses de dicho preñado, y habiendo sido presto sangrarla como la sangró dos bezes dicho cirujano expreso que este tambien habia conocido estaba preñada por que la habia sangrado a pausas como acostumbran con todas las preñadas; y que no obstante haverla aplicado los dichos paños no por eso cesaron los dolores antes aumentandose cada vez mas viendo ya como la ora de las quatro de la tarde de dicho dia cinco de julio que reconocio se hallava inmediata a parir, estando solos en la dicha casa el referido su amo y expresada Alphonsa Esteban la dijo a la susodicha el repetido don Pablo no se asustase porque la que declara estava preñada y que aquellos dolores eran de algun malparto y con efecto los dos la asistieron y hauiendo parido recojio la criatura la dicha Alphonsa en un delantal de tramado que traia puesto y dicho su amo, corto la bid y se la ato al muslo de la que declara, y la fajo con un pañuelo por entonzes a cuio tiempo dicha Alphonsa, dijo al referido don Pablo, que eran necesarias unas tijeras, un hilo y un zapato, a que la respondio no era necesario nada pero no puede decir si la criatura nacio muerta o viva, pero sí que antes que a la que declara la entrasen en la cama metieron los dos dicha criatura en una arqueta pequeña sin cerradura ni llave, que estaba a la cabezera de la cama de la que declara que seria de larga como tres quartas, y una tercia de ancha y hechando la tapa, la metieron en un cofre grande en el quarto donde habitava dicho don Pablo, segun despues la dijo la dicha Alphonsa

empacho), cuando lo que está en juego no es el sexo ni la defloración, sino la flor encendida de la vida.

---

como tambien que dicha criatura se habia ido de sangre, y habia manchado dicho cofre, y que el propuesto su amo le habia limpiado con un trapo, y que entre cinco y seis de dicha tarde despues de dicho parto habiendo ido a bisitarla dicho cirujano aunque la pulseó, ni la pregunto como la yba, ni la receto cosa alguna, y lo mismo hizo todos los dias que se halló combaleciendo dicho parto, que fueron mas de catorze o diez y seis: y siendo como entre onze y doze de dicha noche oyendo la que declara barios golpes que la parezia los daban en un quarto bajo de dicha casa preguntandolo despues a dicha Alphonsa, la respondio que dichos golpes eran haver estado abriendo dicho su amo un oyo en un quarto baxo que esta frente de la puerta del corral que serbia para tener o cerrar en el la arina en cuio oyo havían enterrado entre los dos dicha criatura, y que antes ella habia preguntado dicho don Pablo a la referida Alphonsa mirase lo que era dicha criatura y que haviendola registrado habia hallado era un niño: y que pasada dicha noche al siguiente dia delante de la que declara dicho don Pablo preguntó a la referida Alphonsa, le dijese que remedios eran a proposito para que se la quitase la leche, a que le respondio que perexil, y entonces expreso dicho don Pablo que no, y que mejor eran paños de arroz cozido y majado, y con efecto desde aquel mismo dia despues de haver descargado y mamado por su propia boca dicho don Pablo, los pechos de la que declara la aplicaron a dichos pechos dicho arroz en papel de estraza, lo que continuaron por espacio de mas de dos meses, asta que del todo se retiró dicha leche y enjuntaron los pechos, siendo la dicha Alphonsa, la que sigilosamente lababa la ropa de la que declara, y dicho su amo, quien la fajaba, y daba la comida por su mano sin fiarse de otra persona; y que tambien es cierto, que deseosa la que declara de saber donde estava enterrado dicho niño, haviendo echo barias dilijencias en su busca, despues de seis meses de dicho parto habiendo reconocido estaba algo mobida la tierra en un sitio del quarto que queda referido presumiendo estaria alli cabó con una azadilla, y a distanzia de media barra de ondura descubrio, la calavera, sin pelo ni carne, y unos huesezicos, como de criatura recien nacida y dello solo sacó dicha calavera dejando allí lo demas que bolbio a tapar con la tierra y unos cantos, que tenía encima y una tabla que sobre ellos tenia puesta; y dicha calavera aunque la guardo en un papel despues de algun tiempo no la halló por que presumió se la habían quitado de su propio quarto donde la tenia, acaso para que no se descubriese, respecto de la que declara continuamente estaba recombiniendo a dicho su amo, cumpliese la palabra de casamiento la que la tenia dada y que de no lo hacer así, le obligaria por justizia y aunque despues de combalezida de dicho parto el referido don Pablo intento varias bezes con la que declara executar las mismas torpezas que antes, habiendolo resistido la que declara porque no le cumplia su gusto la maldezia y prorrumpia en barias palavras escandalosas y que tambien la dicha Alphonsa expreso a la que declara que ella hauía amonestado a dicho su amo para que cumpliese con su obligazion que la tenia, y que siempre la respondia que a su tiempo cumpliría, y que dijese a la que declara que

2. *EL ADULTERIO*

La definición del adulterio como *alieni tori violatio* no sitúa, como el estupro, en paralelo institucional, sexo (modelo de violencia) por muerte, del infanticidio, además de en rigurosa causa, el embarazo no deseado, del infanticidio neonaticida, sino que tan solo ofrece esta segunda vía, estrictamente causal, que deriva frecuente en neonaticidio, infanticidio estricto o puericidio. Ahí está a la vista, esto sí, la misma delimitación típica del crimen en su atribucion a la mujer (madre), y la conexión consanguínea con el hijo, adulterino o víctima de parricidio.

El adulterio no es cualquier *illicita fornicatio*, sino un *illicitus coitus cum coniugatis*, o un *illicitus coitus cum uxore sponsave aliena perpetratus*[147]. Con otras palabras, las de Domenico Raynaldus, el adulterio consiste en una *violatio sacramenti matrimonii, & habet annexam cognitionem existentiae matrimonii*. La mujer que incurre, por lo tanto, ha de ser casada y así *violat proprium torum*; puede ser esposa de presente, y aun esposa de futuro (contra la opinión de Diego de Covarrubias, Julio Claro o Juan Vela y Acuña, que Antonio Matthaeus considera contradictoria con la admisión de los esponsales de presen-

---

callase y no se aflijiese que allí estaba el, y que así cuidase solo de comer y beber y no tener pena, y que tambien la expresó a la que declara la dicha Alphonsa, que para mudar la camisa y almilla despues del mal parto siendo preciso tener que calentarla respondió dicho don Pablo no era nezesario, porque el se la pondria, y que con efecto se la habia puesto dicha camisa antes de mudar a la que declara, y que asímismo la expresó tambien, que el dia despues de dicho parto havía preguntado dicha Alphonsa al referido don Pablo, si se casaría con la que declara y que la havía respondido que lo primero era cuidar de ella, asta que se pusiese buena y responde». Finalmente, interpuesto recurso de apelación, y tras diligencias que incluyen un careo, el amo obtendrá la absolución de la palabra de matrimonio y daños. Manuela es pobre, pero no es menor de edad, y su resignación victimaria ha podido jugar en su contra (como si el estupro se hubiera transfigurado en un amancebamiento); el neonaticidio parece tan solo uno de esos daños genéricamente sumados al presunto estupro, absorbido por este con la aceptación, según parece (no investigada), de que la criatura nació muerta. (Archivo de la Real Chancillería de Valladolid, Pleitos criminales, caja 0528.0007.)

[147] Se requiere pues un acto de acceso carnal, «y no otro tipo de comportamientos», como subraya María José Collantes de Terán de la Hera, «Algunas consideraciones sobre el delito de adulterio: un proceso de finales del siglo xviii», en *Cuadernos de Historia del Derecho*, 20 (2013), p. 334.

te al producirse la misma vulneración de la *spes thori*)[148]. El adúltero es quien *violat alienum torum*; el adulterio del marido, siéndolo (así debe ser si se defiende el *adulterium duplicatum*;[149] este, sin embargo, ni *dici potest* para Ludovico Gilhausen, ni *committitur* para Ludovico Sinistrari) no es punible, por la peregrina razón de que su cónyuge carece de capacidad procesal[150]. El adulterio ha de cometerse *scienter*, y se perfecciona aunque no se haya consumado el matrimonio o este sea putativo (adulterio mental). Así que si en el estupro la ausencia de matrimonio hacía del sexo crimen, en el adulterio la presencia (aun aparente) de matrimonio lo criminaliza[151].

Benedicto Carpzov hace una reflexión muy aguda sobre el adulterio. Afronta una idea que constata como ampliamente difundida y que tendría relevancia a los efectos de contrastar las realidades del adul-

---

[148] VELA & ACUÑA, *Tractatvs*, cit., caput 1, pp. 3-4; GILHAVSEN, *Arbor*, cit., capvt 2, titvlvs 18, p. 80; MATTHAEI, *De criminibus*, cit., liber 48 Digestorvm, titulus 3, caput 1, p. 400.

[149] CARPZOV, *Practicae*, cit., pars 2, quaestio 53, p. 19; CREMANI, *De iure*, cit., liber 2, caput 6, articulus 3, pp. 332-333.

[150] Sobre el adulterio entre cónyuges o esposos, y el problema de la exclusión del marido de su tipicidad, salvo en la concepción pecaminosa que prima en la doctrina canónica, MARCHISELLO, «Alieni thori», cit., pp. 137-139, 141-142. Asimismo, COLLANTES DE TERÁN DE LA HERA, «El delito», cit., pp. 202-204, OSABA, *El adulterio*, cit., pp. 25-27, AGUILAR ROS, *El adulterio*, cit., pp. 181-182, 186-187, y Karen Margaret JONES, *Gender, crime and the Local Courts in Kent, 1460-1560* (thesis), Greenwich, University of Greenwich, 2001, p. 160.

[151] En el *mos italicus*, BELLO VISV, *Avrea practica*, cit., liber 1, caput 9, pp. 111-112; VITALINIS, *Tractatus*, cit., f. 377v. En el siglo XVI, AZPILCUETA, *Compendium*, cit., f. 153v; Henrici BOICH, *In qvinqve decretalivm libros commentaria*, Venetiis, Apud Haeredem Hieronymi Scoti, 1576, *in qvintvm librvm*, p. 294; CANTERA, *Qvaestiones*, cit., *De quaestionibus tangentibus punitionem delictorum*, quaestio 1, cap. 4, pp. 475-476; CLARI, *Opera*, cit., liber 5, p. 343; Io. Pavlo LANCELOTTO, *Institvtiones ivris canonici, qvibus ivs pontificivm singulari methodo libris quatuor comprehenditur*, Lvgdvni, Apvd Gvlielmvm, 1578, liber 4, titulus 8, p. 385; PEREZ, *Ordenanzas*, cit., tomo 3, libro 8, título 15, lex 2, p. 300. En el siglo XVII, AZEVEDO, *Commentarii*, cit., libro 8, título 20, *rubrica*, pp. 390-391; BRVGIOTTI, *Institvtiones*, cit., liber 3, titulus 13, pp. 164-165, 167; CARPZOV, *Practicae*, cit., pars 2, quaestio 56, pp. 46, 48; FARINACII, *Praxis*, cit., pars 4, quaestio 141, pp. 595-596; GILHAVSEN, *Arbor*, cit., capvt 2, titvlvs 18, p. 80; Jo. Dominici RAYNALDI, *Observationum Criminalium, Civilium, & Mixtarum. Liber primus*, Venetiis, Apud Paulum Balleonium, 1699, caput 1, suppletio 5, p. 147; SINISTRARI, *De delictis*, cit., titulus 4, §4., p. 201. En el siglo XVIII, ENGAV, *Elementa*, cit., liber 1, titulus 14, membrvm 1, §184-186, 188-189., pp. 116-118.

terio y el infanticidio, cual es la criminalización del adulterio, y en particular solo del adulterio cometido por la mujer desposada o casada (el riesgo de la *commixtio sanguinis* no afecta en el que cometa el marido), en virtud particularmente de la posibilidad de que de la relación sexual adulterina nazca una estirpe espuria: «Ex qvibus tamen haec definitio promanasse ex vulgari errore, si hunc ita appellare licet, qvod nempe existimaverint Interpretes, in crimine adulterii peccati solummodo per suppositionem partus, & insitionem stirpis spuriae in alienam familiam, in eoqve tantum consistere qvalitatem omnem & rationem hujus delicti». Esta es justamente la razón por la que las madres se han decidido a menudo a matar a los hijos adulterinos: la supuesta degradación de la sangre legítima por la espuria. Sin embargo, no ha de ser tal el fundamento para la criminalización del adulterio, según Carpzov, porque daría lugar a la contradicción de que la relación sexual extramatrimonial sería lícita a falta de prole. La radical naturaleza criminal del adulterio se encuentra en la *violatio fidei coniugalis*, de carácter sacramental, una *fides* que incluye y arropa el *consortio vitae*, la *cohabitatio perpetua* y la *procreatio liberorum*. El adulterio es así una corrupción de la *unitas coniugalis*. Por eso la definición del adulterio de Carpzov reza como *violatio fidei ac thori coniugalis*[152].

Ahora bien, la madre infanticida no actúa en rigor para recuperar el orden o la estabilidad matrimonial, porque, en cuanto mujer adúltera, ya ha demostrado ciertamente su desprecio hacia esta fe y unidad conyugal, como ratifican por lo demás los casos de vínculo entre el infanticidio por adulterio y el viricidio posterior por parte de la adúltera destacados por Garthine Walker y Laura Spence[153]. Queda

---

152 Carpzov, *Practicae*, cit., pars 2, quaestio 52, pp. 12-13.

153 Garthine Walker, *Crime, Gender and Social Order in Early Modern England*, Cambridge, Cambridge University Press, 2003, p. 143; Laura Spence, *Women who Murder in Early Modern England, 1558-1700* (thesis), Coventry, University of Warwick, 2010, p. 45. Mendoza Garrido, *Delincuencia*, cit., p. 202, se refiere a la habitual participación cómplice del amante en el homicidio premeditado del marido. Alessandro Pastore, *Veleno. Credenze, crimini, saperi nell'Italia moderna*, Bologna, Il Mulino, 2010, p. 51, se ocupa de la práctica criminal del envenenamiento del marido por parte de la adúltera; pero si se quiere también el caso de un envenenamiento de la mujer para hacer que caiga en la trampa de una simulación de adulterio (metiendo durante su somnolencia a un varón en su cama, para acusarla calumniosamente después), véase María Luzdivina Cuesta Torre, «Adulterio y calumnia en el *Enrique fi de Oliva*: crimen y castigo a la luz de la legislación medieval», en *Clio & Crimen*, 7

retraída además, porque no puede traducirse en una pauta teórica general y remite a un perdón implícito que la criminalización desmiente (pero el carácter de delito privado puede imantar), una redención promatrimonial repentina a la vista del hipotético pavor que provocan los resultados embarazosos de la unión extramatrimonial. Curiosamente, el infanticidio, en su relación práctica estrecha con el adulterio, obedece al relieve de la descendencia ilegítima conforme al error vulgar fundamentador del mal del adulterio, por mucho que Carpzov se haya esforzado en abstraer su razonamiento con independencia de la prole, y en este sentido sería un refuerzo del matrimonio, pero también puede serlo de la continuidad (extirpados sus efectos) del adulterio mismo. He aquí un claro y doble motivo para su tipificación[154]. Ahora bien y paradójicamente, la distipicidad del infanticidio se encauzaría más bien por el camino de una nulidad (inexistencia) práctica de los efectos del crimen de adulterio. Se traza así la ruta de una tendencia sociológica a sancionar la irrelevancia y desaparición del pecado y sus efectos perniciosos, a mayor gloria del matrimonio, que no puede encontrar en la técnica criminal, por contradictoria con sus fundamentos represivos, un auxilio o complemento, pero que sin embargo la busca, y en este sentido deja en ella, a la que pide amenaza y silencio, una huella de desajuste o imperfección.

Quizá por eso se tuviera en la doctrina anterior una perspectiva más concreta y a la vez más práctica de los efectos perniciosos en torno a la *commixtio sanguinis* del adulterio, como había expresado en el *mos italicus* Jacobo de Bello Visu, que sin evitar la complejidad estructural de todos los vértices de la institución partía de la consideración del adulterio como un delito cometido por la mujer casada, y de la exclusión correspondiente de la punibilidad criminal del marido (*ex potestate legis*), para defender que en el adulterio uxorio se produce un

---

(2010), p. 82. Sabina Álvarez Bezos, *Violencia contra las mujeres en la Castilla del final de la Edad Media*, Valladolid, Universidad de Valladolid, 2015, pp. 113-114, cuenta los desvelos de una suegra por que se ejecute la condena de su yerno, que mató a su hija por una maledicencia de adulterio; a este carácter «real o supuesto» del adulterio que provoca la violencia intrafamiliar se refiere Rudy Chaulet, «La violence en Castille au XVIIe siècle à travers les Indultos de Viernes Santo (1623-1699)», en *Crime, Histoire & Sociétés*, 2-1 (1997), p. 24.

[154] O al menos para la persecución judicial de casos en los que se relaciona el infanticidio con el adulterio, como los florentinos citados por Müller, *The Criminalization*, cit., p. 205, si se distingue entre la tipicidad legal estricta y la tipicidad por ministerio de la ley en la que puede quedar varado el fenómeno de la prototipicidad.

magnum praeiudicium circa prolem respecto del que pudiera producir el adulterio marital, cuya descendencia bastarda no mezcla la sangre y por lo tanto queda situada en un ámbito de permisiva y extraña marginalidad. Ese perjuicio del adulterio uxorio es un *partus sordidus & alienus* sobre el cual, dada la cobertura matrimonial, ha de operar una presunción *de iure* en la atribución de la paternidad al marido. Bello Visu no se desvía, como Carpzov, de este argumento (ni convierte en vara de medir la posibilidad no habitual del matrimonio sin hijos), pero lo complementa con otros criterios: la consideración de que *uxor magis est pars viri, quam vir uxoris*; la apreciación de que las mujeres tienen *momentaneae voluntates* y son más inconstantes que los hombres (lo cual parece una valoración peyorativa de la misma naturaleza femenina que estaría justificando la tipificación delictiva con este acotamiento sexual) y la idea de que la *uxor* se encuentra *in servitio viri*. Son formas de referirse a la estructura y funcionamiento de la compañía matrimonial, en la que Carpzov pondrá el fundamento de la criminalización del adulterio, pero quizá desde una perspectiva que obedece asimismo a que aún no se había declarado canónicamente la institucionalización que deriva del reconocimiento del defecto de forma como causa de nulidad a la espera de las reformas matrimoniales tridentinas y que se mantiene en el vórtice de una problemática de difuminados matrimonios clandestinos, putativos, barraganías o concubinatos con toda su plasticidad social, pero que, desde la perspectiva de la patología criminal, incide muy operativamente en el vínculo conyugal personal y en las necesidades de seguridad jurídica respecto de la descendencia[155].

El peso de este motivo de la *commixtio sanguinis*, frente a la prole ilegítima, no puede considerarse, por mucho que aparezca subsumido ulteriormente en la gravedad formal institucional matrimonial, un factor de segunda importancia, y la atención prestada en la compleja red de tales circunstancias familiares y sociales al infanticidio puede localizar un problema prioritario e iluminar un eventual desajuste teórico, por exceso de abstracción, en el criterio jurídico y moral de criminalización del adulterio. Sara McDougall ha explicado esta situación de cambios axiológicos en la legitimación del adulterio de una manera muy similar, estableciendo además un paralelismo muy significativo entre la penalización del adulterio marital y la salvaguardia de la concepción sacramental del matrimonio (unidad indisoluble de Cristo y

---

155 Bello Visv, *Avrea practica*, cit., liber 1, caput 9, p. 112.

la Iglesia) al entender que el marido, en el cumplimiento de sus deberes de dirección y administración familiar, repite el modelo del sacerdote en su parroquia; pero su cronología o ritmo no coincide, y si la doctrina jurídica camina de la concreción de la *commixtio sanguinis* y del adulterio restrictivamente uxorio hacia la abstracción del sacramento matrimonial protegido y del adulterio latamente también marital, el recorrido que constata McDougall es justamente el opuesto, entre la época tardomedieval y el Renacimiento[156], lo que quizá haya de resolverse (al margen de los procesos de secularización matrimonial que impulsa el protestantismo y de los cambios de valoración de los problemas de la institución matrimonial una vez que el Concilio de Trento introduce sus reformas de seguridad jurídica contra las uniones clandestinas)[157] comprendiendo que la pujanza práctica (si no teórica) de la *commixtio sanguinis* no ha cesado nunca a pesar de que la protección sacramental del matrimonio haya querido tomar o mantener teoréticamente una dimensión mayor[158].

---

[156] McDougall, «The Transformation», cit., pp. 517-521.

[157] Por lo demás, *Partidas* 7.17.1 recogían una visión, separada de la canónica (y por eso con una reflexión más procesal que esencial sobre las diferencias de los adulterios uxorio y marital), más preocupada por la *commixtio sanguinis* y la honra marital que por el sacramento matrimonial en general: «Adulterio es yerro que ome faze a sabiendas, yaziendo con muger casada, o desposada con otro. E tomo este nombre de dos palabras de latin, alter & thorus: que quieren tanto dezir como ome que va, o fue al lecho de otro por quanto la muger es contada por lecho del marido con quien es ayuntada e non el della. E porende dixeron los sabios antiguos, que maguer el ome casado yoguiesse con otra muger que ouiesse marido, que non lo puede acusar su muger, ante el juez seglar sobre esta razon como quier que cada vno del pueblo (a quien non es defendido por las leyes deste nuestro libro) lo puede fazer. E esto tuuieron por derecho por muchas razones. La primera porque del adulterio que faze el varon con otra muger, non nace daño, nin desonrra a la suya. La otra porque del adulterio que faze su muger con otro, fina el marido desonrrado, recibiendo la muger a otro en su lecho, e demas porque del adulterio della puede venir al mando gran daño. Casi se empreñasse de aquel con quien fizo el adulterio vernia el fijo estraño heredero en vno con los sus hijos, lo que non auernia a la muger del adulterio que el marido fiziesse con otra, e porende pues que los daños, e las desonrras non son yguales, guisada cosa es, que el marido aya esta mejoria, e pueda acusar a su muger del adulterio si lo fiziere, e ella non a el, e esto fue establecido por las leyes antiguas, como quier que segund el juyzio de santa yglesia, non seria assi».

[158] De lo que se hace eco, para la Modernidad, Alloza, *La vara*, cit., p. 201. Empero, Bazán Díaz, *Delincuencia*, cit., p. 278, hace más hincapié en la *commixtio sanguinis*.

Por otra parte, Matthaeus comenta la tradicional distinción entre estupro y adulterio que hace de este una especie de aquel género, singularizada por el hecho de que la pasión le corresponda a una mujer casada y no a una mujer virgen o viuda honesta, aunque en seguida muestra sus dudas de que no pueda colegirse, al contrario, que, entendiendo el adulterio como corrupción, el estupro resulte una especie del adulterio[159]. La tautología tiene un interés relativo[160], si no es constatar que hay una identidad sustancial entre los dos delitos que sólo se especifica diferenciadamente en la calidad de la víctima. Así afirma Diego Pérez de Salamanca que tanto el término de estupro como el de adulterio admiten un sentido general, y al coincidir en esta virtualidad ambos confluyen en una similitud sólo rota por mor de la *ratio diversitatis nominis*, de tal manera que la precisión de cada crimen, si se quieren en rigor diferenciar o distinguir, responde a las *diversae personae* que los sufren, sujetos de condición no una que efectivamente permiten constatar al cabo la existencia de *diversa delicta*[161]. Pero la posición tradicional da a entender una concepción preasumida del estupro como acto ilícito de acceso carnal violento real o mentalmente, en la que efectivamente el adulterio cabe porque esa calidad de estado civil de la víctima no es tan importante, a efectos de la determinación de la naturaleza del crimen, como a primera vista parecía, como tampoco resultó tan relevante como a primera vista parecía la concreta violencia de la defloración virginal. Lo que sucede entonces es que, absurdamente, parece excluida la violencia como elemento

---

[159] Matthaei, *De criminibus*, cit., liber 48 Digestorvm, titulus 3, caput 1, pp. 391-392.

[160] Esposito, «Adulterio», cit., pp. 22-23, analiza la eventual sinonimia de adulterio y estupro; asimismo, Maldonado de Lizalde, «*Lex Iulia*», cit., p. 367. El significado del adulterio como *illicitus coitus* (cf. Maria Gigliola Di Renzo Villata, «Dall'amore coniugale 'proibito' all'infedeltà. L'adulterio nelle 'Summae confessorum' italiane (XIV-XVI secolo)», en *Italian Review of Legal History*, 1 (2015), p. 11), tal y como lo asume también el estupro (cf. Didier Lett, «'Connaître charnellement une femme contre sa volonté et avec violence'. Viols des femmes et honneur des hommes dans les status communaux des Marches au XIVe siècle», en J. Claustre & O. Mattéoni & N. Offenstadt (dir.), *Un Moyen Âge pour aujourd'hui. Mélanges offerts à Claude Gauvard*, Paris, Presses Universitaires de France, 2010, p. 452) permite aquella sinonimia. No obstante la cual, el Derecho romano había clarificado la disparidad de tipos delictivos de estupro y adulterio: Mentxaka, «Delitos», cit., p. 83, y Aguilar Ros, *El adulterio*, cit., pp. 16-19.

[161] Perez, *Ordenanzas*, cit., tomo 3, libro 8, título 15, p. 287.

sustancial del estupro, porque si se quiere subsumir el adulterio en él no puede olvidarse que este no tiene por qué ser violento (violencia a la que, sin embargo, el estupro no puede renunciar), y que el dolo yace tanto en la intención del adúltero como en la intención de la adúltera. Puede interpretarse empero que, así como la seducción interpreta la violencia en el estupro (violencia interpretativa, a la manera de Ludovico Careri), la condición de ilicitud del estupro, que implica el hecho de que la mujer que lo padece no esté casada, sigue operativa porque la licitud del acceso carnal tenía eficacia en el seno del matrimonio y no cuando se plantea fuera de él, de modo que así como cuando el estupro se comete en la menor de edad la violencia se presume, cuando el acceso carnal adulterino se produce como una afección externa al matrimonio la violencia se presume también, por presunción y aun interpretativamente por lo que se refiere al marido, que es la víctima siempre constante del adulterio[162].

Significativamente, desde esta visión, el infanticidio, como acto criminal que se enfrenta a los efectos de un acto criminal como el adulterio, tendría una razón de ser no limitada al neonaticidio y no protagonizada por la madre ni por el adúltero sino por el marido, porque aquellos solo borran las huellas de su crimen lo antes posible pero el marido puede ponerse al frente de la defensa del honor matrimonial, en cualquier momento presente o futuro. Dicho de otro modo, una constatación de infanticidios cometidos por maridos habría supuesto la superación de esa fase en la que el infanticidio todavía se mantiene al servicio de la desaparición de los efectos del crimen de adulterio, asumiendo activa y paladinamente una razón vindicativa o de defensa del honor. Y sin embargo, aunque no faltan varones infanticidas, el hecho de que las madres controlen la actividad criminal neonaticida con mucha mayor frecuencia (o las mujeres, en general)[163] parece estar de acuerdo con una valoración social que pone obstáculos a la tipificación criminal en sí, como si el silencio sobre el crimen que anula los efectos de otro protegiera mejor al matrimonio, al fin y al cabo

---

[162] Adulterio y estupro se aproximan también si, en vez de centrar la razón de la cercanía en la violencia física, se centra en la faceta de la seducción, no en vano, como dice C. CAREY, «Rape and Adultery in Athenian Law», en *The Classical Quarterly*, 45-2 (1995), pp. 407-408, «From numerous texts of the classical period it is clear that *moicheia* [adulterio] involves persuasion».

[163] Keith WRIGHTSON, «Infanticide in Earlier Seventeenth-Century England», en *Local Population Studies*, 15 (1975), pp. 11-13.

afectado ya por el adulterio, y lo protegiera de un modo más eficaz y concreto que una persecución penal que pone a la vista la destrucción institucional familiar y siembra una duda sobre la descendencia probablemente irresoluble. No en vano el adulterio es una institución que mantiene sesgos de la justicia privada e intrafamiliar medieval, cuyos efectos estarían extendiéndose al neonaticidio en una naturaleza jurídica percibida como un apéndice delictivo indefinido en cuanto a su naturaleza y consecuencias. Si de esta manera hay un primer cortafuegos frente a la ilegitimidad en el no levantamiento del velo criminal (proclive al menos a la imposición de una pena extraordinaria que repela al arquetipo del homicidio doloso y perfecto)[164], un segundo

[164] La reticencia hacia el levantamiento del velo criminal que el infanticidio trae consigo puede apreciarse en el pleito contra Miguel de Gaztanondo, María Ángela de Echeverría, Josefa de Yarza y Catalina de Echevarría sobre «infanticidio» (en Castilla, Guipúzcoa, 1772-1776) en el que el nacimiento de una niña es fruto de una relación de adulterio cometida entre Miguel y María Ángela (de treinta y un años), aprovechando la ausencia del marido de esta. Para «ocultar aquella maldad», su madre Josefa y su hermana Catalina disponen una supuesta entrega al sacristán de la parroquia de Berasategui que acaba en el arrojo de la criatura al osario. Las encausadas (labradores y tejedoras de lienzos) defienden un parto dificultoso y que la criatura nació muerta pero en la declaración pericial de los cirujanos se constatan heridas que pueden haber causado la muerte tras el nacimiento; también hay contradicción entre los testimonios de tales reos, a favor, y la petición del fiscal, en contra respecto de la recepción del sacramento del bautismo por la recién nacida. Pues bien, a pesar de la larga duración del proceso, y de la circunstancia de que los reos, salvo Gaztanondo (que intenta también una fuga de cárcel por escalamiento), se ausenten fugitivas en rebeldía cuando consiguen la suelta de la cárcel bajo caución juratoria de presentarse, no hay más que contrastar la petición de pena en la querella del promotor fiscal con el fallo de la sentencia para constatar la tendencia punitiva difuminadora de la culpa respecto del neonaticidio: el fiscal pide pena de muerte para Gaztanondo, María Ángela, Josefa y Catalina, en el caso de estas dos últimas como «cooperadoras», pero la sentencia condenará al adúltero Gaztanondo y a Josefa a «exterminio» o destierro de seis meses, mientras Catalina y María Ángela son condenadas a cinco y tres años de reclusión respectivamente en la galera de mujeres de Valladolid (sin equilibrar *tamquam principalis* la acción de la presumida madre mandante). Además, María Ángela ha visto omitido su nombre de los autos («M»), «dignificada» en testimonio separado. Desde este punto de vista, hay una concepción restrictiva del neonaticidio que parece imputarlo a sus causantes más directos, y con mayor razón si cometen otro delito, aunque se trate de cooperadores de la aquiescente voluntad homicida materna, sobre todo quizá cuando esta madre es una mujer legítimamente casada (en este caso, aunque conste su propio adulterio). (Archivo de la Real Chancillería de Valladolid, Causas secretas, caja 0016.0001.)

cortafuegos estaría en la argumentación, cuando el neonaticidio es innegable y no se quiere convalidable, desde la enajenación mental de la madre, una incapacidad de dolo que ha parecido tener su habilidad, como explica Dana Rabin, solo respecto de las mujeres casadas[165].

Sandra Clark ha llamado la atención sobre la influencia que puede tener el adulterio, frente al estupro, en la valoración del infanticidio, si se entiende que la sospecha sobre el nacimiento del hijo ilegítimo se agudiza cuando no existe una relación matrimonial[166]. La aceptación de los hijos ilegítimos es sin embargo más viable cuando existe la cobertura matrimonial, y así sería fácil de comprender que los neonati-

---

[165] Dana RABIN, «Bodies of evidence, states of mind: infanticide, emotion and sensibility in eighteenth-century England», en M. Jackson (ed.), *Infanticide. Historical Perspectives on Child Murder and Concealment, 1550-2000*, Surrey-Burlington, Ashgate, 2002, pp. 74-76, 79: la enajenación mental (Matthew Hale, en el siglo XVII, considera el infanticidio como «a special case within the category of insanity»; William Hunter, en el siglo XVIII, insiste también en que en el infanticidio «committed under a phrenzy from despair [...] The insane are not held to be responsible for their actions») puede derivar del temor a la vergüenza si la descendencia es ilegítima, vergüenza propia de la mujer honesta, que es la mujer que ha contraído matrimonio. Y añade, en p. 81: «In this 'language of the mind', which appeared increasingly in the Old Bailey trial transcripts from the 1720s and the 1730s, circumstance and sensibility began to emerge as ever-present themes. By claiming that they were 'not sensible', 'agitated in mind', 'almost distracted', 'stupefied', 'confused' and 'delirious', defendants and witnesses explained a wide range of emotional states from confusion to delusion and insanity. They fashioned pleas of diminished responsibility based on popular perceptions of mental distress which differed significantly from exculpatory insanity as defined by the law and in legal commentary. This language and the larger interest in sensibility convinced those participating in the courtroom dialogue –from the defendants and witnesses to judges and prosecutors– that the women accused of infanticide had no criminal intention of murdering or hurting their children and that they should not be held responsible for the crime»; y en p. 85: «What was the language of emotion and how did defendants (or their witnesses) portray their states of mind during the crime? There are two different categories of testimony about mental states in infanticide trials. The first and more traditional excuse explained the crime as a consequence of the mother's long-standing mental deficiency. In the second category, witnesses or defendants associated the crime of infanticide with the experience of childbirth, specifically the pain of labour. They likened their state of mind to a 'phrenzy' or temporary insanity».

[166] CLARK, «Deeds against Nature», cit., p. 15.

cidios (conocidos) sean cometidos normalmente por mujeres solteras, o terceras, pero no por casadas[167]. El matrimonio puede legitimar a los descendientes ilegítimos *de facto* en un control oficioso y convalidante de la sangre, más allá de que su aceptación parece haber tenido mejor fortuna, como indica Guido Ruggiero, cuando los hijos descendían de las relaciones sexuales extramatrimoniales del marido frente a cuando descendían de las rigurosamente adúlteras de su cónyuge[168]. Por otra parte, ciertamente el criterio del factor matrimonial presumiblemente antineonaticida no tiene por qué ser constante, y de hecho parece matizable en la práctica y procesalmente, como apunta Keith Wrightson, si consta el ocultamiento doloso del cadáver, que hace siempre presumir la ilegitimidad de la descendencia[169]. Y no se olvide una razón mayor, porque la atribución de la paternidad al marido provoca una (persistentemente preocupante) *commixtio sanguinis* que puede percibirse como un riesgo connatural (con efectos jurídicos de todo tipo, hereditarios sin ir más lejos, y valga ahora la común existencia de prole familiar como un dato pragmático nunca soslayable) repugnante del adulterio[170].

Sin embargo, también entonces, por pura lógica, el infanticidio debería aventurarse como una solución a los efectos del crimen más propia del estupro que del adulterio, porque en este se cuenta con una posibilidad de simulación que aquel no ofrece. Pero la realidad está desbordada, chorreante de matices. De tal suerte que Randolph Roth pone de relieve una circunstancia en el sentido contrario: la persecución del adulterio podría ser el impulso, dentro de una política represiva de cualquier relación sexual contraria a la institución matrimonial (de la que aquel es arquetipo), para un recrudecimiento de la

---

[167] Lo constata Berraondo Piudo, *La violencia*, cit., p. 97, que también se refiere a la comisión del delito por alguna mujer familiar de la recién parida. Sarah Christine Shippy Copeland, *Constructions of Infanticide in Early Modern England: Female Deviance during Demographic Crisis* (thesis), Ohio, The Ohio State University, 2008, p. 48, cita expresamente a las abuelas, y Wrightson, «Infanticide», cit., pp. 13, 16, incluye entre las neonaticidas a parteras y enfermeras. Spence, *Women*, cit., pp. 29-30, marca una proporción de veinte a ocho supuestos en los que la mujer mata a su propio hijo o mata a un hijastro o hijo ajeno.

[168] Ruggiero, *The Boundaries*, cit., p. 55.

[169] Wrightson, «Infanticide», cit., p. 11.

[170] En este sentido véanse los antecedentes griego y romano respectivamente en Carey, «Rape», cit., pp. 415-416, y en Maldonado de Lizalde, «*Lex Iulia*», cit., p. 368.

represión pública del neonaticidio[171]. Hay, pues, intereses privados e intereses públicos que pueden tenerse en consideración[172]. La comisión de un crimen, en definitiva, no obedece a una reflexión teórica, sino a una percepción individual, contextualizada y en cierta medida espontánea de su causa, y como dice Wolfgang P. Müller, el aborto o el infanticidio pueden estar motivados tanto por la defensa de la privacidad y jerarquía doméstica cuanto de la buena fama[173]. Pero la legislación y la doctrina, que sí han de hacer ese esfuerzo de comprensión típica en orden a la decisión de la dogmatización del crimen de infanticidio bajo la interpretación abstracta de un cúmulo innúmero de supuestos individuales, chocan en el caso del adulterio con una necesidad de favor que ya no es solo de la virginidad o la honestidad, como en el estupro, sino del matrimonio, en su vigor sacramental y civil, y ya no frente a una violencia interpretable pero violencia al fin y al cabo, sino frente a un consentimiento activo antimatrimonial, en definitiva una mutación de lo a-matrimonial a lo anti-matrimonial, de tal forma que la eliminación física de la descendencia ilegítima, mediante el infanticidio sobre todo neonaticida, no implica el reconocimiento de la fractura de un orden sacramental en el estupro, pero sí en el adulterio, y por esta razón en el estupro no sana un padecimiento ya irreparable pero exige su resarcimiento, mientras que en el adulterio sí puede borrar el rastro de la descomposición de la institución y de la honra[174]. Aunque, si se acepta que borra, no resarce, ni hay pena que

---

171 ROTH, «Homicide», cit., p. 38; así también WRIGHTSON, «Infanticide», cit., p. 12, se había referido con este mismo sentido a una ley de 1650 con la que se promovió en Inglaterra la persecución activa de las conductas sexuales contrarias al matrimonio. La afección del adulterio al orden social, la transmisión de la herencia, la fe matrimonial, la fama y honra pública del marido, la ley de Dios y el sacramento matrimonial, en el seno de la delincuencia, son expresiones de Ricardo CÓRDOBA DE LA LLAVE, «Marginación social y criminalización de las conductas», en *Medievalismo. Boletín de la Sociedad Española de Estudios Medievales*, 13-14 (2004), p. 301.

172 Esther CRUCES BLANCO, «Orden público y violencia en la ciudad de Málaga a fines del siglo XV y principios del siglo XVI (1495-1516)», en *Meridies. Revista de Historia Medieval*, 2 (1995), p. 138, comenta un documento de 1514 en el que el adulterio se contempla, junto a la blasfemia y el juego prohibido, como formas que alteran «la moralidad pública».

173 MÜLLER, *The Criminalization*, cit., p. 133.

174 O bien alegarse con aquella misma intención de obtener una indemnización o resarcimiento cuando no importa hacer pública una situación familiar de conflicto (quizá porque ya es manifiesta, sin que se haya podido evitar). Laura GOWING, *Domestic Dangers. Women, Words, and Sex in Early Modern London*, Oxford-New York,

obligue. Con el estupro, sin velo matrimonial, el infanticidio encontraba un modelo de violencia y una razón de tipificación (contra el sexo, contra la muerte); con el adulterio, bajo el velo matrimonial, el infanticidio fuerza a decidir entre la exposición del pecado o su exclusión, entre el desagravio que trae consigo la obligación del crimen y de la pena y esa suerte de nulidad derivada de que el crimen quede clandes-

Oxford University Press, 2005, pp. 182-183, se dedica al estudio de litigios en los que las mujeres acusan a sus maridos de violencia continuada y los maridos a sus mujeres de adulterio (casos parejos en número) con la única finalidad de obtener una satisfacción económica, aunque parecen haber entrado en declive entre el último tercio del siglo xvi y los años cuarenta del siglo xvii. Según Ferraro, *Nefarious Crime*, cit., p. 147, la injuria al honor matrimonial que provoca el adulterio puede ser compensada, en la opinión vecinal, por el abuso marital de la violencia, lo cual es importante porque, según Van der Heijden, *Women*, cit., p. 53, de los vecinos depende a menudo la intervención de la justicia. Pero Walker, *Crime*, cit., pp. 140-142, matiza en el sentido de que la supuesta equivalencia de alegaciones no es tal, porque la violencia marital encuentra la justificación del ejercicio de una facultad de corrección y de dirección familiar, con la circunstancia de que la violencia que ejercen a su vez las mujeres sobre los maridos suele tener una naturaleza oculta y premeditada y proditoria, difícil de desentrañar en el ámbito doméstico, como la propia del envenenamiento, lo que parece explicar que las mujeres no fueran tan proclives a invocar la legítima defensa como excusación de su obligación delictiva. Para la articulación del uxoricidio *propter adulterium* entre el parricidio y el homicidio *ex potestate legis*, en relación con esa moderada o limitada potestad de correción marital, Enrique Álvarez Cora, «La doctrina del homicidio en el siglo xvi», en *Initium. Revista Catalana d'Història del Dret*, 20 (2015), p. 313; Eukene Lacarra Lanz, «El peor enemigo es el enemigo en casa. Violencia de género en la literatura medieval», en *Clio & Crimen*, 5 (2008), p. 257, estudia sin embargo el pensamiento antiuxoricida o al menos redentor de Eiximenis, advirtiendo debidamente de que el supuesto no se desarrolla en situación de flagrancia. Finalmente, conviene citar a David M. Turner, *Fashioning Adultery. Gender, Sex and Civility in England, 1660-1740*, Cambridge, Cambridge University Press, 2005, pp. 142, 149-151, que huye de los trazos gruesos a la hora de valorar la concepción social generalizada en torno al daño que se entiende a la comunidad doméstica produce, desde luego el adulterio de la mujer, pero también el adulterio del marido, atisbando en las alegaciones procesales de los cónyuges el uso de arquetipos y constatando la complementación de la acusación de comportamiento sexual desordenado con otros desórdenes en términos económicos y en cuanto a la debida y no cumplida observancia de una ordenada sexualidad conyugal, de manera que, ahora en sentido inverso, una presentación positiva de las cualidades conyugales pudiera ser también utilizada para contraatacar las acusaciones de adulterio, hasta que en definitiva y a menudo, volviendo al principio de esta nota, «What emerges particularly strongly is the role of money as a motivating factor».

tino, como una figura embalsamada[175], o despenalizado a falta de su reconocimiento típico[176]. Además, en fin, en el estupro, como se recordará, había infancia protegida; la única infancia en el adulterio es el parto sórdido, puro pecado contra *una caro*.

3. *EL AMANCEBAMIENTO*

En alguna medida, el adulterio marca la pauta de reflexión a propósito de la funcionalidad del amancebamiento para percibir la relevancia típica (la consideración de su importancia sociojurídica de cara a su eventual tipificación) del infanticidio. Si el estupro ofrecía un modelo de criminalización de la violencia (sexual) sobre la infancia, el adulterio, por el contrario, empujaba a un entendimiento del infanticidio como una acción cuya tipicidad puede resultar contraproducente para con el crimen que le da causa, porque prevalece en el Derecho, contra la manifestación de este, una razón de silencio, velo u ocultación que se extiende a la descendencia ilegítima, o de silencio, velo u ocultación sobre la falsedad de la descendencia legítima[177], en la reminiscencia de ciertas atávicas concepciones de la justicia intrafamiliar y del delito privado, y sin que la naturaleza de la infancia tenga aparentemente nada que decir. La ausencia o presencia de matrimonio, clave por lo demás para la distinción, en relación con las víctimas, del estupro y del adulterio, constituía un eje diferencial que daba lugar a su vez a una consideración social hipotética tan diferente

---

175 Le sucede a veces a los delitos, como a la bigamia que, como explica MARCHETTO, «Primus», cit., pp. 79, 83, 89, oscila entre su asimilación al estupro o al adulterio, y su despenalización a tenor de la nulidad radical del segundo matrimonio, para superarlas y asentarse como «un'autonoma condotta antigiuridica».

176 Emma MONTANOS FERRÍN & José SÁNCHEZ-ARCILLA, *Estudios de Historia del Derecho criminal*, Madrid, Safekat, 1990, pp. 144, 146, 149, y Manuel TORRES AGUILAR, *El parricidio: Del pasado al presente de un delito*, Madrid, Editoriales de Derecho Reunidas, 1991, pp. 69-70, defienden que en el ámbito canónico conciliar el delito de adulterio es el eje de la penalización del neonaticidio. No es contradictoria esta idea con la tensión difuminadora del adulterio, a través del infanticidio como acto pero no tipificado singular y específicamente como crimen (ni siquiera homicidio cualificado), precisamente porque en el ámbito canónico, a diferencia del civil, la relevancia del sacramento transgredido no se puede ocultar ni silenciar.

177 Sobre la falsedad testimonial a propósito de las muertes accidentales o deliberadas de bastardos recién nacidos, WALKER, *Crime*, cit., p. 148.

del infanticidio. Y obviamente, siempre, estas disquisiciones, dentro de un criterio de relatividad, porque las razones de la ocultación o eliminación de la descendencia ilegítima son también operativas desde el punto de vista del padecimiento del estupro, y el conocimiento de la descencia ilegítima en el adulterio puede ser un paso previo, pero ya contrario al ocultamiento, que hace germinar la voluntad criminal infanticida. En el amancebamiento, se trata de una situación similar al adulterio, aunque sin la clave esencial del matrimonio, lo cual ya es mucho decir. Por lo demás, si no hay una estabilidad en la relación entre sexos, puede hacerse presente la razón del estupro. En definitiva, la conexión del infanticidio (condicionada a su vez por las tensiones restrictivas neonaticida y libericida) depende de dos factores: la constatación de que efectivamente hay un delito (estupro, adulterio, amancebamiento) que causa otro delito (infanticidio), y la percepción no constante de una violencia y de una infancia ultrajada que permita consolidar o no, por simpatía, las razones de tipificación del infanticidio.

El amancebamiento o concubinato plantea además un problema de delimitación, porque, al dar por excluido el matrimonio, engloba o se aproxima a relaciones entre sexos de una potencial complejidad muy alta. Alfonso de Azevedo recuerda la concepción del concubinato en el Derecho romano, desde la perspectiva de la naturaleza jurídica de la mujer, entendida como *uxor iniusta*; si a eso se le añade que la mujer debe ser *retenta in domo*, la proximidad al matrimonio es clara, al menos de una claridad mayor que su alejamiento. La dificultad para esa aproximación, como el mismo Azevedo señala, está en la naturaleza sacramental del matrimonio y en la naturaleza de pecado mortal, como defenderá siempre el Derecho canónico (y con mayor razón para los clérigos), de toda *fornicatio* que aquel no ampare. Eso es lo que lleva a la reprobación civil de toda *assidua carnalis conversatio*, amancebada o no. Sin embargo, las dudas doctrinales a propósito de la prohibición por parte del Derecho natural permiten entender que la ausencia de criminalización se mantenga cuando la fornicación se produce entre soltero y soltera, en secreto. Así se consigue, parece, la cuadratura del círculo, porque la tendencia represiva a la que empujaba el Derecho canónico comulga al fin con un criterio de subsidiariedad criminal: la criminalización se mantiene en la figura próxima al matrimonio del amancebamiento pero desaparece cuando el pecado, paradójicamente, se distancia del matrimonio pero conserva la aptitud para contraer matrimonio, o dicho de otra manera cuando no consiste en la agresión, presente ni futura, a la institución matrimonial, no en vano el matrimonio posterior puede convalidar esa comunión carnal pecaminosa de los solteros. Ahora bien, como se ha dicho, esta operación exige o precisa del secreto, como una manera de subrayar esa distancia de la fornicación entre solteros respecto de la realidad matrimonial e incluso, podría decirse, como una forma de prever cautelosamente que la convalidación matrimonial finalmente no se produzca. Y así puede razonarse, moral y jurídicamente, que la fornicación entre solteros, por ser secreta, termina por cumplir a la sazón un requisito de eventualidad, de relación sexual esporádica, puesto que si la fornicación se repite, el pecado que podría considerarse venial terminará por convertirse en mortal, y las posibilidades sociales de que el secreto desaparezca convertirán el factor del tiempo en una razón para que esa fornicación repetida *propter consuetudinem & diffamationem transit in concubinatum*[178].

La razón de la ocultación de la descendencia en el adulterio que podía explicarlo como causa del infanticidio contra la *commixtio sanguinis*, no sigue igual de operativa, porque no existe estrictamente el riesgo de la *commixtio sanguinis*, por falta del sacramento matrimonial, en estas relaciones no matrimoniales del amancebamiento y la fornicación, y podría decirse que tanto menos operativa cuanto la institución se encuentre menos confundida (más lo estaría el matrimonio secreto) con el matrimonio. La tipicidad criminal del infanticidio resultaría un elemento distorsionador en el sentido de que en el amancebamiento, prohibido por mor de la defensa del matrimonio, no hay a priori ciertamente un peligro de *commixtio sanguinis* (si no hay adulterio) y su publicidad regulariza la descendencia, como demuestra el hecho de que exista un régimen jurídico claro, y en cierta medida (limitado por la filiación legítima) tuitivo, respecto de la filiación natural. Diríase que no hay razón para el neonaticidio ni para el libericidio como no la hay en el matrimonio, y que la tipicidad sería la propia que encauza, a la postre, el parricidio. Sin embargo, en la fornicación el infanticidio cumpliría muy bien, de forma similar a la misión que cumple respecto de la descendencia ilegítima adulterina, con el secreto y carácter esporádico de la relación sexual, y la tipicidad subrayaría, como ocurre en el adulterio también, una realidad que se considera de conveniencia a priori extirpable, o sólo tolerable en el seno de su propio secreto. De modo que si la fornicación esporádica

---

178 Azevedo, *Commentarii*, cit., libro 8, título 19, *in legem primam*, pp. 376-378.

entre solteros y el adulterio, la primera por su secreto y el segundo por su vulneración del sacramento matrimonial, coinciden en ser causas de una actividad infanticida en la que la tipicidad levanta velos inoportunos, el amancebamiento plantea el problema de que construye un ámbito intermedio próximo al matrimonio (dice Jacobo Cujacius que el concubinato imita al matrimonio, y la concubina a la mujer legítima, por lo que los hijos no son espurios sino naturales)[179] donde no pueden hacerse operativas las causas anteriores y la relevancia jurídica de la infancia, o sea de la descendencia natural (Derecho natural, no se olvide), podría dar lugar con mejor razón a una política de tipificación del infanticidio.

Ahora bien, no terminan aquí los problemas de planteamiento. Porque si la fornicación, en virtud de la costumbre, se convierte en amancebamiento, es porque aquilata la estabilidad, que es un rasgo similar a la indisolubilidad del matrimonio[180]. Si el *ius civile* prohíbe el amancebamiento para reforzar la institución matrimonial, puede producirse el efecto pernicioso de que las trabas recaigan sobre la relación jurídica que más se le asemeja. En el tránsito hacia la forma esencial del matrimonio que establecerá el Concilio de Trento, una política contraria al amancebamiento puede resultar, en cierto sentido, contraria al matrimonio, sobre todo en ese tiempo histórico en el que la perfección matrimonial resulta difícil de dirimir y los matrimonios clandestinos y putativos, y los amancebamientos mismos, plantean difíciles problemas probatorios de diferenciación. Es en esta tesitura en la que hay que entender las vacilaciones doctrinales hasta Trento; a partir de Trento, obviamente, la política contraria al concubinato será necesaria al servicio del propio cumplimiento de la validez rigurosa, en impedimentos, consentimiento y forma, del sacramento matrimonial. Pero mientras tanto, el amancebamiento al menos procura una publicidad, abandonado el secreto exigido de la relación esporádica, derivada de la propia costumbre que contempla a la mujer consolidada

---

[179] Iac. Cviacii, *Paratitla in Libros qvnqvaginta Digestorvm sev Pandectarvm, Item in Libros Nouem Codicis Imperatoris Iustiniani*, Coloniae Agrippinae, Apud Ioannem Gymnicum sub Monocerote, 1594, liber 25, titulus 7, p. 71.

[180] Cf. para este cotejo de requisitos entre amancebamiento y matrimonio María José Collantes de Terán de la Hera, *El amancebamiento: una visión histórico-jurídica en la Castilla moderna*, Madrid, Dykinson, 2014, pp. 27, 33, 43, aunque comienza recogiendo el tópico de que «Hablar de amancebamiento es hablar de adulterio del marido».

como *retenta in domo*. No se trata de una mujer con la condición de esposa o de cónyuge, pero sí de una mujer retenida, con un ámbito doméstico propio, por el varón.

Mas este paralelismo entre amancebamiento y matrimonio, que entraña una ausencia de criminalización, hace que sea extraño que la doctrina aplique criterios que parecen adulterinos en su análisis preeminente de la institución desde el punto de vista de la mujer. Tiberio Deciani diferencia el amancebamiento del estupro y del adulterio por la condición de la mujer: *soluta* y *corrupta, retenta ad libidinem*[181]. Juan Bernardo Díaz de Luco se refiere a una costumbre *carnaliter* que deriva precisamente de esa retención, además de insistir en la soltería, corrupción y ausencia de un vínculo carnal o espiritual con el varón, que en su estudio resulta ser un clérigo[182]. Esta focalización en la condición jurídica de la mujer, sin embargo, no resuelve por sí sola la naturaleza del amancebamiento que, como el matrimonio, debería responder a una situación dual de los sexos unidos. En este sentido, es interesante, aunque negativa, la precisión de Diego Pérez de Salamanca cuando explica que la punibilidad del amancebamiento rige cuando se tiene a una mujer *pro concubina in domo cum uxore*[183], en una especie de solapamiento polígamo de ámbitos domésticos. En definitiva, esto significa que el varón amancebado no debe estar casado ¿o más bien, tan solo, que el marido incurre en amancebamiento ilícito solo si la concubina carece de una independencia de ámbito doméstico donde quedar *retenta*? ¿La estabilidad o pseudoindisolubilidad del amancebamiento es suficiente cuando no cumple con la unidad matrimonial, o se entiende que no la trastorna si funciona paralelamente, sin interferencia de los ámbitos domésticos? Es como preguntarse si el amancebado debe ser soltero, tal y como la amancebada, o no. Y es como preguntarse si el amancebamiento puede ser, además, una especie de adulterio o bigamia masculina.

Hay una cierta ambigüedad de fondo de la que los doctores no consiguen deshacerse. Así por ejemplo Juan Vela y Acuña, siguiendo a Antonio Gómez, dice que el acceso carnal es concubinario cuando la unión sexual es continua y difamada, refiriéndose tanto a un coito

---

181 Tiberii DECIANI, *Tractatvs criminalis. Tomvs secvndvs*, Avgvstae Tavrinorvm, Apud haeredem Nicolai Beuilaqua, 1593, liber 6, cap. 21, f. 38v.

182 DIAZ DE LUCO, *Practica*, cit., caput 73, p. 145.

183 PEREZ, *Ordenanzas*, cit., tomo 3, libro 8, título 19, lex 8, p. 382.

entre solteros cuanto a otro entre una soltera y un varón casado[184]. Sin embargo, entiende que existe un concubinato *proprie* (de lo que se deduciría que el anterior es impropio) cuando una mujer soltera vive

[184] La posibilidad de que el amancebamiento se produzca con varón casado entraña el problema de la bigamia. Riccardo Astolfi, «Sintesi della storia della bigamia in Roma», en *Studia et Documenta Historiae et Iuris*, 76 (2010), pp. 281-282, 287, 289, explica que la relación entre soltera y varón casado es la propia del concubinato en el Derecho romano antiguo, en virtud de un principio de monogamia del matrimonio que se refuerza en época clásica reafirmando la validez del primer matrimonio y reduciendo, entonces, a concubinato, la segunda relación, y se consolidará definitivamente en el Derecho postclásico (Constantino) y justinianeo, así como en los cánones conciliares católicos, prohibiendo el concubinato al varón desposado. Las relaciones sexuales extramatrimoniales estables de los varones casados quedan entonces en un terreno de ilicitud sin embargo bajo grave riesgo de permisividad al tiempo que el amancebamiento tiene su margen de licitud y el adulterio del marido se despenaliza. Por eso no parece muy acertado equiparar el amancebamiento al adulterio marital dado que sus razones de (des)penalización son opuestas: Juan Miguel Mendoza Garrido, «Mujeres adúlteras en la Castilla medieval. Delincuentes y víctimas», en *Clio & Crimen*, 5 (2008), p. 175, ha llamado la atención con razón sobre algo tan obvio como que adulterio y amancebamiento son dos categorías penales diferentes, y Ricardo Córdoba de la Llave, «Las relaciones extraconyugales en la sociedad castellana bajomedieval», en *Anuario de Estudios Medievales*, 16 (1986), p. 595, explica el contenido delictivo del amancebamiento marital mediante su conexión con el abandono del domicilio conyugal, del que también se ocupa Álvarez Urcelay, *Causando*, cit., pp. 34, 39, y la dilapidación de los bienes dotales de su cónyuge, a lo que Berraondo Piudo, *La violencia*, cit., p. 92, añade la inducción al conyugicidio por parte de las amancebadas. Además, no hay afección a honra conyugal en el amancebamiento lícito: Juan Miguel Mendoza Garrido & Clara Almagro Vidal & María de los Ángeles Martín Romera & Luís Rafael Villegas Díaz, «Delincuencia y justicia en la Chancillería de Ciudad Real y Granada (1495-1510). Primera parte. Estudio», en *Clio & Crimen*, 4 (2007), p. 442. Y no se pueden confundir con mayor razón si se piensa en la estabilidad del amancebamiento (incierta en el adulterio), como hace Álvarez Urcelay, *Causando*, cit., p. 408, quien, pese a parecer que cohonesta adulterio de la mujer y amancebamiento del marido, inmediatamente menciona su «disimetría judicial», y penal, pues la mujer comete adulterio ya en su primera relación sexual aun esporádica, mientras el marido comete amancebamiento solo desde la tenencia de «manceba pública»; factor el de la estabilidad por cierto en el que no obstante y de nuevo puede sembrarse la duda sobre la presencia de relaciones ciertamente no ocasionales: José Sánchez-Arcilla Bernal, «La delincuencia femenina en la ciudad de México a finales del siglo xviii», en *Cuadernos de Historia del Derecho*, 20 (2013), p. 126, n. 86, y *Jueces, criminalidad y control social en la ciudad de México a finales del siglo xviii*, Madrid, Dykinson, 2016, p. 141, suscita esta duda cuando explica

con un varón *sine nuptiis*, con una *affectio concubitus* análoga al *affectus coniugalis*, aunque no se precisa si entonces el varón es soltero como ella o bien casado[185]. El hecho de que el discurso mezcle continuamente requisitos de criminalización con requisitos de permisividad hace que la institución se mueva en una suerte de terreno neutro e incoloro, anfibológico y tambaleante[186]. Cuando Diego de Cantera centra la cuestión en la penalización, distingue perfectamente entre el concubinato entre solteros, exento de pena, y el concubinato del casado y la soltera, punible[187]. Pero la lectura de Renato Barahona permite comprender que la solución jurídica no elimina cierta vacilación de fondo que tiene referencias sociales indudables: si es cierto que la mayoría de amancebamientos fueron formados por parejas de escasos

---

la catalogación del amancebamiento bajo «incontinencias» en los libros de reos mexicanos. Ricardo CÓRDOBA DE LA LLAVE, «Adulterio, sexo y violencia en la Castilla medieval», en *Espacio, Tiempo y Forma. Serie IV. Historia Moderna*, 7 (1994), pp. 172, 175, llama la atención sobre la elocuencia terminológica, que sin duda no debe minusvalorarse: la relación extramatrimonial del marido no fue denominada adulterio, sino mancebía, y si esto se entiende que no es significativo porque lo que se está afirmando es precisamente que la naturaleza del amancebamiento es la propia del adulterio marital, cuando el autor añade el ejemplo de como la amancebada no es llamada adúltera sino «amiga», «enamorada» o «madre de sus hijos», resuelve definitivamente, pues si es adúltero quien se une a una mujer casada que comete adulterio, debería ser adúltera quien se une a un varón casado si se considerara que este comete ese mismo delito. BAZÁN DÍAZ, *Delincuencia*, cit., pp. 278, 280, por el contrario, da a entender una extraña prosopopeya: que la denominación de amancebamiento para el marido viene a tener el sentido de sustituir el término de adulterio que resta, con su potencia de la *commixtio sanguinis*, en el terreno del comportamiento femenino. Pero no solo cabe la posibilidad de que el varón casado estabilice otro ámbito familiar, sino también la posibilidad de que se constituyan diversas y simultáneas relaciones de amancebamiento. MOTIS DOLADER, *Pecado*, cit., pp. 224, 227, ha explicado que las «carencias afectivas conducen a configurar domicilios bipolares», en el caso de riesgo de bigamia justificándose bajo una presunción a menudo débil de fallecimiento del cónyuge, con pruebas poco concluyentes (ausencias breves, por ejemplo); también BARAHONA, *Sex Crimes*, cit., p. 116, recuerda que «some of the men were running away from bad marriages (marital discord, domestic violence)».

[185] VELA & ACUÑA, *Tractatvs*, cit., caput 6, p. 25.

[186] Así el siguiente y llamativo círculo vicioso, muy pragmático: Darlene ABREU-FERREIRA, *Women, Crime, and Forgiveness in Early Modern Portugal*, Surrey, Ashgate, 2015, p. 126, explica que la condición de casado fue el fundamento de la defensa de muchos varones frente a la acusación de amancebamiento.

[187] CANTERA, *Qvaestiones*, cit., *De quaestionibus tangentibus punitionem delictorum*, quaestio 1, cap. 3, p. 463.

recursos económicos, que no podían contraer matrimonio y contaban con empleos muy precarios, la situación de la concubina, una vez corrupta, no es la misma que la del varón, que puede abandonar la relación temporalmente por cualquiera sabe qué variopintas razones (transfigurado así el amancebamiento estable en una figura ambigua) e incluso definitivamente ante una perspectiva de mejor matrimonio, respecto del cual el anterior amancebamiento, interrumpido y persistente o ininterrumpido quedará en situación de una extraña ilicitud[188].

En el siglo xvii se aclaran bien las cosas en teoría si se acude a la lectura de Azevedo y Próspero Farinacio. Azevedo hace énfasis en la condición de soltera de la amancebada, en el carácter público del amancebamiento y en la aptitud para contraer matrimonio de los dos sexos (aun del desposado *per verba de praesenti*), en el afecto análogo al matrimonial, en la comunidad de mesa, lecho y habitación, y en la procreación de hijos (del matrimonio solo falta el sacramento), además de registrar la acepción amplísima del concubinato practicado por sacerdotes que se impone *secundum communem usum vulgarem loquendi* y se constata como el objeto más recurrente de la legislación canónica y regia[189]. El doctor romano repite la clasificación, cuando no palabras, elementos y expresiones idénticas de Azevedo, pero ordena los argumentos con otro estilo numerando la exigencia de una serie de requisitos[190]. En cuanto a la clasificación, los dos doctores distinguen unas acepciones *stricte, large* y *largissime* del concubinato. *Stricte* es el concubinato con retención de la mujer y conocimiento carnal

---

188 Barahona, *Sex Crimes*, cit., pp. 114, 116. A la dificultad de contraer matrimonio como causa del amancebamiento alude Motis Dolader, *Pecado*, cit., p. 238. Alloza, *La vara*, cit., p. 205, se pregunta y contesta: «¿Qué originó este incremento tan espectacular de casos por amancebamiento? [...] Ocurrió simplemente que el proceso de concentración parcelaria en el espacio madrileño a manos de la nobleza y clero provocó el alza de los precios de la vivienda, tanto en propiedad como en alquiler, lo que unido al empobrecimiento de amplios sectores de las clases populares, originó un incremento sin precedentes de la tasa de hacinamiento, llegándose a registrar hasta 30 habitantes por casa en el periodo estudiado. Ante esta situación protagonizada por la pobreza y la carestía de vivienda, muchas parejas humildes decidieron no casarse, aunque no renunciaron por ello a vivir bajo el mismo techo. Precisamente fueron muchas las personas encausadas por amancebamiento las que alegaron ante el juez la falta de recursos económicos para contraer matrimonio como el origen de su desdicha».

189 Azevedo, *Commentarii*, cit., libro 8, título 19, *in legem primam*, pp. 382-384.

190 Farinacii, *Praxis*, cit., pars 4, quaestio 138, pars 1, pp. 563-565.

con un afecto *ac si sua esset uxor*. *Large* es el concubinato con retención de la mujer y conocimiento carnal sin afecto matrimonial; el afecto matrimonial no se entiende como una noción volitiva, porque se deduce, como se dice al excluirlo en esta acepción *large*, de la temporalidad extensa de la unión sexual (la estabilidad, por lo tanto, remeda la indisolubilidad matrimonial). *Largissime* es el concubinato de los que reciben el sacramento del orden sacerdotal y tienen conocimiento carnal de la mujer *ultra uxorem*; esta es la más específica acepción que no obstante también Farinacio considera *secundum communem loquendi usum*.

Hasta este momento, el concubinato *large* se identifica con la fornicación secreta, que ciertamente no tiene por qué ser entre solteros, sino también, mantenido por supuesto el secreto, entre casado y soltera, puesto que no se hace ninguna precisión sobre la condición del varón. El concubinato *stricte*, próximo al matrimonio, no queda claro, por el silencio, si ha de ser entre solteros o admite también la unión entre casado y soltera; quizá el concubinato *largissime* y respaldado por el uso común da una pista en este sentido, porque aunque en él se pierde el aliento matrimonial del concubinato *large*, bien es cierto que por una razón tan singularizada como la condición sacerdotal del varón, sin embargo el varón que protagoniza la unión es, claramente, un varón que no ha contraído matrimonio. A continuación, con más claridad que Vela y Acuña, Farinacio se decide a definir un concubinato *proprie*, que no resulta ser ninguno concretamente de los anteriores. La definición del concubinato propio alude a la condición soltera y corrupta (no virgen) de la mujer, a la retención de la mujer y a la relación sexual continuada; por eso se afirma que el concubinato *largissime*, de entendimiento más común, es un concubinato proprio: el clérigo que vive con una mujer soltera y no virgen establemente y tiene relación sexual continuada con ella cumple con un concubinato propio. Aunque ahora es Farinacio quien une el concubinato *largissime* con el propio (tal y como antes había sido posible la interpretación de que hay un vínculo entre los concubinatos *large* y *largissime*), no hay una respuesta nítida a las dudas sobre la condición del varón en el concubinato *large*, que pueden extenderse y plantearse en los mismos términos respecto del concubinato propio. El mismo Farinacio debe de tener esta impresión cuando no se conforma con el *dicitur* del concubinato propio y comienza a desarrollarlo en términos de la exposición de los requisitos que debe cumplir. El primer requisito del concubinato propio consiste en la cohabitación estable, de larga duración;

lo que suscita la pregunta de si este requisito ha de entenderse de forma que el matrimonio simultáneo tanto de la mujer como del varón quede excluido. El segundo requisito consiste en la existencia de relación carnal acostumbrada y frecuente. El tercero consiste en la *retentio in domo* de la mujer, que produce la similitud de la unidad matrimonial. El cuarto consiste (y ahora Farinacio resuelve por fin la duda) en la soltería no sólo de la mujer, sino también del varón, a lo que se añade el complemento de que ambos reúnan aptitud para contraer matrimonio, convirtiendo así el amancebamiento permitido en un remedo de la institución matrimonial. Otros requisitos ahondarán en esta semejanza: el fin de la procreación y no de la mera concupiscencia, el trato honesto y honroso por parte del varón hacia la mujer, un afecto *sicut in uxore* y además la publicidad de ese concubinato, de la que deriva ante familiares y vecinos la fama de unidad y estabilidad que, como emulación matrimonial, legitima la unión (asimismo, en este sentido de publicidad, y también para diferenciar, en pro de la seguridad jurídica, el concubinato propio del matrimonio, la vestidura del hábito concubinario distinto del matrimonial). Por lo tanto, hay un concubinato o amancebamiento propio que se perfila por caminos contrarios a la criminalización porque aparenta públicamente ser un pre o cuasicontrato de matrimonio y está bien diferenciado del matrimonio canónico que ha dibujado Trento. Otros requisitos tienen, llegados a este punto, una significación complementaria: así el descarte de las condiciones (virginidad u honestidad de la viuda) en las que hay que presumir que existe un estupro[191], y la indicación de que el varón, quien ya es sabido debe ser soltero y carecer de impedimentos para contraer matrimonio con la concubina, ha de tener una condición o status sociojurídico de mayor calidad que la mujer. Este último factor se cumple en el concubinato *largissime*, de percepción social más común; de ser riguroso, disminuiría sin embargo las posibilidades de un concubinato propio y lo aproximaría a situaciones de ilicitud en las que no rige tanto un modelo matrimonial como una alternativa de hecho al modelo matrimonial a la manera de un negocio fraudulento (un concubinato que sustituye a un matrimonio que no puede contraerse en desigualdad de status y que se sustrae a los entramados de decisión familiar).

Desde luego, en el siglo XVIII se reflejará con claridad la idea de que el amancebamiento o concubinato es la unión de un hombre y una

---

[191] Esta era también preocupación de Clari, *Opera*, cit., liber 5, p. 360.

mujer en la que no se cumple el rito del matrimonio pero se mantiene un afecto natural *ad matrimonii similitudinem*, como explica Aloysius Cremani[192]. La mención de la ausencia de la forma matrimonial exigida por la legislación tridentina es la clave también para Rudolph Engau, quien por lo demás diferencia dos tipos de concubinato, recogiendo la problemática de la estabilidad: el temporal y el perpetuo[193]. La aceptación de un concubinato temporal[194] amplía todavía más las posibilidades de licitud de la institución paramatrimonial y la naturalidad de una descendencia a la que Farinacio se había referido como fin esencial de la unión propiamente amancebada. Al mismo tiempo, el término de amancebamiento admite dosis de significación ora paramatrimonial ora peyorativa[195] (la querencia adulterina, el escándalo público, etc.)[196] cuya constancia no puede extrañar habida cuenta de la marea semántica de su evolución[197].

---

[192] CREMANI, *De iure*, cit., liber 2, caput 6, articulus 1, p. 316.

[193] ENGAV, *Elementa*, cit., liber 1, titulus 14, §180-181., p. 115.

[194] Por lo demás nada novedoso. Así María del Carmen GARCÍA HERRERO, «Prostitución y amancebamiento en Zaragoza a fines de la Edad Media», en *En la España Medieval*, 12 (1989), p. 314, dice que «es también manceba la muchacha soltera que durante un período limitado de tiempo, que puede estar fijado de antemano, se encuentra vinculada a un solo hombre soltero con el que suele corresidir, generando una pareja fornicadora, pero no adúltera».

[195] ÁLVAREZ URCELAY, *Causando*, cit., pp. 49, 61, 65, 69-70, 74, 78, 172: «bajo la denominación 'vivir escandalosamente' se pretenderían seguramente incluir esas otras transgresiones de orden sexual que, careciendo del carácter continuado que se supone para el amancebamiento, se consideran sin embargo reprobables e ilícitas», lo cual puede ampliarse a cualquier deshonestidad ocasional, aun sin acceso carnal. Con tales factores, o el de la soltería u otro estado civil de los amancebados, se oscilaba así, en la práctica, entre la licitud e ilicitud de todas estas «amistades», «diversiones», «tropiezos» «u otros eufemismos» próximos al amancebamiento. En p. 114 se refiere el autor a la descendencia como un elemento relevante a la hora de enjuiciar la licitud o ilicitud de estas uniones sexuales.

[196] Para ABREU-FERREIRA, *Women*, cit., p. 123, el escándalo es el factor que convierte en punible el amancebamiento de soltera con varón casado, máxime cuando este desatiende sus obligaciones familiares a favor de la concubina.

[197] DUÑAITURRIA LAGUARDA, *La justicia*, cit., pp. 181, 183-191: «Aparte del término básico de amancebamiento o vivir amancebados, encontramos expresiones tales como 'vivir como marido y mujer', 'hacer vida maridable', 'habitar juntos', 'reincidir en su trato torpe', o 'vivir con escándalo fingiendo ser marido y mujer'. A veces el delito se adjetiviza con la referencia al 'escándalo' público que ocasiona de cara a la vecindad; en cambio, el término de concubinato no aparece en las sentencias [...]

Con todo, en términos estrictos, la previsión y finalidad de la descendencia natural en el amancebamiento redondea la soltería y aptitud de varón y mujer para contraer matrimonio, asimilando en el concubinato las características dignas de protección del sacramento matrimonial. Por eso el amancebamiento lícito remite a la institución matrimonial cuando se trata de afrontar el crimen de infanticidio: la descendencia natural, como la legítima, merece una protección que viene brindada por la tipicidad del crimen de parricidio[198]. No hay razones típicas añadidas para causar el infanticidio en una madre a la que la descendencia, en principio, no perjudica, pues es asumida como propia de la institución paramatrimonial.

Cuando el amancebamiento, sin embargo, no cumple las condiciones de licitud, se abren las posibilidades de valorar un crimen singularizado por razón de la descendencia no deseada ni prevista como propia de la institución regular, pero entonces el problema se sitúa en los márgenes teóricos del adulterio o del estupro, si se trata de la mujer, y en el caso del varón, según se dice, en una especie de tesitura

---

Cuando la mujer es la amancebada con otro, al amancebamiento suele unirse la expresión 'andar extraída o distraída de su marido'»; en pp. 183-191 se apuntan «solteros amancebados», «varón casado amancebado», «mujer casada amancebada», «varón y mujer casados y amancebados». Susana García León, *La justicia en la Nueva España. Criminalidad y arbitrio judicial en la Mixteca Alta (Siglos xvii y xviii)*, Madrid, Dykinson, 2012, pp. 352-353: «Según la terminología empleada en los pleitos, el término 'amancebamiento' englobaba tanto las relaciones sexuales entre personas solteras como las relaciones surgidas entre personas casadas. De esta manera, el vocablo 'adulteri' tan sólo se utilizó durante la instrucción de dos de los procesos, a pesar de que en buena parte de los casos uno o los dos acusados se encontraban casados en el momento de cometerse el delito. Además de 'amancebamiento', las expresiones que figuran de forma más habitual en los procesos eran 'amistad ylisita', 'vivir en mal estado', 'mala amistad', 'inhonesta conducta', 'por ser amantes', 'ofender a Dios' y 'tratar con una mujer casada'».

198 Es lo que sucede en el pleito contra Estefanía López (en Castilla, La Puebla de Alcocer, 1618) porque el neonaticidio, calificado como filicidio o como parricidio y en régimen de homicidio cualificado se mantiene sin perjuicio de la alegación de la causa de la honra en doncellas o mozas (al margen de que después la protagonista resulte ser mayor de edad) que no es fundamento ni excusa de obligación criminal alguna cuando la relación mantenida con el varón, si no llega a calificarse expresamente como amancebamiento lícito (Estefanía vive con su padre y hermana) sí es una relación continua estable entre solteros, con un solo varón (aunque no el primero que le hiciera perder la virginidad, según confiesa), de la que no se deriva pérdida de la reputación. (Apéndice, ff. 33r, 36v, 82v.)

equivalente al adulterio marital. Así sucede con las mujeres amancebadas con varones casados que las inducen al neonaticidio, como explica Mikel Berraondo Piudo[199]. Además, hay que valorar otra posibilidad, mencionada muy oportunamente por Farinacio, y que Nella Lonza recuerda como causa frecuente de neonaticidios:[200] los amancebamientos por frustración del matrimonio, en los que el varón tiene un status social superior a la mujer, y en los que para esta la descendencia puede significar una imposibilidad futura de contraer matrimonio cuando, acaso, la estabilidad del concubinato (esa estabilidad que Engau recordaba no siempre es perpetua, por mucho que a priori imaginase la indisolubilidad del vínculo matrimonial) haya devenido temporal. En este círculo de hipótesis, a las que hay que sumar todo tipo de dificultades prácticas relacionadas con la crianza, resulta comprensible que la presunción en contra de la madre, consumado el neonaticidio, a la que se refiere Keith Wrightson, pudiera funcionar privando a la amancebada de la falta de sospecha que favorecería empero a la mujer legítima[201]. El hecho mismo de que el amancebamiento se frustre, en el sentido de que la mujer no quede *retenta in domo* porque no exista un ámbito doméstico propiamente dicho en el que la soltera tenga un arraigo de estabilidad y que convierta la relación sexual en continua, puede influir de una manera o de otra en la percepción del infanticidio: Randolph Roth trae a colación la relación de los neonaticidios con la dificultad de fundar hogares o la renuencia de los jurados a condenar a las madres solteras sospechosas[202], mientras Sarah Christine Shippy Copeland explica la tacha de lascivia desordenada y prostituida que merecían públicamente las madres solteras acusadas de neonaticidio[203]. Finalmente, Berraondo Piudo recuerda a unas mujeres especialmente proclives al neonaticidio: las concubinas de los clérigos[204], en ese concubinato que la doctrina había considerado de identificación más vulgar y generalizada, y más contemplado en las preceptivas canónica y legislativa, y para el cual sin embargo, a diferencia del amancebamiento entre solteros en el que la descendencia puede resultar el índice definitivo de una realidad cuasimatrimonial, la descendencia supone la mancha definitiva más allá

---

199 BERRAONDO PIUDO, *La violencia*, cit., p. 92.

200 LONZA, «Two souls lost», cit., p. 73.

201 WRIGHTSON, «Infanticide», cit., pp. 11, 17.

202 ROTH, «Homicide», cit., pp. 39-40.

203 COPELAND, *Constructions*, cit., pp. 32-33, 41.

204 BERRAONDO PIUDO, *La violencia*, cit., p. 100.

de toda sospecha, y sacrílega[205], la vulneración del sacramento del orden sacerdotal, y así el producto dañado por excelencia que hace, del coito natural, el coito antes bien dañado y vergonzoso.

La tipicidad criminal requiere una teleología más allá de lo criminal. En el caso del infanticidio, está en juego la posibilidad de una tipicidad singular, que avance peculiar respecto del parricidio, pues la teleología del parricidio es familiar y la del infanticidio residiría en una edad débil o indefensa considerada en su tuición cristalizada. En el amancebamiento lícito entre solteros, la configuración jurídica de la descendencia natural atrae el régimen criminal del parricidio, por su sintonía de teleología paramatrimonial; podría haber atraído un régimen criminal singular infanticida equivalente a la teoría de la filiación natural (y de hecho las formulaciones neonaticidas concretas, como la de Carpzov, tal vez han tenido que ver con la intención de colmar esta laguna penal que protegería la realidad no criminalizada del amancebamiento lícito en su no legítima pero igualmente no reprobada descendencia). En el amancebamiento ilícito, las perturbaciones que asimilan la situación sexual a la bigamia, el adulterio o el sacrilegio ven paralizada empero la tipicidad infanticida porque la descendencia *ex damnato coitu* la priva de teleología no criminal: la protección de la infancia no se impone porque esta retrata ilegítima y reprobadamente, como si tuviera inoculado un virus, la relación matrimonial que resulta vulnerada, y la represión del infanticidio implicaría en consecuencia no una sanación (en rigor, el infanticidio ha intentado ser la verdadera sanación matrimonial, un engendro en verdad de sanación o convalidación antijurídica por contraria al Derecho

---

205 De ahí quizá que se tienda hacia la ocultación tolerante del delito (que la descendencia dificulta), a lo que podría equivaler el tratamiento del monje concubinario y aun con descendencia como si hubiera cometido un pecado de lujuria en el interior del monasterio: Christopher Harper-Bill, «Monastic Apostasy in late Medieval England», en *The Journal of Ecclesiastical History*, 32-1 (1981), p. 3; Michèle Escamilla-Colin, *Crimes et chatiments dans l'Espagne inquisitoriale*, Paris, Berg International Éditeurs, 1992, II, p. 155, explica que el Santo Oficio de la Inquisición tuvo una visión de las relaciones sexuales de los clérigos en la que pesaba más la moral que la dogmática sacramental, lo que viene a expresar mejor Bazán Díaz, «El estupro», cit., p. 16, cuando concreta cómo es la desviación de creencia respecto de la consideración de la fornicación como pecado mortal la que preocupa fundamentalmente al Santo Oficio; por cierto que lo mismo sucederá con el incesto, no en vano dice Azpilcueta, *Compendium*, cit., f. 119r: «Non est haeresis, neque quid illi annexum est enim contra uirtutem castitatis, non autem fidei».

divino, natural y positivo que atribuye a Dios el poder sobre la vida) sino el levantamiento del velo criminal, y de la putrefacción de su caldo de cultivo, en definitiva una desprotección de la institución matrimonial.

4. *EL INCESTO*

Bonifacio de Vitalinis incluye descriptivamente en el incesto la relación sexual con la hijastra, la madrastra, la nuera o una mujer consanguínea[206]. Ahí están ya la consanguinidad y la afinidad que han de constituir, recurrentemente, los vínculos que criminalizan el incesto[207]. Alfonso de Azevedo define el incesto como un *abusus*, o una *damnabilis commixtio*, un coito[208] *inter consanguineos* (*nefarius coitus*)[209] en el que, como dice entre otros Juan Vela y Acuña, la consanguinidad rige ascendente o descendentemente *in infinitum*[210], y cuyo régimen se extiende a los *affines* (con afinidad carnal o espiritual)[211] hasta el cuarto grado *ex copula licita* y desde Trento hasta el segundo

---

206 VITALINIS, *Tractatus*, cit., f. 377v.

207 AZPILCUETA, *Compendium*, cit., f. 153v; BOICH, *In qvinqve*, cit., *in qvintvm librvm*, p. 164; CLARI, *Opera*, cit., liber 5, pp. 388-389; DIAZ DE LUCO, *Practica*, cit., caput 78, p. 169; PEREZ, *Ordenanzas*, cit., tomo 3, libro 8, título 15, lex 5, p. 329; FARINACII, *Praxis*, cit., pars 4, quaestio 149, pars 1, pp. 738, 741, 743-747.

208 Un acceso carnal. Jean-Baptiste BONNARD, «Phèdre sans inceste. À propos de la théorie de l'inceste du deuxième type et de ses applications en histoire grecque», en *Revue Historique*, 621 (2002), pp. 77, 88, rechaza la teoría «d'un deuxième type d'inceste, conçu comme la prohibition de la mise en contact non pas de deux corps unis par un degré de parenté mais de deux fluides corporels, considérés comme identiques parce qu'émanant de proches parents; ainsi, le sperme d'un père et celui de son fils seraient mis en contact si les deux hommes ont eu une partenaire sexuelle commune», e interpreta en p. 105 el pensamiento griego entendiendo que el incesto es, en realidad, un escándalo que intenta revertir la sociedad patriarcal.

209 CANTERA, *Qvaestiones*, cit., *De quaestionibus tangentibus punitionem delictorum*, quaestio 1, cap. 4, p. 499. Sobre la calificación nefanda del incesto, CHIFFOLEAU, «Dire l'indicible», cit., p. 295.

210 VELA & ACUÑA, *Tractatvs*, cit., caput 17, pp. 92-94.

211 En el incesto de afinidad espiritual dice PEREZ, *Ordenanzas*, cit., tomo 3, libro 8, título 15, lex 5, p. 330, que se comete al mismo tiempo incesto, estupro, adulterio y sacrilegio.

ex copula illicita (porque una y otra no distan lo mismo del *matrimonii effectus*)[212]. En estas reflexiones tiene una omnipresencia constante el modelo jurídico de los impedimentos matrimoniales;[213] es coherente que a finales del siglo xvii Ludovico Sinistrari fije en la imposibilidad de contraer matrimonio la naturaleza incestuosa del coito[214]. Ahora bien, en el siglo xviii Aloysius Cremani señalará, en una tendencia restrictiva de la criminalización, como condición principal de la criminalización del incesto, la *commixtio sanguinis*[215].

Sea la *commixtio sanguinis*, sea la deshonra que produce la contravención de la ley natural de la sangre misma, la razón de una unión carnal que repugnaría al sacramento, que está presente tanto en la imposibilidad de unirse a la mujer consanguínea o afín (afinidad carnal) cuanto en la de unirse a la mujer consagrada a Dios (afinidad espiritual),[216] lo cierto es que el incesto se ha criminalizado en la consecución de una tipicidad propia, más allá del estupro o el adulterio[217], el mismo fenómeno jurídico que está en tela de juicio respecto del infanticidio. Su virtualidad política contra el protestantismo (el matrimonio de Lutero fue considerado incestuoso) también pudo tener su papel en esta operación de tipificación criminal[218]. María José Collantes de Terán de la Hera constata que la mayoría de los incestos documentados fueron cometidos por casados, bajo la forma matrimonial o en situación de adulterio o de estupro, con una función principal en la

---

212 Azevedo, *Commentarii*, cit., libro 8, título 20, *in legem septimam*, pp. 408-412.

213 Azevedo, *Commentarii*, cit., libro 8, título 20, *rubrica*, p. 395, e *in legem septimam*, p. 408. En la pauta del matrimonio insistirán también Carpzov, *Practicae*, cit., pars 2, quaestio 72, pp. 173-174; Farinacii, *Praxis*, cit., pars 4, quaestio 149, pars 1, p. 738; Gilhavsen, *Arbor*, cit., capvt 2, titvlvs 24, p. 110; Engav, *Elementa*, cit., liber 1, titulus 20, §255-256., p. 154.

214 Sinistrari, *De delictis*, cit., titulus 4, §6., p. 219.

215 Cremani, *De iure*, cit., liber 2, caput 6, articulus 5, pp. 350-351.

216 María José Collantes de Terán de la Hera, «Incesto. Teoría y práctica en Castilla en los siglos xviii y xix», en E. Álvarez Cora (ed.), *Liber Amicorum. Estudios histórico-jurídicos en homenaje a Enrique Gacto Fernández*, Madrid, Dykinson, 2015, pp. 174-175, n. 47, añade los vínculos derivados de la confesión, el bautismo, la confirmación, como formas de tutela espiritual, y el caso de la nodriza.

217 A propósito de esta concurrencia con el estupro o el adulterio, que ha de superar la autonomía criminal del incesto, Mentxaka, «Delitos», cit., p. 83.

218 Thomas A. Fudge, «Incest and lust in Luther's marriage: theology and morality in reformation polemics», en *The Sixteenth Century Journal. The Journal of Early Modern Studies*, 34-2 (2003), pp. 342-343.

relación o con una caracterización judicial como agravante;[219] a su vez, según Didier Lett, la violencia sufrida por una mujer en una relación de incesto pudo aminorar la pena de la que resultaba merecedora[220]. Lo cierto es que, frente al adulterio o el estupro, el incesto profundiza en la maldad antinatural provocando una especie de callejón sin salida: si la relación adulterina y su eventual descendencia ilegítima provoca una fractura en el ámbito interior y en el eco social de la familia, el incesto la agudiza porque en él no hay una realidad intrafamiliar sana que proteger, y si la edad en el estupro implica un margen de seguridad en el que se presume la violencia y se debilita cualquier forma de consentimiento, la edad en el incesto entre hermanos queda en un segundo plano frente a la repugnancia del pecado y en el sexo paternofilial extrema el coito estupral nefando[221].

Las clasificaciones del incesto son variables. Antonio Matthaeus considera que el *ius gentium* rige el incesto cometido entre ascendientes y descendientes, y también transversales, en tanto el *ius civile* rige el incesto que se comete con la tía paterna o materna o con la sobrina, pero Cremani predica de este último también la afinidad y la transversalidad[222]. Explica Diego de Cantera que la afinidad espiritual da lugar al incesto impropio, en tanto que el propio se identifica con la unión sexual de consanguíneos o afines carnales[223]. Alexandro Brugiotti diferencia entre incesto *verus* e incesto impropio o *interpretativus* en función de si precede o no matrimonio formal[224]. Y Próspero Farinacio prefiere referirse al incesto impropio a propósito del cometido entre quienes están relacionados por cognación legal, como la adopción o la arrogación[225].

---

219 COLLANTES DE TERÁN DE LA HERA, «Incesto», cit., p. 165.

220 LETT, «Connaître», cit., p. 453.

221 Claudia JARZEBOWSKI, *Inzest. Verwandtschaft und Sexualität im 18. Jahrhundert*, Köln-Weimar-Wien, Böhlau, 2006, pp. 243-245.

222 MATTHAEI, *De criminibus*, cit., liber 48 Digestorvm, titulus 3, caput 6, pp. 455-456, 458; CREMANI, *De iure*, cit., liber 2, caput 6, articulus 5, pp. 351-352. Sobre esta cuestión, Manon VAN DER HEIJDEN, «Women as victims of sexual and domestic violence in seventeenth-century Holland: criminal cases of rape, incest, and maltreatment in Rotterdam and Delft», en *Journal of Social History*, 33-3 (2000), p. 629.

223 CANTERA, *Qvaestiones*, cit., *De quaestionibus tangentibus punitionem delictorum*, quaestio 1, cap. 4, pp. 498-499.

224 BRVGIOTTI, *Institvtiones*, cit., liber 3, titulus 15, pp. 171-172.

225 FARINACII, *Praxis*, cit., pars 4, quaestio 149, pars 1, p. 742.

Joos Damhouder atribuye al incesto la mayor gravedad *inter crimina venerea*, en el vértice opuesto a la mera fornicación[226], y Diego Pérez de Salamanca lo antepone penalmente en el concurso con el adulterio que se produce en el acceso carnal de un sujeto con la mujer de un consanguíneo dentro del cuarto grado de afinidad[227]. Con un abierto realismo, Benedicto Carpzov dibuja en el seno de este crimen de comisión disforme una escala criminal en la que varía la pena conforme al grado de parentesco en línea directa o colateral[228].

Esta escala de gradación penal tiene que ver con las múltiples relaciones sexuales que pueden plantearse en el seno del incesto (Farinacio expone un buen número) y que, conforme a la dicotomía de consanguinidad y afinidad, permiten imaginar casos en los que la repugnancia socioreligiosa tendría que ser tan aguda como la que procesa el mismísimo y coetáneo sentido común, junto a otros en los que las trabas socioreligiosas quedarían, en mayor o menor medida, matizadas o disueltas[229]. Elizabeth Archibald ha conectado esta amplitud del significado de incesto como «unchasted behaviour» («a variety of offences relating to pollution and incontinence») con el perfil romano de la institución;[230] pero también los tiempos medievales fueron receptivos a la amplitud del concepto[231]. La cobertura matrimonial o su

---

[226] DAMHOUDERIO, *Praxis*, cit., caput 94, p. 342.

[227] PEREZ, *Ordenanzas*, cit., tomo 3, libro 8, título 15, lex 5, p. 329.

[228] CARPZOV, *Practicae*, cit., pars 2, quaestio 72, pp. 173-174. A esa gradación de gravedad penal se refería ya AZPILCUETA, *Compendium*, cit., f. 118v. AZEVEDO, *Commentarii*, cit., libro 8, título 20, *in legem septimam*, p. 415, explica la gradación penal en términos de atención a las circunstancias y cualidades del negocio *sicut gravius est delictum & nefarium*.

[229] MOTIS DOLADER, *Pecado*, cit., p. 239, se refiere al concubinato con parientes en tercer o cuarto grado «so color de matrimonio» entre primos, al levirato transcurrido el *tempus lugendi* o a las uniones con viudas de parentesco propincuo.

[230] Elizabeth ARCHIBALD, *Incest and the Medieval Imagination*, Oxford, Clarendon Press, 2001, p. 13.

[231] COLLANTES DE TERÁN DE LA HERA, «Incesto», cit., p. 171, n. 35, analiza el concepto amplio de incesto en el *Fuero Juzgo* y en el *Fuero Real*; recuerda la influencia de los problemas jurídicos derivados de los esponsales, la barraganía y «el fenómeno de los medio hermanos, tan frecuente en aquellos siglos, a causa de que las mujeres frecuentemente murieron como consecuencia del parto, de manera que hubo muchos hombres que tuvieron varios matrimonios sucesivos». Para el ámbito canónico, Eukene LACARRA LANZ, «Incesto marital en el derecho y en la literatura europea medieval», en *Clio & Crimen*, 7 (2010), p. 21, menciona la confusión entre incesto marital

ausencia influye, como la propia doctrina jurídica destacó, en el fervor de su rechazo. En los supuestos de mayor antijuridicidad, en los que la criminalización tiene un sentido más evidente (el *nefarius coitus* de la consanguinidad) la existencia de descendencia ilegítima, sobre la que recae la práctica extrema del infanticidio, ha podido plantearse en términos similares a los que presentaba el adulterio[232], con mayor gravedad porque está en juego no el sacramento matrimonial (puede estarlo también) sino una agresión mayor a la naturaleza de sangre ordenada por Dios. Esta repugnancia fuerte podría generar, como en el

---

y fornicación incestuosa entre parientes en el Concilio de Elvira, lo que no impide que en el capítulo diez del *Penitencial Silense* se distingan con claridad: «se enumeran todos los tipos de relaciones de consanguinidad y afinidad que impiden el matrimonio hasta el séptimo grado»; y ÁLVAREZ URCELAY, *Causando*, cit., p. 378, para la reducción al cuarto grado.

[232] A propósito de la relación entre incesto y adulterio, VAN DER HEIJDEN, «Women», cit., pp. 631-632: «Committing incest and adultery at the same time was usually called 'the crime of adultery with incest' by the magistrates. This formulation seems to imply that the accusation mainly concerned adultery. Indeed, in some cases, the sentence correspond with punishments which were usually given to adulterers. [...] Criminal cases of incest show that girls who were sexually abused by family members were not viewed as victims. Evidently, incest was considered to be a major crime». Asimismo, CÓRDOBA DE LA LLAVE, «Las relaciones», cit., p. 597, da noticia de las uniones sexuales accidentales entre parientes de segundo y tercer grado así como entre «parientes políticos», a veces realizadas por rapto o por mutuo acuerdo y a menudo vinculadas al adulterio. Menciona la relación entre rapto e incesto RUGGIERO, *The Boundaries*, cit., pp. 90, 108; para la búsqueda de la mayor o menor transcendencia de la infancia son significativas estas palabras: «A significant proportion of rape, however, fits another pattern: intercourse between social equals who were often neighbors or friends. These crimes, which largely disappeared from the Avogadori's records in the fifteenth century unless they involved children, incest, or some other unusual factor, were of relatively small concern to the Venetian nobility. As a generally passionate crime of violence against women, they struck very few of the perceptual keys that troubled those who ruled». También lo hacen Zoë ECKMAN, «An Oppressive Silence: The Evolution of the Raped Woman in Medieval France and England», en *Historian. Journal of the Undergraduate History Department at New York University*, 50 (2009), p. 10: «The cases which were treated most seriously were those involving minors, the elderly, or incest; cases concerning the rape of marriageable women, wives, widows, or members of the lower class usually ended with just 'a slap on the wrist'»; y WALKER, «Everyman», cit., p. 18: «The monstrous-rapist's appetites were not those of ordinary men. Homosexual intercourse (though I shall not discuss it here), incest and sex with children were also constituents of the discourse of the monstrous-rapist».

adulterio, una visión del infanticidio como remedio de ocultación de los efectos del crimen anterior conectado (el propio adulterio, la relación sexual antinatural incestuosa ahora), y en este sentido, como ya se indicó, su tipicidad podría derivar en un levantamiento del velo criminal totalmente contraproducente[233].

Joanne M. Ferraro ha puesto en común, respecto del infanticidio y el incesto, este rasgo: «Members of the community did not want something as delicate as incest and infanticide resolved in public space, the space of the Podestà and his court»[234]. Cuestión distinta es que concurra con el crimen de incesto algún otro pecado nefando, como el bestialismo, que fuerce una contundente criminalización judicial, con el fin de evitar el escándalo[235]. En esta dirección de criminalización por

---

[233] Como dice Vigarello, *Historia*, cit., pp. 59-60, al ocuparse de un caso de finales del siglo xvii, la víctima «queda confusamente envuelta en la indignidad del acto, totalmente atrapada en un envilecimiento insuperable», con mayor motivo cuando hay reincidencia y, como en el supuesto comentado, la hija queda embarazada del padre: «La reiteración de la promiscuidad acentúa de forma insondable el delito. La referencia a la violencia desaparece ante la referencia a la abyección». Así, cualquier medida que descubra la deshonra, por mucho que pretenda criminalizar el acto, pone en evidencia a la víctima y la violenta de nuevo. La violencia misma del neonaticidio, podría añadirse entonces, se diluye ante la mácula mayor, imborrable completamente.

[234] Ferraro, «One Community's Secret», cit., p. 446. También Vigarello, *Historia*, cit., pp. 58-59, hace una reflexión en el mismo sentido: «Estos textos solemnes, los de las sentencias, los del derecho penal, muestran cómo jugando con el oprobio y la indignidad se puede comprometer a la víctima hasta hacer olvidar la brutalidad que sufre. Afirman, con más claridad todavía que para la violación, la corrupción provocada por la violencia impúdica, su fuerza de decadencia contagiosa: las víctimas infantiles suelen ser consideradas culpables y la falta moral prevalece sobre la herida violenta. [...] Algunos delitos considerados más graves que otros revelan la presencia de estas relaciones: el incesto, por ejemplo, que pertenece a 'los casos tan execrables' que la violencia del hecho puede desaparecer ante la infamia moral y la propia víctima puede ser condenada en algunos casos».

[235] Helfried Valentinitsch, «Blutschande, Kindsmord und Sodomie. Eine Familientragödie in der Steiermark im 17. Jahrhundert», en *Mitteilungen des Steiermärkischen Landesarchivs*, 50-51 (2000-2001), p. 397. Dice Courtney Thomas, «Not Having God Before his Eyes': Bestiality in Early Modern England», en *The Seventeenth Century Journal*, 26-1 (2011), p. 151: «Bestiality is linked to adultery, fornication with prostitutes, incest, and homosexuality, and serves almost as a metaphor for a whole host of other sins connected to less than circumspect observance of religious ideals». Son interesantes estas líneas de Alfred Soman, «Pathologie historique: le témoignage

simpatía empujaría asimismo la relación estrecha entre incesto y parricidio (el tipo criminal característico de la cobertura de ese infanticidio que puede valorarse restrictivamente como neonaticidio, infanticidio estricto o puericidio), habida cuenta del claro paralelismo romano entre los grados de parentesco en el incesto y en la *lex Pompeia de parricidiis*[236]. No obstante, como dice Archibald, esa «combination» de parricidio e incesto puede entrañar al mismo tiempo un sentido diferente, a veces proclive al reforzamiento de la idea presente de pecado y crimen, pero a veces también «a homiletic point: the efficacy of penance and the infinitude of God's mercy», que parecería contemplar, delictiva más que criminalmente, y a modo ordálico, el infanticidio transfigurado, al compás de las leyendas, en un abandono en manos de Dios, tendente a una ocultación (también del crimen) que el curso de los acontecimientos, bajo el designio divino, corregirá de forma natural, de modo que quien parecía predestinado a la muerte en pecado (o al remedo de los pecados padecidos, o al pecado de parricidio sobre quien le causó el mal) alcanza bajo la ayuda divina la regeneración y el perdón que significa la sanación de la corrupción

des procès de bestialité aux XVIe-XVIIe siècles», en *Sorcellerie et Justice Criminelle: Le Parlement de Paris (16e-18e siècles)*, Hampshire-Brookfield, Variorum, 1992, VIII, pp. 155, 159: «Une dizaine d'affaires de bestialité à la première liste tirée des registres d'écrou: en trois cas, le crime est laissé en blanc; en deux cas, il est donné à tort comme 'excès' (c'est-à-dire voies de fait) et 'homicide'; et en cinq cas le greffier emploie le vocable 'inceste', voire 'insexe'! Ce n'est pas une erreur: le 16 juin 1642 Jean Berthier fue écroué à la Conciergerie 'pour inceste commis avecq une vache'. Inversement un écrou pour 'sodomie' se révèle effectivament une affaire d'inceste. [...] Les données sur chaque affaire ne sont pas nombreuses; elles profilent, toutefois, la bestialité telle qu'elle était poursuivie en justice: un comportement scandaleux et surtout *exhibitionniste*! En cela, rien de surprenant: à toute époque l'exhibitionnisme est le délit sexuel par excellence». Un caso que liga sodomía e incesto, en E. William MONTER, «La sodomie à l'époque moderne en Suisse romande», en *Annales. Économies, Sociétés, Civilisations*, 29-4 (1974), p. 1031.

[236] Yan THOMAS, «Parricidium. I. Le père, la famille et la cité. (La *lex Pompeia* et le système des poursuites publiques)», en *Mélanges de l'École Française de Rome. Antiquité*, 93-2 (1981), p. 656; bien es cierto que este paralelismo se relativiza al acompañarse de la reflexión sobre las condiciones sociales en las que puede producirse la equiparación entre la concepción del parentesco que delatan las figuras criminales del incesto y el parricidio: la regulación del incesto, por ejemplo, en época bajoimperial, ante la tendencia hacia los matrimonios endogámicos como «stratégie familiale» para la protección de los patrimonios frente a la presión fiscal.

que comenzó el incesto[237]. La ley penal no tipifica nítidamente de manera singular el infanticidio (ni siquiera al menos de neonatos incestuosos, o de hijos incestuosos si se tratara de un incesto bajo constancia de matrimonio) y así rompe con la inercia de criminalización que el incesto como figura, en cambio, respecto del parricidio, pudo alcanzar, pues no siempre hay reverso patológico de la enfermedad o desdoblamiento criminal del crimen respecto de sus efectos conductivos ulteriores, y la ley de Dios sobre la vida impone su valor aun contra la estructura más trastornada de sus seres.

---

237 Archibald, *Incest*, cit., pp. 109-111, 120, 125, 137.

CAPÍTULO III
FORMAS CRIMINALES CIRCUNDANTES DEL INFANTICIDIO

Los crímenes carnales están en el origen de una descendencia ilegítima que funge de causa del infanticidio, muy a menudo neonaticida y libericida. Como causas próximas del infanticidio, ofrecen además modelos de figuras que pueden aportar alguna indicación sobre las razones de la ambigüedad de la (des)tipificación criminal del infanticidio en aquella forma reducida o incluso más amplia, a partir de la valoración de una infancia o inmadurez convertida en bien jurídico protegido de la potencial regulación penal. El estupro ofrece un modelo de violencia sexual contra la infancia, con independencia de que la víctima sea masculina o femenina y de que la protección jurídica pueda redundar en favor concretamente de la honestidad, que permitiría explicar la viable afloración típica del infanticidio como acto criminal contra la vida. El adulterio, el amancebamiento ilícito o el incesto, sin embargo, causan la aparición de una descendencia *ex damnato coitu* respecto de la cual la tipicidad del ulterior infanticidio puede significar un levantamiento del velo del crimen antecedente, en ámbitos privados remisos por razón de escándalo a la publicación de su patología. Paradójicamente, el infanticidio es tanto la mayor denuncia de estos crímenes, desde su tipicidad criminal, cuanto la mejor forma, si no se tipifica, de hacer desaparecer sus efectos; esto, por otra parte, puede estar latente, pero el sistema jurídico no lo puede asimilar ni defender, por un principio jurídico-divino y natural de protección de la vida. La situación es tan extraña que el hecho de que el infanticidio aparezca y desaparezca como concepto jurídico criminal independiente en la doctrina jurídica, y que desde luego no parezca conseguir la densidad típica del parricidio al tiempo que parece haber tenido una práctica que lo atiende por criterios no fácilmente determinables entre los cuales el mero estado de la infancia no parece primar tampoco con absoluta claridad (puede hacerlo, antes bien, la honestidad, el matrimonio o la familia), parece una consecuencia lógica de sus dificultades para consolidarse como tipo criminal.

En un capítulo anterior se citaba el trabajo en el que Margaret Brannan Lewis llamaba la atención, dadas estas cuitas dogmáticas subterráneas, sobre la posibilidad de considerar la afección a la infancia, que es el más claro problema para una consideración de la tipicidad del infanticidio como razonable o forzada, teórica o práctica o superflua, como un fenómeno que debe valorarse no en el ámbito cerrado de su propia naturaleza jurídica análoga de homicidio o parricidio, ni aun de figuras afines, incluso desde el punto de vista de las causas sociológicas, como el aborto o la *expositio infantium*, sino en un amplio campo de violencia donde debe apreciarse tanto la violencia doméstica como la extradoméstica, la violencia premeditada o la accidental, la legitimidad cuanto la ilegitimidad de los hijos, la delincuencia de los padres o de los extraños... además de todas las modalidades de actos violentos que los niños pudieron padecer, mediante armas blancas o de fuego, toda suerte de golpes y lesiones, etc., en las que habría de ponerse de relieve precisamente la indefensión característica de la infancia[238]. Estas formas criminales circundantes del infanticidio merecen una atención porque, efectivamente, pueden revelar o no la presencia entre el Quinientos y el Setecientos de una estimación concreta de la protección de la infancia, de forma similar a como el estupro (causa, además, de infanticidio) la revelaba desde el ámbito de la violencia sexual, y que nos permita aclarar la situación ambigua y guadiana, eventualmente teórica y a menudo práctica, de la tipicidad criminal del infanticidio. Dado que lo significativo no es que existan casos de muertes causadas a niños sino si esas muertes pueden ser entendidas como la comisión de un tipo criminal diferente, por ejemplo a raíz de la aceptación de la indefensión de la minoría de edad o de la inmadurez espiritual tutelable, cuyo extremo sería la evitación del neonaticidio del no bautizado, la investigación tiene que moverse en un plano teórico, para comprobar si de la misma manera que el homicidio desgaja una cualificación cuando se trata de proteger las afecciones intrafamiliares del parricidio, estas otras formas crimi-

---

[238] LEWIS, *Infanticide*, cit., p. 43.

nales que rodean con su peligro a la infancia preven esta afección, esta deriva, y la hacen valer como una singularidad institucional de su propio funcionamiento.

1. LESIÓN E INJURIA

La muerte que entraña el infanticidio fija un límite que permite entender el resto de actos agresivos que no la provocan como potencialmente insertables en un campo que tiene un perímetro de licitud: el *ius correctionis* que ejerce quien ostenta la patria potestad sobre quienes se encuentran sujetos a ella, muy en particular el padre sobre el hijo. Sin embargo, hay en la lesión, curiosamente, un factor que distorsiona la armonía de subconjunto propia de la conexión entre neonaticidio e infanticidio, porque la herida y el golpe, en el primero (figura reconocida por su primer plano jurídico teórico y sobre todo práctico), no pueden fungir de pertenencia a aquel *ius* (no hay en el infante neonato todavía discreción de juicio que corregir), sino que tan solo manifiestan la agresión que no alcanza el final trágico de la muerte o por el contrario el instrumento letal que a esta sirve en conato o de forma perfeccionada[239]. Aun entonces la lesión, en sus diversas ostentaciones, es importante porque puede constituir el factor probatorio principal respecto de la intención dolosa de causar la muerte al recién nacido, de su violencia[240], y en esta lid expresa, también, la importancia procesal de las declaraciones técnicas de los cirujanos, en las que está en juego desde la constatación del nacimiento viva o muerta de la criatura, hasta la precisión de cualquier otra circunstan-

---

239 En el pleito contra Estefanía López (en Castilla, La Puebla de Alcocer, 1618) se examinan las heridas causadas al recién nacido en distintas partes de su cuerpo y se aprecia su carácter letal en función de su frescura, penetración, realización con las manos o por medio de un instrumento funcional a modo de arma blanca (como el trozo afilado de pizarra incautado por el alguacil mayor). (APÉNDICE, ff. 14r-16v, 29v.)

240 REGINA, «L'infanticide», cit., p. 293, presenta un cuadro de lesiones como «cause du décès» de recién nacidos registrando estas posibilidades: «blessures à la tête», «chute», «enfant mort-né», «enfant prématuré», «étouffement», «inconnue» (primera causa en porcentaje), «mort au cours de l'accouchement», «non ligature du cordon ombilical» (segunda causa en porcentaje), «noyade» (tercera causa en porcentaje), «strangulation», «tête écrasée» (cuarta causa en porcentaje).

cia relevante a modo de la huella o el rastro dejado en el cuerpo de la madre y del recién parido[241].

[241] En el pleito contra Luisa Domínguez (en Castilla, Sejas de Aliste, 1799-1802) la única forma de comprobar si la insistente negativa de esta viuda a admitir su embarazo resulta vencible consiste en las declaraciones de los cirujanos, tanto respecto de la presunta madre («a visto y reconvenido a Luisa Dominguez viuda en este pueblo, abra un quarto de ora, y la allo con señales fijas de haber parido, tres o quatro dias haya, porque tiene las partes sumamente dilatadas y humedecidas por las humedades sanguinolentas del puerperio, el cuello del utero en estado de relejazion el que permitio la entrada del dedo indice, con la mayor facilidad, juntamente los pechos les tiene tumorados y bastante cargados de leche. Y que lo dicho es la verdad para su juramento en que se afirmo, ratifico, y firma con su merced que es de edad treinta y dos a poco mas o menos») cuanto respecto del cadáver de la criatura que, después de ser buscada, aparece enterrada en una ermita en el término del pueblo («Dijo acaba de ver, y reconozer, un niño de tiempo maturo, a el qual allo una tigera incision en la parte superior de la rotula derecha, el cordon umbilical sin ligadura alguna la cabeza un poco aplanada o descompuesta, y habiendo echo una incision crucial en el pecho, y vientre para hazer analisis lo mas escrupulosamente que pudo delas visceras interiores, abbirtio que el pulmon derecho contenia algun tanto de aire, el qual puso en una jofaina de agua y se sobstubo en la flor del agua al contrario el pulmon izquierdo haziendo la misma prueba se sumergio algun tanto, por a lo menos respirazion sin que pueda hazer juicio de si su muerte fue natural o violenta, pero si que habra como de doze a catorze dias que nacio»). Hay un buen número de vecinos del pueblo que cree que fue Luisa la madre neonaticida, pero nadie se atreve a asegurarlo y reina la murmuración; se atribuye la paternidad a Benito Páez, un soltero que acude con regularidad a la casa de Luisa (se califica la relación como amancebamiento) y con el cual, según la declaración de su hermana, aquella estuvo a punto de casarse aunque al final no lo hiciera «por lo que se decia de el». El promotor fiscal se querella contra Luisa por el delito de infanticidio «qualificado con el amanzebamiento, y escandalo publico»; por lo que se refiere al infanticidio, el fundamento de la acusación está en la tentativa de ocultación pero, sobre todo, en la declaración de los cirujanos, y a Benito solo se le acusa por el escándalo público y amancebamiento, basándose en «la voz comun, y fama publica». La sentencia definitiva del alcalde mayor de Alcañices condenará a Luisa a dos años de reclusión en la casa de la galera de la provincia precisamente por el amancebamiento, y la absolverá respecto del infanticidio; la Real Audiencia y Chancillería corregirá este criterio con una absolución completa. En la tesitura de esta resolución superior, interesa la lectura del escrito de la defensa, en el que, amén de alguna reflexión a propósito de la relación entre infanticidio y amancebamiento (como causa de aquel) bajo los principios ilustrados (el pleito se prolonga entre los últimos años del siglo xviii y primeros del xix), las declaraciones de los cirujanos y la valoración de las heridas se consideran el núcleo de la prueba del infanticidio, que ha de depender de la existencia constatada de

Además, *el ius correctionis* es interesante también porque se plantea plausiblemente en una relación de extraños (aun cuando quiera verse en ella un parentesco espiritual) como es la del maestro y el discípulo, el amo y el criado, que de alguna manera estaría proyectando una relación de respeto entre edades susceptible de generalización:

---

una muerte violenta: «Pocas veces se habra visto en el foro un litigio apoyado en unos fundamentos mas deviles ni mas contrarios a las disposiciones de derecho y las ordenes recientes del gobierno. [...] Era ya tiempo de que las preocupaciones se huviesen sofocado con los preceptos de la superioridad. No quiere esta que a una fragilidad se siga un delito. Esta es una de las causas porque se ha mandado con cordura que a las embarazadas no se las moleste ni se las intimide: no se proceda contra ellas; ni aun se les pregunte quien ha sido el autor del embarazo. Vasta con que se las insinue si quieren demandarle, y quando digan que no, el procedimiento queda concluido. De este modo las infelices estan aseguradas de que nadie las inquietara y toman todas las precauciones necesarias para ocultar, o hacer menos publica su flaqueza y su bochorno. Este es el medio de que no procuren sofocar el feto en perjuicio de una vida inocente y en agravio de la humanidad. Una mirada pasagera que se de al proceso hara ver quanto distan de estas maximas las gestiones hechas en el. El tribunal no podra dejar de horrorizarse al considerar quantos daños ha causado el celo de la justicia guiado por un camino que no sigue la ilustracion de nuestros dias. [...] Y vemos al fin afrentada a Luisa Dominguez, perdida su salud y su juicio en la carcel, y sus quatro hijos menores en un absoluto avandono. Tales son los efectos que ha producido la inoservancia de las ordenes del gobierno. Tal vez querra autorizarse el procedimiento con la necesidad de averiguar el infanticidio y castigar sus autores. Pero ¿por donde consta la certeza de este infanticidio? ¿se ha declarado acaso por alguno de los facultativos la muerte violenta de aquella criatura? ¿Presento el cadaver algunas señales de haver recibido golpe, erida, contusion, o de haver sido sofocado violentamente? Nada de esto hai: nada aparece, nada dicen los facultativos. ¿Como pues justificar la formacion de este proceso con la averiguacion de los autores de un delito que no consta se haya perpetrado? Se encontro un cadaver, pero pudo ser muerto naturalmente despues de nacido, o pudo haver nacido muerto con perdon de la prueba del cirujano Jose Leal. En esta ipotesi no hai infanticidio y por consiguiente se ha formado un proceso valdio sobre un delito quimerico. [...] Nada de quanto se ha hecho era necesario para asegura el feto en caso de que Luisa Dominguez huviera estado embarazada. El escandalo lo ha dado el parroco, lo han dado los alcaldes de Sexas; y lo han dado los iniquos testigos, puesto que para precaver el mal que podia temerse debieron proceder con reserva y con templanza. [...] El mismo promotor fiscal se ve precisado a confesar que ningun testigo asegura el embarazo de Luisa Dominguez: siendo esto constante, ¿como se trata de acusar un infanticidio?». (ARCHIVO DE LA REAL CHANCILLERÍA DE VALLADOLID, Pleitos criminales, caja 0697.0002.) En relación con la influencia del iluminismo sobre las causas del infanticidio y la disminución del rigor de su pena, REGINA, «L'infanticide», cit., pp. 289-291.

toda mayor edad debe ser respetada por la menor edad, y en consecuencia toda mayor edad tiene un cierto (moderado) derecho de corrección de la menor. Quizá la intensidad del ejercicio de la violencia en el interior de la relación obedezca a una gradación que depende de la fuerza del vínculo entre corrector y corregido (y acaso cuanto mayor sea el vínculo más viable resulte la fuerza, porque la presunción de su deriva en exceso sea menor en virtud del afecto), pero en cualquier caso la violencia es entendida de una manera residual y extrema, más característica de la tozudez o resistencia del conducido que del ánimo arrebatado del conductor. Y sin embargo, no solo amenaza como riesgo el abuso, sino, como ha señalado Terence R. Murphy, aun la posibilidad de la inducción al suicidio infantil[242]. Por eso y constitutivamente, el *ius correctionis* está aceptado bajo principios de mesura y prudencia. Su frontera última no es la muerte (la muerte del hijo o del díscipulo permite presumir que ha existido abuso en el derecho de corrección), por lo que el infanticidio no cabe por esta vía *ex potestate legis*. La frontera última está, difusamente, en la ausencia de mesura y prudencia. Lo interesante, entonces, es que las formas de violencia que afectan a la infancia puedan actuar en un campo de autorización, controlado, y que superado ese campo el exceso se haga valer: campos de autorización y exceso o abuso lo son de un derecho de corrección que se razona teórica y prácticamente en la manifestación de una facultad que doble al prójimo *ob metum reverentialem*, sin que quien la padece incorpore su consentimiento[243]. La muerte, como transexceso, sería una reversión de la corrección hacia el maltrato extremo del consentimiento anulado, de la mujer (por *fragilitas sexus*)[244] o de los

---

[242] Terence R. Murphy, «'Woful Childe of Parents Rage': Suicide of Children and Adolescents in Early Modern England, 1507-1710», en *The Sixteenth Century Journal*, 17-3 (1986), pp. 265, 268: «The motives conventionally ascribed to childhood suicide were fear of, and the impulsive attempt to escape from, parental or magisterial correction. [...] It was customary in early modern England for children between seven and fifteen to be sent from their parents' homes into service, apprenticeship, or tutelage in other households. [...] The child or adolescent either already in service or still at home awaiting departure had to be profoundly estranged, lonely, and anxious».

[243] Jacobi Cancerij, *Variarum Resolutionum Iuris Caesarei, Pontificij, & Municipalis Principatus Cathalauniae. Pars prima*, Lugduni, Sumptibus Petri Borde, Joannis, & Petri Arnaud, 1683, cap. 5, p. 105.

[244] María del Carmen García Herrero, «La marital corrección: un tipo de violencia aceptado en la Baja Edad Media», en *Clio & Crimen*, 5 (2008), pp. 41-43, 49-50, 57, 59: una «violencia natural» con «aplicación racional» y «fin que la justificase»

hijos (por inmadurez o no emancipación). O sea, las formas de violencia podrían, en su arquitectura teórica, dar lugar a una reflexión expresa y típica sobre esta singularidad de la sujeción lícita o ilícita de la inmadurez, porque hay un derecho vago en trance.

De la variedad de afecciones corporales, de plausible confluencia[245], da idea su propia y variable catalogación doctrinal[246]. Ya en el

---

que, cuando se excede y causa la muerte, provoca la «benignidad con el homicida»; en la pp. 54-55 se cuenta el caso de una mujer herida, golpeada y azotada por su marido de forma excesiva (más allá del «castigo») hasta ponerla en peligro de muerte, en el que se aprecia la confusión entre la corrección marital de especie educativa y la reacción correctiva del marido frente a un mal cometido por la mujer (el adulterio, del que se sospecha, en el caso comentado, a tenor del comprobado ensañamiento en los genitales femeninos), una confusión que no se resuelve en la medida en la que la legitimidad de la segunda corrección parece depender tan solo de la veracidad o no de la acusación.

[245] En el pleito sobre la muerte de un chico de «tierna edad», entre siete y nueve años, dejado en su casa por sus padres mientras iban a misa, herido entonces mortalmente en el asalto y robo del domicilio (en Castilla, Galdames, 1789), la declaración del cirujano reúne todo tipo de lesiones: «Dijo que haviendole reconocido su cuerpo de arriva avajo a hallado su persona sumamente desfallecido de fuerzas por lo que el pulso indica con una conmozion de celebro y perdimiento de todos los sentidos su cara cadaverica sus estremidades superiores e inferiores frias por lo que ordeno se le de sin perder tiempo la estremauncion, y parando a reconocer las heridas con todo cuidado y atencion le encuentra en su cabeza, una que empieza desde la suctura coronal y llega asta el hueso ozipital hecha con palo o piedra en la qual asi bien a hallado varias fracturas subentradas con ofensa de la pida y dura madre la sutura coronal abierta de su armonia por lo que considera a dicho niño mortal ademas de que tambien alla otra herida simple en el hueso coronal hecha con instrumento cortante y otra entre la estremidad inferior del hueso coronal y la parte superior del hueso pomulo, o hueso de la mejilla hecha con instrumento contuso y por lo mismo y por lo que deja espuesto y estar alli cerca el musculo temporal y las arterias seneticas, y tambien allo en la mano derecha una simple con otros varios cardenales en todo su cuerpo, por lo qual considera y siente peligro mui proximo de muerte al citado Manuel de Allende por lo qual se le ordena se le cuide por dichos sus padres con el mejor rejimen, asistencia y limpieza y caldos de sustancia dandole en ellos alguna cucharada de vino jeneroso y las medizinas que ala ora le va a recetar para el alivio de dicho niño». (ARCHIVO DE LA REAL CHANCILLERÍA DE VALLADOLID, Sala de Vizcaya, caja 3698.0004.)

[246] WALKER, *Crime*, cit., p. 26: «Technically, law differentiated between 'assault' (threatened or attempted harm), 'affray' (putting people in fear by demeanour or actions, but not words alone), and 'battery' (actual bodily harm). In practice, distinctions between and within these categories were unclear». Hannah SKODA, *Medieval*

mos italicus, Angelo Aretino diferencia *vulnus* (herida) de *percussio* (golpe): la primera da lugar a *scissura in corpore* y la segunda no; una aparente tercera afección sería la *tumefactio*, que en realidad ha de ser tenida por herida cuando implica una *scissura carnis latens* o provoca una intervención médica que la precise, porque en caso contrario se tiene por golpe. La pena por infligir una herida no se extiende al *vulnusculus*. En cuanto a la *cicatrix*, puede ser deformante o no deformante, la primera concretamente cuando aparece en la parte exterior de la piel y constituye un signo que identifica al hombre, lo cual será valorado por el juez directamente en caso de notoriedad, y si no, así como las posibilidades de su permanencia, conforme al peritaje médico[247]. Pero el de Arezzo complica el discurso al recordar las opciones de otros doctores: la equiparación entre golpe y herida, la consideración de que una *modica scissura* no hace *vulnus*, la añadidura de la efusión de sangre (que por sí sola, cuando se trata de cantidad módica, no prueba la existencia de herida)... Además, aporta un criterio muy útil a efectos de gradación de la gravedad: el golpe *in facie* (desde la barba inclusive hasta los cabellos exclusive, por el ancho de toda la frente hasta las orejas e incluyendo la quijada) merece mayor pena que el que afecta a otra parte del cuerpo[248]. El renacentista Martín de Azpilcueta diferencia entre *percussio enormis* (rotura de miembro o cuasimutilación, con efusión de sangre), *mediocris* (entre la enorme y la leve, según el arbitrio judicial) y *levis* (con el puño, la palma de la mano, el pie, un bastón o una piedra, sin dejar mácula)[249]. Julio Claro

---

Violence. Physical Brutality in Northern France 1270-1330, Oxford, Oxford University Press, 2013, p. 29: «The concept of giving blows was circumscribed and refined in the custumals via the careful nuancing of different terms for this action. 'Ferir' designated the specific action of striking somebody, often with a single blow: Beaumanoir used it to evoke the idea of a poor man striking his lord. 'Battre', on the other hand, was used in the context of a struggle, suggesting blows being struck often indiscriminately: an alternative expression was 'une colée donner' (to give a volley of blows). Other words from the same semantic field carried more specific implications concerning the effect on the victim. 'Navrer' indicated a blood wound, and often occurred in the context of a murder or a mêlée. 'Mehaignier' referred to beating up causing near death, whereas 'afoler' implied damage necessitating the presence of a doctor».

[247] CARERII, *Practica*, cit., f. 41r, y RAYNALDI, *Observationum*, cit., liber 1, caput 10, §1-2., p. 528, dicen que la cicatriz permanece una vez que la herida sana.

[248] ARETINI, *De maleficiis*, cit., ff. 152r-v, 154v-155r.

[249] AZPILCUETA, *Compendium*, cit., f. 210v.

diferenciará herida y golpe en función de si existe o no dolor[250]. Joos Damhouder distinguirá, como tantos otros doctores, *vulnus lethaliter vel non lethaliter*, según la afección corporal que provoca o no peligro de muerte; también diferencia la *contussio* de la herida, y recomienda imponer a aquella la misma pena que a esta solo cuando el tumor sea tan grande que requiera intervención quirúrgica[251]. Pedro de Plaza y Moraza define *vulnus* como una *tumefactio aut inflatio corporis*, y coincide en la exclusión, si no hay ley o estatuto expreso que lo contemple, de la relevancia delictiva del *vulnusculus*, además de mostrarse muy práctico, a efectos periciales, cuando distingue entre la herida, causada o provocada, y el *ulcus*, o herida o llaga innata, así como cuando precisa como heridas letales o mortíferas las que afectan a la garganta, el pecho, los intestinos y la cabeza como principal órgano de los sentidos[252]. El barroco Domenico Raynaldus ofrece la novedad de, tras excluir como siempre la obligación delictiva del *vulnusculus*, contemplar la excepción del *illatus cum pugno, vel unguibus*; pero como el *vulnusculus* irrelevante ha sido calificado como *modicus*, resulta díficil saber si el excepcional es simplemente *vulnus* sin diminutivo que valga[253]. Benedicto Carpzov diferencia *vulnera a verberibus* en función de la efusión de sangre o del peligro derivado del lugar del cuerpo sufriente, profundidad, largo y ancho de la herida, la escisión de huesos o de carne, la debilidad o inhabilidad de un miembro, y aun la deformación o mutilación[254]. Ludovico Sinistrari aporta al estudio de la *percussio*, en un sentido amplio que abarca la herida, matices interesantes en cuanto al régimen punitivo menor o mayor: puede

---

250 CLARI, *Opera*, cit., liber 5, p. 390.

251 DAMHOUDERIO, *Praxis*, cit., caput 77, p. 247, y caput 140, p. 493.

252 Petro a PLAZA A MORAZA, *Epitome delictorvm, causarumque criminalium, ex iure pontificio regio & caesareo. Liber I*, Venetiis, Apud Hieronymum Scotum, 1573, lib. 1, cap. 13, pp. 202-203. Sobre esta cuestión de los tipos de herida y su gravedad, Marzia LUCCHESI, Si quis occidit occidetur. *L'omicidio doloso nelle fonti consiliari (secoli XIV-XVI)*, Padova, Casa Editrice Dott. Antonio Milani, 1999, p. 20.

253 RAYNALDI, *Observationum*, cit., liber 1, caput 10, §1-2., p. 529.

254 CARPZOV, *Practicae*, cit., pars 2, quaestio 99, pp. 424-425. Ricardo CÓRDOBA DE LA LLAVE, *El homicidio en Andalucía a fines de la Edad Media*, Granada, Universidad de Granada-Universidad de Córdoba, 2007, pp. 56-58, se refiere a las heridas en la cabeza, particularmente con derrame de sangre, y en la cara, con cicatrices, y en órganos como el corazón y los pulmones, como frecuentemente letales, susceptibles además al uso de armas blancas. El lugar del cuerpo de la herida es desde luego probable signo de la voluntad de matar para CHAULET, «La violence», cit., p. 22.

tratarse respectivamente de lesión inerme o armada, de modo que en el primer caso no cabe presumir sino un efecto leve, nunca grave como la muerte, la fractura de huesos o la luxación de un miembro[255], y en el segundo se produce un agravamiento de la obligación criminal ora en virtud de la *qualitas armorum*, entre las que destacan aquellas que son *apta ad occidendum*[256], que es justamente lo que ha de entenderse (como se entendía tradicionalmente) por *arma specialiter prohibita*, ora en virtud de la *magnitudo vulneris*, como cuando se sigue una

---

[255] Para Carerii, *Practica*, cit., f. 41r, y Raynaldi, *Observationum*, cit., liber 1, caput 10, §1-2., p. 529, *membrum debilitatum* o muerto es el que pierde la aptitud del ejercicio acostumbrado o del oficio que le resulta propio.

[256] Marcelino Beroiz Lazcano, *Crimen y castigo en Navarra bajo el reinado de los primeros Evreux (1328-1349)*, Pamplona, Universidad Pública de Navarra, 2005, pp. 159-160, constata las armas blancas como instrumentos de agresión de los más habituales (espadas y cuchillos) «de manera cortante o como un instrumento pesado, dando cuchilladas o golpes de cuchillo. En ocasiones también se usaban de manera punzante», y cita con menor uso las piedras; Mendoza Garrido, *Delincuencia*, cit., pp. 221-222, coincide en el frecuente uso de armas blancas (espadas y puñales), como instrumentos cortantes y para golpear sin efusión de sangre, y en cuanto a las piedras reseña su uso como proyectil pero además como arma en el enfrentamiento cuerpo a cuerpo; según Emilio Cabrera, «Crimen y castigo en Andalucía durante el siglo xv», en *Meridies. Revista de Historia Medieval*, 1 (1994), pp. 23-24, el arma «puede ser un indicio, a veces, de la naturaleza del conflicto que provocó tal tipo de agresiones», y pone de relieve el uso de la lanza, a pesar de su mayor envergadura y acaso en el contexto de las luchas de bandos, con frecuencia semejante a las cuchilladas. Dice Skoda, *Medieval Violence*, cit., pp. 69-70: «Acts of violence very often involved the use of weaponry, though this is not always specified in the records. Proportionately, records of beatings referred most often to the use of weapons, particularly because this helped to indicate the degree of gravity of the beating: whereas a murder was clearly a murder, with or without the use of a sword, a beating entailed far more grievous consequences if it involved weapons. Nevertheless, the use and ready availability of weapons indicates a general preparedness for violence in a society where this was a ubiquitous tool of negotiation and contestation of social roles. Carrying weapons was a sign of status, particularly potent for groups of young men [...] Terminology is illuminating. Most frequently, weapons are only indicated by the generic 'armes', or the use of a verb such as 'navrer' which implies the presence of a sharp tool. Where the precise weapon is specified, knives, sticks, and clubs featured most prominently, presumably as the implements which came most readily to hand: they are designated by the terms 'coutel a pointe', 'baston', and 'tison'. More unusual weapons were also noted: whether aspirational, like bows and arrows, specialized, like a 'misericorde' dagger, or drawn from everyday life, such as ploughshare or a whip».

mutilación de miembro[257]. Próspero Farinacio define la herida mortal como aquella que según las reglas del arte de la medicina no puede ser sanada sino con máxima dificultad, y la herida no mortal como la que puede curarse según aquellas reglas sin que el paciente corra riesgo de muerte, pero también añade la herida mortal *ad mortem certam*, como la cerebral, que no da lugar a cura porque provoca la muerte instantánea, y la herida peligrosa, que entraña un riesgo mortal pero módico y curable[258]. Ya en el siglo XVIII, Aloysius Cremani ofrecerá una visión jurídica del *corpus violatum atque externe laesum* con un evidente tono médico, para distinguir al fin, de una manera que resulta por otra parte sintética de las discusiones doctrinales clásicas en torno a los complejos supuestos que se derivaban de la conexión entre herida y homicidio, entre heridas *letifera*, *mortalia* y *periculosa*, siendo mortales las que son seguidas de la muerte inmediatamente o en un breve intervalo de tiempo, y peligrosas las que, aunque puedan causar la muerte, mantienen la esperanza de que puedan ser curadas mediante la aplicación de los remedios médicos; en una categoría implícita de peligrosas, que son aquellas heridas que no dan lugar a temor de muerte, más en las heridas leves, la muerte, si al final llega a producirse, se imputa, no a la herida, sino a la culpa o negligencia de los médicos y cirujanos, o del propio hombre herido[259]. Rudolph Engau reduce la clasificación a heridas letales y no letales, en las que la *periculi magnitudo* viene a ser una vara de medición[260].

La *mutilatio* será una herida o el resultado de un golpe con lesión extrema. Damhouder distingue la *laesio corporalis cum mutilatione* y la *sine omni mutilatione facta*, y entiende que la mutilación, asociada como *atrox laesio* a la *dislocatio* o a la *diffiguratio*, implica un aumento de la pena según el arbitrio judicial[261]. Domingo Báñez define el verbo mutilar como la separación, de un miembro, del cuerpo[262]. Esta

---

[257] SINISTRARI, *De delictis*, cit., titulus 7, §3., p. 405.

[258] FARINACII, *Praxis*, cit., pars 4, quaestio 127, pars 1, pp. 382-383.

[259] CREMANI, *De iure*, cit., liber 2, caput 5, articulus 11, p. 295, que incluye todas estas especies de lesión: «Corpus violatum, atque externe laesum dicitur, cum in eo partium continuitas solvitur; quo vulnus pertinet, cuius amplissima significatione continentur vulnus anguste sumptum, mutilatio, percussio, livor, sectio, plaga, fractura, distorsio, luxatio, & similia, quae in arte medica inter se accurate secernuntur».

[260] ENGAV, *Elementa*, cit., liber 1, titulus 25, §313., p. 187.

[261] DAMHOUDERIO, *Praxis*, cit., caput 140, p. 493.

[262] BAÑES, *De iure*, cit., quaestio 64, articulus 8, p. 375.

reflexión lleva a su vez a precisar qué debe entenderse por *membrum*, y así fue definido como aquella parte del cuerpo que tiene una *operatio* propia y distinta o que desarrolla por sí misma y *principaliter* un determinado acto[263], o tiene un *proprium & speciale officium* además de servir desde su posición a la *integritas corporis*;[264] de manera que los miembros interiores se consideran excluidos del concepto habida cuenta de que no cabe su escisión sin privar por completo de la vida al hombre. Entre las partes del cuerpo discutidas como miembros[265], las mamas femeninas son aceptadas y su mutilación se antoja como una forma jurídica criminal circundante del neonaticidio: «Et ratio est, quia mammilla mulieris habet specialem operationem, scilicet sanguinem decoquere quousque conuertatur in lac necessarium ad nutritionem infantis: quae operatio necessaria est ad perfectionem humanae speciei»[266]. Por último, así como en el golpe y la herida existe una apreciación de las condiciones no solo de ilicitud, sino también de licitud, que remiten a una gradación circunstanciada de la obligación criminal, la mutilación también suma a su criminalización una razón de licitud, cuando, como dice Báñez, el *membrum* es *corruptivum* de todo el cuerpo *propter putredinem*, y la única forma de preservar la salud corporal total consiste en prescindir de ese miembro podrido[267].

Pues bien, en estas pinceladas doctrinales en torno al golpe, la herida y la mutilación, que son, como ha podido verificarse, referencias propias de una violencia situada de manera constante en una escala que incluye una reflexión teórica sobre su gradación (donde podría ubicarse la referencia de moderación propia del *ius correctionis*), la infancia (salvo en la agresión a la lactancia materna) no está presente, como no lo está ningún otro factor personal. Manon van der Heijden, en relación con las mujeres víctimas de malos tratos de sus maridos, ha descrito su tendencia no solo a no exigir judicialmente la responsabilidad marital, entre otras razones por la debilidad económica familiar que pudiera derivarse de una eventual condena, sino también a

---

263 Aretini, *De maleficiis*, cit., ff. 156r-157r.

264 Petri de Aragon, *In secvndam secvndae Diui Thomae Doctoris Angelici commentaria. De ivstitia et ivre*, Salmanticae, Apud Guillelmum Foque, 1590, quaestio 65, articulus 1, p. 404.

265 Bañes, *De iure*, cit., quaestio 64, articulus 8, p. 374.

266 Bañes, *De iure*, cit., quaestio 64, articulus 8, pp. 374-375.

267 Bañes, *De iure*, cit., quaestio 65, articulus 1, p. 381.

disculparlos y apoyarlos[268], lo que quizá deba interpretarse como una tensión de repliegue intradoméstico, en una vibrante cuerda floja de derechos y abusos conyugales, cuya lógica y razón de ser resultaría acaso perfectamente extensible a los miembros infantiles bajo la patria potestad en la propia comunidad doméstica[269]. Eso no quiere decir que entre las *qualitates delicti* no puedan ser valorados los elementos personales, como la minoría de edad, en el ejercicio del arbitrio judicial, pero si se trata de una concepción eventual de su presencia obviamente se reducen las posibilidades de que esos elementos puedan llegar a ser tenidos en cuenta como un factor esencial de un determinado y singular tipo delictivo. Quizá los factores de capacidad de dolo, y extremándolos una genérica indefensión, no se consideran tradicionalmente propios de una sede jurídica proclive a la calibración objetiva y que cuenta con una habilitación (después ahormada en la mesura) en la propia estructura jurídica familiar.

Sin embargo, en la práctica jurídica las heridas, golpes, lesiones y mutilaciones a los niños han tenido que resultar relevantes, como agresiones comunes que no se diferencian de otras por razón de la

---

268 VAN DER HEIJDEN, «Women», cit., p. 78. MOTIS DOLADER, *Pecado*, cit., p. 147, dice significativamente que «En el ámbito doméstico la violencia conyugal no constituye un delito en sí mismo» si no se produce el concurso de otro delito grave, sin perjuicio de que «El hecho de que tras estas 'desavenencias' se acuerde la reanudación de la vida marital, fomenta la intensificación de los malos tratos físicos y psíquicos».

269 Martine CHARAGEAT, *La délinquance matrimoniale. Couples en conflit et justice en Aragon (XVe-XVIe siècle)*, Paris, Publications de la Sorbonne, 2011, pp. 240, 242, 244-245, 253, después de preguntarse si en las acciones judiciales de las mujeres contra los malos tratos de sus maridos no hay «une tentative de résistance féminine qui vient perturber le modèle classique de l'épouse docile et soumise» (lo que no resulta una interpretación tan alternativa de la opuesta si se entiende que rigen los mismos patrones de excepcionalidad en la actividad femenina procesal), defiende que en el siglo XVI existió una valoración pública de que el marido violento resultaba «incapable de faire fonctionner la cellule conjugale», y desde esta perspectiva responsable (en un sentido público: «n'est plus hermétiquement restreinte au domaine privé»; «le *malcasero* constitue un danger mortel et met en péril l'ordre public»), de una transgresión de la *affectio* matrimonial tan fuerte como la de la mujer. Ahora bien, este diagnóstico histórico sociológico no se compadece con la estructura jurídica matrimonial coetánea, ni parece que haya un contrapeso suficiente (como sería el de la simple y mera reciprocidad, obviamente inexistente), en una hipotética acción procesal uxoria respecto de la regularidad de un derecho de corrección marital que se transforma en abuso.

edad, o como agresiones localizables en el seno del ámbito de ejercicio del derecho de corrección excedido o no. Julie Doyon, al ocuparse de los malos tratos en el ámbito familiar entre finales del siglo xvii y finales del xviii, sitúa en primer lugar de frecuencia victimaria a los ascendientes, seguidos de los cónyuges, los colaterales y los descendientes (un tres por ciento), dentro de una actividad correctiva (amenazas, golpes, etc.) propia de una «pédagogie de la peur» de uso cotidiano y tolerado, cuando por lo demás «ces mesures correctionnelles ne sont pas synonymes de désintérêt affectif» y se deben tanto a un derecho cuanto a un deber natural, de tal modo que la criminalización solo ha de comenzar con el (irregular o anómalo) exceso o el abuso, a menudo indicado por la efusión dolosa de sangre (cuya posición en la teoría de la herida ya ha sido traída a colación)[270]. Además, las lesiones son también síntomas del concurso de otros crímenes, como sucede con la brujería, a la que se encuentran ligados tanto el neonaticidio como los mordiscos, laceraciones o las vampíricas succiones de sangre, según la explicación de Constanza Cavallero[271]. Y desde luego, el propio infanticidio puede ser su finalidad, conforme al vínculo común secuencial de herida y homicidio, manifiesta la frecuencia, apuntada por Sharon Howard, de la muerte neonaticida mediante golpes, con armas o sin ellas, frente a otras prácticas encubiertas de violencia como el envenenamiento;[272] el desnucamiento, por ejemplo, del recién nacido, como explica Karen Fiorentino, podía examinarse médicamente mediante el estudio de las vértebras y de la médula espinal, en orden a la determinación de un acto criminal premeditado[273], en tanto que la dificultad de la prueba del envenenamiento, según Malcolm Gaskill, obedece precisamente a la nada extraña ausencia de signos externos de la afección[274]. Hay en todo esto, a su vez, un nexo invisible entre el aborto, también susceptible de ser provocado mediante golpes, o caídas deliberadas, y el infanticidio[275].

---

270 Julie Doyon, «Le 'père dénaturé' au Siècle des Lumières», en *Annales de Démographie Historique*, 118-2 (2009), pp. 148, 150-151, 153, 155.

271 Constanza Cavallero, «Brujería, superstición y 'cuestión conversa': historias de construcción de 'otros-cristianos'», en *Anuario de Estudios Medievales*, 41-1 (2011), pp. 348-349.

272 Howard, *Law and Disorder*, cit., p. 80.

273 Fiorentino, «Un homicide ordinaire?», cit., p. 223.

274 Malcolm Gaskill, *Crime and Mentalities in Early Modern England*, Cambridge, Cambridge University Press, 2003, pp. 260-261.

275 Cf. Berraondo Piudo, *La violencia*, cit., pp. 108-109.

Pero, a diferencia de lo que sucedía con el estupro, que ofrecía el arquetipo de la violencia sexual contra la honestidad implícita en la infancia o inmadurez, no hay una juridificación de las lesiones que contemple aquel factor de la edad y su idiosincrasia como relevantes en orden a una singularidad institucional criminalizada en una u otra medida. Quizá la infancia ha sido absorbida por la familia, con esa tendencia al ocultamiento de su patología que ya ha sido apreciada en los crímenes carnales y respecto de la cual la tipicidad del infanticidio implicaría un factor de deshonra y descomposición; como dice Doyon, «La plainte parentale conditionne l'action criminelle, ce qui distingue le contentieux des enfants violés de celui des enfants maltraités. Les plaignants sont moins sensibles à la souffrance de l'enfant 'individualisé' qu'à la restitution publique de l'honneur familial que blesse le viol enfantin. Toutefois, les plaintes pour viols d'enfants sont un marqueur du besoin de justice des parents parisiens quand les voies de l'accommodement judiciaire ont échoué»[276].

Por otra parte, la herida está relacionada con un reverso verbal, que en Bonifacio de Vitalinis se concreta en el *insultus*[277], el cual se presume subsumido, a efectos punitivos, en la acción del *vulnus* o de la *percussio* hacia la que se proyectó (y en la que podría haberse mutado)[278]. Esa duplicidad verbal/real será destacada por los doctores, como Damhouder cuando habla de una *laesio bifaria, verbis* y *facto*[279].

---

276 DOYON, «Le père dénaturé», cit., p. 156.

277 VITALINIS, *Tractatus*, cit., f. 379v: «Insultus est contra alium impetuosus ingressus, verbum insultare, est ira & impetuoso animo alterum aggredi, vt nomen sit consequens rei».

278 SINISTRARI, *De delictis*, cit., titulus 7, §3., p. 400, señala la *provocatio*, definida en calidad de un hecho o dicho injurioso relevante en gravedad que mueve a ira y opera respecto de la muerte, el golpe, etc., como un paso anterior al propio insulto: «Ultra *provocationem* vero ante percussionem intervenit *insultus*». Respecto de la eventual mutación del insulto en *vulnus*, RAYNALDI, *Observationum*, cit., liber 1, caput 10, §3-6., p. 531, dice: «Insultus, assaltus, & aggressus sunt idem secundum Bart. [...] seu potius est motio impetuosa erga alium ad effectum offendendi, requiritur enim motio de loco ad locum [...] ita tamen, ut non tangatur persona insultata, quia eo ipso, quod tangitur, & percutitur persona, delictum mutat nomen, & ex insultu transit in percussionem, sed necessaria est talis approximatio, ut verisimilis, & possibilis sit offensio [...]»; SINISTRARI, *De delictis*, cit., titulus 7, §3., p. 404, explica que el insulto y la herida bajo el mismo ímpetu los confunde, si bien «gravitas delicti in vulnerando absorbet delictum insultus».

279 DAMHOUDERIO, *Praxis*, cit., caput 140, p. 493.

Otro tanto sucede con la *iniuria*[280], en su dimensión verbal (*contumelia*) y real (*laesio sive damnum*)[281], pero siempre una afección dolosa antes al honor, la dignidad o la fama que propiamente física[282], aunque la amenaza (*minae*), que Antonio Gómez con muchos doctores considera injuria real[283], se sitúa en un trance prolesivo con

---

280 Así como Azpilcueta distinguía golpes enorme, mediocre y leve, Raynaldi, *Observationum*, cit., liber 1, caput 11, §7., p. 556, distingue injuria atroz, enorme y leve.

281 Para una comprensión conceptual de la injuria entre la *culpa* y el *damnum* (facetas subjetiva y objetiva), Paschalis Paschalidis, «What did *iniuria* in the *lex Aquilia* actually mean?», en *Revue Internationale des Droits de l'Antiquité*, 55 (2008), pp. 322-323, 325-326, 328, 354.

282 Gilhavsen, *Arbor*, cit., capvt 2, titvlvs 34, §1-2., pp. 194-195; Sinistrari, *De delictis*, cit., titulus 7, p. 391. Véase, sobre la afección de la injuria al honor, la dignidad o la reputación, y las circunstancias (v. gr., publicidad) en las que esta afección se produce, Carlos Maiza Ozcoidi, «Injuria, honor y comunidad en la sociedad navarra del siglo xviii», en *Príncipe de Viana*, 53 (1992), pp. 686-687, Bazán Díaz, *Delincuencia*, cit., p. 256, Beroiz Lazcano, *Crimen*, cit., p. 173, Hervé Piant, «La justice au service des justiciables? La régulation de l'injure à l'époque moderne», en *Rives Méditerranéennes*, 40 (2011), p. 70, Alain Cabantous, *Histoire du blasphème en Occident. XVIe-XIXe siècle*, Paris, Albin Michel, 2015, p. 151, y Enrique Álvarez Cora, «La teoría de la injuria en Castilla (siglos xvi-xx)», en E. Álvarez Cora (ed.), *Liber Amicorum. Estudios histórico-jurídicos en homenaje a Enrique Gacto Fernández*, Madrid, Dykinson, 2015, pp. 27-28, 38-39. (Es clásica no obstante la distinción por ejemplo de Bañes, *De iure*, cit., quaestio 72, articulus 1, p. 500: «Honor & fama sunt obiecta materialia contumeliae & detractionis [...] Nam in contumelia est violentia, in detractione vero fraus & dolus. [...] Contumelia est laesio honoris, detractio vero est laesio famae».) Aunque, en un sentido lato, la injuria adquiere todavía un significado más próximo a la lesión, y aun a la mutilación; así Vitalinis, *Tractatus*, cit., f. 450v: «Item tenetur qui aliquem uerberat pugno, pede, uel alio impulsu facto de suo corpore, aut per alia facta quae dant tormentum corpori, uel ea quae ad mutilationem membri possunt esse apparentia, ita quod ea quae fiunt per dolorem corporis, aut appellatione tormentorum in quibus continetur omnis mala mansio, uel si denegat alimenta, uel quid simile facit, leuis autem territio vel iniuria non dicitur tormentum».

283 Antonii Gomezii, *Variae resolutiones juris civilis, communis, et regii tomis tribus distinctae. Tomus tertius*, Matriti, Typis Petri Marin, 1780, caput 6, p. 188. Para Clari, *Opera*, cit., liber 5, p. 390, la injuria real también consiste en la amenaza, que, cabe suponer, por su hipotética consecuencia física, transfigura su naturaleza verbal en real o bien, como parecen indicar Prosperi Farinacii, *Praxis, et theoricae criminalis. Pars tertia*, Lvgdvni, Svmptibvs Horatii Cardon, 1606, quaestio 105, inspectio 1, p. 340 («etiam quando adminauit, & non percussit») o Carpzov, *Practicae*, cit., pars 2, quaestio 99, p. 422 («Aut, si qvis elevata manu qvasi verberaturus minatus fuerit, non

difícil nitidez de remate[284], y en la propia injuria real (no en la verbal) Antonio Matthaeus aprecia una atrocidad que la asimila en su

---

tamen percusserit») en una suerte de tránsito fosilizado. DAMHOUDERIO, *Praxis*, cit., caput 136, pp. 485-486, había definido la amenaza como una *comminatio periculosa*, y en SINISTRARI, *De delictis*, cit., titulus 7, §2., pp. 399-400, se encuentra una completa reflexión sobre la institución, apreciándola en la amplia gruta de la violencia, con la descripción que reza «quando alicui violentia infertur ad faciendum aliquod, quod ipse facere non vult», admitiendo (como en la injuria) sus facetas verbal y real, y con la exigencia para su carácter delictivo tanto de una expresa previsión típica por la ley (si no es así, su operatividad será sencillamente la del *indicium*) cuanto de una naturaleza en la que no quepa la ambigüedad, ni la duda, ni el ímpetu de la iracundia, ni la levedad del daño sino, antes al contrario, una gravedad del daño que lleva a conectar la amenaza con la muerte, la mutilación o la lesión grave. Quizá esta conexión última implícita explica que, como dice MARTÍN RODRÍGUEZ, *El honor*, cit., p. 186, la amenaza mute en desacato cuando se dirige a un sujeto investido de autoridad; para la injuria verbal y real en esta misma sede del desacato y la resistencia a la justicia, Miguel PINO ABAD, «El delito de resistencia a la justicia en Castilla (siglos XIII-XVIII)», en *e-SLegal History Review*, 19 (2015), pp. 3-4, 7. Por último, DUÑAITURRIA LAGUARDA, *La justicia*, cit., p. 112, atiende a la amenaza como concepto procesal entre la inconcreción y la concreción en un «tipo» (muerte, por lo general) de amenaza recibida; Juan SAINZ GUERRA, *La evolución del Derecho penal en España*, Jaén, Universidad de Jaén, 2004, p. 622, considera que es el delito de amenaza de muerte (y no la amenaza en general) el que propiamente tuvo por tipificado el Derecho castellano. También Benoît GARNOT, «La violence et ses limites dans la France du XVIIIe siècle: l'exemple bourguignon», en *Revue Historique*, 298-2 (1998), p. 240, concreta formas de amenaza de distintos delitos (de homicidio, de envenenamiento, de incendio...), a partir de su consideración como «une autre forme de violence verbale» que sin embargo se admite opera tanto contra las personas cuanto contra los bienes; Raquel IGLESIAS ESTEPA, «Violencia física y verbal en la Galicia de finales del Antiguo Régimen», en *Semata. Ciencias Sociais e Humanidades*, 19 (2007), p. 142, explica que «alrededor del 70% de los procesos por agresiones físicas y verbales de la antigua provincia de Santiago en los que ha sido posible identificar el detonante de la violencia, se derivan de la competencia por el uso y explotación de la tierra y de los recursos naturales».

[284] Las amenazas sufridas de sus amos explican los cambios en las declaraciones y confesiones de las criadas neonaticidas, como ocurre en el pleito contra María de Lombana, Antonio de la Puente y María Muñoz (en Castilla, Camargo, 1772-1777). María, una moza robusta de mucha «desenvoltura y familiaridad» (parece que come en la mesa de sus amos y bebe en jarra «a boca llena»), de veinticuatro años aproximadamente (duda que inclina a favor de su minoría de edad, por su efecto atenuante) sirve en la casa de Antonio, queda embarazada tras sufrir varios actos carnales que ella considera violentos (pero no hay constancia cierta, como sucedía con la edad) y le quitaron su «virginidad y honor». María declara que después del parto se desmayó

manifestación a la herida y el golpe[285]. A diferencia de la lesión física, la injuria permite comprobar, cuando se perfila la acción procesal, una explícita extensión a la descendencia como sujeto injuriado: la injuria real, consistente, según Bonifacio de Vitalinis, en *pulsare* (sin dolor) o *verberare* (con dolor)[286], actos susceptibles de mutar entre deshonra y agresión física o lesión[287], hasta el punto de que Cre-

---

y cuando despertó se encontró a la criatura muerta (lo que puede resultar verosímil pero no tanto si se piensa en su robustez); entonces, temiendo «manchar el crédito de la honestidad», la oculta en el pajar. Las dudas parentéticas anteriores deben formar parte de la visión que el promotor fiscal tiene de este filicidio, porque en su querella pide las «penas ordinarias de muerte y parricidio» también denominadas «pena ordinaria de muerte de los parricidas y filicidas», tanto para la criada cuanto para los amos en calidad de encubridores o cómplices, debido a que no aprecia ninguna *qualitas* atenuante y cree que la criatura nació viva y murió, sin recibir el agua bautismal, asfixiada en el pajar. Pues bien, María atribuía la paternidad de la criatura a un vizcaíno foráneo, lo que ya al fiscal le resultó poco creíble: «la rea, solo ha confesado que el complice fue un vizcayno a quien conocia de esta y aunque esse o estos son generalmente en el pais los alcahuetes de todas las puterias, esta manifiesta la patraña, y que solo son ficciones para conserbar las mismas torpezas, y encubrir los amadores»; pero, al cabo de un largo tiempo encarcelada, hace un testamento en el que declara «haver parido de el mencionado Antonio de la Puente mi amo, y dado a luz un niño»: el embuste sobre el vizcaíno procede de cuando recibió el consejo, de su amo y del alcalde, de ocultar la paternidad de aquel, bajo la amenaza de que si no lo hacía así «me havia de tirar un valazo, y que si lo egecutaba todo se compondria». Sin embargo, ahora se ve «en peligro de muerte, sacramentada, y muy proxima a sufrir su transito», y esto la mueve a descargar su conciencia. (ARCHIVO DE LA REAL CHANCILLERÍA DE VALLADOLID, Pleitos criminales, caja 0182.0001.)

285 MATTHAEI, *De criminibus*, cit., liber 47 Digestorvm, titulus 4, caput 1, p. 155.

286 Cuando Bonifacio de Vitalinis añade la intromisión en casa ajena, como lo hará también Antonio Gómez, está señalando un acto de deshonor que no tiene por qué forzosamente consistir en una agresión física directa a un determinado sujeto. Pero la agresión física directa, ¿dónde tiene su frontera en cuanto a su probable, pero no indeleble, efecto de deshonra? Sobre la *effractio*, Valérie TOUREILLE, *Vol et brigandage au Moyen Âge*, Paris, Presses Universitaires de France, 2006, pp. 113, 177. MARTÍN RODRÍGUEZ, *El honor*, cit., p. 192, subraya la frecuente finalidad deshonesta del allanamiento de morada: el estupro o el rapto.

287 Según CANTERA, *Qvaestiones*, cit., *De quaestionibus tangentibus punitionem delictorum*, quaestio 1, cap. 6, p. 559, la injuria real consiste en *dare alapam* o *percutere*, acaso con un instrumento (un palo o un bastón, por ejemplo), de manera que la intensidad de la afección física, y la proximidad al golpe o la herida, aumentan. Gerd SCHWERHOFF, «Justice et honneur. Interpréter la violence à Cologne (XVe-XVIIIe siècle)», en *Annales. Histoire, Sciences Sociales*, 5 (2007), p. 1042, dice: «Et, bien sûr, la

mani dirá con toda transparencia que la injuria real abarca *omnia*

science juridique de l'époque moderne savait, elle aussi, faire la différence entre injures et homicides. Elle connaissait cependant aussi le concept d'*iniuria realis*, qui pouvait permettre de qualifier les actes de violence particulièrement brutaux»; PIANT, «La justice», cit., p. 71, dice que «l'injure réelle peut aboutir à des conséquences physiques irréparables»; y ÁLVAREZ CORA, «La teoría de la injuria», cit., p. 53, dice que «los ejemplos de injurias reales conservan la esencia genérica de la injuria lata, porque el daño causado puede ir más allá de la ofensa al honor y constituir en puridad otro delito». Peter B. H. BIRKS, «The Early History of Iniuria», en *Tijdschrift voor Rechtsgeschiedenis*, 37-2 (1969), pp. 163, 173-174, 204, explicó que la injuria en el Derecho romano se extiende «to the field of minor personal violence», pero con potencial cobertura de lesiones más graves, caracterizada como una violencia personal en la que la agresión se contempla tanto desde el punto de vista de la víctima como desde el punto de vista del agresor; en este sentido, Raquel ESCUTIA ROMERO, «Consideraciones en torno a la difamación escrita en Derecho romano», en *Revista de Derecho UNED*, 4 (2009), p. 70, se refiere a la injuria romana como «una noción amplia y comprensiva de toda lesión física o moral de la personalidad ajena, incluyendo tanto las agresiones físicas, insultos y malos tratos de palabra o por escrito y, en general, cualquier afrenta a la dignidad o reputación y cualquier desconsideración premeditada e intencional de los derechos de otro». Acerca del Derecho visigodo y medieval, Rafael SERRA RUIZ, «Honor, honra e injuria en el Derecho medieval español», en *Anales de la Universidad de Murcia (Derecho)*, 23 (1965), pp. 69-73, 81, 91, 94-95, 102-103, 105, 119, defiende, contra una nítida distinción de lesión e injuria, que la injuria real, manifestación anterior a la verbal, se identifica como «lesión corporal o lesión afrentosa» o «lesiones, con un ligero matiz de ultraje», excluida la mutilación, próxima al homicidio, aunque GARCÍA LEÓN, *La justicia*, cit., p. 219, aúna con los malos tratamientos de obra las heridas y la mutilación, y ya fue considerada en esta línea la cita de VITALINIS, *Tractatus*, cit., f. 450v. Para CLARI, *Opera*, cit., liber 5, p. 390, la injuria real consiste en *percutere*, o en *vulnerare*; para PEREZ, *Ordenanzas*, cit., tomo 3, libro 8, título 9, p. 226, en *vapulare* o *pugno percutere* (o con un instrumento). BRVGIOTTI, *Institvtiones*, cit., liber 3, titulus 1, p. 133, traduce la injuria real en *pulsare* (*sine dolore*) o *percutere aut verberare* (*cum dolore*), a lo que añade *cedere cum fustibus aut baculo*, y finalmente (conexión con la herida) *etiam feriendo*. CARPZOV, *Practicae*, cit., pars 2, quaestio 99, p. 422, concluye: «Hisce aliisqve modis infinitis injuria committitur». DAMHOUDERIO, *Praxis*, cit., caput 135, p. 482, había diferenciado ya entre un *animus iniurandi* y un *animus commouendi aut laedendi*, pero en definitiva solo estaba poniendo de relieve la relevancia de la contumelia en la injuria verbal y de la lesión o daño en la injuria real, lo que tal vez, en el fondo, no es sino el síntoma primero, desde la propia catalogación, del puente que la injuria mantiene siempre (aun desde su significado más genérico) con la lesión consistente en golpe y herida. De todas formas, a pesar de vínculos y mutaciones, hay una cierta fisicidad característica de la deshonra, que explica la separación institucional entre golpe y herida, por una parte, e injuria verbal y real, por otra: la deshonra implica el contacto físico di-

violentiae genera[288], y en concreto cualesquiera *vulnera tum gravia,*

recto (lo que Gilhavsen, *Arbor*, cit., capvt 2, titvlvs 34, §2., p. 195, expresa «Re siue facto committitur, vel corpore in corpus») o el contacto mediante utensilio con algún efecto simbólico o virtud de mera prolongación corporal (esto es, instrumento que no denote la distancia, respecto del riesgo, propia de la maquinaria o artilugio del que nace la proditoriedad, y mantenga el contacto interpersonal de un modo más vivo), y por eso Lancelotto, *Institvtiones*, cit., liber 4, titulus 11, p. 392, define sencillamente (o sintética y expresivamente) la injuria real «ut cum manus inferuntur», como también Gomezii, *Variae*, cit., caput 6, p. 188, que la considera alternativa a la instrumental (así como mantiene ese doble modo manual e instrumental en la amenaza, igual que lo hace Pérez de Salamanca), y Farinacii, *Praxis*, cit., pars 3, quaestio 105, inspectio 1, p. 339. Además, en la injuria real no hay una actitud personal ni una aptitud instrumental en orden a la provocación de la muerte (el vínculo de herida letal y muerte del que carece la injuria). Y a pesar de todo, no solo el vínculo entre la injuria, real o verbal, con la herida o el golpe, y aun la muerte, puede llegar a manifestarse (Élisabeth Crouzet-Pavan, «Violence, société et pouvoir à Venise (XIVe-XVe siècles): forme et évolution de rituels urbains», en *Mélanges de l'École française de Rome. Moyen-Âge, Temps Modernes*, 96-2 (1984), pp. 916-917, razona: «La communication violente ne s'improvise pas. L'injure inaugure normalement la séquence. Verbale, gestuelle, ou les deux à la fois, elle s'identifie immédiatament au défi et appelle une réponse»), sino que, como dice Chaulet, «La violence», cit., p. 23, resulta difícil saber si, así como las palabras pueden desencadenar la violencia, las palabras a su vez pueden responder a unos acontecimientos violentos que restan ignorados.

[288] Azevedo, *Commentarii*, cit., libro 8, título 13, *in legem secundam*, p. 254, define la *vis* como «quod sit majoris rei impetus, cui resisti non potest, voluntatem cogens invitam», aceptando su uso doctrinal *promiscue* con la *violentia*, aunque propiamente la primera se consuma *in bonam partem* y esta segunda no. La diferencia entre *vis publica* y *vis privata* deriva desde el Derecho romano en la diferencia de mandato (precisamente público o privado) o bien *ex differentia delinquentis* (persona pública o privada), aunque se constata que finalmente se ha impuesto una distinción pandectística según la cual la *vis* se ejerce *sine armis* y la *violentia* se ejerce *cum armis*, presente en la mayoría de los doctores (a mayor abundamiento, Carerii, *Practica*, cit., f. 42r-v; Cviacii, *Paratitla*, cit., liber 48, titulus 7, p. 172; Damhouderio, *Praxis*, cit., caput 97, pp. 361-363, y caput 100, pp. 374-376) y que Gomezii, *Variae*, cit., caput 4, pp. 166-167, matiza en el sentido de la admisión también de una violencia pública *sine armis* en una serie de supuestos, tal y como Carpzov, *Practicae*, cit., pars 1, quaestio 40, pp. 240-241, acepta una *vis* pública y privada *pariter*. Deciani, *Tractatvs*, cit., II, liber 8, cap. 1, f. 149r-v, y cap. 16, ff. 174v-176r, con la misma recurrente definición de *vis*, y una distinción respecto de la violencia respectivamente *ex parte agentis* y *ex parte patientis* además de *ex differentia delinquentis* e *in bonam/malam partem*, llega a la misma conclusión de la preeminencia distintiva por razón de la ausencia o presencia de armas, aunque añade como violencia pública la que se produce *provocatis hominibus* (Andrée Corvol, «Les délinquances forestières en Bas-

se-Bourgogne depuis la réformation de 1711-1718», en *Revue Historique*, 259-2 (1978), pp. 384-385, estudia la dimensión colectiva de las injurias reales en forma de amenaza o insulto: «Elles sont l'expression orale de l'hostilité que toute une communauté voue à l'administration forestière qui l'a dépossédée, 'volée' de ses droits d'usage dans le domaine royal»), en tanto que MATTHAEI, *De criminibus*, cit., liber 48 Digestorvm, titulus 4, caput 1, pp. 485-487, equiparará la violencia privada *sine armis* a la inexistencia de *praemeditatio atque consilium*. Por otra parte, Deciani recogía la clasificación de la violencia en *expulsiva, ablativa, compulsiva, turbativa* e *inquietativa*, omnipresente en la doctrina (v. gr., CANTERA, *Qvaestiones*, cit., *De quaestionibus tangentibus punitionem delictorum*, quaestio 1, cap. 8, pp. 631-632, y AZEVEDO, *Commentarii*, cit., libro 8, título 13, *in legem secundam*, pp. 254-255). Dicho esto, tiene interés apreciar que es el concepto de violencia pública el que se impone en determinados crímenes carnales. DECIANI, *Tractatvs*, cit., II, liber 8, cap. 5, f. 159v, considera violencia pública el estupro violento de *puer vel foemina*, así como el rapto de *puer ingenuus*; RAYNALDI, *Observationum*, cit., liber 2, caput 23, §1-3., p. 292, incluye en la violencia ablativa el conocimiento carnal violento y contra su voluntad de una *puella*, y en la violencia compulsiva la inducción a una mujer al coito por miedo; CREMANI, *De iure*, cit., liber 2, caput 4, articulus 11, pp. 206-208, incluye en la *vis publica*, no obstante la ausencia de armas, el estupro y el rapto de mujer. Esto significa que la violencia, en un sentido genérico, reafirma su naturaleza de factor relevante para una criminalización típica, como se percibió a la hora de analizar la importancia del estupro como causa y referencia respecto del infanticidio; asimismo, parece que esa criminalización se excita (en el sentido de que el comportamiento antijurídico no se recluye en un ámbito de privacidad) cuando la figura criminal no es el estupro sino también el rapto, y cuando sus víctimas se caracterizan por la menor edad y entonces con independencia del sexo, lo que podría ser significativo para la detección de un contexto cultural de repercusión jurídica ante la hipotética tipicidad criminal de un infanticidio no reducido a neonaticidio o libericidio (en un cúmulo de violencia de todo tipo, como decía LEWIS, *Infanticide*, cit., p. 43, un espacio ambiguo de abuso de la violencia infantil más allá del caso típico de infanticidio; pero el problema de la tipicidad formal, claro está, consiste en la insistencia en el reproche acotado hacia una violencia sexual); aun reducido el infanticidio a estas especies, subrayada la función causal de estos delitos sexuales respecto de la acción infanticida contra la descendencia no deseada, la criminalización pública mantiene un sentido de refuerzo que, desde luego, contrasta expresivamente con la privatización de la problemática similar que pudiera suscitar el adulterio. Más directamente, explica José-Miguel PALOP RAMOS, «Notas sobre la criminalidad en Galicia a finales del siglo XVIII», en *Conflictos y represiones en el Antiguo Régimen*, València, Universitat de València, 2000, p. 187, que recibieron la calificación procesal de infanticidio ciertos supuestos que habían figurado en la acusación inicial como «entierro ilegal y extracción y desaparición de niña recién nacida», y en efecto determinadas formas de violencia pú-

tum levissima[289], puede cometerse *in propria persona vel re sua*, pero asimismo *in persona uxoris vel sponsae vel filii vel nepotis*, en definitiva sobre quien se encuentra bajo la patria potestad[290], una conexión familiar (o bien la injuria indirecta en la relación de dependencia)[291] que según la reflexión de Alicia Duñaiturria Laguarda permitiría diferenciar las heridas (ocasionales) de los (injuriosos) malos tratos (permanentes en el ámbito doméstico)[292].

La atención a la infancia en el cúmulo de los sujetos a potestad no permite singularizar la injuria con una determinada calidad de víctima, justamente por la generalización potestativa con la que las víctimas se mencionan, pero la mención expresa de los descendientes resuelve la duda de si, siendo el honor o la fama el objeto principal de

---

blica pueden transformarse en pruebas de las que deducir la presencia de ese tipo criminal de configuración en principio distorsionada o no redondeada.

289 Cremani, *De iure*, cit., liber 2, caput 7, articulus 7, p. 426. Sobre la clasificación de las injurias reales en leves, graves y atroces, Hervé Piant, «La justice», cit., pp. 71-72.

290 Vitalinis, *Tractatus*, cit., ff. 449v-450r. Mendoza Garrido & Almagro Vidal & Martín Romera & Villegas Díaz, «Delincuencia», cit., p. 425, acompañan la afección de la injuria al honor personal de la afección al honor familiar, «como una propiedad colectiva» que excita «el funcionamiento de la solidaridad familiar».

291 Álvarez Cora, «La teoría de la injuria», cit., p. 28.

292 Duñaiturria Laguarda, *La justicia*, cit., p. 266: «A diferencia de las heridas, que según las sentencias parece que suponen hechos aislados, los malos tratos encierran una cierta habitualidad, una continuidad temporal síntoma de un carácter abusivo del hombre frente a la mujer en el seno del matrimonio; de ahí que la reincidencia en el delito se mencione en muchas de las sentencias»; y en este mismo sentido Duñaiturria Laguarda, «La criminalidad», cit., p. 290. Palop Ramos, «Notas», cit., pp. 187-188, solo constata la combinación entre heridas y malos tratamientos. Gregory Hanlon, «Les rituels de l'agression en Aquitaine au XVIIe siècle», en *Annales. Économies, Sociétés, Civilisations*, 2 (1985), p. 259, llama la atención sobre un contrapeso social que funciona a favor de la mujer: «En provoquant des hommes [...] La meilleure protection de la femme était d'exagérer le danger qu'elle encourait [...] Les femmes en groupe bénéficiaient d'une protection accrue contres des agresseurs masculins [...] Même une dispute de ménage qui menaçait la sécurité de l'épouse pouvait ameuter tout un quartier, les voisines pourchassant le mari brutal à coups de pierres. Enfin, lorsque l'affaire parvenait devant le magistrat, les femmes mentaient plus régulièrement que les hommes». Alloza, *La vara*, cit., p. 139, considera que el incremento de denuncias de los varones reiteradamente maltratadores de sus mujeres puede dar una idea estadística confusa sobre la frecuencia real del delito en su cotejo entre períodos históricos.

protección penal en este delito, puede entenderse expandido a los integrantes de todo el grupo sanguíneo y en particular a unos descendientes expresamente cubiertos en la superación de la concepción individualizada del honor (incluidos hijos naturales o espurios),[293] tanto respecto de la injuria real como de la verbal[294], aunque al mismo tiempo el honor o la fama familiar parezca entonces más relevante que una afección personalizada al hijo o al nieto (como si la afección a estos fuera mera extensión o resultara deglutida por la honra de quien ejerce la acción), de modo que, como en la lesión física, ningún régimen criminal llega a singularizarse por razón de la minoría de edad[295].

---

[293] ÁLVAREZ CORA, «La teoría de la injuria», cit., pp. 58-59. Por lo demás, bastardo o espurio es una de las injurias verbales que en sus ejemplos suelen recordar los doctores como deshonrosas o infamantes; v. gr. BOICH, *In qvinqve*, cit., *in qvintvm librvm*, p. 229.

[294] BRVGIOTTI, *Institvtiones*, cit., liber 3, titulus 1, pp. 133-134: «Et in vtroque casu, Realis, et verbalis iniurie, ea affectus dicetur, non solum, qui directe substulit offensionem, quam ille, qui offensionem recepit, non directe, sed mediante filii, vel vxoris persona, vel etiam serui, et similis; ex quo ad eius Iniuriam perpetratum aliquid fuerit». Por lo que se refiere a la injuria escrita y a la injuria gestual, AZEVEDO, *Commentarii*, cit., libro 8, título 10, *rubrica*, p. 200, las considera especies de la injuria real o *de facto*, «nam qui scribit, vel gestum facit, factum agit», aunque la injuria escrita podría considerarse también especie de injuria verbal, pues «sub illa de verbis comprehenditur, quae fit per scripturam», así como MATTHAEI, *De criminibus*, cit., liber 47 Digestorvm, titulus 4, caput 1, p. 151, suma al mismo grupo, con la injuria *gestu*, a la injuria *pictura*; concretamente la añadidura de la injuria gestual se la atribuye GILHAVSEN, *Arbor*, cit., capvt 2, titvlvs 34, §2., p. 195, a DAMHOUDERIO, *Praxis*, cit., caput 137, p. 488, y caput 139, p. 492, que la describe como todo tipo de visajes y ademanes y aun vestimentas *in contumeliam* («aut similiam quaedam contumeliosis signis») o *in infamiam*, y en algún momento la asimila a la amenaza («Item iniuriam facit, qui alteri minatur gestibus»). BAZÁN DÍAZ, *Delincuencia*, cit., p. 271, se refiere a la conexión entre injuria gestual e insulto. Otros muchos doctores, como GOMEZII, *Variae*, cit., caput 6, p. 185, y CARPZOV, *Practicae*, cit., pars 2, quaestio 94, p. 377, y quaestio 99, p. 422, descartan la injuria gestual pero mantienen la distinción de la escrita.

[295] Aunque, cuando GILHAVSEN, *Arbor*, cit., capvt 2, titvlvs 34, §2., p. 195, incluye en la injuria real, junto al *pugno pulsare, verberare* o *crines aut barbam expilare*, «vel si cuius honestae matronae aut virginis pudicitia attentata sit», se apunta la posibilidad de una conexión (ciertamente en alejado grado de intensidad) con el estupro, cuyo sentido como causa o modelo del infanticidio ya fue analizado. El atentado de la injuria real a la *pudicitia* (para el Derecho romano, ESCUTIA ROMERO, «La difamación», cit., pp. 71-79) en la persona de la mujer virgen, será recogido también por MATTHAEI, *De criminibus*, cit., liber 47 Digestorvm, titulus 4, caput 1, pp. 151-152,

La conservación de la honra (y de la honestidad al menos aparente), ese bien jurídico protegido en la tipificación de la injuria, es alegada con tenacidad e insistencia por las madres acusadas en los pleitos como causa del infanticidio[296]. Hay que tener en cuenta por otra parte que la investigación pericial de la violencia (lesiones e injurias en una turbamulta de posibilidades y grados de agresión)[297] en la que

---

155; y de la mujer en general, por Cremani, *De iure*, cit., liber 2, caput 7, articulus 7, p. 427. Javier Ruiz Astiz, *Violencia y conflictividad comunitaria en la Navarra de la Edad Moderna*, Pamplona, Gobierno de Navarra, 2015, p. 36, entiende que las ofensas de naturaleza sexual fueron de las más frecuentes; sobre las estrategias sexuales de difamación, Sharon Howard, *Gender and Defamation in York, 1661-1700: Reputation, Authority and the Power of Words*, York, University of York, 1999, pp. 42-43. Y en el siglo xviii, Engav, *Elementa*, cit., liber 1, titulus 22, §276., p. 165, enumerará como virtudes afectadas por la injuria el *status*, la *dignitas*, la *fides*, la *castitas* y *aliae virtutes*, entendidas bajo las ideas de probidad y buenas costumbres; con todo, en la centuria anterior, ya Gilhavsen, *Arbor*, cit., capvt 2, titvlvs 34, §3., p. 204, Matthaei, *De criminibus*, cit., liber 47 Digestorvm, titulus 4, caput 1, pp. 152-154, y Raynaldi, *Observationum*, cit., liber 1, caput 11, §8-13., p. 559, contraponían la injuria (verbal) a las buenas costumbres. Sobre la relación entre injuria y buenas costumbres, Garnot, «La violence», cit., p. 239, afirma: «Mais quelles que soient les formes et les lieux, les injures mettent en cause principalement les moeurs de la victime, moins souvent son niveau social, son honnêteté ou sa capacité professionnelle. Cette hiérarchie révèle l'échelle des valeurs morales reconnue par les contemporains».

[296] En todos los pleitos está presente este tópico. Valga como ejemplo el pleito contra Estefanía López (en Castilla, La Puebla de Alcocer, 1618) donde defensa y fiscal razonan a favor y en contra de la validez legitimadora del argumento. (Apéndice, ff. 33r, 36v.)

[297] Cf. las muy variadas formas de referencia a la agresión injuriosa (verbal, real, amenazas... en su conexión) en Nadia Nappert, «*Ad injuriam reputavit*»*: les délits injurieux devant la justice en Provence au XIVe siècle* (mémoire), Montréal, Université du Québec à Montréal, 2008, pp. 100-107, 112-114, 124, 133-144, 147, 163, 166; Sánchez-Cid, *La violencia*, cit., pp. 125, 128-129; García León, *La justicia*, cit., pp. 248, 258; Pedro Andrés Porras Arboledas, «El delito de injurias de obra en el corregimiento de Úbeda (1582-1842)», en J. Sánchez-Arcilla Bernal (investigador principal), *El arbitrio judicial en el Antiguo Régimen (España e Indias, siglos xvi-xviii)*, Madrid, Dykinson, 2013, pp. 579-619; Álvarez Cora, «La teoría de la injuria», cit., p. 52. Duñaiturria Laguarda, «La criminalidad», cit., p. 284, advierte de que la expresión de injuria real suele ser sustituida por la mención de las conductas que se subsumen en ella, de manera que la misma impresión de autonomía delictiva dan las heridas o lesiones que los malos tratos de obra. En cuanto a la injuria verbal, Iglesias Estepa, «Violencia», cit., p. 138, encuentra en los procesos judiciales un «vocabulario de las injurias» que se encontraba «muy estereotipado», después de señalar que la docu-

hay que situar, circundado, el fenómeno del infanticidio, y concretamente el neonaticidio, tal vez porque la referencia de la violencia infantil está determinada causalmente por su apreciación primaria en el seno de figuras típicas criminales de naturaleza carnal o sexual que presuponen situaciones de crueldad y de trastorno mental, terminará por adquirir ciertos rasgos que nublan la relevancia de la infancia, en la tormenta de una valoración mayor multifacética psicológica y sociológica de los sujetos y actos que preceden y rodean al infanticidio. Sheena Sommers ha estudiado los discursos históricos del Setecientos en torno a la insania mental femenina, para notar que, se trate de una reacción patológica cierta frente a los problemas que han dado lugar a la situación extrema del infanticidio, o bien se trate de una estrategia de defensa procesal (en la alegación de vicios del consentimiento o en orden a la incapacidad de dolo), su estudio médico terminará por ampliar la atención objetiva respecto del cadáver infantil, como eje de las evidencias procesales, hacia una progresiva importancia mayor del cuerpo de la mujer[298], en el que puede cifrarse al fin y al cabo la revelación tanto de la realidad del embarazo y del parto cuanto además del estado emocional y mental con el que se afrontaron las afecciones, con mayor razón ante el posible advenimiento de la descendencia ilegítima. Y así, conforme avanza el siglo, «The sympathy for the victim of the crime, the child, was therefore transferred to compassion for

mentación notarial «suele ser bastante parca a la hora de expresar las injurias» y «remite invariablemente a las mismas expresiones».

[298] En el pleito contra Estefanía López (en Castilla, La Puebla de Alcocer, 1618) la investigación judicial, con intervención de comadrona y varios testigos, y la publicación de pruebas, otorga una importancia muy equilibrada al estudio del cadáver del recién nacido y al examen del cuerpo de la madre (el calostro, por ejemplo, y se le pregunta también por donde ha ido a parar la placenta): del primero se obtendrán interpretaciones sobre el nacimiento con vida y el trato de heridas letales que ha recibido la criatura al nacer, y del segundo la ratificación del embarazo y parto de la neonaticida (APÉNDICE, ff. 2r-v, 3v, 13v-16v, 19v, 81v-82r). Estefanía se defiende de las heridas del recién nacido asegurando que son propias del parto, antes de confesar que las causó ella letalmente (APÉNDICE, ff. 4v, 19r, 20v-21r, 24v-25r). Luego la preocupación judicial por las circunstancias fácticas de análisis médico presuntivas o probatorias de un crimen secreto o clandestino como suele ser el infanticidio no son propias exclusivamente de una evolución bajomoderna superadora con «new standards of evidence and greater sympathy for women» del enjuiciamiento en función de las deposiciones testimoniales, frente a lo que argumenta Josephine MCDONAGH, *Child Murder & British Culture 1720-1900*, Cambridge, Cambridge University Press, 2003, pp. 30-32.

the suffering of the mother»[299]. En esta tesitura, la tipicidad criminal del infanticidio tiene visos de quedar constantemente malograda.

2. *RAPTO Y PLAGIO*

Para el interés de un estudio de las razones por las que la prototipicidad del infanticidio (puericida o estricto, o del neonaticidio cuando menos) encuentra dificultades de perfección en el Derecho criminal de las centurias modernas, el rapto puede resultar una institucion adjetiva una vez examinado el crimen de estupro a partir de su consideración como causa del infanticidio, y como modelo de violencia, aun sexual, si presente en el estupro de modo inequívoco, axiológicamente latente y potencial para aquella prototipicidad infanticida. Adjetiva, porque el rapto se diferencia del estupro en aspectos estructurales más bien que por su propia naturaleza. En el estupro estaba presente, con distintos grados de presunción, una violencia que podía ser entendida como verdadera o como interpretativa, y que cubría las variaciones posibles desde un acceso carnal alcanzado mediante la violencia o la fuerza física, un acceso carnal en el que la perturbación de la voluntad se obtuviera mediante una seducción que alcanzara en efecto a violentar el consentimiento porque lo trastorna esencialmente por cuanto trastorna la honestidad que resulta engañada, y un acceso carnal que por la indefensión o inmadurez de la víctima se sobreentiende entraña un atropello o abuso por sí mismo, una violencia intrínseca por mucho que eventualmente no resultase manifiesta. La combinación de estas posibilidades derivaría, a su vez, en una violencia todavía más evidente.

En el rapto, el factor de la violencia varía hacia la caracterización de un acto de desplazamiento de la víctima, que es sustraída a su medio natural, familiar o social, de modo que el crimen comienza con una enajenación física, por decirlo así, que es síntoma de lo que Deborah G. Burks ha explicado como la tendencia del rapto a destruir las diferencias entre estratos sociales (arrebatos sexuales que pueden barrenar las fronteras de la sociedad estamental);[300] un desgarramiento

---

[299] Sheena Sommers, *Bodies, Knowledge and Authority in Eighteenth-Century Infanticide Prosecutions* (thesis), Victoria, University of Victoria, 2002, pp. 99, 101-102.

[300] Burks, *Horrid Spectacle*, cit., p. 153. También Cesco, «Due processi», cit., p. 356.

o extrañamiento de su propio medio que sitúa a la víctima en una posición de indefensión y sustracción a su núcleo familiar de defensa, y que en este sentido implica una violencia, con independencia de que el raptor haya tenido que aplicarla con una intensidad u otra para conseguir su propósito de captura. Esta violencia, que cabe verdadera o interpretativa como en el estupro[301], presenta sin embargo la diferencia de que en el rapto parece producir una presunción más amplia, por supuesto en relación con las muchachas infantes[302], y además porque se extiende a toda mujer honesta incluida la mujer casada no

---

301 Para la conexión en Derecho romano postclásico y visigodo entre rapto y estupro, MENTXAKA, «Delitos», cit., p. 81. Sonia VERNHES RAPPAZ, «'Rapt' et 'séduction', poursuite d'un crime moral et sexuel à Genève au XVIe siècle», en G. Vickermann-Ribémont & M. White-Le Goff (dir.), *Rapts. Réalités et imaginaire du Moyen Âge aux Lumières*, Paris, Classiques Garnier, 2014, pp. 87, 97, se refiere a la aparición desde el siglo XV del «rapt de séduction». Sobre este rapto de seducción, Myriam GREILSAMMER, «Rapts de séduction et rapts violents en Flandre et en Brabant à la fin du Moyen-Âge», en *Tijdschrift voor Rechtsgeschiedenis*, 56-1/2 (1988), p. 75, Yolanda QUESADA MORILLAS, *El delito de rapto en el Derecho castellano. Un análisis histórico-jurídico* (tesis), Granada, Universidad de Granada, 2014, p. 34, y Benoît GARNOT, «Une approche juridique et judiciaire du rapt dans la France du XVIIIe siècle», en G. Vickermann-Ribémont & M. White-Le Goff (dir.), *Rapts. Réalités et imaginaire du Moyen Âge aux Lumières*, Paris, Classiques Garnier, 2014, pp. 166-167, 172-173, que lo considera poco alegado en sede judicial (acaso por su confusión con el estupro). Véanse asimismo CESCO, «Due processi», cit., p. 349, y WALKER, «Everyman», cit., p. 11.

302 WALKER, «Everyman», cit., p. 19. Pero la infancia apunta a un límite de edad que puede producir desajustes en su tránsito a la pubertad, que aún no parecería merecer el tratamiento del sujeto adulto; lo explica muy bien Garthine WALKER, «Rape, Acquittal and Culpability in Popular Crime Reports in England, c. 1670-c. 1750», en *Past & Present*, 220-1 (2013), p. 132: «The statute of 1576 that stipulated sexual intercourse with girls under the age of 10 was punishable as rape whether they consented or not has been interpreted as putting 10- and 11-year-olds at a terrible disadvantage, given that the female age of consent remained 12. Girls as young as 10, we are told, were assumed in the early modern period to be sexually available and anatomically mature, and were obliged to demonstrate non-consent by 'the same level of resistance to [sexual] assault as adult women', which, as they rarely could do, produced acquittals. These views require modification. The age of discretion, which remained 14, had at least as significant an impact on the outcomes of trials. Moreover, neither Proceedings nor newspaper reports show that 10-year-oldswere expected to demonstrate the physical resistance of which a grown woman might be capable. Trials involving girls up to the age of 12, and often 14, usually focused on genital injuries sustained as a result of penetration and not on those indicating signs of struggle».

contemplada por el estupro, pues ese desplazamiento de la víctima junto al raptor significa un desarraigo que excita por sí solo la criminalidad, en la medida en la que, como dice Hannah Skoda, produce «a desire to humiliate and shame, as well as simply to damage physically»[303]. Mientras en el estupro la violencia interpretativa (la seducción) admitía una violencia diluida y aun de baja intensidad que convertía (abrigo de la víctima indefensa) el estupro voluntario en una fórmula casi esencialmente contradictoria (o válvula de escape ante una práctica que quiera compensar seducciones o engaños que tengan al propio estuprador como paciente), en el rapto esa seducción o convencimiento más o menos coercitivo cabe también aunque se oscurece en la medida en la que prima a la postre la exteriorización manifiesta y física de un extrañamiento, lo que no impide ver, con todo, que mientras la violencia verdadera o interpretativa produce un efecto inmediato en el estupro, el efecto en el rapto es el comienzo de una secuencia delictiva caracterizada por una consumación continuada, a la que la violencia sexual que tiene como finalidad habrá de añadirse, y ese lapso ofrece sin solución de continuidad un ámbito temporal para la ratificación perfeccionadora del crimen pero también para la generación, o agigantamiento desde su inicial naturaleza eventualmente residual, del consentimiento de la víctima. La violencia, por otra parte, como se ha apuntado, hace referencia a un acceso o consumación carnal, que no cabe considerar sino consustancial al rapto mismo: si el rapto es consentido, es consentido el acceso carnal, mas previamente el consentimiento a la enajenación física (desplazamiento), que implica una inmoralidad y una antijuridicidad suficiente (contra el matrimonio, contra la familia) que cubre de por sí la posibilidad o finalidad de aquel efecto carnal; si el rapto es violento, la violencia, en una especie de *continuum*, tanto si queda en el secuestro como si se prolonga a la violencia sexual[304], está ya presente desde el primer mo-

---

303 Skoda, *Medieval Violence*, cit., p. 73; en pp. 71, 74, una violencia que se agudiza cuando, como no es infrecuente, el rapto es cometido en grupo, así también Nicole Gonthier, «Délinquantes ou victimes, les femmes dans la société lyonnaise du XVe siècle», en *Revue Historique*, 549 (1984), pp. 41-42, Beroiz Lazcano, *Crimen*, cit., p. 209, Jacques Rossiaud, *Amours vénales. La prostitution en Occident. XIIe-XVIe siècle*, Lonrai, Aubier, 2010, p. 153, Javier Ruiz Astiz, «'Vejándolas y perjudicándolas contra su voluntad': violaciones en Navarra durante el Antiguo Régimen», en *Revista de Historia Jerónimo Zurita*, 87 (2012), pp. 292-293.

304 Emma Hawkes, «'She vas ravished against her will, what so ever she say': Female Consent in Rape and Ravishment in late-medieval England», en *Limina*, 1

mento, y en el supuesto de que no hubiera proseguido en la violación su misma posibilidad genera una mácula en la víctima que brotó en el mismo acto de la apropiación personal, amén de que la evitación de la misma violación pueda ser una causa de suicidio[305]. Por lo demás, si el estupro admite como víctima a sujetos de ambos sexos, lo mismo sucede (aunque de una manera más forzada en la teoría, precisamente porque la violencia tiene una mayor densidad, o una menor interpretatividad) en el rapto. Por último, si finalmente el rapto, con la violación, da lugar a una descendencia ilegítima que podría determinarse como una causa del neonaticidio, quizá no se encuentre ninguna nueva valoración que hacer, sino repetir juicios de valor sobre las razones de la (dis)tipicidad jurídica moderna del infanticidio teniendo en cuenta la cobertura sacramental matrimonial: si la mujer raptada no es casada, se entraría en el campo de razonamientos expuestos a propósito del estupro, efectivamente, pero si es casada, se haría lo propio en relación con las claves apuntadas a propósito del adulterio[306], no en vano el rapto consentido de la mujer casada no es otra

---

(1995), pp. 47-48, Shannon McSheffrey & Julia Pope, «Ravishment, Legal Narratives, and Chivalric Culture in Fifteenth-Century England», en *Journal of British Studies*, 48 (2009), pp. 818-819, Caroline Dunn, *Stolen Women in Medieval England. Rape, Abduction, and Adultery, 1100-1500*, Cambridge, Cambridge University Press, 2013, pp. 18-19, 21, 23, 26, 28-29, 43, Marija Mogorović Crljenko, «The abduction of women for marriage: Istria at the beginning of the seventeenth century», en *Acta Histriae*, 22-3 (2014), p. 628, y Rhian Elizabeth McLaughlin, *Gentry Perceptions of Violence in Fourteenth-Century England*, York, University of York, 2014, pp. 146-147, 150-151, estudian el problema de la conexión en el rapto de la violencia de desplazamiento con la violencia sexual. Sitúa la gravedad de la violencia en el desplazamiento típico del rapto Nicholas Davidson, «Theology, nature and the law: sexual sin and sexual crime in Italy from the fourteenth to the seventeenth century», en T. Dean & K. J. P. Lowe (ed.), *Crime, Society and the Law in Renaissance Italy*, Cambridge, Cambridge University Press, 1994, p. 84.

305 Lo advierte Lieven Vandekerckhove, «On the Origins of the Punishment of Suicidal Behaviour in Old-European Law – Historical *versus* Sociological Explanation», en *European Journal of Crime, Criminal Law and Criminal Justice*, 7-3 (1999), p. 316.

306 Carey, «Rape», cit., p. 408, se ocupa de las diferencias entre rapto y adulterio, en función de la violencia que caracteriza al primero, pero también de sus conexiones, en particular por la seducción que suele estar presente en este último. Dice Jones, *Gender*, cit., p. 85: «It is not entirely implausible that a woman facing a charge of adultery or fornication might in some circumstances counter with a spurious allegation of rape, although clearly, if this ever happened, it was a strategy very rarely

cosa que un adulterio[307], y el rapto con violación un acto que puede estar regido por las mismas razones de ocultación típica de sus efectos que regían en el adulterio, pues si el infanticidio de hijos adulterinos elimina los rastros del crimen antimatrimonial, y en este sentido está, destipificado, al servicio de la pervivencia de la institución matrimonial, el de los hijos nacidos de la violación tendría el refuerzo de la condición de víctima de la propia mujer. De nuevo son viables los argumentos esgrimidos contra el levantamiento del velo criminal[308].

Como se ve, mucho estaría ya dicho al tratar las causas del infanticidio[309]. Ahora bien, tal vez sea interesante tener en cuenta la construcción jurídica del rapto para permanecer en la búsqueda, como en las lesiones y las injurias, de criterios de infancia frente a la violencia, formas violentas circundantes en las que la infancia pudiera ser valorada y ofrecer una razón de tipicidad susceptible de extenderse, o de haberse extendido implícitamente, prototípica más que típicamente, en la sociedad moderna ante la criminalidad. Si el rapto violento puede ser causa del infanticidio como lo es el estupro o el adulterio, conviene valorar su propia naturaleza como forma o modelo de violencia para investigar sobre su posible apreciación en función de factores de indefensión o minoría de edad, porque además la sustracción al ámbito familiar característica del desplazamiento entraña una premeditación y un aprovechamiento de la indefensión para el abuso sexual

---

resorted to. The only two adult women who claimed in the church court to have been raped were told to prove the charge, which suggests the court was unsympathetic to them, perhaps because they were sexually experienced».

307 En este mismo sentido, Sommers, *Bodies*, cit., p. 157.

308 Y sin embargo Ruggiero, *The Boundaries*, cit., p. 90, cree que, frente al lenguaje formulario que en el caso del rapto se refiere a la violencia sexual, «The primary exceptions to this formulaic reportage involved incestuous rape or violence against children (*puellae*) or the elderly. For such crimes the rhetoric of the case as a whole became more complex and moralistic».

309 Aunque reúne los crímenes de rapto e infanticidio mas para un tratamiento paralelo y no perpendicular, es interesante (y un tanto contradictorio) el planteamiento conjunto y el ocasional cruce criminal que se produce en Amanda Lea Miracle, *Rape and Infanticide in Maryland, 1634-1689: Gender and Class in the Courtroom contestation of patriarchy on the edge of the English Atlantic* (thesis), Bowling Green, Bowling Green University, 2008, p. 48 n. 75, 57 n. 97, 95, 136, 223, 253

que hace de la infancia una víctima característicamente débil y propia de la estructura del crimen[310].

Y lo cierto es que cuando se lee la definición de *raptus* en Bonifacio de Vitalinis, se encuentra ya la referencia a la infancia o la adolescencia de la mujer, a la manera del estupro: «Raptus vero est puellam rapere & alibi deducere causa luxuriae». El mantovano incluye en el grupo de potenciales mujeres raptadas *per vim*, con *causa libidinis*[311], a la *mulier impuber* y a la virgen o viuda honesta, y el hecho de que en estos casos excluya el matrimonio con el raptor, tanto si la mujer consintió en el rapto como si fue obligada, y tanto si es mujer soltera como obviamente si es casada[312], implica que la violencia se está presumiendo en el rapto con este género de víctimas, como por otra parte también cuando el rapto, con la misma finalidad sexual, esta vez *contra naturam* (sodomía), afecta a los *pueri* varones[313]. La similitud del rapto con el estupro salta a la vista, y la apreciación de la minoría de edad y de la honestidad como factores de presunción de la violencia, en la que puede concurrir también el pecado nefando[314]. Pues así como el estupro valía como modelo de violencia sobre la infancia de ambos sexos ante el prototipo de infanticidio, el rapto puede valer

---

[310] DURSTON, *Victims*, cit., p. 151: «The very high percentage of young children found amongst rape victims probably reflects both their vulnerability and adult willingness to take advantage of it. In the early modern period, children had been exposed to most aspects of the grown-up world, often being treated as small adults, rather than being segregated from it. Unfortunately, this may have meant that there were fewer psychological inhibitions to cross-generational sexual relations. It is also possible that such attidues were compounded by a contemporary 'defloration mania', itself perhaps motivated by anxiety at the endemic level of venereal disease. There was a widespread popular belief that intercourse with a virgin could cure wuch afflictions».

[311] Esta intención de acceso carnal se mantiene siempre como característica esencial del rapto, así por ejemplo en CARERII, *Practica*, cit., f. 203r: «Item contrahitur raptus quando mulier fuisset rapta libidinis causa, non ex alia causa».

[312] Para el predominio de las víctimas solteras, como en el estupro, MENDOZA GARRIDO, *Delincuencia*, cit., p. 246, y RUIZ ASTIZ, «Vejándolas», cit., p. 295.

[313] VITALINIS, *Tractatus*, cit., ff. 377v, 445v-446r; DECIANI, *Tractatvs*, cit., II, liber 8, cap. 7, f. 165r.

[314] FARINACII, *Praxis*, cit., pars 4, quaestio 144, p. 685: «Non solum in raptoribus foeminarum, sed etiam in raptoribus masculorum (dummodo libidinis caussa) multo enim majus, & turpius crimen est sodomia, qvam adulterium & stuprum».

también porque también admite las versiones *femina masculum*[315], *masculus feminam*[316].

Alfonso de Azevedo singulariza el rapto en mayor medida[317]. Por una parte, atribuye la *vis* en el rapto al desplazamiento *de loco ad locum*[318], y aunque medita que el rapto *sine vi* no es posible, inmediatamente añade que la violencia es de esa clase de violencia que tiene un equivalente alternativo en la *asportatio* de la mujer honesta *cum malis artibus*[319], persuasiones coactivas en las que Tiberio Deciani incluye el *metus* y el *pretium*[320], y a las que Ludovico Gilhausen asimila la convulsión por *metus*, el *fraus* y la *circumventio*, en la idea general de que «dolosa persuasio plus sit, quam violenta coactio»[321]. Por lo tanto, aun-

---

315 Azevedo, *Commentarii*, cit., libro 8, título 13, *in legem secundam*, pp. 259-260, explica que algunos doctores, como Claro y Deciani, no admiten la figura del rapto de hombre por mujer, y que Antonio Gómez la admitía si «ea quae rapuit, Nimphium magnum haberet in vulva, ut plures habere dicit, carunculam quandam excrescentem aliquando adeo, ut erigatur ad modum virgae, eaque ad coitum incitentur uti mares, ut ibi refert de aliquibus». La pornoortopedia de Gómez le sirve a Deciani, *Tractatvs*, cit., II, liber 8, cap. 7, f. 165r, para describir el único supuesto que se le ocurre de rapto de mujer por mujer (habida cuenta de que, de otra manera, no cree que exista posibilidad de corrupción sexual femenina), y en cuanto al rapto de hombre por mujer, además de considerar el caso poco frecuente, piensa que la infamia que sufre el varón y su parentela es menor a la sufrida por la mujer y la suya. Clari, *Opera*, cit., liber 5, p. 400, tiene una opinión negativa respecto de la figura del rapto de hombre por mujer, porque cree que no existe en ella la razón de escándalo que caracteriza al rapto de mujer.

316 Constantemente las versiones, como demuestra en el Setecientos Engav, *Elementa*, cit., liber 1, titulus 18, §225., p. 143.

317 Azevedo, *Commentarii*, cit., libro 8, título 13, *in legem secundam*, pp. 255-257, 259.

318 Tal es la diferencia clave con el estupro: la extracción violenta de la casa, según Azpilcueta, *Compendium*, cit., f. 227v. Vela & Acuña, *Tractatvs*, cit., caput 29, p. 151: «Vnde & si quis in propria domo, vel lecto mulierem per vim cognoscat, raptum non committit [...]». Para Carerii, *Practica*, cit., f. 202v, no hay abducción si el acceso carnal se produce postrando a la mujer *in terram* o bien *in viam publicam*.

319 Sobre la consustancialidad de la violencia en el rapto y la violencia *cum malis artibus* e insidias, Deciani, *Tractatvs*, cit., II, liber 8, cap. 7, f. 161r-v.

320 Deciani, *Tractatvs*, cit., II, liber 8, cap. 7, f. 164r.

321 Gilhavsen, *Arbor*, cit., capvt 2, titvlvs 23, pp. 108-109. La violencia yace en un consentimiento condicionado *dolosis suasionibus*, en una equivalencia entre dolo y violencia, según Sinistrari, *De delictis*, cit., titulus 4, §7., pp. 226-227. En la misma línea, Carerii, *Practica*, cit., f. 202v.

que la definición del rapto va siendo más precisa en su diferenciación del estupro, la honestidad de la mujer y el juego de una violencia verdadera o interpretativa son factores igualmente presentes en uno que en otro crimen. También, por supuesto, la intención de conocimiento carnal.

Es como si el rapto tuviera una superficie mayor, como se aprecia cuando se entiende como su víctima cualquier mujer honesta (además del varón, e incluso del hermafrodita), incluida (a diferencia del estupro, además de viudas y vírgenes) la mujer casada o desposada; siguiendo a Antonio Gómez, si el raptor es *impubes* y la víctima *pubes*, la malicia suple la edad[322]. Dicho esto, en el rapto, la *violenta asportatio* lo es con independencia del consentimiento o no de la mujer[323], que por otra parte puede resultar advenido, y se requiere como causa final mas no eficiente el ánimo de corrupción sexual, que puede estar presente *ab initio* o *ex post facto*; nótese que, frente a lo que pudiera parecer a primera vista, la violencia del rapto es una violencia implícita y así expansiva por todo el desarrollo conductivo del delito, a la que nuevas violencias o nuevos consentimientos (libres o corruptos por precio) nada añaden ni restan. Esto es así, entre otras razones, porque el rapto no es un crimen que produzca efectos exclusivamente respecto de la víctima, sino también *respectu etiam parentum*, no en vano la enajenación física o desplazamiento sustrae a la víctima de su ámbito de protección familiar[324]. Por otra parte, a la *violenta asporta-*

---

322 Así también Carerii, *Practica*, cit., ff. 200v-201r, y Deciani, *Tractatvs*, cit., II, liber 8, cap. 7, ff. 162v-163v. Respecto del rapto de la mujer deshonesta, Clari, *Opera*, cit., liber 5, p. 400, aboga por la pena extraordinaria y Deciani por la exención punitiva. Farinacii, *Praxis*, cit., pars 4, quaestio 144, pp. 698-699, coincide con el udinense, pero añade el interesante matiz de que el raptor debe conocer previamente la condición de la mujer que rapta. Gilhavsen, *Arbor*, cit., capvt 2, titvlvs 23, pp. 109-110, explica que la honestidad anterior al rapto (por ejemplo, de la meretriz que dejó de serlo) se presume constante, «quia in eadem lege qualitas illa honestarum virginum est adiecta participio raptoris; ergo debet regulari secundum tempus verbi, cui adhaeret [...] Ergo sufficit, quod tempore, quo rapitur, sit honesta».

323 Constatan la relativa importancia del consentimiento de la mujer Sylvie Joye, *La femme ravie. Le mariage par rapt dans les sociétés occidentales du haut Moyen Âge*, Turnhout, Brepols, 2012, pp. 151-152, 294, y Quesada Morillas, *El delito*, cit., pp. 252, 348.

324 Así también Carerii, *Practica*, cit., ff. 202v-203r. Como dice Raynaldi, *Observationum*, cit., liber 2, caput 22, §1-10., p. 267: «Dicitur alternative, vel resistentibus ejus parentibus, quia committitur raptus, etiamsi femina semper fuerit volens, dum-

tio une Azevedo un efecto *in alio loco contra voluntatem retinendi*[325], que es un refuerzo del valor primordial de esta violencia de desplazamiento, como su culminación o remate; por eso el rapto se produce *ad effectum abducendi, non autem causa commodioris coitus*[326]. Ludovico Sinistrari repite que la *abductio de loco ad locum* debe ser *ad finem retinendi* y no *causa commodioris coitus*, y precisa con buen tino la congruencia de exigir que la *abductio* no sea momentánea ni *ad breve tempus*, e incluso llega a decir que si a la cópula carnal le sigue el abandono de la mujer, la *abductio*, que fue violenta pero en la que la violencia ha cesado entonces, no puede considerarse rapto, aunque la deriva inevitable de un juicio de esta laya extrañamente atribui-

---

modo abducatur a domo Parentum, Tutorum, vel aliorum, in quorum gubernio est, ipsis Parentibus, Tutoribus, vel aliis invitis, seu ressistentibus». Es el interés familiar el que produce un cambio en la configuración romana del rapto, de delito privado a delito público, y posteriormente el Derecho canónico, con el Decreto de Graciano, perfila el rapto como un crimen de violencia o corrupción sexual, en el que adquiere relevancia principal la violencia de desplazamiento con finalidad sexual aunque el coito no llegue a consumarse: ECKMAN, «An Oppressive Silence», cit., pp. 2-5. No obstante, MOGOROVIĆ CRLJENKO, «The abduction», cit., p. 629, completa: «It was not just a matter of the woman's honour, but the honour of her entire family»; y en este mismo sentido, GREILSAMMER, «Rapts», cit., p. 66, y VAN DER HEIJDEN, «Women», cit., p. 624. Iñaki BAZÁN DÍAZ, «Quelques remarques sur les victimes du viol au Moyen Âge et au début de l'époque moderne», en B. Garnot (dir.) *Les victimes, des oubliées de l'histoire? Actes du Colloque de Dijon, 7-8 octobre 1999*, Rennes, Presses Universitaires de Rennes, 2000, p. 434, entiende que la violencia sexual es objeto de justicia privada y no pública porque la honestidad de la mujer hay que entendarla en el seno del grupo familiar, lo cual, aunque pueda mantenerse en el caso del adulterio, no admite pareja defensa en el rapto con violación, y con mayor motivo desde la formulación bajomedieval de los casos de corte y la formulación doctrinal moderna de los delitos atroces; por lo tanto, habría que relativizar estas palabras: «la liberté sexuelle des femmes n'était pas considérée comme un bien juridique protégé par le droit, puisque, soumises aux stratégies matrimoniales du groupe familial, les femmes n'avaient pas la capacité de décider librement avec qui ni quand elles avaient des rapports sexuels. Par conséquent, le viol ne supposait pas un attentat contre leur liberté sexuelle», y acaso quizá la violencia (desplazamiento, acceso carnal) en la que se desdobla el rapto sea un indicador de una suma de honras a mayor abundamiento, la desafiada contra el control del grupo parental y la que daña la honestidad personal femenina (ambas mucho más cohonestadas, y por eso más radicalmente presumida la violencia, en el caso de las víctimas menores de edad).

[325] Así también VELA & ACUÑA, *Tractatvs*, cit., caput 29, p. 154.

[326] Así también CLARI, *Opera*, cit., liber 5, p. 399, DECIANI, *Tractatvs*, cit., II, liber 8, cap. 7, f. 165v, y RAYNALDI, *Observationum*, cit., liber 2, caput 22, §1-10., p. 269.

do a la comunidad de los doctores (la disolución del crimen, al negarle un término final, como si solo delinquiera quien cometiese un delito y mantuviera sus efectos *ad infinitum*) se acaba corrigiendo al requerir que la *retentio ac occultatio personae* (una fórmula mejor conseguida para expresar la continuidad de la violencia de la abducción) haya de ser *per aliquod tempus longum*, prolongación que debe valorarse según un prudente arbitrio, para concluir que «in tali retentione, & occultatione potius, quam in abductione de loco ad locum, consistit principaliter ratio *raptus*»[327].

De manera que, como en el estupro, la violencia (o sus artes de coacción, seducción, amenaza, temor, premio) actúa en el rapto de la mujer honesta dando lugar a la presunción de que esta careció de voluntad libre y fue seducida («per raptorem, vel stupratorem»), aunque, como es el extrañamiento propio del desplazamiento con fin sexual lo que prevalece en el rapto, si la voluntad libre de la mujer es probada, *ab initio, & in medio & in fine*, porque por ejemplo se prueba que fue ella quien pidió al raptor la *abductio* o se le aficionó en su transcurso o en la retención o se niega a abandonarlo, entonces, al margen de la calificación criminal que merezca la unión, lo que no existirá propiamente es rapto[328]. Un argumento que de todas formas no parece defi-

---

[327] SINISTRARI, *De delictis*, cit., titulus 4, §7., p. 224.

[328] BARAHONA, *Sex Crimes*, cit., p. 80, explica el ámbito del rapto voluntario, en el que no ha habido verdadera enajenación física o desplazamiento: «To begin with, these were not cases among strangers; almost to a person, victims and aggressors knew each other well. In fact, the litigants and their families frequently shared common histories that involved courtship and matrimonial plans. Also, victims' accounts often simultaneously conveyed highly contradictory elements of friendship and hostility, consent and coercion, in the couples' relationships. Assailants' force and violence could be considerably mitigated by evidence of reciprocal affection and understanding among the parties. Indeed, even after an initial forcible defloration and access, some couples openly admitted to subsequent repeated sexual encounters, in effect, to sexual affairs under promise of marriage or other understandings. This, too, would have tended to accentuate female consent while undercutting claims of outright coercion and violence. Moreover, the very narratives of sexual victimization could prove double-edged and damaging to female litigants. Even if against their will, how could honest and virtuous women also be sexual beings? Probably for this very reason, female litigants did their best not to express or convey sexual feelings in their defences. To do so would diminish their status as victims and render them responsible and/or complicitous in the sexual misconduct against them». Donatella PALLOTTI, «'A most detestable crime'. Representations of Rape in the Popular Press of Early

nitivo o que hay que interpretar de manera estricta, porque, como argumenta Juan Vela y Acuña, solo debe entenderse válido el consentimiento de la mujer a efectos de la despenalización del rapto (a la manera residual del estupro voluntario) cuando ha existido un previo *tractatus matrimonii* (o esponsales de presente)[329] entre raptor y raptada en función del cual precisamente la raptada permite que el raptor

---

Modern England», en *LEA. Lingue e Letterature d'Oriente e d'Occidente*, 1-1 (2012), p. 289, destaca que la configuración del rapto como un crimen sexual, aunque confiera relevancia al consentimiento de la mujer, debe tener en cuenta su capacidad de simular o mentir frente y por razón de la violencia padecida. El rapto voluntario adquiere así un cierto carácter residual y superfluo, desde la perspectiva de la existencia misma del crimen, como destaca también Guido RUGGIERO, «Sexual Criminality in the Early Renaissance: Venice 1338-1358», en *Journal of Social History*, 8-4 (1975), pp. 20-21. Podría entenderse, siguiendo a Garthine WALKER, «Rereading Rape and Sexual Violence in Early Modern England», en *Gender & History*, 10-1 (1998), p. 6, que el consentimiento tiene que vencer aquel que se presume en todo acto de acceso carnal masculino y que sin embargo implica, presuntivamente en sentido contrario, su significado de mero vencimiento de la violencia, de ahí la importancia de la persuasión o seducción como puente: «Consensual sex for women is figured as a response to male drives, something to which they consent. Describing sexual intercourse necessarily depicted a woman's submission, her succumbing or being persuaded to a man's will. This had a particular resonance in speech about rape. An assertion of rape –that penile penetration had occurred without the woman's consent– implied that she had been forced to submit to the rapist. But sexual submission indicated consent. In short, a graphic description of penetrative sex implied the very consent that should have been lacking in an account of rape. Here again, male denials of rape were facilitated by sexual discourse. Women's assertions of rape were not. Telling of rape involved a wretched paradox: the portrayal of a sexual act in which female submission was absent. This, it seems to me, is a compelling explanation for the absence of detailed accounts of sex in so many rape narratives».

[329] CARERII, *Practica*, cit., ff. 201v-202r; DAMHOUDERIO, *Praxis*, cit., caput 95, p. 35; PEREZ, *Ordenanzas*, cit., tomo 3, libro 8, título 15, p. 291; SINISTRARI, *De delictis*, cit., titulus 4, §7., p. 228. Entiéndase en el *ius civile*, porque en el *ius canonicum* el rapto no es penado tanto si hay esponsales por palabras de presente como de futuro. Rebecca Frances KING, *Rape in England 1600-1800: trials, narratives and the question of consent* (thesis), Durnham, University of Durnham, 1998, p. 35, dice: «In the seventeenth century Hale wrote 'the husband cannot be guilty of a rape committed by himself upon his lawful wife, for by their mutual matrimonial consent and contract the wife hath given herself up in this kind unto her husband which she cannot retract.'. The wife could not prosecute her husband for forced intercourse against her will, because the marriage debt constituted a permanent contract of consent».

se la lleve[330]. Si no es así, no deja de cometerse crimen de rapto porque, como ya se dijo, exista consentimiento inicial o posterior de la mujer o no, no deja de existir violencia y disentimiento de los parientes respecto de cuyos intereses (y no solo de la mujer raptada) rige la presunción de seducción (violenta)[331] y la criminalización[332], de modo que la *puella* puede considerarse raptada aun si tuvo voluntad de serlo cuando su familia o tutores se opusieron[333]. Y así, como dice Deciani, si este criterio de utilidad parental parece vencido por el pacto matrimonial (que en realidad puede ser propiamente una garantía para que no prime el consentimiento libre de la mujer, por ejemplo cuando ha sido convencida por amor y se presta al rapto con absoluta entrega) la victoria no es completa y el interés familiar aún resiste en la medida en la que pueda convertir la exención penal atraída por el matrimonio en pena extraordinaria mitigada[334].

---

330 BARBOSAE, *Collectanea*, cit., titulus 17, caput 6, p. 127. En BRVGIOTTI, *Institvtiones*, cit., liber 3, titulus 16, pp. 173-174, parece sin embargo que hay una alternativa, para el rapto consentido, entre el consentimiento de la víctima y la existencia de una promesa de matrimonio: «Sed vbi raptus contigerit citra consensum raptae, & absque praecedente promissione matrimonij, commissum dicetur crimen hoc»; a no ser que la partícula conjuntiva exija consentimiento y promesa de matrimonio, lo que conduciría al problema de la criminalización del rapto marital de la mujer casada, que es anacrónico a tenor de lo que asegura RAYNALDI, *Observationum*, cit., liber 2, caput 22, §1-10., p. 268: «Multo ergo magis cessabit raptus, & ejus poena in casu, quo maritus suam uxorem, hoc est illa, cum qua jam consummavit matrimonium, rapiat, quia tunc ex carnis commixtione matrimonium est quoad omnes effectus perfectum, & praesertim ut alter habeat in corpus alterius legitimam potestatem [...]».

331 GILHAVSEN, *Arbor*, cit., capvt 2, titvlvs 34, §3., p. 205.

332 VELA & ACUÑA, *Tractatvs*, cit., caput 29, pp. 151-152. RAYNALDI, *Observationum*, cit., liber 2, caput 22, §1-10., p. 267, argumenta de otro modo, no considerando suficiente la violencia interpretativa (que suele denominarse en el rapto *cum malis artibus*) y exigiendo una violencia *vera* que, no obstante, se amplía en su percepción, porque no solo lo es *in personam mulieris*, sino también *parentum*: «Dicitur per vim, quia non potest dici raptus absque violentia [...] Advertendum tamen, quod ficta, & interpretativa violentia non sufficit, sed debet esse vera in personam mulieris, vel parentum». CREMANI, *De iure*, cit., liber 2, caput 6, articulus 7, p. 361, expresa la misma idea entendiendo que «vis adnectitur sive coactiva, sive compulsiva»; anteriormente, DECIANI, *Tractatvs*, cit., II, liber 8, cap. 15, f. 173r, explicaba «primo casu erit vis compulsiua [...] autem casu erit vis ablatiua, quia mulieri aufertur pudicitia sua».

333 RAYNALDI, *Observationum*, cit., liber 1, caput 1, suppletio 5, p. 151.

334 DECIANI, *Tractatvs*, cit., II, liber 8, cap. 7, f. 164r.

En cuanto a la intención (causa final) de invasión sexual en el rapto, es necesaria y consustancial a su definición. Mas no se trata tanto del conocimiento sexual consumado cuanto como de su causa final; por esta razón podía decir Deciani que «raptum non esse, vbi non concurrit copula vel animus ad copulam»[335]. De este modo, la intención sexual es condición sine qua non pero la consumación del acceso carnal se requiere, como dice Julio Claro[336], en cuanto fuera posible (porque así demuestra el propósito). Por lo tanto, no se desvanece el rapto si fue un accidente ajeno a la voluntad del raptor lo que impidió el acceso carnal. En este sentido de impedimento habría que valorar la *non viri potentia* del raptor, que excluye el rapto[337]. En el caso del rapto de una *puella* de nueve o diez años, si la *non viri potentia* concurre, con un sentido de incapacidad o también de inhabilidad, Joos Damhouder defiende la aplicación de una pena extraordinaria, lo que ha de interpretarse a favor de la defensa de la infancia femenina, porque de otra manera la imposibilidad de consumar el coito, dada la suficiencia del conato para la existencia de rapto, podría constituir una vía de liberación para el agresor de su obligación criminal[338]. Esta es una prueba evidente de que el criterio de protección de la indefensión de la edad temprana que actuaba en el estupro está presente en este crimen afín que es el rapto intrínsecamente con violación.

Estas dos violencias del rapto, la de desplazamiento y la de coito[339], se disocian en el pensamiento de Damhouder. Rapto, dice el de Brujas, son las dos violencias (o una sola violencia desdoblada). La segunda, o violación, se describe curiosamente en función de un lugar, como

---

335 Deciani, *Tractatvs*, cit., II, liber 8, cap. 7, f. 166r.

336 Clari, *Opera*, cit., liber 5, pp. 399-400. Perez, *Ordenanzas*, cit., tomo 3, libro 8, título 15, p. 289, sin embargo, no parece encontrarle distinto efecto a las situaciones de no querer y no poder.

337 Deciani, *Tractatvs*, cit., II, liber 8, cap. 7, 165v.

338 Damhouderio, *Praxis*, cit., caput 95, p. 349.

339 Deciani, *Tractatvs*, cit., II, liber 8, cap. 7, f. 166r: «sicut violentia requiritur in raptu [...] pariter requiratur in copula». Las aparentes confusiones conceptuales criminales detectadas por Stéphanie Gaudillat Cautela, «Questions de mot. Le 'viol' au XVIe siècle, un crime contre les femmes?», en *Clio. Femmes, Genre, Histoire*, 24 (2006), p. 2, según las cuales «Le viol ne serait donc pas au XVIe siècle une catégorie juridico-médicale encore parfaitement constituée», contienen el error de pensar que existe una presciencia histórica de la tipicidad criminal futura, desentendiéndose de esta formación moderna bimembre del rapto, que lleva implícita la posibilidad de la violación, y de su relación con el estupro, que la completa.

la violencia de desplazamiento: no el lugar al que el raptor conduce a la raptada, sino un hipotético lugar apartado en el que se encuentra a la mujer sin que le resulte a esta fácil pedir auxilio. Obviamente, no ha habido aquí enajenación física, lo que dificulta por lo demás la prueba: el juramento de la mujer honesta contra el raptor[340]. Y así tampoco resulta sencillo imaginar sentimientos sociales de seguridad interpretativa en la percepción de la gravedad del crimen, máxime de cara a la valoración de hipotéticos venideros comportamientos neonaticidas. En realidad, el escenario de la violación es tan movedizo como el del desplazamiento: tan ambigua puede ser la retención del raptor (proclive a una empatía patológica de la víctima) como el ataque imprevisto del violador, y tan ambigua la violencia del desplazamiento como la naturaleza instantánea de la violencia sexual inesperada. Vela y Acuña, aun sin separar las figuras con tanta claridad descriptiva como Damhouder, plantea la posibilidad de la violación sin la comisión de rapto, y aunque la concepción clásica del rapto que entiende como esencial desde el desplazamiento la finalidad de acceso carnal parecería dimanar la consecuencia de que la violación sin rapto no es delito, entiende que por supuesto lo es, sustituyendo entonces como tipo calificador el *raptus* por la *rapina*[341], mientras que Claro se limita a decir que se tratará entonces de un *actus violentus, & punibilis ad mortem*, sin mayor calificación[342]. En el caso de que el arrepentimiento del raptor excluya la violación, no deja de considerarse el crimen de rapto como perfecto (lo que ratifica y refuerza la naturaleza complementaria y secuencial de esta violencia sexual, intencionada antes que consumada, respecto de la violencia de desplazamiento) y sin embargo el doctor aboga por la aplicación no de la pena ordinaria, sino de una pena extraordinaria[343].

En realidad el aislamiento de la violación se puede producir también si, de acuerdo con el razonamiento ya expuesto de Sinistrari, el tiempo de retención u ocultación de la víctima es breve, o de una insuficiente larga duración. Consecuentemente, es lógico que cambie la concepción del desplazamiento, a los efectos de que baste una medida

---

340 DAMHOUDERIO, *Praxis*, cit., caput 94, pp. 346-348.

341 Una irreprimida originalidad, pues es sabido que, como dice por ejemplo VITALINIS, *Tractatus*, cit., f. 445v, «Raptor differt a rapina. Et dicitur duobus modis, rerum & personarum, nam rapina proprie dicitur rerum».

342 CLARI, *Opera*, cit., liber 5, p. 399.

343 VELA & ACUÑA, *Tractatvs*, cit., caput 29, pp. 151, 155.

que pruebe la violencia en su variedad dimensional y la enajenación física de la víctima; para Aloysius Cremani, en el siglo xviii, será suficiente un cambio de casa, o una mutación de habitación padecida por la *persona honesta*, para que se entienda una situación típica de rapto[344]. Pero si cambia la concepción del desplazamiento, de tal manera que va perdiendo como imprescindible el requisito de la lejanía física, lo que quizá pueda depender (en orden al mantenimiento de la condición abductiva en sus términos más estrictos o por el contrario en sus términos más interpretativos) de las características del ámbito espacial, porque en un ámbito rural, de edificación más diáfana, la desprotección de la víctima, su enajenación matrimonial, familiar o doméstica requerirá una mayor distancia, mientras que en un ámbito urbano, de edificación más abigarrada, el ocultamiento de la víctima puede estar produciéndose con toda eficacia a una menor distancia[345], puede estar entonces sucediendo que ni el desplazamiento del rapto necesita de una retención tan duradera, ni la violación por sorpresiva deja de precisar una sustracción de la víctima a su campo de refugio, entendiendo al fin la razón por la que la institución del rapto violento significaba tanto como la violación sin ningún tipo de separación física previa deliberada[346].

---

344 Cremani, *De iure*, cit., liber 2, caput 6, articulus 7, pp. 359-360. No hay evolución contraria a las pautas clásicas, sino en todo caso interpretación coherente, como demuestra el análisis de Engav, *Elementa*, cit., liber 1, titulus 18, §223-224, p. 143.

345 O bien aumenta la dificultad de la localización de la madre neonaticida cuanto más apartado sea el lugar: Durston, *Wicked Ladies*, cit., p. 195.

346 Por eso no parece muy atinada una reflexión como la de Deciani, *Tractatvs*, cit., II, liber 8, cap. 15, f. 173r, cuando explica que el *violentus coitus* (distinguido del rapto) se produce «quando non abducitur de loco ad locum inuita», porque si la separación de rapto y violación produce disfunciones teóricas, al sustantivar una violencia que funciona como adjetiva esencial respecto del rapto (tal y como sucedía también respecto del estupro, tan cercano en tantos aspectos), se trata de encontrar una explicación del desplazamiento o enajenación física que hermane esas dos formas de violencia en otras ocasiones perfectamente sucesivas. Que una concepción de la violación independiente del rapto produce disfunciones teóricas modernas es claro si, como afirma Perez, *Ordenanzas*, cit., tomo 3, libro 8, título 15, p. 289, *raptus virginis* hay «quando per vim mulier rapitur & traducitur de loco ad locum», pero «si per vim virgo cognoscatur, & non rapiatur, tunc est proprie stuprum». Como rapto y estupro funcionan a partir de una víctima caracterizada como mujer honesta, y no forzosamente por mor de la virginidad, la disfunción es más expansiva de lo que parece.

Y en cuanto a esa descendencia ilegítima que puede resultar del crimen de rapto y de la violación, además de que el desplazamiento avivará la sospecha en tanto no se supere en la posteridad del crimen el tiempo de gestación a modo de garantía tanto si se produjo una retención larga cuanto otra más breve o aun instantánea, el conocimiento, como nadie sabe, por la propia mujer, del monstruo raptor y del menstruo, discriminará difícilmente precipicios, y en este sentido su ánimo sanador neonaticida dependerá de variables matices circunstanciales en el trance criminal. Porque si la violación, conforme a las exigencias de la tradición jurídica para liberar de obligación criminal participativa al sujeto pasivo, requiere que la mujer haga sentir, mediante signos externos físicos inequívocos, su resistencia, a la manera de una corroboración en absoluto banal de su buena fama, esta gestualidad, como el mencionado juramento[347], se traducen entonces en publicidad (de apariencia contradictoria con la definición de la violación de Damhouder, exigente de un lugar apartado sorpresivo, como

[347] Pero, como dice ECKMAN, «An Oppressive Silence», cit., p. 10, «The amount of non-consent did not have to be extraordinary; in fact even just crying out or weeping was designated as enough resistance to qualify it as a rape»; lo que estaría de acuerdo con el juego de la presunción de la violencia en el crimen de rapto. VIGARELLO, *Historia*, cit., pp. 64-65, explica la conjunción de los «hechos visibles y escuchados» con «el renombre sin tacha de la víctima (*fama*)» que otorga credibilidad al juramento, como exigencias de prueba de ausencia de obligación criminal por parte de la víctima violentada. WALKER, «Rereading», cit., pp. 9, 18, desarrolla la razón por la que la resistencia en términos físicos se depaupera en la Edad Moderna (lo que se compadece bien con la extensión de la violencia interpretativa seductora, y la presunción de la violencia): «The legal requirements of proof of non-consent or corroboration meant that a raped woman had to present tangible proof that she had adequately resisted the rapist. Non-consent is often defined as active physical resistance. But in the early modern period there was good reason why women might not have articulated their non-consent in this way: the language of true selfdefence was male. In accounts of violence between men, the degree of physical harm inflicted by an assailant was evoked by stressing the degree of self-defence called for in response. This was entirely in accordance with concepts of male honour. Women's honourability was imagined differently, and was not informed by concepts of physical assertion in self-defence. [...] Consequently, I have argued, rape was predominantly articulated as an act of male violence rather than as a sexual act; physical resistance was underplayed, sometimes in ways which verbally denied agency to the raped woman or girl, and was rarely depicted as an ultimately successful course of action; the avoidance of rape was attributed to flight or the intervention of others rather than female physical prowess».

esos campos con animales de Claro donde se asalta a la *puella*, frente al lugar de retención continuada, escondrijo o zulo, propio del desplazamiento) que, acaso con el resultado de evitar la violación pero ni siquiera seguro, de cualquier manera habrá de manifestar, por sí sola, la mancha o marca de deshonra que la víctima y la familia de otro modo, con la ocultación (e incluso gracias a un efecto indirecto de la retención del rapto, que tanto puede levantar suspicacias ajenas sobre la desaparición cuanto operar como razón de garantía de la discreción en su curso, idea por la que quizá Damhouder también dibujaba apartado o recóndito ese otro lugar de violación y aparente no retención), habrían tal vez podido evitar, colocada en el brete la raptada, en definitiva, de defender su honestidad con uñas y dientes y difundir la pasión del sexo y el riesgo de la preñez ultrajada, o bien padecer silenciosa, a mayor gloria de la honra familiar, tal vez proclive al cierre colectivo de filas (lo que depende de la fama atesorada por la víctima en la propia parentela)[348], de modo que el neonaticidio pudiera entenderse en el primer caso no como una sanación intrafamiliar pura y aislada de los efectos del crimen, sino antes bien como una sanación intrafamiliar que responde centrífuga a la refutación de murmuraciones o juicios de valor externos, y en el segundo caso, esta vez sí, una rendición de cuentas intramuros y eliminación de efectos, precisamente a la manera de las causas infanticidas del estupro o del adulterio, esos crímenes que marcaron a contrafama el lato cuerpo gentilicio de la víctima y la ilegitimidad de su fruto[349].

---

[348] Rodríguez Ortiz, *Historia*, cit., p. 325, se refiere a los documentos que acreditaban, en orden a contraer matrimonio, que la virginidad perdida por la mujer era accidental, en pro de su buena fama: «Estos documentos, conservados en los distintos archivos de protocolos de la Península, se refieren fundamentalmente a niñas cuyas edades se comprenden entre los tres y catorce años, que realizando cualquier actividad propia de su edad, como saltar o correr, sufrieron, accidentalmente, la rotura del himen. Una vez que el suceso había tenido lugar, los padres de la niña llamaban al escribano para que, tras ver a la niña, pudiesen certificar lo que había pasado. Generalmente, ciertas vecinas o parteras habían examinado previamente a la niña y, cuando llegaba el escribano, ellas confirmaban las declaraciones de los padres, en el sentido de que la chica no había sido violada, sino que había perdido su virginidad de forma accidental». Evidentemente, cabe el fraude.

[349] Walker, *Crime*, cit., pp. 55, 60, considera que las alegaciones femeninas en su calidad de víctimas del rapto son devaluadas en sede judicial, lo que quizá haya que matizar teniendo en cuenta, por una parte, la presunción de violencia más extendida y operativa de lo que pudiera parecer, y por otra parte y al unísono, la atención

Es evidente que entonces, con esta preeminente inestabilidad en primer plano que afecta a la víctima, el estupro enlaza con el rapto a efectos de causa del infanticidio, pero no tanto como modelo de violencia tipificable contra la infancia. Y sin embargo hay una modalidad, o especie del rapto, que la doctrina contempla y que demuestra, como el estupro, la atención del sistema jurídico criminal a padecimientos criminales específicamente infantiles o adolescentes. En efecto, en el seno del rapto, Claro trae a colación el *abducere pueros*, como una práctica no claramente delictiva, pero impía[350], que *hodie* suele contemplarse en el ámbito militar como una *consuetudo* impune a pesar de que se trata de un acto de retención del niño *invitis parentibus*, como el rapto[351]. El tono descriptivo de la explicación no excluye que el sexo femenino sea afectado en otro contexto igual que el principal protagonista masculino, de la misma manera que en el estupro había un protagonismo infantil femenino que no excluía su extensión a la masculinidad. La causa militar recuerda el reclutamiento por razones de urgencia de vagabundos y en particular el rapto de huérfa-

---

al interés y honor del grupo familiar como primordialmente afectado en el desplazamiento con fines sexuales del rapto.

[350] O tan impía como supercriminal por concurrir en ella la herejía y el sortilegio, si se piensa en la práctica de brujería con rapto de niños de la que se ocupa STONE, *Terrible Crimes*, cit., p. 68.

[351] CLARI, *Opera*, cit., liber 5, p. 400: «Vnum tamen nota in hoc proposito, quod hodie milites seu stipendiati, qui abducunt secum pueros, quandoque etiam inuitis parentibus, non puniuntur, quinimo licitum est eis, illos etiam parentibus inuitis retinere. Et ita hodie seruari de consuetudine iuris militaris [...] Subdens standum esse huic consuetudini, & quod ita alias vidit iudicari in Ciuitate Bononiae, per Nicolaum Picinium militum Imperatorem illustrem. Ego certe si casus contingeret, contrarium iudicarem, impium est enim aliquo casu posse filios ab inuitis parentibus abduci, praesertim cum non modica sit suspicio inhonestatis, in huiusmodi stipendiariis». KING, *Rape*, cit., pp. 42, 51-52, Alexis BERNARD, «Les victimes de viols à Lyon aux XVIIe et XVIIIe siècles», en B. Garnot (dir.) *Les victimes, des oubliées de l'histoire? Actes du Colloque de Dijon, 7-8 octobre 1999*, Rennes, Presses Universitaires de Rennes, 2000, p. 459, y Katherine D. WATSON, «Women, violent crime and criminal justice in Georgian Wales», en *Continuity and Change*, 28-2 (2013), pp. 250-251, ponen en contraste la alta proporción de raptos con violación de niños con los problemas de legitimación y prueba procesal que se les plantea, por razón de edad y por otro lado cuando su sexo es femenino, para la persecución del crimen. Se ocupa del rapto de niños como fenómeno criminal epidémico y de la reacción de autodefensa social Jean NICOLAS, «La rumeur de Paris: rapts d'enfants en 1750», en *L'Histoire*, 40 (1981), pp. 48-57.

nos, en los que ni siquiera existiría una tamaña resistencia de la contravoluntad parental[352]. Si la urgencia se extrema, y el ejército impone su necesidad de recluta, las circunstancias ciertamente se especifican, pero la ausencia de una tipificación criminal clara tanto permite su interpretación constreñida cuanto su expansión en otras situaciones de ambigüedad, como la *expositio infantium*, tan asociada al aborto y al infanticidio.

A la sazón, el rapto de niños puede ser un paso o escalón en la comisión de otro crimen diferente del rapto pero que, esta vez sí en sus rasgos singulares, tiene una tradición de tipificación delictiva clara: el *plagium*. El plagio consiste en la venta con *scientia & dolus* de hombre libre o siervo ajeno. Tiene así la particularidad de entrañar una violencia externa al ámbito doméstico: no se sufre en la clausura de la propia familia, como el neonaticidio por tener la condición de descendencia ilegítima, sino que, como en la violencia sexual del estupro, se recibe la agresión desde el exterior, a la manera de los niños raptados, en un acto de fuerza tanto mayor cuanto aprovecha la indefensión o la debilidad de una menor edad. El plagio está planteado en la doctrina moderna en relación con el hombre libre o el siervo ajeno sin matices de años vividos[353], contemplando tanto la venta como la compra (u otra obligación civil), o el *ligare vel celare, capere vel seducere, furare vel exportare*[354]. Jacobo Cuiacius prefiere el término de *suppressio* (*do-*

---

352 Mogorović Crljenko, «The abduction», p. 627: «In the abductions of orphans, there were frequently cases when girls resorted to voluntary abductions to avoid an unwanted marriage to another arranged by relatives, usually an uncle. Namely, after a father's death, children were under their mother's tutelage or, if the mother remarried and went to house of her new husband, they were under the guardianship of their father's family. The same applied in cases of the death of both parents [...] In the analysed cases, as a rule, this was uncle, the father's brother. In many cases it is evident poor orphaned girls were unhappy, and mistreated, under the tutelage of their uncles. In such cases, these girls sometimes made independent arrangements with their future husbands, and sometimes they ran away from the uncle's house to the men they chose».

353 Aun el matiz del status desaparecerá en Engav, *Elementa*, cit., liber 1, titulus 10, §150., p. 100: «*Plagium* est furtum hominis. Quod vbi dolo malo committitur, audit *crimen plagii*».

354 Véanse también los ocho modos de plagio que refiere Cantera, *Qvaestiones*, cit., *De quaestionibus tangentibus punitionem delictorum*, quaestio 1, cap. 8, p. 623. A título de síntesis, dice Farinacii, *Praxis*, cit., pars 3, quaestio 166, pp. 7-12: «Plagiarii qui sint. Dic eos, qui liberum hominem, vel seruum alienum scientes vendunt, vel

lose, fraudulenta, en Antonio Matthaeus)[355] al de *furtum*[356], y Aloysius Cremani, que coincide con Benedicto Carpzov en vincularlo al hurto (una *species furti,* según este, y un *furtum qualificatum,* según aquel)[357] subraya en su naturaleza (a diferencia de la *causa libidinis* del rapto) la percepción de un lucro[358].

Pero Bonifacio de Vitalinis, cuando terminaba su particular relación de posibilidades de realización criminal, dedicaba unas palabras a un tipo de plagio especial, que debía merecer mención explícita por su relevancia: «item dicitur alio modo plagium, quia ille, qui furatur filium alterius, & ducit de loco ad locum, infert plagam cordibus parentum & dominorum, quando furatur seruum illorum»[359]. También Jacobo de Bello Visu decía: «aut cadit in titulum de plagiarijs: & locum habet, quando aliquis distrahit alienum seruum, vel filium, ita quod pater vel dominus non potest retinere: vel hominem liberum de loco ad locum deportat, vel seruum regium vendit: & dicitur sic, quia est plaga eis orbatis: tunc punitur lege Fauia de plagiarijs»[360]. Y tiempo después, Alexandro Brugiotti, además de citar las formas habituales, añade, lo que resulta muy significativo en un ánimo tan compendioso como el suyo, el *seducere & subverti filium familias*[361].

Así que hay una violencia contra los infantes y púberes de la que la sociedad tiene conciencia, y con independencia de su sexo por razón prevalente de la edad, de la indefensión, de la pureza: la violencia ajena (no tamizada por razones de institucionalización familiar) contra los menores de edad, que o bien tiene el carácter sexual que configura el estupro, o bien la enajenación física (con intención de abuso sexual

---

aliter alienant, vel ipsum vinctum retinent, vel celant, vel ei suadent, vt a domino fugiat [...] & multo magis si quis liberum, vel seruum de ciuitate in ciuitatem, vel in quemuis alium locum exportauerit [...] Vbi quod plagium furtum dicitur, cum quis hominem liberum scienter vendit, donat, emit, accipit, vel permutat».

355 MATTHAEI, *De criminibus,* cit., liber 48 Digestorvm, titulus 12, caput 1, pp. 650-651.

356 CVIACII, *Paratitla,* cit., liber 48, titulus 15, p. 173.

357 CARPZOV, *Practicae,* cit., pars 2, quaestio 83, p. 280. En la anterior centuria renacentista, ARAGON, *In secvndam,* cit., quaestio 66, articulus 3, p. 417, definía el plagio como «vsurpatio hominis, vt vendatur».

358 CREMANI, *De iure,* cit., liber 2, caput 7, articulus 3, p. 396.

359 VITALINIS, *Tractatus,* cit., ff. 395v-396r.

360 BELLO VISV, *Avrea practica,* cit., liber 1, caput 10, pp. 143-144.

361 BRVGIOTTI, *Institvtiones,* cit., liber 3, titulus 5, p. 147.

o con una intención negocial que no excluye la anterior, si se piensa en el proxenetismo) propia del rapto en general y muy en concreto del plagio. Parece que las razones de tipificación de la violencia contra la infancia que ofrecerían modelos o problemas paralelos suficientes como para entender que también debería procederse a la tipificación del infanticidio (si la violencia sexual y el rapto de los niños merece crímenes típicos propios, ¿no lo merece su homicidio?) puesto que son índices de la existencia de unas determinadas alarmas sociales a favor de la protección infantil, están cubriendo, ya tipificado en aquellos crímenes, un territorio muy amplio, si no la muerte, de esta violencia.

Dice Damhouder: «Quocirca etiam quicunque pueros, aut adulescentes furantur aut rapiunt, vt cum eis suam innaturalem hanc venerem exerceant, hi profecto etiamsi actum nondum perfecerunt, plectendi sunt vti superiores: & si actum consummauerint, puniendi sunt ambo. Atque haec de veris Sodomitis dicta sufficiant»[362]. De modo que tal y como el estupro, en su criminalización de la violencia sexual, dejaba percibir un ánimo caracterizador del tipo que obedecía concretamente a la inmadurez e indefensión de los *pueri*, como factores subrayados contra el fondo de la atención a la agresión a la honestidad, el hurto o rapto de los *pueri*, ahora, que es tanto como decir el rapto y el plagio, lo que a su vez es tanto como revisitar el estupro, vuelve a cualificar la minoría de edad, aportando además la nota significativa de que no se perfila con una delimitación estricta sino generosa de la infancia (niños y adolescentes), bien es verdad que de nuevo ante la repugnancia que produce la violencia sexual en concreto, pero ahora quizá con un aliento mayor en la medida en que aquella es recogida como una posibilidad, acaso constante pero no exclusiva. La mención de la sodomía como el pecado y crimen nefando en el que parecen encuadrarse estos estupros, raptos y plagios que afectan a la infancia con su carga de violencia sexual sirve como una densa tela que empapa todo resquicio y rellena la criminalización de estos comportamientos, como si la antinaturaleza sodomítica atrajera a un juicio global de vicio de antinaturaleza los padecimientos sexuales de la puericia (la masculinización completa la feminización). Domenico Raynaldus y Próspero Farinacio tienen un planteamiento amplio y realista: el lenocinio en orden a la prostitución, sodomía, adulterio o estupro de niños

---

[362] Damhouderio, *Praxis*, cit., caput 96, p. 356.

de cualquier sexo[363]. De nuevo hay que repetir con machaconería que en estos crímenes la tuición penal de la infancia se despega, o sobresale, de los valores protegidos del matrimonio y de la familia que la legitiman, no los borra pero se eleva sobre ellos y da cuenta así de una sensibilidad criminal que debería llevar a un parejo relieve, como caso específico recurrente y atendido o como tipo cualificado, del infanticidio, porque la cobertura del infanticidio por el homicidio es tan fríamente suficiente como podría ser suficiente la cobertura de la violencia sexual contra la infancia en el estupro, el rapto y el plagio, y sin embargo en estas figuras esa atención especial, esa delicadeza ante el niño, se ha desarrollado. A su vez, hay un mundo de delitos de germanía (juego ilícito, asociado a la prostitución y el proxenetismo, etc.) en el que todos los que viven en él, incluidos los muchachos, se contagian[364].

---

363 RAYNALDI, *Observationum*, cit., liber 2, caput 21, §3., p. 255: «De laenonibus puerorum [...] De accomodante domum, agrum, vineam ad committendum sodomiam, adulterium, stuprum, & hujusmodi». Así también, sumadas las nodrizas a modo de proxenetas, en FARINACII, *Praxis*, cit., pars 4, quaestio 144, pp. 670-671: «In nutricibus puellarum ipsis traditarum in custodiam a parentibus, qvae si pravis suasionibus ipsas puellas violandas tradiderint, morte plectentur. [...] Ut lenones puellarum puniantur, etiam qvod non invitas ad stuprum abducant, & ad se aliis prostituendum, quod sufficiat eas blandis verbis, promissionibus, *muneribus*, aliisque artibus, & fallaciis ad id eas allicere [...] Si enim lenones per vim, & non blandis verbis, & falliciis puellas ad stuprum traherent, tunc non lenocinii, sed raptus poena tenerentur, tanquam auxiliatores, & opem dantes». Adviértase que esta última oración, que parece excluir la violencia interpretativa en el rapto, no lo hace en puridad por cuanto se parte de la actividad del lenocinio, que en caso de violencia verdadera atrae el tipo criminal del rapto.

364 AZEVEDO, *Commentarii*, cit., libro 8, título 7, *in legem quintam*, pp. 168-169: «Nam si ex ipsismet ludis redundant tot damna a nobis in hoc titulo significata, haec & alia nascuntur, & procedunt ex domibus publicis tabulariorum, ubi carthae, domus, velae, & scamna sunt pro ludendo deputata, & est congregatio ludentium, ubi omnia quasi committuntur peccata, nam blasphemiae contra Deum, & Sanctos quotidie proferuntur, maledictiones in semetipsos, & partes ludentes dicunt, execrantur dies, & horas, fures efficiuntur, mendaces, protervi, insani, infames, & viles, & multa alia homicidia, dissensiones, scandala quotidie in domibus iis, & ex eis oriuntur, conversationes inhonestae, susurrationes, & murmurationes, & vae eis, & domino talis domus ubi ad haec occasiones dantur quotidie, vere essent tales domus comburendae, & domini eorum cum eis, ibi enim pueri, infantes, pupilli, adolescentes, & bonis moribus homines imbuti, deteriores fiunt, & pessimi, supradicta perpetrantes, devastantes patrimonia, & ea & tempus consumendo, & fame necando uxores, & fi-

A renglón seguido, las preguntas podrían multiplicarse. Porque los crímenes tienen unos rasgos singulares, pero pueden concurrir y se pueden entretejer. Tal vez el plagio sea una institución criminal alternativa del infanticidio, o de la *expositio infantium*, o su consecuencia teniendo en consideración la demanda social o criminal que se alimenta de hijos ilegítimos y huérfanos: el reclutamiento en el ejército de niños vagabundos ha sido una idea de tono profesional, aunque nada halagüeña, pero el proxenetismo y la prostitución, teñido de pederastia, hetero y homosexual, es todavía un abismo más tenebroso en el que las sociedades criminales pueden hacer caer a esa hueste de puericia abandonada o despreciada por su ilegitimidad[365]. Surge también la pregunta de hasta qué punto este tráfico de infantes está rodeado de problemas de falsificación de la identidad[366], porque la falsedad *ad conditionem personarum* puede tanto consistir frontalmente en determinadas prácticas como la suposición del parto o el cambio de nombre, cuanto funcionar como el cierre de otros delitos, cual el rapto o la venta de niños, a modo de un medio de ocultación de pruebas que ora es procurado por los criminales contra los menores de una familia ajena (en busca del cumplimiento de su degeneración sexual o de su negocio para la satisfacción del vicio de otros) ora es procurado

lios, & vae judicibus haec permittentibus, nam & ii majoribus poenis sunt afficiendi, qui cum pro iis vitandis sint positi, ipsi permittunt ob pecunias multoties, & aliquando quia & ipsi lusores sunt, quod est abominabile, & per Regem, & ministros suos essent graviter puniendi, & judicem lusorem privare deberent in perpetuum ab omni administratione justitiae»

365 Randolph TRUMBACH, «Male Prostitution and the Emergence of the Modern Sexual System: Eighteenth-Century London», en A. Lewis & M. Ellis (ed.), *Prostitution and Eighteenth-Century Culture*, London-New York, Routledge, 2015, pp. 188-195.

366 La relación entre la falsedad de identidad y la bigamia, que puede tenerse en cuenta mutatis mutandis para el amancebamiento, causa de infanticidio, es estudiada por Manuel TORRES AGUILAR, «El delito de bigamia: estudio general y especial perspectiva en el Tribunal de la Inquisición de Sevilla en el siglo XVIII», en E. Gacto Fernández (ed.), *El centinela de la fe. Estudios jurídicos sobre la Inquisición de Sevilla en el siglo XVIII*, Sevilla, Universidad de Sevilla, 1997, pp. 202-205, 207-208. Para el cambio de apellidos y de familia (si se pone en relación con el problema del rapto y venta de niños), Enrique SORIA MESA, «Tomando nombres ajenos. La usurpación de apellidos como estrategia de ascenso social en el seno de la élite granadina durante la época moderna», en E. Soria Mesa & J. J. Bravo Caro & J. M. Delgado Barrado (coord.), *Las élites en la época moderna. La monarquía española*, Córdoba, Universidad de Córdoba, 2009, tomo I, pp. 10-12.

contra la descendencia ilegítima en los aledaños de la propia familia por parte de aquella que resulta criminal o víctima en un crimen otro (el estupro, el adulterio, el amancebamiento, el rapto con violación) pero en cualquier caso prefiere hacer valer (con la anuencia cómplice o no de la figura marital y del grupo doméstico) la honra y fama matrimonial y familiar y entiende entonces la falsedad como un medio más de eliminación del rastro humano de su propia experiencia criminalizada[367].

Y hay un momento en el que cabe incluso cuestionarse si la razón por la que no existe un infanticidio en sentido genérico/estricto y tipificado obedece a que la muerte no sea el peor camino para las almas inocentes que no han alcanzado todavía la maduración espiritual, pero en el sentido positivo de encontrarse más cerca de la sanación

[367] El asunto es complejo porque, como afirma MATTHAEI, *De criminibus*, cit., liber 48 Digestorvm, titulus 7, caput 1, p. 602, la falsedad *ad conditionem personarum* se manifiesta *multis modis*. Los que pueden aquí interesar, como relacionados con el tráfico de niños, son, en efecto, uno, el *partus suppositus*; y otro, la asunción de nombre falso o fingimiento de parentesco en perjuicio de tercero. Así también FARINACII, *Praxis*, cit., quaestio 150, pars 5, p. 16, o ENGAV, *Elementa*, cit., liber 1, titulus 39, §448., p. 272. En cuanto al primero, estas son las palabras de DAMHOUDERIO, *Praxis*, cit., caput 123, p. 449: «Praeterea mulier qui falsitatem committit in suppositione vel commutatione partuum, siue puerorum, vnum partum aut puerum supponendo alterius partus seu pueri loco: ea punienda est poena falsi»; por lo tanto, plantea dos posibilidades, la *suppositio*, que parece el término genérico (más repetido) que identifica el acto nuclear de comisión de falsedad, como en FARINACII, *Praxis*, cit., quaestio 150, pars 10, p. 27, y la *commutatio*, que remite a la compraventa propia del plagio, y cuyas víctimas pueden ser el fruto del alumbramiento o el *puer*, en una comunión que parece ambivaler recién nacidos y niños pequeños de edad más avanzada. En cuanto al segundo, la *mutatio nominis* tiene causas lícitas o ilícitas, como explica RAYNALDI, *Observationum*, cit., liber 2, caput 18, §35., pp. 211-212, derivada la ilicitud de un *damnum, detrimentum* o *impedimentum* contra tercero, que constituye el *fraus* bajo pena arbitraria que remarcan, entre muchos, VITALINIS, *Tractatus*, cit., f. 388v, o DAMHOUDERIO, *Praxis*, cit., caput 123, p. 447. Raynaldus menciona expresamente como tercero perjudicado a la propia familia en la que se nació; esto es significativo porque la falsedad puede estar siendo cometida por quien consuma el rapto y el plagio de menores, obviamente contra la voluntad de la madre o de la familia en general, pero también puede convertir a la familia en una víctima (putativa, si prefiere serlo a tomar conciencia del nacimiento ilegítimo) de un plagio de menores en el que participan la propia madre o ambos padres, como alternativa al abandono del hijo, el aborto o el neonaticidio o libericidio, en el caso hipotético de descendencia no deseada a raíz de un estupro, un adulterio, un amancebamiento o un rapto.

del pecado original por el bautismo (esa «agua de socorro»). Yves-Bernard Brissaud ha estudiado la preocupación de las madres neonaticidas por administrar el sacramento del bautismo a los recién nacidos e incluso por asegurarse de que fueran sepultados en tierra santa[368]. Si la violencia padecida por la infancia que excita la criminalización se concentra en la agresión sexual del estupro o el rapto, o en la explotación cosificadora del plagio y la prostitución, y el neonaticidio (probablemente del no bautizado), el infanticidio estricto y el puericidio están bajo el velo de las causas que lo provocan so pena de deslegitimar la instituciones del matrimonio y la familia, la preocupación por el infanticidio genérico, de los infantes y púberes propios o ajenos, legítimos o ilegítimos, se opaca, sencillamente porque la muerte no es lo peor que puede suceder a los que han caído en el pozo que taponan la maldad y la desgracia. Lo peor ya les sucedió: su ilegitimidad y su orfandad, la pérdida de su candor, la sustracción a una guarida familiar católica. No tiene legitimidad el homicidio de estos niños, por supuesto, el homicidio que Dios prohíbe en cualquier caso, pues el hombre no dispone de la vida, de acuerdo con el Quinto Mandamiento. Pero quizá es mejor que, frente a una vida desnaturalizada y la amenaza de la muerte, quepa tan solo el resorte criminal del homicidio cualquiera, este homicidio sin sobreprotección, pues que al fin y al cabo, si la muerte ha de acaecer, de cualquier modo, sin singularización ni especificidad en virtud de los años del camino, la muerte de la infancia lleva a Dios y en Dios la infancia ha de recuperar al Padre, el nido puro, la cuna ya incorruptible, la imposibilidad de nuevas profanaciones ni seducciones de la inocencia.

---

368 Brissaud, «L'infanticide», cit., pp. 240-242. Tal precaución espiritual se toma en el pleito de infanticidio contra Luisa Colodrón, sus padres Andrés Colodrón y Esther Varela y el criado Agustín de Rueda Molón (en Castilla, Pozáldez, 1768-1769) (Archivo de la Real Chancillería de Valladolid, Pleitos criminales, caja 0377.0001.) Para Gregory Hanlon, «Routine infanticide in the West 1500-1800», en *History Compass*, 14-11 (2016), pp. 537-544, las estadísticas de registros bautismales y las proporciones de sexo masculino o femenino permitirían una aproximación al cálculo, en contraste con el índice de natalidad, de infanticidios neonaticidas; sin embargo, cuando afirma que «Our hypothesis suggests that babies killed by parents before baptism make up the lion's share of intancide victims», tal vez debería considerar la frecuencia (como en el caso antes citado) del bautismo *in extremis*, y su virtud proclive a la exención o atenuación de la hipotética obligación criminal homicida, por mucho que el peligro de muerte derive de quien excepcionalmente administra el sacramento o de persona próxima.

CAPÍTULO IV
NATURALEZA JURÍDICA DEL INFANTICIDIO

Si a pesar del tratamiento específico de algunos doctores, como Benedicto Carpzov en particular, se acepta la idea de que el infanticidio no está tipificado como un homicidio cualificado, al menos en el juicio común de la mayoría de la literatura jurídica entre el Quinientos y el Setecientos, lo que resulta difícil, como tantas veces se ha repetido en estas páginas, es conocer el porqué, puesto que, como ha podido comprobarse en el estudio de las causas colindantes y de las formas circundantes criminales del infanticidio, no faltan tipos criminales en los que el factor de la infancia sea contemplado como relevante y principal a los efectos de perfilar la figura teórica, o de ejemplificar una práctica, incluso sin llegar a sentir la necesidad de dibujar un tipo delictivo separado y distinto: la protección de una inmadurez infantil y adolescente frente a la violencia sexual, en el estupro, o en el rapto con violación, o con una finalidad patrimonializadora acaso más allá de la sexualidad en el plagio, era evidente y con mayor razón al funcionar sin perjuicio de, o sobreponiéndose a la fuerza gravitatoria de la institución del matrimonio y la familia, tan proclive a hacer prevalecer sus valores orgánicos en la sociedad moderna.

Por cierto que precisamente esta axiología matrimonial y familiar tan potente deja sentir su peso, también se ha repetido, a favor de una distipificación de la conducta neonaticida o infanticida, o quizá sería mejor decir de una no cualificación criminal de la conducta que la subraye penalmente más allá de un régimen ordinario, cuando esta tipificación resultaría prácticamente fatal, al servicio de una descomposición doméstica, en su estructura o en la misma honra. Y así cuando las causas del infanticidio han sido relaciones sexuales ilícitas en las que restaban afectados, con la existencia de descendencia ilegítima, el matrimonio y la familia, como podía suceder en el adulterio o el amancebamiento ilícito, las razones contrarias al levantamiento del velo criminal parecerían tan poderosas como las que podría argumentar un teórico utilitario *avant la lettre*, obsesionado con que el Derecho penal sea en exclusiva el mal que destruye el mal, pero que no arrasa y destruye el bien. La exclusión de derechos y expectativas del hijo máncer, unida a la desprotección de la prostituta frente a los tipos criminales del estupro y el rapto, agudiza de forma extrema la irrelevancia de la descendencia ilegítima.

Y sin embargo, si se deja al margen esta consideración de una especie de descendencia putativa que se sobrepone en la práctica a la distinción entre descendencia legítima e ilegítima (pues en esta a pesar de todo resiste la filiación natural) y que además puede dar lugar a conexión con fenómenos criminales más amplios y complejos (proxenetismo, prostitución, tráfico de infantes…), teniendo en cuenta por lo demás que no hay teoría que legitime *ex potestate legis* el hecho de causar la muerte (porque el uxoricidio en el adulterio flagrante limita al fin y al cabo la obligación criminal y penal a su protagonista, y solo en caso de aborto provocado en el tiempo vindicativo podría darse lugar a una extraña ultravenganza feticida que, según los tiempos de la concepción, traería unas consecuencias u otras), aunque aquellos modelos de la violencia sexual parecerían suficientes como para que la teoría del homicidio hubiera atendido, de forma análoga, a la violencia de la muerte con un sentido especial o específico cuando la padece la infancia, podrá considerarse que la problemática del homicidio del infante queda absorbida por la teoría del homicidio, como la problemática de la violencia sexual padecida por el infante quedaba absorbida por la teoría del estupro o del rapto, pero que la teoría del homicidio, deberá reconocerse también, a diferencia de la teoría del estupro o del rapto, no subraya ese padecimiento infantil, no especifica esa peculiaridad relevante, de manera que, si la cubre evidentemente, lo hace sin otorgarle el valor singular, a modo de singular bien jurídico protegido, que le otorgaba empero ese aparente modelo de la violencia sexual.

Ahora bien, no puede negarse, y en Carpzov se encuentra la evidencia, que el infanticidio, en sus diversas formas, es contemplado en ocasiones por la doctrina como un tipo criminal, y como esto responde a una percepción de una singularidad criminal en la práctica, las dos cosas, sumadas, esto es, la constancia perspectiva criminal práctica y la eventual manifestación de una tipicidad teórica, dan un resultado suficiente como para considerar estable, cuando menos, una prototipicidad del infanticidio, que es la que invoca al estudio de su peculiar naturaleza.

Pues bien, en la práctica constante y teoría eventual del infanticidio habría que distinguir diversas formas que tienen, en la literatura jurídica moderna, una calificación al menos aproximada de su naturaleza jurídica:

a) El *infanticidio* en sentido amplio contempla como víctima a la infancia, que del mismo modo en sentido amplio abarca en sus víctimas tanto la condición estricta de infantes cuanto la condición de púberes de ambos sexos. No obstante, el infanticidio puede ser cometido sobre miembros infantiles de la propia familia o bien sobre ajenos; esta última posibilidad, aceptada en la doctrina jurídica y verificada en la práctica judicial, se percibe con todo como ocultadora del protagonismo de la sangre, o en un segundo plano, o en la línea de sombra, real o simulada, entre la (co)autoría y las tramas equiparadas a la obligación criminal principal. Por otro lado, el infanticidio puede identificarse con cualquiera de las especies (neonaticidio, infanticidio estricto, puericidio) que pertenecen a su género. Como infanticidio estricto, en fin, se trata de la muerte causada a un menor de siete años. Cualquiera de estas formas de infanticidio se asimila al *homicidio*.

b) El *neonaticidio* es el infanticidio cometido por la madre o por el padre contra su propio hijo recién nacido. La participación en el crimen de un extraño no es evidentemente descartable, ni siquiera su autoría; si fuera así se haría valer la conexión del neonaticidio con el infanticidio homicida con ese mismo rasgo de extrañeza pero, como en la práctica el neonaticidio suele ser causado, o así se considera principalmente, por ascendientes de la misma sangre, se asimila más bien a formas del mismo crimen que se consuman en este mismo ámbito familiar cualificado. De esta manera, si el neonaticidio extrema el infanticidio hacia el momento del nacimiento, sin duda la más tierna infancia, el *libericidio* sería una extensión, según un vector contrario, de la muerte causada cuando el tiempo de vida de la víctima ha superado una medida que resulta difícil de precisar mas que transcurre desde luego por la infancia y después por la pubertad, y aun quizá por un segmento temporal más inestable y condicionado jurídicamente hasta la mayoría de edad. Si el neonaticidio puede tener un cierto paralelismo (a la manera del paralelismo de la violencia sexual y de muerte entre infanticidio y estupro) con el *aborto*, tanto neonaticidio como libericidio son estrictamente dos formas de *parricidio*.

1. INFANTICIDIO Y HOMICIDIO

Obviamente, el infanticidio es un homicidio, pero el hecho de que normalmente no configure un tipo criminal propio significa que parece vencer en él la naturaleza del homicidio simple a la del homicidio cualificado. Lo que quiere decir, más bien, que, si se cualifica, será por incurrir en alguno de los tipos criminales de homicidio cualificado así perfilados por la teoría jurídica, como el homicidio proditorio, el parricidio, el asesinato, el suicidio o el envenenamiento, y no desde su simple naturaleza de infanticidio; o será porque concurren *qualitates* del delito que provocan la cualificación (traición o aleve, reincidencia…) y no porque el infanticidio las incorpore por esencia.

Así las cosas, el infanticidio es una privación de la vida del infante, en cuanto *homo ex anima rationali & corpore*, que se rige por las mismas razones de *incapacitas doli* y de *qualitas doli* (obligación delictiva por dolo o por culpa lata, pero no por caso fortuito ni por necesidad o permiso de ley) que el *homicidium simplex*[369]. Ciertamente, el hecho de

[369] Así, v. gr., en el *mos italicus*, Alberti de Gandino, *Tractatus de Maleficijs*, en Angeli Aretini, *De maleficiis tractatus, de inqvirendis animadvertendisque criminibus. Opus nedum vtile, sed necessarium omnibus, maxime ijs, qui ad prouincias regendas constituti sunt. Cui tractatus Alberti de Gandino, nec non Bonifacii de Vitalinis, una cum apostillis Augustini de Arimino, & Hier. Cuchalon, ueluti apendices subiecimus*, Venetiis, Apud Franciscum de Franciscis Senensem, 1578, ff. 332v-333r; en el siglo xvi, Aragon, *In secvndam*, cit., quaestio 64, articulus 1, p. 333, articulus 2, p. 341, y articulus 8, pp. 391, 393, Azpilcueta, *Compendium*, cit., f. 112r, Bañes, *De iure*, cit., quaestio 64, articulus 1, p. 315, y articulus 8, pp. 358-360, 367, Cantera, *Qvaestiones*, cit., *De quaestionibus tangentibus punitionem delictorum*, quaestio 1, cap. 6, pp. 523-525, Carerii, *Practica*, cit., ff. 101v, 122r-v, Clari, *Opera*, cit., liber 5, pp. 372-373, Gomezii, *Variae*, cit., caput 3, p. 98, Perez, *Ordenanzas*, cit., tomo 3, libro 8, título 13, pp. 264-265, Plaza a Moraza, *Epitome*, cit., lib. 1, cap. 9, pp. 140, 143, Vela & Acuña, *Tractatvs*, cit., caput 15, p. 70; en el siglo xvii, Azevedo, *Commentarii*, cit., libro 8, título 23, *rubrica*, pp. 428, 431, Brvgiotti, *Institvtiones*, cit., liber 3, titulus 2, pp 138-139, Carpzov, *Practicae*, cit., pars 1, quaestio 1, p. 7, y quaestio 27, p. 142, Farinacii, *Praxis*, cit., pars 4, quaestio 119, inspectio 1, pp. 148-149, y quaestio 126, pars 1,

que un incapaz de dolo o un sujeto bajo culpa o caso imprevisto o fortuito pueda matar, o que incluso pueda causar la muerte por necesidad en defensa propia o *ex potestate legis*, significa que el homicidio no es a priori una *iniusta hominis occisio*[370], y por lo tanto hay un uso (sobre todo canónico o metafísico) del término de homicidio, sin relevancia criminal estricta[371], sin injusticia, que podría estar operando implícitamente también en todos los problemas que hasta aquí han sido contemplados en relación con la formalización atípica del infancidio. Por lo demás, en una definición del infanticidio (con este mismo término) neonaticida, a partir de Benedicto Carpzov, como la de Miguel de Caldero, se postula una noción de contenido asimilado al homicidio culposo (la muerte del recién nacido por negligencia de la madre) que desemboca en la preeminencia de la pena extraordinaria mitigada[372].

---

p. 353, GILHAVSEN, *Arbor*, cit., capvt 2, titvlvs 12, pp. 49, 53, RAYNALDI, *Observationum*, cit., liber 1, caput 7, pp. 402-403, 405, SINISTRARI, *De delictis*, cit., titulus 7, §5., pp. 435-436; y en el siglo XVIII, ENGAV, *Elementa*, cit., liber 1, titulus 27, membrvm 2, §331., p. 198, y §333., p. 199. Sobre la teoría doctrinal del *homicidium simplex*, Enrique ÁLVAREZ CORA, «La doctrina del homicidio en el siglo XVI», en *Initium. Revista Catalana d'Història del Dret*, 20 (2015), pp. 243-296. Al necesario dolo o deliberación para la aplicación de la pena de muerte en el infanticidio se refiere VAN DER HEIJDEN, *Women*, cit., p. 55. En el pleito contra Estefanía López (en Castilla, La Puebla de Alcocer, 1618), que termina con la aplicación a la neonaticida de la pena de muerte, su defensa alega que esta reo es «mentecata y poco capaz», para excluir el dolo *in committendo*, sin éxito, porque la propia ocultación del cadáver en su casa (curiosamente, frente a la *expositio*) se valora en calidad de prueba de malicia, como también las heridas causadas al recién nacido y la circunstancia de no haberlo bautizado; aunque en otros momentos aquella valoración defensiva de incapacidad pueda parecer una referencia a la incapacidad propia de la minoría de edad (pero después una partida de bautismo acredita que Estefanía ya alcanzó la mayoría) o a la enajenación provocada por los trastornos físicos (calenturas) del parto (APÉNDICE, ff. 32v-33r, 35r, 82r-v, 85v).

[370] Como dicen los renacentistas ARAGON, *In secvndam*, cit., quaestio 64, articulus 2, pp. 341, 366, y articulus 8, pp. 393, 399, BAÑES, *De iure*, cit., quaestio 64, articulus 8, p. 358, DECIANI, *Tractatvs*, cit., II, liber 9, cap. 19, f. 216r, y PEREZ, *Ordenanzas*, cit., tomo 3, libro 8, título 13, p. 263; o AZEVEDO, *Commentarii*, cit., libro 8, título 23, *rubrica*, p. 430, y el sintetizador barroco BRVGIOTTI, *Institvtiones*, cit., liber 3, titulus 2, pp 137-138.

[371] Dice significativamente HANLON, «L'infanticidio», p. 477: «L'infanticidio è un omicidio, ovviamente, ma questo omicidio non veniva considerato un crimine».

[372] CALDERO, *Sacri regii Criminalis Concilii*, cit., decisio 64, p. 75: «Idem Carpzov. in prax. crim. par. 4. quaest. 11. a num. 28. dicit loquens de matre, quae infanti nato auxilium, & opem debitam non praestat, sed illum in stercore, & squalore jacen-

Por otro lado, aunque el infanticidio se desvanezca en el seno del homicidio y pese tanto en él la sombra del parricidio, y no alcance a crecer como tipo singular con el apoyo de una radical y separada protección de la infancia, lo cierto es que su prototipicidad se manifiesta en la constancia de la percepción social en su entidad de una antinaturaleza[373], fundamentadora de la aplicación de la pena de muerte[374], que a veces no se expresa por sí misma, sino cualificando al criminal que lo comete como aberrante, por supuesto si quien mata al niño es un miembro de su propia familia, la madre que lo parió, o aun un tercero al que se entiende caracterizado en su crueldad por la brujería[375],

---

tem interire, & mori finit, eo animo, quod vituperium fornicationis effugeret, quoniam negari non potest hoc casu matrem pariter infantem necare, & infanticidium committere, cum is, qui per negligentiam causam mortis dat, ab homicidio immunis non sit». Brissaud, «L'infanticide», cit., pp. 246-248, 252-253, registra un contraste en el infanticidio entre el homicidio involuntario propio de la jurisdicción eclesiástica y el homicidio voluntario propio de la jurisdicción civil, y explica el beneficio del acto de gracia del rey (no la circunstancia que mitiga la obligación criminal) obtenido por las madres neonaticidas en casos de muerte accidental del hijo o de nacimiento muerto, las penitencias cumplidas, la pobreza y miseria... La distinción entre el ahogamiento voluntario (competencia episcopal) y el accidental (competencia de un delegado del obispo), aunque el neonaticidio no figure (a diferencia del homicidio proditorio, el adulterio o el incesto) entre los crímenes reservados a la competencia episcopal en el ámbito de la jurisdicción eclesiástica, fue explicada ya por Claude Gauvard & Gilbert Ouy, «Gerson et l'infanticide: défense des femmes et critique de la pénitence publique», en J.-C. Mühlethaler-D. Billote (dir.), *'Riens ne m'est seur que la chose incertaine'. Études sur l'art d'écrire au Moyen Âge offertes à Éric Hicks par ses élèves, collègues, amies et amis*, Genève, Slatkine, 2001, pp. 55-65, que estudian en particular la penitencia pública solemne, propia de *scelera* y pecados mortales, que se impone a los padres neonaticidas, así como las causas (la locura de la madre que se constata entre otras circunstancias en los conatos de suicidio, la negligencia parental, o la muerte accidental u homicidio casual) defendidas por Jean Gerson y en efecto eventualmente tenidas en cuenta para la concesión del perdón por gracia regia.

373 En el ámbito popular y la literatura imaginativa, según Gowing, «Secret births», cit., p. 114, y Clark, «Deeds against Nature», cit., pp. 24-26.

374 Van der Heijden, *Women*, cit., pp. 48-49. En el pleito contra Estefanía López (en Castilla, La Puebla de Alcocer, 1618) las heridas letales causadas por la madre al recién nacido, así como el hecho de no haberlo bautizado, son características de la ausencia de la piedad que debería ser propia de una madre (Apéndice, f. 29v).

375 Muchembled, «Fils de Caïn», cit., pp. 1.080-1.081; Copeland, *Constructions*, cit., pp. 36, 44; Cavallero, «Brujería», cit., pp. 348-349. Cuando afirma Ferraro, *Nefarious Crime*, cit., p. 116, que «Like witchcraft, infanticide fell under the rubric of

no en vano, como dice Linda Gail Stone, la bruja es «an antithesis of the good mother»[376]. Por supuesto, la raíz de la antinaturaleza materna no tiene por qué responder a prejuicios sortílegos;[377] de hecho, siguiendo a Tracey Rizzo, la sustitución del diagnóstico brujeril de la madre por el diagnóstico médico que atisba la razón del delito en su locura o en un trastorno motivado por circunstancias de presión psicológica o externa (en relación con la honra, la honestidad, si no las circunstancias económicas, etc.) puede operar, unida a la presunción de inocencia que se deriva de la ley natural de la maternidad (y que ve en el infanticidio una patología, excluyente por defecto de voluntad de la mecha criminalizadora)[378], a favor de la atenuación de la obligación

---

'nefarious' crimes», quizá está expresando un nexo incorrectamente porque, aunque en efecto la conexión con la brujería explique la prototipicidad del infanticidio, si el infanticidio fuera un crimen nefando no se entendería que la tipicidad fuera tan solo proto, ni menos aún la distipicidad que padece eventualmente la figura. CLARK, «Deeds against Nature», cit., p. 15, dice que brujas y madres infanticidas comparten su carácter de mujeres marginales, particularmente en lo que se refiere a la conducta sexual. Con todo, el infanticidio no implica esencialmente la brujería, más allá de su concurso o asociación estratégica; como matiza con muy buen criterio Margaret Brannan LEWIS, *Infanticide in Early Modern Germany: the experience of Augsburg Memmingen, Ulm, and Nördlingen, 1500-1800* (thesis), Charlottesville, University of Virginia, 2008, cit., pp. 125, 331, «Satanic influence was a way for criminals to begin to account for their behavior, not only to the authorities, but to themselves», y por otra parte indica una diferencia de edad, jóvenes y viejas respectivamente, característica de las mujeres infanticidas y las mujeres brujas. Acerca de las semejanzas entre los procesos por brujería y los procesos por infanticidio, Johanna GEYER-KORDESCH, «Infanticide and the erotic plot: a feminist reading of eighteenth-century crime», en M. Jackson (ed.), *Infanticide. Historical Perspectives on Child Murder and Concealment, 1550-2000*, Surrey-Burlington, Ashgate, 2002, pp. 97-99, 120-122.

376 STONE, *Terrible Crimes*, cit., p. 67.

377 Pero todavía en la baja Modernidad, en el pleito contra Manuela Boto (en Castilla, Cangas de Tineo, 1789-1795), la tentación del diablo es utilizada como un argumento defensivo por la madre neonaticida. (ARCHIVO DE LA REAL CHANCILLERÍA DE VALLADOLID, Pleitos criminales, caja 0625.0005.)

378 En el pleito contra Casilda de Landa (en Castilla, Gordejuela, 1558) esta, que fue a servir en hábito de moza virgen a casa de un clérigo, fue preñada por un mancebo que dice no conocer, de fuera de la tierra; la querella la acusa de ahogar al recién nacido. En su exposición de defensa utiliza el argumento del sentimiento de amor materno propio de toda mujer hacia cualquier criatura recién nacida, propia o ajena, y este sentimiento lo considera presumible con mayor razón cuando existe el refuerzo de la buena fama: «Aber yo ahogado a un hijo mio siendo de tierna hedad pues lo tal es falsedad y non consiste en razon ni se presume tal contra mi por ser

penal, sin perjuicio de la coincidencia persistente de la minusvaloración del hijo, a pesar de ser al fin y al cabo la víctima del crimen[379].

Qué extraña anfibología, esta preterida antinaturaleza. Desde luego, en la relación de casos o formas de homicidio que los doctores contemplan[380], la edad carece de protagonismo victimario. La edad es valorada tan solo en el homicida;[381] es muy claro Alfonso de Azevedo: «diximusque in definitione homicidii hominis, ut intelligas, sive sit maris, sive sit foeminae cujuscunque aetatis, dum tamen non sit ex toto monstruosi»[382]. Pero cuando se aprecie la minoría de edad de la madre neonaticida como una circunstancia aliviadora de la obligación

---

como hera suyo sin madre que le criaba como tuve y por mi hijo amandole como deponen los dichos testigos e sy murio fue la boluntad de Dios y por ello no se puede ynputar a mi culpa alguna como no se presume contra estas personas que lo mesmo les ha acontecido non seyendo propia madre pero aunque fuera a mi y solo por el proposito e dañada yntencion que la parte contraria tubo para me acusar se debe presumir culpa con tal puesta pues es claro que yo no fuera tan cruel que a mi hijo seyendo mi sangre propia le ubiera ahogado mayor mente siendo como yo soy persona de buena vida e fama e conciencia temerosa a Dios e a sus mandamientos». (Archivo de la Real Chancillería de Valladolid, Sala de Vizcaya, caja 1732.0009.)

379 Tracey Rizzo, «Between Dishonor and Death: infanticides in the *Causes célèbres* of eighteenth-century France», en *Women's History Review*, 13-1 (2004), pp. 6-8, 10-13, 15.

380 Así Vitalinis, *Tractatus*, cit., f. 378r, Carerii, *Practica*, cit., ff. 98r-99r, Damhouderio, *Praxis*, cit., caput 69, p. 212, Deciani, *Tractatvs*, cit., II, liber 9, cap. 18, ff. 214v, 215v-216r.

381 Como en Damhouderio, *Praxis*, cit., caput 68, p. 211, Deciani, *Tractatvs*, cit., II, liber 9, cap. 19, f. 216r, Azevedo, *Commentarii*, cit., libro 8, título 23, *rubrica*, pp. 431-432, y Farinacii, *Praxis*, cit., pars 4, quaestio 119, inspectio 1, p. 149, al coincidir en considerar *homicida neque causalis neque formalis* al *infans* que comete un homicidio.

382 Azevedo, *Commentarii*, cit., libro 8, título 23, *rubrica*, p. 430. En el siglo xviii, Cremani, *De iure*, cit., liber 2, caput 5, p. 221, mantiene el indiscutido criterio: «Dicitur *hominis*; cum enim homo intelligatur, quicunque ad humanam speciem pertinet, constat nullum heic faciendum esse discrimen sexus, aetatis, religionis, status eius, qui occisus est, sed oportere huc referri quamlibet caedem in alios editam, in marem, & feminam, in liberos, & servos, in amicos, & inimicos, in cives, & peregrinos, in mutilos, & integros homines, in sanos, & letali morbo laborantes, in fideles, & infideles, in infantes, & eos, qui adhuc sunt in utero, & argumentum praebent aliquod existentiae suae, solum iis monstris exceptis, quae contra formam humani generis nascuntur, atque impetu belluino sic feruntur, ut nulla prorsus in iis rationis indicia deprehendantur»

criminal del infanticidio, según el cardenal Kollonicz y siempre que haya sido instigada, ayudada o aconsejada en el crimen por su propia madre, o en otras situaciones relacionadas con su sometimiento a tortura, abierto el camino a la imposición de una pena arbitraria extraordinaria, la *puella* estará mereciendo ese trato favorable que se apreciaba también en su condición de víctima de la violencia sexual[383].

Sin embargo, cuando Martín de Azpilcueta distingue entre un homicidio propio y un homicidio impropio o figurado, de modo que el primero afecta a la vida y el segundo a la fama[384], aflora la pregunta sobre hasta qué punto el infanticidio, cuando su causa reside en la comisión de un crimen que atenta al matrimonio o a la familia, puede implicar un conflicto de crímenes, así el infanticidio como homicidio propio y el adulterio, el amancebamiento o el estupro como un homicidio impropio, que neutralice la tipificación. El binomio homicida propuesto por Azpilcueta no es una originalidad caduca, porque en los siglos XVI y XVII Heinrich Boich y Próspero Farinacio lo mantendrán respectivamente en la fórmula binómica de *homicium corporale vel spirituale*[385], y más adelante, en el Setecientos, Ludovico Sinistrari,

---

[383] KOLLONICZ, *Forma*, cit., pars 2, articulus 66, p. 46: «*Circumstantiae allevian-tes.* / Poenas alleviat, praeter alias praecedenti articulo notatas causas, etiam illud, si minorennis puella, & consilio auxilio, aut instigatione suae matris, prolem occidisset, & hoc, si insuper alia indicia accedant, indicium est contra matrem ad torturam. [...] Quae in tortura fatetur, quod ipsi proles ex improviso, in secretum locum ceciderit, aut quod nesciverit se esse gravidam, non in vita, sed post toleratam torturam, Judicis arbitrio, alio modo punienda est. / Prouti etiam illa, quae pariter in tortura in hoc persistit, aut aliunde evincit, quod proli cruentas manus non intulerit, sed illa, vel durantibus partus doloribus, vel ex praetermisso materno auxilio, (quod non sit factum ex proposito) mortua sit, post maturam considerationem, & comperta assertione, ac etiam signis in prole, arbitrarie punienda est».

[384] AZPILCUETA, *Compendium*, cit., f. 112r.

[385] BOICH, *In qvinqve*, cit., *in qvintvm librvm*, pp. 151-152: «Si quaeris ad euidentiam huius materiae, quot sunt species homicidij: & qua poena puniatur, & quis cum homicida valeat dispensare. Distingue. Aut quaeris de primo scilicet quot sunt species, & dic quod duae principales, nam aliud est spirituale: aliud corporale. Spirituale est quo quis spiritualiter, & quadam iuris fictione occiditur : quod fit quinque modis scilicet odiendo, detrahendo, male consulendo, nocendo, victum subtrahendo. [...] Corporale homicidium est, quo homo corporaliter occiditur: & hoc committitur dupliciter, lingua, vel facto. Lingua tribus modis scilicet praecepto, consilio, defensione [...] Facto fit homicidium quatuor modis secundum Raynaldum & Goffre. scilicet iustitia, necessitate, casu, & voluntate». FARINACII, *Praxis*, cit., pars 4, quaestio 119, inspectio 1, p. 148: «Dixit enim, Homicidiorum duo praecipue genera esse, unum

con otra mentalidad, llegará a un planteamiento parecido al anteponer en la estructura del homicidio la clasificación que diferencia entre el *homicidium lege permissum* y el *homicidium lege vetitum*[386]. Bien es verdad que esta última clasificación ya no resultará útil (su voluntarismo acentuado trunca la evanescencia interpretativa lata del intelectualismo que residía en aquellos calificativos enlazados de corporal y espiritual) ante un infanticidio potencialmente dis o prototípico, porque además lo que ha estado en juego durante la Modernidad no ha sido, evidentemente, de manera positiva, la autorización legal del infanticidio, ni siquiera su aceptación a modo de defensa del honor familiar o del estado de necesidad, sino, de forma negativa, la reticencia, acaso por estas mismas últimas razones[387], cuando no a la mismísima tipicidad al menos homicida, a la formalización de un tipo criminal propio que tuviera como fin la protección directa de la infancia, de modo similar cuando menos (puesto que tampoco genera separación de tipo o tipo cualificado) a como la infancia se tiene en cuenta tuitivamente al plantear los tipos criminales de la violencia sexual, y valorando la proditoriedad que está implícita en el hecho de que la víctima tenga una edad en la que resulta más agudizada la indefensión.

En efecto, el homicidio proditorio parece la figura adecuada como un tipo criminal que dote de protección a la indefensión infantil, dada por cierto la circunstancia de que la imposibilidad de precaverse por parte de la víctima tenga una consonancia evidente con el padecimiento por la infancia no solo de la violencia física directa sino también de la violencia interpretativa[388]. El problema es que la existencia de este homicidio cualificado excluya precisamente la configuración de un nuevo tipo, y por lo tanto diluya con su eficacia la relevancia de un bien jurídico protegido singularizado, que es algo con importancia

---

scilicet spirituale, aliud vero corporale. Spirituale committitur quinque modis. Primo detrahendo famae alterius; tunc enim ipse detractor, homicida nuncupatur [...] Secundo, persuadendo alicui malum, quis committere dicitur homicidium [...] Tertio committitur homicidium spirituale, proximum odio persequendo [...] Quarto, proximo suo quovis modo nocendo [...] Quinto, denegando fratri suo indigenti alimenta». Sobre este binomio homicida, Judith Shaw, «Corporeal and spiritual homicide, the sin of wrath, and the 'Parson's Tale'», en *Traditio. Studies in Ancient and Medieval History, Thougt, and Religion*, 38 (1982), 283-286, 290, 292-293.

386 Sinistrari, *De delictis*, cit., titulus 7, §5., p. 428.

387 Así Lewis, *Infanticide* (thesis), cit., p. 345.

388 Cf. Álvarez Cora, «La doctrina», cit., pp. 302-309.

no solo jurídica sino también social. Con independencia de la pertinencia de un nuevo tipo criminal cuando otro puede cumplir su función, teóricamente la cuestión se complica al recordar que la tensión mitigadora punitiva (o aun distipificadora) reseñada, por diversos factores, respecto del infanticidio, se orienta en un sentido contrario al agravamiento que caracteriza la cualificación de la proditoriedad (y la del parricidio si concurre, a mayor abundamiento). Históricamente, pues, sociojurídicamente, la proditoriedad parece técnica tan apropiada como incoherente con ciertos patrones prototípicos y prácticos del infanticidio. Empero, la pena ordinaria de muerte del homicidio constituye el arranque regular del régimen criminal de la muerte dolosa del infante, y la práctica judicial refrenda también patentemente su aplicación. Si hay dos tensiones opuestas, mitigadora y cualificadora proditoria, y un eje intermedio de índole punitiva homicida, la fuerza de aquellas puede estabilizar la regularidad axial.

Si la proditoriedad no se acopla bien, ni el infanticidio se cualifica por generación espontánea de tipo, siempre puede, como todo homicidio, cualificarse (*qualitas animi*) en función de la premeditación o deliberación (sangre fría)[389], o de otra *qualitas* como la iteración del

---

[389] Así, en el siglo XVI, CANTERA, *Qvaestiones*, cit., *De quaestionibus tangentibus punitionem delictorum*, quaestio 1, cap. 6, p. 539; GOMEZII, *Variae*, cit., caput 3, pp. 100-101, 104; PEREZ, *Ordenanzas*, cit., tomo 3, libro 8, título 13, lex 12, p. 278; PLAZA A MORAZA, *Epitome*, cit., lib. 1, cap. 21, p. 324; VELA & ACUÑA, *Tractatvs*, cit., caput 25, pp. 132-133. En el siglo XVII, AZEVEDO, *Commentarii*, cit., libro 8, título 23, *in legem secundam*, p. 437, e *in legem septimam*, p. 444; BARBOSAE, *Collectanea*, cit., titulus 12, caput 1, p. 93; CARPZOV, *Practicae*, cit., pars 1, quaestio 7, p. 30; FARINACII, *Praxis*, cit., pars 4, quaestio 119, inspectio 1, p. 149, y quaestio 126, p. 354; RAYNALDI, *Observationum*, cit., liber 1, caput 7, pp. 408, 410. En el siglo XVIII, SINISTRARI, *De delictis*, cit., titulus 7, §7., p. 456; CREMANI, *De iure*, cit., liber 2, caput 5, articulus 3, p. 250; ENGAV, *Elementa*, cit., liber 1, titulus 35, §413-414., p. 251. Por todos, dice CLARI, *Opera*, cit., liber 5, pp. 373-374: «Deliberatum autem homicidium quatuor etiam modis comitti potest, scilicet ex proposito absque aliqua qualitate, secundo ex insidiis, tertio proditorie, quarto per assassinum. / Ex proposito dicitur committi homicidium, quando quis aggreditur alium praeuia animi deliberatione ex interuallo praecedente, & illum interficit. / Ex insidiis dicitur homicidium committi, quando aliquis expectat alium, positus in loco, qui ab illo praeuideri verisimiliter non poterat, animo eum occidendi, illumque ex improuiso venientem aggreditur, & interficit. / Proditorie vero dicitur committi homicidium, quando aliquis nulla praecedente inimicitia alium interficit, puta, quia veniens tecum tanquam socius itineris, nulla interueniente rixa te percutio, vel dum sederes mecum in mensa, vel si, cum me tibi

delito o la mala fama del delincuente o la crueldad en la forma de comisión[390]. Es raro sin embargo que nunca sea absolutamente transparente en qué medida en virtud de tales *qualitates* ora se ha producido una cualificación del homicidio hacia el infanticidio, como figura que adviene cualificada, ora el prototipo del infanticidio ya se encontraba asimilado, *ab ovo* un prototipo cualificado, y los factores de cualificación complementan o apuntalan o reafirman la cualificación o bien son indicios contra la descualificación o contra las causas de aminoración de la obligación criminal por dolo[391]. Por lo demás, la posición

---

amicum esse fingere, te a tergo percutio, nam his casibus dico te proditorie interfecisse».

[390] La crueldad, recuérdese, tan cara a los pioneros Carpzov y Kollonicz.

[391] En el pleito contra Estefanía López (en Castilla, La Puebla de Alcocer, 1618) la imposición de la pena de muerte por horca con arrastramiento, correspondiente a un homicidio cualificado, parece no deberse en puridad al infanticidio, sino a la frecuencia de la comisión de este tipo de crimen en la zona (Apéndice, ff. 36v, 82v, 88r-91r). Pero si se compara este proceso con el pleito contra Manuela Boto (en Castilla, Cangas de Tineo, 1789-1795), la interpretación puede variar. En este, por «incontinencia e infanticidio» (no es baladí el binomio, ya a modo de título), se acusa a Manuela, costurera soltera, de haber degollado después de dar a luz a un recién nacido. Manuela dice que parió en la bodega de su casa y que en un desmayo, por la pérdida de sangre, cayó encima de la criatura, que se golpeó con una piedra y murió; en las diligencias, los acontecimientos se describen de esta suerte: «Descubrese el parto: / Yncontinenti con asistencia del cirujano me constituy a la presencia de Manuela Voto que se hallaba vestida, y echada junto al fuego, y reconvenida por el parto lo negó, y al intentar su registro confesó haver tenido un fluxo de sangre, pero insistiendo en el registro y reconvenida por las evidentes señales de su parto, le recibi formal juramento y bajo de el confeso ser cierto havia parido una criatura el dia catorce al anochecer que no sabia si era niño, o niña, pues por haverlo parido muerto lo havia arrojado al rio, que para esto la havia tentado el Diablo, y que el reo era una persona privilegiada de fuera de la parroquia que no quiso descubrir». La criatura es buscada y aparece, degollada en efecto con instrumento cortante, dentro de un arca, en un hórreo; es enterrada «junto a la yglesia, y sacristia de esta parroquia y a distancia de una vara de ella». Se registra a Manuela y se le encuentra una navaja ensangrentada; en la confesión dice que su hermana «medio fatua» se llevó a la criatura confundiéndola con un bulto que creía de pan, para meterla en aquella arca (la criatura no estaba a la vista, envuelta y bien atada en dos mandiles); añade que disimuló el embarazo aprovechando el haber estado enferma de la sarna. En las sucesivas confesiones Manuela incurrirá en vacilaciones y contradicciones, dudando si su criatura nació viva o muerta (pero reconoce que estaba muerta cuando la envolvió en mandiles), y aceptando incluso que mató al recién nacido, pero negando que la degollara (si la navaja está ensangrentada, afirma, es por haberla cogido con las

doctrinal partidaria de la imposición de la pena extraordinaria en el conato del infanticidio neonaticida (que ha de comprenderse en relación con los actos próximos si de los remotos nada se dice de modo

---

manos sanguinolentas después de matar a la criatura). Se encarcela también al padre, que dice que nunca ha tenido trato ilícito con Manuela ni sabía nada del embarazo; ella oscila entre excluirlo como cómplice y aseverar que antes de su parto procuró el aborto e intentó sofocar el feto con sus propias manos. La sentencia, confirmada en apelación, impondrá pena de muerte por horca cualificada con encubamiento. Esta cualificación puede estar ligada (en este caso no hay contexto de frecuencia delictiva) a la forma de comisión del neonaticidio: el degüello, frente a modos que denotan menor crueldad, como el clásico ahogamiento; desde luego, es muy significativo que en sus confesiones la costurera llegue a aceptar su obligación criminal por homicidio y que centre sus esfuerzos en la negativa del degüello. Pero, además, en la querella del promotor fiscal se alude a su condición de «muger mundana, licenciosa y de torpe vida», un factor que, aun no presente en la sentencia de la Real Audiencia y Chancillería de Valladolid que resolverá la apelación en un sentido confirmatorio de la sentencia recurrida, puede haber pesado en la consolidación de la cualificación (en una declaración de Manuela, explicaba que «solo havia tenido dos» partos antes del presente, dando a luz a una niña en cada uno; la primera la tuvo cuando era criada, y murió un día después del bautismo, y la segunda de tres años la tiene en su compañía: en ningún caso la paternidad cabe atribuírsela al padre de la degollada), no en vano por lo demás «incontinencia» es el cargo que acompaña al «infanticidio» en la portada del pleito y en diversas autoalusiones de sus autos. Ahora bien, después de señalar estos factores de cualificación (la iteración del delito en el pleito contra Estefanía, la mala fama del delincuente y la forma de comisión en el pleito contra Manuela), parece posible deducir que sin ellos el infanticidio habría merecido pena ordinaria de muerte sin cualificar. Y sin embargo, la sentencia que impone la Real Audiencia fundamenta la pena en la naturaleza jurídica (regular, diríase) de parricidio que tiene el infanticidio: «Condenase a Manuela Boto en la pena ordinaria de muerte de horca, y a que sea arrastrada y encubada con las cualidades de parricida en la forma ordinaria; en la mitad de sus vienes que se declara por confiscada para la Camara de S. M., y en las costas vencidas a su nombre y comunes: a Don Juaquin Florez de Sierra, se le absuelbe de la instancia en quanto a la complicidad en el ynfanticidio; y por lo demas que contra el resulta se le condena en cien ducados de multa, y no los pagando dentro de dos meses, en quatro años de destierro fuera de este Principado, y en las costas vencidas a su nombre en el tribunal; y se le apercive que en lo subcesivo se traiga con la honestidad y recato que es devido sin cometer iguales excesos como los que resultan, pena de maiores providencias». (Joaquín, el padre, para quien el fiscal había pedido pena de muerte también, consigue esa pena extraordinaria que en algún momento pide la defensa de la acusada pretendiendo liberarla de la obligación por infanticidio para limitársela a «la incontinencia y reiteración en los partos», propia de su mala fama.) Sin embargo, esta identificaexplícito) siguiendo al cardenal Kollonicz[392], opera en sentido contrario a la consideración de esta figura como un homicidio cualificado.

En un pleito de la Castilla barroca puede apreciarse cómo el neonaticidio recibe un término diferenciado, el *filicidio*, para identificar terminológicamente (pero *hic et nunc*) un homicidio cualificado, en ciertos momentos considerado en su analogía con el aborto o el parricidio, porque la gravedad del crimen (gravísimo, horrendo, atroz) produce, como en cualquier homicidio cualificado, la cualificación de arrastramiento en la ejecución de la pena de muerte por horca. Es muy llamativo que el fiscal explique la forma como en este caso el régimen del crimen funciona por analogía (extensión) respecto de otros crímenes con traición y alevosía (en cuanto a la no atribución de efecto suspensivo a la interposición de la apelación), de acuerdo según se

---

ción del neonaticidio como parricidio no estuvo presente de manera tan nítida en la sentencia definitiva de primera instancia (aunque sí en la querella del fiscal), que imponía pena de horca con arrastramiento y confiscación de la mitad de los bienes; por lo tanto, los factores de iteración delictiva, mala fama y crueldad en la comisión sí podrían haber tenido un efecto cualificador en este primer tramo procesal, que ya no resulta tan necesario cuando en apelación la naturaleza jurídica se agrava mutando del homicidio al parricidio, algo que se antoja extraño en un tipo delictivo pero no en un prototipo delictivo. En fin, así las cosas, y a la luz de la sentencia firme, la frecuencia delictiva, en el pleito contra Estefanía, si no funda la cualificación de pena connatural parricida, explicaría todavía la negativa a conceder efecto suspensivo al recurso de apelación interpuesto (como se explica en los autos, hay muchas fugas en el intervalo de su resolución), mientras que en este caso contra Manuela se la mantiene prolongadamente en cárcel y la pena no se ejecuta hasta que la apelación se resuelve, al cabo de años, de manera que los factores cualificadores equiparables a primera vista a la frecuencia delictiva (crueldad ejecutora, mala fama) no lo serían en rigor, dado que aun ni siquiera aquella frecuencia fungía de factor de cualificación sino de ejecutoriedad procesal inmediata. No obstante, se mantiene en la lectura la impresión de que tales factores sí han tenido un peso cualificador. Quizá sucede que al cualificador no el homicidio sino el parricidio, esto es, al cualificar (centrípetamente) un homicidio ya cualificado, la cualificación ya cuajada parece neutralizarse por lo que a la constelación de otros factores se refiere. (ARCHIVO DE LA REAL CHANCILLERÍA DE VALLADOLID, Pleitos criminales, caja 0625.0005.)

[392] KOLLONICZ, *Forma*, cit., pars 2, articulus 66, p. 46: «si vero id factum non fuisset, sed potius impedire conatus fuisset, aut nullam ejus notitiam habuisset, arbitrio Judicis solum ob patratum carnis flagitium puniatur».

dice con la forma de argumentación de la doctrina jurídica (que afectaría en plena línea de flotación al infanticidio)[393].

Esto quiere decir al mismo tiempo que la infancia que va implícita en él no es suficiente razón, por sí misma, de cualificación (la cualificación se desplaza hacia el delincuente); según se ha repetido, no es ni siquiera un potencial factor relevante subrayado en el homicidio, a diferencia de lo que ocurría en el estupro. En cualquier caso, hay que tener en cuenta que la cualificación no solo significa que el homicidio puede agravarse cuando el infante padezca cualidades y circunstancias que en todo caso merecen dicho agravamiento, sino que, en la medida en la que todo comportamiento criminal tiende a generar un determinado conjunto característico de cualidades o circunstancias, porque resultan propias del acto en el que el crimen consiste, el infanticidio atraerá por vía ordinaria de cualificación agravatoria los que suele presentar en la práctica, los que suele aparejar desde todos los puntos de vista (espacial, temporal, instrumental, etc.). Y todo ello más allá de que la edad no deja de ser, por sí misma y siempre, junto a una razón de incapacidad, una *qualitas personae* que, entre las múltiples circunstancias o cualidades del delito, el arbitrio judicial puede valorar, por mucho que no sea constitutiva esencialmente de una figura típica ni haya sido subrayada por la doctrina o la ley como un factor merecedor de especial atención cuando concurre en alguna figura típicamente criminalizada[394].

---

393 Se trata del pleito contra Estefanía López (en Castilla, La Puebla de Alcocer, 1618) (APÉNDICE, ff. 4v, 29v, 35r, 84r, 88v, 95v-96r). En f. 41r se encuentra el amago de sinonimia entre el aborto y el filicidio cuando el primer término se utiliza para explicar casos similares al que se juzga, de los que se pide relación, mientras el pleito en cuestión prefiere para identificarse técnicamente, en algún momento, utilizar el término de parricidio, en ff. 32r, 33r, 90r. El término de filicidio figura también en el pleito contra María de Lombana, Antonio de la Puente y María Muñoz (en Castilla, Camargo, 1772-1777) (ARCHIVO DE LA REAL CHANCILLERÍA DE VALLADOLID, Pleitos criminales, caja 0182.0001).

394 Es muy significativo que en el pleito contra Manuela Boto (en Castilla, Cangas de Tineo, 1789-1795) una cuestión que se intenta aclarar continuamente es la edad de la madre neonaticida. En sus confesiones, dice no conocerla con exactitud (algo nada extraño, como es sabido, entre las personas de condición humilde), llega a hablar de veintiocho años pero a partir de un determinado momento se refiere a veinticinco. De hecho, se le pregunta si no había sido aconsejada por alguno para decir que no llegaba a los veinticinco años, de lo que se suele escapar insistiendo en sus dudas. Como es evidente, la mayoría o minoría de edad pondría en valor al me-

Esto sucede en situaciones que, en principio, quedan abiertas, y que pueden excitar la interpretación del arbitrio judicial si constan en el infanticidio tanto si son circunstancias habituales como si no lo son, tanto si se consideran genéricamente características de la comisión del infanticidio cuanto si quedan sencillamente como cualidades relevantes, probatorias, presuntivas o indiciarias, en un concreto homicidio que ha resultado ser infanticida. Y también sucede así cuando, sin embargo, produciéndose lo que podría considerarse una especie de atajo jurídico estructural, conceptual o discursivo, el homicidio infanticida se cualifica por la vía de una circunstancia que ya resulta ser en sí misma un homicidio cualificado, cual el envenenamiento[395], un tipo criminal (*homicidium qualificatum*)[396] levantado, efectivamente, y coagulado, desde una cualificación instrumental, que además parece profusamente relacionada con los homicidios (y sortilegios) cometidos por mujeres[397], como apunta Joos Damhouder al tiempo que recomienda (esta vez sí) mayor pena para aquellas habida cuenta (cabe pensar) de la frecuncia de su autoría[398], con los homicidios cometidos en el ámbito doméstico (así el parricidio, del que resulta especie el libericidio) y con el aborto (del que resulta próximo el neonaticidio).

---

nos la mitigación de la pena por incapacidad de dolo. (Archivo de la Real Chancillería de Valladolid, Pleitos criminales, caja 0625.0005.)

395 Walker, *Crime*, cit., pp. 144-145, 147-148. Sobre niños de seis o menos años víctimas de envenenamiento, Jeffrey R. Watt, *Choosing Death. Suicide and Calvinism in Early Modern Geneva*, Kirksville, Truman State University Press, 2001, p. 48. Franck Collard, *Le crime de poison au Moyen Âge*, Paris, Presses Universitaires de France, 2003, p. 127, defiende que el envenenamiento como forma de infanticidio se practicó sobre todo con niños de edad avanzada.

396 Álvarez Cora, «La doctrina», cit., pp. 309-312.

397 Refiere la presencia del infanticidio en las prácticas heréticas y sortílegas Racaut, «Acusations», cit., p. 28, y Fernanda Molina, «La *herejización* de la sodomía en la sociedad moderna. Consideraciones teológicas y *praxis* inquisitorial», en *Hispania Sacra*, 126 (2010), p. 547. La mujer, la «peccaminosità femminile» proditoria y la querencia por el envenenamiento según Tiberio Deciani, en Pastore, *Veleno*, cit., pp. 50-52. Para Berraondo Piudo, *La violencia*, cit., pp. 118, 121, no hubo más mujeres envenenadoras que hombres, pero en efecto la práctica de la brujería identificó el envenenamiento con aquellas.

398 Damhouderio, *Praxis*, cit., caput 62, p. 195: «Quaecunque autem mulieres huiusmodi audent committere crimen aut veneno aut incantationibus, grauius puniendae sunt, quam viri, & semper igni consumendae».

El envenenamiento (entendido en sus múltiples actividades dolosas de fabricación, tenencia, compraventa, suministro, administración)[399] como homicidio cualificado con esta fuerza de atracción de otros crímenes que a su vez pueden concurrir con el infanticidio (como el sortilegio, *veneficium* como *maleficium*)[400], tanto si se comete en el ámbito propio doméstico cuanto para causar la muerte de un infante extraño, confirma las condiciones de ocultación y proditoriedad (*occidere secrete & clandestine*)[401], que forman parte además de su misma naturaleza, porque en principio el veneno es susceptible tanto de un

---

[399] Véanse v. gr. en el siglo XVI, CARERII, *Practica*, cit., f. 103v, CVIACII, *Paratitla*, cit., liber 48, titulus 8, p. 172, DAMHOUDERIO, *Praxis*, cit., caput 74, p. 220; en el siglo XVII, CARPZOV, *Practicae*, cit., pars 1, quaestio 20, p. 94, FARINACII, *Praxis*, cit., pars 4, quaestio 122, pars 3, p. 216, GILHAVSEN, *Arbor*, cit., capvt 2, titvlvs 17, p. 71, MATTHAEI, *De criminibus*, cit., liber 48 Digestorvm, titulus 5, caput 5, p. 555, Jo. Dominici RAYNALDI, *Observationum Criminalium, Civilium, & Mixtarum. Liber tertius*, Venetiis, Ex Typographia Balleoniana, 1735, liber 3, caput 31, §2-3., p. 107; SINISTRARI, *De delictis*, cit., titulus 7, §9., p. 469; en el siglo XVIII, CREMANI, *De iure*, cit., liber 2, caput 5, articulus 1, p. 239, pero ENGAV, *Elementa*, cit., liber 1, titulus 34, §405., p. 246, matiza en el sentido de que «qui tantum parauit aut vendidit venenum malum, veneficium non esse», quizá tan solo porque no ha considerado el dolo de cara al resultado de homicidio.

[400] CARERII, *Practica*, cit., f. 34r, contempla envenenamiento y sortilegio en un mismo conjunto: «Qui dicantur Venefici, dic quod illi dicuntur qui homines Veneno, vel incantationibus occidunt, vel qui venena, vel alia medicamenta vendunt, qui tamquam sicarij vltimo supplicio puniuntur». Asimismo, BRVGIOTTI, *Institvtiones*, cit., liber 3, titulus 2, p. 141; CARPZOV, *Practicae*, cit., pars 1, quaestio 20, p. 93; SINISTRARI, *De delictis*, cit., titulus 7, §9., p. 472. Sobre la relación entre estos dos crímenes, Franck COLLARD, «Recherches sur le crime de poison au Moyen Âge», en *Journal des Savants*, 1 (1992), pp. 103, 112-113, y «*Horrendum Scelus*. Recherches sur le statut juridique du crime d'empoisonnement au Moyen Age», en *Revue Historique*, 300-4 (1998), pp. 753, 755, 762; Chantal AMMANN-DOUBLIEZ, «Histoires d'empoisonnement en Valais au Moyen Âge: sorcellerie et justice», en *Vallesia. Bulletin Annuel de la Bibliothèque et des Archives Cantonales du Valais, des Musées e Valèrie et de la Majorie*, 58 (2003), pp. 232-234 ; y CUESTA TORRE, «Adulterio», cit., pp. 82-83.

[401] CANTERA, *Qvaestiones*, cit., *De quaestionibus tangentibus reum*, quaestio 5, p. 80, y *De quaestionibus tangentibus punitionem delictorum*, quaestio 1, cap. 6, p. 539; CARERII, *Practica*, cit., f. 115v; DAMHOUDERIO, *Praxis*, cit., caput 74, p. 220; FARINACII, *Praxis*, cit., pars 4, quaestio 122, pars 2, p. 212; GOMEZII, *Variae*, cit., caput 3, p. 102; PLAZA A MORAZA, *Epitome*, cit., lib. 1, cap. 20, pp. 312-313; VELA & ACUÑA, *Tractatvs*, cit., caput 26, p. 135. No obstante la clandestinidad de la comisión del envenenamiento, CARERII, *Practica*, cit., f. 63r, se refiere a los *signa venenationis* en el cadáver, como la lividez o la espuma que expulsa la boca.

uso mortífero cuanto de un uso medicinal, y uno u otro pueden depender (veneno malo o bueno) de una pequeña diferencia de dosis o de un cierto trastorno en su prescripción o posología[402]. Si se tiene en cuenta la moderada discreción de juicio de la infancia, su confianza en el ámbito doméstico y su desconocimiento de estos peligros tecnológicos medicinales, la eficacia como medio secreto de comisión del crimen se acentúa.

2. *NEONATICIDIO, ABORTO Y ABANDONO DE INFANTE*

Si existe intención criminal infanticida ya antes del parto, ante el advenimiento de la descendencia, el neonaticidio parece ser una forma de comisión del crimen que responde a la imposibilidad de provocar un aborto o a su frustración[403], o al temor que pueda existir de que el aborto suponga un peligro para la salud de la madre. Pero esta especie de continuidad criminal temporal entre el aborto y el neonaticidio (figurada, porque la perpetración de un crimen impide la del otro, salvo conato abortivo)[404] debe de responder más bien a una percep-

---

[402] Deciani, *Tractatvs*, cit., II, liber 9, cap. 21, f. 218v; Damhouderio, *Praxis*, cit., caput 74, p. 220; Brvgiotti, *Institvtiones*, cit., liber 3, titulus 2, p. 141; Carpzov, *Practicae*, cit., pars 1, quaestio 20, pp. 93-94; Raynaldi, *Observationum*, cit., liber 3, caput 31, §2-3., pp. 106-107; Sinistrari, *De delictis*, cit., titulus 7, §9., pp. 470-471; Cremani, *De iure*, cit., liber 2, caput 5, articulus 1, pp. 237-238.

[403] Berlichio, *Quarta Pars*, cit., conclusio 7, p. 67: «Propterea, quod semper in dubio ejusmodi infantes mortui nati praesumantur, cum ejusmodi mulierculae, ne videantur gravidae, uterum comprimant, multaque in perniciem uteri agere soleant, dum vel pugnis vel verberibus ventrem aficiant, ut abortum faciant. [...] Quae tamen sententia vera non est, praeterquam enim quod in dubio partus natus semper praesumatur vivus [...] hoc malum etiam evenit ipsius mulieris culpa, & doloso facto, quae pugnis, verberibus, vel aliis modis effecit, quo minus vivi nascerentur, quocirca ejusmodi dolus merito puniri debet».

[404] Pero hay asimilación de los crímenes de infanticidio y aborto en Caldero, *Sacri regii Criminalis Concilii*, cit., Index rerum, et verborum memorabilium, Quae in Additionibus ad Primam, & Secundam Partem decisionum continentur, funde infanticidio y aborto: «INFANTICIDIUM. / De infanticidio commisso in filiium conceptum tantum, & de muliere abortum procurante, & de atrocitate horum delictorum, & illorum poenis»; y también en Kollonicz, *Forma*, cit., Index Alphabeticus hujus jurisdictionis sangvinis, et praxis criminalis, entrada «Infanticidium, vel abortus procuratio, ejus poena, & modus procedendi eum ejusmodi», aunque ha estudiado los

ción social o práctica de la coyuntura delictiva[405] que a un análisis técnico-jurídico[406], porque su consideración en rigor habría de tener como consecuencia que, si el aborto en calidad de homicidio del feto con alma no se ha producido y se produce después el homicidio neonaticida del ser ya nacido animado, el neonaticidio tendría forzosamente que considerarse un crimen cualificado, y no es así. Por otra parte, y en cuanto a la fase de la gestación en la que el aborto no constituye homicidio, significa un tiempo bajo un factor de menor gravedad que quizá permita explicar en alguna medida, como en general la tradición jurídica variable en cuanto a la penalización del aborto[407], la tendencia contraria al levantamiento del velo criminal (o favorable a la mitigación de la pena) en el neonaticidio.

Como el aborto puede ser provocado por la madre pero también por la agresión de un tercero (con o sin mandato de aquella)[408], y así

---

dos crímenes en artículos separados y consecutivos, en primer lugar el infanticidio o «suppresio infantum» (pars 2, articulus 66, pp. 44-46).

405 KILDAY, *A History*, cit., pp. 78-90, plantea aborto y *expositio infantium*, en relación con el infanticidio, como «strategies for avoiding maternity».

406 MÜLLER, *The Criminalization*, cit., p. 169: «The lettre of remission requested by Jehanne Dusolier in 1447, for instance, mentions consumption of several abortifacient potions and later her suffocation of the newborn, as though the two acts represented a perfect continuum not just in the literature of scholastic jurisprudence but in her own subjective thinking as well». La conexión entre aborto e infanticidio también puede advertirse en TORRES AGUILAR, *El parricidio*, cit., pp. 69-70.

407 Sobre la no criminalización del aborto en el Derecho romano (causado por el marido, la madre o un tercero con consentimiento de esta) por la exclusiva sujeción del feto a la patria potestad y la penalización postclásica en virtud de la influencia de la piedad cristiana en la configuración como *ius correctionis* de la patria potestad, de la equiparación al homicidio y aun del envenenamiento que entraña el suministro del *poculum abortionis*, Ugo BRASIELLO, «Sulla ricostruzione dei crimini in Diritto romano. Cenni sulla evoluzione dell'omicidio», en *Studia et Documenta Historiae et Iuris*, 42 (1976), p. 259, MONTANOS FERRÍN & SÁNCHEZ-ARCILLA, *Estudios*, cit., pp. 158-161, y Victoria RODRÍGUEZ ORTIZ, *El aborto hasta fines de la Edad Media castellana. Su consideración social y jurídica*, Cizur Menor, Thomson Reuters Aranzadi, 2014, pp. 41, 46, 49; en el Derecho visigodo, Enrique ÁLVAREZ CORA, «Derecho sexual visigótico», en *Historia. Instituciones. Documentos*, 24 (1997), pp. 18-22, y Marianne ELSAKKERS, «Inflicting Serious Bodily Harm: The Visigothic *Antiquae* on Violence and Abortion», en *Tijdschrift voor Rechtsgeschiedenis*, 71, 1-2 (2003), p. 63.

408 VITALINIS, *Tractatus*, cit., f. 378r; DAMHOUDERIO, *Praxis*, cit., caput 74, pp. 221-222, y caput 83, p. 281; FARINACII, *Praxis*, cit., pars 4, quaestio 122, pars 6, pp. 228-230; MATTHAEI, *De criminibus*, cit., liber 47 Digestorvm, titulus 5, caput 1, p. 200.

por supuesto por el padre, no hay discriminación de principales entre aborto y neonaticidio, lo que permite mantener, aun en su evanescencia, esa idea de teorética continuidad criminal temporal, con el cuidado de no confundir el perfil técnico distinto, que repercute en su peritaje forense, de los dos crímenes[409]. Por otra parte, en este ambiente de extrañas similitudes, hay que tener en cuenta que el aborto permite eliminar las manifestaciones físicas del embarazo al menos durante un determinado período de tiempo, como lo pretenderá al fin el neonaticidio;[410] además, en tanto el feto no está animado o no tiene alma infusa (antes de cuarenta días en el varón y de ochenta o noventa días en la fémina), el aborto no constituye un homicidio, al igual que carece de la calificación de homicidio el neonaticidio del feto que muere en el parto[411]. Aunque Tiberio Deciani parece hacer un matiz cuando distingue entre el homicida *proprie*, que mata al hombre ya nacido, y aquel que *dici potest* homicida, que induce con violencia un aborto, la

---

[409] Cf. Lewis, *Infanticide*, cit., pp. 122-128.

[410] John M. Riddle, *Eve's Herbs. A History of Contraception and Abortion in the West*, Cambridge-London, Harvard University Press, 1997, pp. 26-27, 179-180, explica que en la Edad Media no era fácil sospechar de la comisión de un aborto, habida cuenta de que no era fácil tener constancia física externa del embarazo no declarado públicamente (el cese de la menstruación no es un dato significativo, ni evidentemente público), ni de su duración. El mismo juicio mantiene, para la Edad Moderna, Lewis, *Infanticide*, cit., pp. 120-122. Malcolmson, «Infanticide», cit., pp. 194-195, apunta posibilidades para la ocultación del embarazo: vestimentas de camuflaje, cambios en turnos de trabajo, supuesta enfermedad, hidropesía... pero en oficios como el de las criadas las dificultades para no ser descubiertas tuvieron que ser grandes, dada la circunstancia de que se compartiera además el ámbito doméstico.

[411] Bañes, *De iure*, cit., quaestio 64, articulus 8, pp. 358-360; Boich, *In qvinqve*, cit., *in qvintvm librvm*, p. 146; Damhouderio, *Praxis*, cit., caput 74, pp. 221-222; Gomezii, *Variae*, cit., caput 3, p. 118; Plaza a Moraza, *Epitome*, cit., lib. 1, cap. 9, p. 143; Vela & Acuña, *Tractatvs*, cit., caput 15, pp. 67-69; Azevedo, *Commentarii*, cit., libro 8, título 23, *rubrica*, pp. 428-429; Barbosae, *Collectanea*, cit., titulus 12, caput 5, p. 95, y caput 20, p. 109; Farinacii, *Praxis*, cit., pars 4, quaestio 122, pars 6, p. 228; Gilhavsen, *Arbor*, cit., capvt 2, titvlvs 12, p. 52; Raynaldi, *Observationum*, cit., liber 1, caput 6, §5., pp. 387-388, 390. Sobre el concepto de aborto en la doctrina jurídica, las distintas formas de su provocación y su equiparación al homicidio (condicionada a la infusión del alma, pero en el Setecientos ya en algún doctor por mor de la mera provocación deliberada), José María García Marín, *El aborto criminal en la legislación y la doctrina (pasado y presente de una polémica)*, Madrid, Editoriales de Derecho Reunidas, 1980, pp. 33-34, 36-37, 39, 66-68. Asimismo Davidson, «Theology», cit., pp. 84-85; y Álvarez Cora, «La doctrina», cit., p. 294.

conclusión es la misma en cuanto a la aplicación del régimen del homicidio[412]. La comunión en el homicidio (si no en el parricidio)[413] del aborto y del neonaticidio refuerza su complementariedad mediante la exclusión de la simultaneidad: como no es posible una obligación criminal de homicidio por la muerte de un muerto[414], la viabilidad del neonaticidio depende de que el aborto no haya privado de la vida y en consecuencia el feto haya nacido, aun moribundo, vivo, más con signos de vitalidad (problemáticos en el parto prematuro) que impidan la confusión exterior;[415] quizá por eso ahora puede entenderse que el régimen de homicidio se mantiene sin cualificación del neonaticidio, desde la idea de continuidad temporal criminal.

Como el envenenamiento es un medio instrumental tanto del aborto como del neonaticidio[416], que tal vez constituya una demostración física patológica de la continuidad criminal temporal porque el efecto abortivo del veneno puede terminar siendo neonaticida[417], y que no tiene por qué significar en este último crimen un ánimo de menor saña porque no excluye violencias con mayor encono (estrangulamientos o ahogamientos, la atrocidad *propriis manibus*...)[418], la hipótesis de

---

412 DECIANI, *Tractatvs*, cit., II, liber 9, cap. 18, f. 215v.

413 Sobre la consideración del aborto como parricidio en el Derecho romano, TORRES AGUILAR, *El parricidio*, cit., pp. 45-46.

414 ARAGON, *In secvndam*, cit., quaestio 64, articulus 2, p. 341.

415 BASSANI, *Theorico-praxis*, cit., liber 1, cap. 14, p. 81, que añade la siguiente reflexión: «Et cum delictum infanticidii fraternizet cum illo Abortus, & tantummodo inter ipsa adsit differentia occasionis foetus nati, ab innato, odeoque congruum videtur de hoc secundo Crimine differere»..

416 AZEVEDO, *Commentarii*, cit., libro 8, título 23, *rubrica*, p. 430; ENGAV, *Elementa*, cit., liber 1, titulus 32, §399., p. 243. Y cf. WALKER, *Crime*, cit., p. 144. Sobre los fármacos anticonceptivos y abortivos, Nicola CRINITI, «'Parricida': le donne e l'aborto nel mondo antico», en *Ager Veleias. Rassegna di Storia, Civiltà e Tradizioni Classiche* (2015), pp. 8, 12, y LEWIS, *Infanticide*, cit., pp. 119-120.

417 Como asegura DURSTON, *Victims*, cit., p. 87.

418 Cf. BRISSAUD, «L'infanticide», cit., pp. 238-239, AMMANN-DOUBLIEZ, «Histoires», cit., p. 236, WATSON, «Women», cit., p. 259, y KILDAY, *Women*, cit., pp. 67-69. Pero todo depende de qué se entienda por forma violenta; para explicar la atenuación de la obligación criminal de la madre neonaticida, dice WALKER, *Crime*, cit., p. 156: «Paradoxically, the murder of little children, the most vulnerable victims of all, was the only female-perpetrated homicide to which mitigating notions were applied. This vas possible because infanticide was sometimes understood by contemporaries in terms of women's responses to unpropitious circumstances. It was acknowledged that the particular social, economic and emotional repercussions of bastard-bearing might

una cualificación puede contemplarse mediante la observación de este homicidio cualificado concurrente. Dice Próspero Farinacio que si se suministra un *poculum abortus* antes de la concepción o cuando el feto es *conceptus, sed non formatus, & animatus* no brota la obligación por homicidio; la pena del homicidio se impondrá cuando el feto esté formado y animado[419]. Así pues, la cualificación homicida del envenenamiento no altera la naturaleza jurídica del aborto; en este sentido puede ser lógico que la transformación del *nasciturus* en ser nacido no implique, precisamente si se tiene en mente la continuidad temporal criminal, un cambio suficiente a los efectos de cualificar después lo que no se cualificó antes.

Lo que sucede con el envenenamiento al concurrir en el aborto, sucede también con ese otro homicidio cualificado que es el parricidio: su pena cualificada no puede imponerse en el aborto del *infans vivus in utero*. Por el contrario, el neonaticidio que causa la madre sí es un parricidio, afirma Farinacio[420]. Deciani, no obstante, entiende que si la madre mata dolosamente al recién nacido, cometiendo en efecto propiamente un parricidio, no ha de merecer la pena ordinaria

---

drive a woman to allow her child to die, or event to kill it. As long as death was caused by perceivably 'non-violent' means –smothering, strangling, lying upon the infant, or other forms of deadly embrace– it might be forgiven». Spence, *Women*, cit., pp. 31-33, ha estudiado el cambio de estos modos de causar la muerte infanticida en relación con el célebre *Act* de 1624: «Before the implementation of the 1624 statute, the methods used in such cases were much more varied, with none predominant. But after 1624, there were fewer examples of beating or the use of weapons and more emphasis on methods such as suffocation. [...] The increase in strangulation as a method of murder was directly connected to the statute and may not have actually been used more by women, only cited more within the courts out of necessity to have a method of murder stated. The statistics show that over the period 1558 to 1688, for murders that were not overtly violent (defined here as suffocation, drowning, deprivation and throwing in the privy, but also including strangulation due to its use within the courts), the conviction rate was about 51 per cent, compared to 66 per cent for those who had committed obviously violent murders (outlined as beating, breaking necks, stabbing, burning and feeding to pigs). So, there was a lower conviction rate for those women who did not use such violent methods in murder, although this was by no means a certain way to avoid conviction».

419 Farinacii, *Praxis*, cit., pars 4, quaestio 122, pars 5, p. 222.

420 Farinacii, *Praxis*, cit., pars 4, quaestio 122, pars 6, p. 230: «Est casus in matre, quae foetum jam natum infantem occidit, quo casu dubium non est, quod poena mortis punitur tanquam parricida».

del homicidio, como sostenía Farinacio, ni mucho menos cualificada, sino una pena extraordinaria mitigada; en este mismo orden de cosas, el de Udine cree que el padre que mata al hijo condenado a muerte, mediante la ingesta de veneno (multiplicando así las hipotéticas cualificaciones, quizá para que la conclusión tenga una mayor contundencia), y con el fin de evitar la infamia, no cometerá propiamente un parricidio[421]. Parece que esta vacilación respecto de la aplicación de la pena ordinaria del parricidio implica no solo un distanciamiento entre neonaticidio y parricidio a favor de la continuidad temporal criminal entre aborto y neonaticidio, sino también una exclusión de la aplicación del régimen penal ordinario del homicidio simple. Téngase en cuenta, desde este punto de vista, que Alexandro Brugiotti, nada proclive a las originalidades, al tiempo que no considera crimen de parricidio el crimen de aborto cometido por los parientes, explica que el abandono de hijo tampoco merece esa calificación, sino antes bien la mera calificación de homicidio aparejada la pena de muerte[422]. La exclusión de una cualificación parricida resulta muy interesante, máxime si se vincula al supuesto traído a colación por Deciani en relación con la muerte del hijo por el padre para evitar la infamia, que puede ser sin ninguna duda un argumento plausible en muchos de los supuestos de neonaticidio, habida cuenta de las causas infamantes de la descendencia ilegítima afectada; si la evitación de esta infamia no permite cualificar como parricidio un homicidio, porque es un factor descriminalizador, quizá también impida cualificar como neonaticidio en una situación análoga. Considérese, en fin, que si la *expositio infan-*

---

421 DECIANI, *Tractatvs*, cit., II, liber 9, cap. 8, f. 205r-v: «Videmus tamen sancitum legibus quod mater abortum dolose procurans si infans vius fuerit in vtero, non punitur poena paricidij [...] Porro & mater, quae filium suffocauerit natum paricida est, si dolose id fecerit [...] quocunque modo vel partum in vtero modo spiritum habuerit vel editum iam necauerit, proprie paricidium committit, licet plerunque ea paricidij poena non puniatur, vt dictum est, sed mitiori [...] Quae etiam mater abortionis poculum sumpsit, vel alijs medicamentis, quae Graeci Ecbolia vocant, abortum fecerit, paricida est, si dolo malo eam perdendi partus id fecerit [...] Et si pater filio condemnato ad mortem venenum propinet, vt infamiam euitet, paricida quidem proprie non erit [...]».

422 BRVGIOTTI, *Institvtiones*, cit., liber 3, titulus 3, pp. 144-145: «Non est omnino remotum a Parricidio Delictum Abortus a Parentibus commissum, si post animatum faetum id patratum fuerit [...] Non tenetur paena Parricidij, qui filium infantem exponit, vt abijciat, & vt inaedia motiatur, sed tenebitur lege Cornelia de sicarijs tanquam homicida, & morte plectetur»

tium merece la pena ordinaria de muerte del homicidio, el neonaticidio ha de merecerla también[423], no en vano la *expositio* es con frecuencia una forma o procedimiento de neonaticidio, recuperando a falta de cualificación el régimen del homicidio, que es precisamente el régimen punitivo al que se asimila el aborto de feto con alma infusa (por mucho que concurran envenenamiento y parricidio), de modo que en la preferencia por una mitigación de la pena, según la idea de Deciani, está latiendo la simpatía entre aborto y neonaticidio, en el sentido de la continuidad temporal criminal, lo que presume la posibilidad de la aplicación de la pena ordinaria de homicidio pero también la de una pena extraordinaria en el aborto, pues puede que la prueba del tiempo de embarazo no sea sencilla ni absolutamente fiable, y en esta línea la previsión de la posibilidad de una pena extraordinaria para el neonaticidio, por ejemplo cuando resulta difícil la prueba de si el feto nació vivo o nació muerto, o cuando la madre causa la muerte por algún acto que admite la interpretación de negligencia relacionada con el parto[424], pero en cualquier caso en la evidencia de que prima una ruta

---

[423] Hay un llamativo paralelismo de equívocos terminológicos entre el infanticidio así llamado que se concreta en mero significado de neonaticidio y la *expositio* que se formula *infantium* y se ciñe concretamente a los hijos. Ambas nociones pueden ir más allá y no quedar en su reducción.

[424] Francisci Maradei, *Tractatus criminalis analyticus mixtus Civilibus Quaestionibus, ac plurimis recentissimis Decisionibus illustratus, & in tres partes distributus*, Neapoli, Typis & Aere Felicis Mosca, 1796, pars 3, capvt 4, p. 196: «Cum inter parricidia connumeretur infanticidium [...] ad examen revocandum erit an abortus, & infanticidii poena ordinaria irrogari possit Matri, quae confessa erit an abortus, & infanticidii poena ordinaria irrogari possit Matri, quae confessa fuit occidisse foetum, & projecisse vivum in caemeterio, non constito de identitate corporis delicti, nempe quod sit ille foetus quem Mater fassa fuit peperisse, si non reperiantur contusiones, seu fracturae cranii, & aliorum ossium, nec aliunde constet, quod foetus fuerit editus vivus [...] Sed quod non sit plectenda poena mortis mulier confesas, vere non occidisse infantem, sed ejus umbilicum ligare omisisse ex quo deinde mors pueri secuta fuit, determinatum habetur apud *Anton. Gobium* [...] ubi refert in mitiorem poenam inclinasse Senatum Mantuanum, & ex clementia illius Serenissimi Ducis fuisse dictatam poenam perpetui exilii. De hac decisione memor fuit oculatissimus *D. Caldero* [...] & ad benigniorem sententiam inclinativ Collaterale Consilium in praeterito anno 1709. cum illa miserabili muliere de Casali Durazzani, nuncupata *Hyppolita Pollastra*, quae tamquam de infanticidio confessa, extiterat per M. C. V. ad mortis supplicium damnata, sed proposita reclamatione in Collaterali Consilio fuit jussumm, quod admictatur reclamatio, & postmodum pendente reclamatione fuit concordata in domo poenitentiae sua vita durante, patrocinium pro dicta miserabili rea praestante

argumentativa contraria a la cualificación, proabortiva más que prohomicida (no obstante prohomicida en cuanto proabortiva).

La razón por la que la *expositio infantium* tiene aparejada una pena de homicidio que en el neonaticidio se discute no es tan difícil de captar[425]. Lo que hay que aprehender es tan simple como que las diferencias obedecen a que en el abandono de infante hay un tipo criminal definido cuya pena ordinaria se determina, mientras que en el neonaticidio no hay una pena ordinaria determinada porque no hay un tipo criminal sino un prototipo criminal. A partir de ahí, no hay demasiados contrastes que hacer, y si la pena del homicidio o del parricidio puede ser extraordinaria en virtud de la causa de evitación de la infamia, idéntica valoración de causas eficientes va a producirse respecto del abandono del hijo. Lo que sucede es que en esta figura criminal hay que distinguir la virtud de una causa mitigadora en el propio acto criminal, del efecto criminal que el acto pueda producir, una complicación causal que no formaba parte del análisis del neonaticidio. Si al abandono del hijo le sigue su homicidio, los padres cometen un homicidio *causam dans*, si no es que inducen al homicidio de terceros, y lógicamente en este homicidio ulterior (o en una muerte accidental o preterintencional) no puede operar la causa antiinfamatoria que quisieran hacer valer en el propio abandono, a cuya obligación principal pertenece[426]. Por lo demás, según el argumento de Domenico Raynaldus, si se impone la pena ordinaria de homicidio aparejada al abando-

---

non minus doctrina, quam moribus, & pietate praestantissimo Advocato causarum criminalium Dominico Antonio Ametrano».

425 Para la calificación como homicidio de la *expositio infantium* desde el Derecho antiguo, MONTANOS FERRÍN & SÁNCHEZ-ARCILLA, *Estudios*, cit., pp. 134-135, 139.

426 DURSTON, *Wicked Ladies*, cit., p. 203, advierte de que en el abandono aumenta la dificultad de determinar si la criatura encontrada nació viva o muerta, aun cumplido el período completo de gestación, y si el propio abandono influyó de manera deliberada en la mortalidad; en este sentido explica en pp. 203-204 la aparición de ciertos métodos de diagnóstico científico: «By 1700, a number of tests had been developed and other supposed indicators of a live birth identified. One regular test conducted during infant autopsies, and originating either in seventeenth-century Germany or from a suggestion made by William Harvey in 1628 (or both), was to remove and then attempt to float the baby's lungs in a bowl of water. This was done on the assumption that their buoyancy would be indicative of the presence of air, and thus a sign that the infant had breathed, and so was alive, after birth. The test was also widely used in continental Europe and Scotland. [...] Carefully observed autopsies established that gas emitted by decomposition could cause a stillborn baby's lungs to

no de hijo (aun del monstruoso de forma sólita) es porque, cristalizada la continuidad temporal criminal más negativa, el resultado de muerte la atrae, pues este presume y confirma el dolo malo mortífero (el mismo dolo malo que se requiere para que el ahogo de la criatura en el lecho merezca aquella pena) contra la salvación de la infamia, y la petrifica[427]. Es como si al quedar fuera del ámbito familiar, extinguida la patria potestad[428], la vida del neonato asumiera una extrañeza que

---

float and, conversely, that lung tissue from those born alive could sink. This growth in scepticism was matched in many parts of Western Europe».

[427] Raynaldi, *Observationum*, cit., liber 1, caput 6, §5., pp. 386-387: «Et haec distinctio, quam Adden. ad Besoldum facit, juridica, & tuta est, & in judicando sequenda, dummodo expositio fiat in loco remoto, & solitario; nam tunc, quamvis ad consulendum suae famae, & ad evitandam infamiam exponat, videtur tamen dolo malo ducta ad exponendum in loco solitario; quod si exponat in loco frequentato, & cuilibet obvio, quia a se quidem pro derelicto, sed aliorum pietati, & misericordiae relinqui, & exponi jubet, debet absolvi, si foetus expositus non moritur, ut absolutam fuisse puellam, quae exponere fecit suum filium de recenti natum in loco obvio [...] vult Gonzalez Tellez [...] ubi ait eandem poenam capitalem habere locum in ea, quae in olla infantem exponit, etiam si in loco obvio exponat; nam & facile intercludi posset spiritus tenellus, & negligi a praetereuntibus in vili testa conditus: idem ait esse si in solitudine Parentes filios exponant, ut fame moriantur, aut ferarum laniatu pereant, etiamsi mors non contingat, quia utique quantum in se fuit, nihil defuit operi quando avibus, & feris jam filium occidendum exposuerant. [...] Quando tamen concurreret insimul dissimulatio praegnantiae, omissio ligaturae umbelici, & expositio, & mors inde sequeretur etiam si expositio non sit facta in loco solitario, posset imponi poena ordinaria, his enim concurrentibus resultat enixa voluntas enecandi [...] Quid dicendum de matre, quae tempore partus se ita male disposuit in cubili, ut fieri non possit, quin partus nascendo suffocetur inter lectuli stragula? Si dolose hoc agat, & mors pueri inde proveniat comprehenditur in bannimentis, & debet mori [...] Quid dicendum de muliere, quae occidit, vel exponit partum monstruosum? [...] quod foetus monstruosos, & prodigiosus non connumeratur inter liberos, quia qui contra formam humani generis procreati sunt, pro hominibus non habentur; foetus vero, qui membrorum humanorum ampliationem, contra consuetum, & formam solitam habent, inter liberos, quamvis monstruosi, habendi sunt, quia vere sunt homines, & eis Theologi animam immortalem, & resurrectionem tribuunt».

[428] *Partidas* 4.20.4: «Vergüença o crueleza, o maldad mueue a las vegadas al padre, o la madre en desamparar los fijos pequeños, echando los a las puertas de las eglesias, e de los ospitales, e de los otros lugares, e despues que los han assi desamparados, los omes buenos, o las buenas mugeres que los fallan, mueuen se por piedad, e lleuan los dende, e crianlos, e danlos a quien los crie. E por ende dezimos, que si el padre, o la madre demandare a tal fijo, o fija, despues que lo a echado, e lo quier tornar en su poder, que lo non pueda fazer. Ca por tal razon, como esta, pierde el

convirtiera en homicida a quien, en el seno familiar, pudiera contemplarlo a la luz en primer plano de la corrección de la ilegitimidad y la honra del propio ámbito doméstico; por lo demás, parece que las madres no admitieron por lo regular haber abandonado a sus hijos[429]. Pero en definitiva y a la postre, la gravedad, el lastre de este resultado de muerte puede difuminarse si hay una causa atenuante de la obligación criminal que opere respecto del propio abandono o, por supuesto, si el resultado de muerte no llega a producirse, con mayor razón si se debe a un comportamiento de los expositores que mostró diligencia en este sentido. Por lo tanto, habrá que valorar congruentemente, como dice Ludovico Gilhausen, en la *expositio*, si existe *animus necandi* o *misericordiae causa*, y en este segundo supuesto causal, como suele ocurrir con el abandono en las iglesias por la habitual presunción de la existencia de dificultades económicas familiares[430], la pena será extraordinaria, sin que valga la exención porque se mantiene como mínimo una obligación culposa, mientras que el primer caso se dibuja con un dolo malo circunstanciado en un lugar solitario, lejos de cualquier reunión humana[431], en el que previsiblemente el recién na-

---

poderio que auia sobrel, fueras ende, si otro alguno lo echasse sin su mandado, e sin su sabiduria. Ca si los demandassen luego que lo supiessen, dezimos, que gelos deuen dar, tornandole el padre, o la madre las despensas, a aquellos que lo criaron, si las quisieren demandar, pero, si lo que criaron estos tales, se mouieron a fazerlo por amor de Dios, con entencion de non rescebir otro gualardon, non son tenudos los padres de tornarle las despensas que fizieron, los que los criaron, por razon de criança. E si por auentura, el señor quisiesse demandar al sieruo, que assi ouiesse echado, non puede, ca se torna libre, por tal echamiento. Otro si por tal echamiento, pierde el señor el derecho que auia en aquel, quel ouiesse aforrado, de manera que de alli adelante non gelo podria demandar».

[429] GOWING, «Secret births», cit., p. 109.

[430] Emily R. COLEMAN, «L'infanticide dans le haut Moyen Âge», en *Annales. Économies, Sociétés, Civilisations*, 29-2 (1974), p. 327. DURSTON, «Eighteenth Century Infanticide», cit., pp. 162-163, se ocupa de los problemas económicos que para las parroquias derivaron del abandono de recién nacidos ilegítimos, lo que favoreció a su vez la presión por la determinación de la paternidad. En cuanto a las seculares medidas públicas asistenciales de socorro ante la infancia abandonada, ofrece un estudio de su evolución moderna Jehanne CHARPENTIER, *Le droit de l'enfance abandonnée. Son évolution sous l'influence de la Psychologie (1552-1791)*, Paris, Presses Universitaires de France, 1967, pp. 5-228.

[431] Para KILDAY, *Women*, cit., p. 74, la exposición del hijo es un acto arriesgado si se realiza en un lugar público donde su vida puede estar más a salvo, porque es fácil que se descubra a quien lo abandonó.

cido morirá por inanición o devorado por las bestias. Mikel Berraondo Piudo recuerda cómo en la Castilla del siglo xviii el abandono en el hospital se favorecía excluyendo el planteamiento de preguntas al expositor, al mismo tiempo que se penaba el abandono nocturno en la iglesia sin aviso al párroco cuando derivaba en resultado de muerte[432].

Así pues, ¿vale como causa misericordiosa del abandono el riesgo de neonaticidio a manos por ejemplo del marido de la mujer adúltera o amancebada, o del padre de la estuprada? Sería esta una *expositio* próxima al infanticidio, pero no por supuesto en la tipicidad (consolidada en el abandono), sino en la distipicidad característica que subyace en la renuncia al levantamiento del velo criminal por razón de la honestidad o la honra de la víctima o su familia, y aun de la reciente vida humana neonata que pertenece a Dios. Pero al mismo tiempo el abandono doloso con alto riesgo de muerte equivale penalmente al homicidio. Para Aloysius Cremani, en un razonamiento algo oscuro, la *expositio infantium*, que se describe como una muerte causada por los padres del feto que ha nacido vivo, es, ah la palabra, reconocida con este significado por la praxis judicial, un *infanticidium*, pero esta denominación explícita significa pobremente que no cabe aquí la calificación de parricidio, acaso en retorno al homicidio;[433] se trata de la

[432] Berraondo Piudo, *La violencia*, cit., p. 106.

[433] En el pleito contra Luisa Colodrón, sus padres Andrés Colodrón y Esther Varela y el criado Agustín de Rueda Molón (en Castilla, Pozáldez, 1768-1769), el conato de «infanticidio» consiste en un conato de *expositio infantium*. Con la aquiescencia de los padres de Luisa, de veinte y un años «poco más o menos» que ha tenido un hijo (dice ella) de un antiguo estuprador, el criado se dispone a la *expositio* nocturna de la criatura recién nacida en la primera iglesia que encuentre en Medina del Campo, pero es detenido por unos vecinos en el camino. La criatura era «una niña la que estaba en una esportilla de estera enbuelta en un poco de jerga y un pañal de lienzo y en ello tenia cosida una zedula que dezia; esta niña bebio agua socorro, y llamase Maria»; el reconocimiento por un sangrador y una comadrona da cuenta de «estar friisima, y que esto provenia de no haberla communicado el calor materno y se persuadia, no poder mamar», y así «la significo estar muy fria, que no habia querido tomar el pecho, pero que procurase tirarselo ordeñado a la boca, y que de ese modo pudiera reforzarse lo que executo de el modo que se la dijo mas no alcanzo pues en la misma noche murio, al parecer de la que dize de la frialdad que habia padecido en el camino por donde la transitaban». Era febrero. Como había sido bautizada, se le dará sepultura en una iglesia. El fiscal se expresa en estos términos: «Fernando Maestro Perez de esta Villa, y Promotor fiscal nombrado a la causa seguida de oficio de la Real Justicia contra Luisa Colodron moza soltera natural de ella, Andres Colodron,

misma argumentación terminológica que a finales del Seiscientos ha-

---

Theresa Varela, y Agustin de Rueda Molon, con motivo de la aprehension de una criatura recien nacida que se conducia a exponer a las puertas de una de las Yglesias de la villa de Medina del Campo, haviendo registrado estos autos sin embargo de advertir la ligereza con que se ha procedido en las diligencias correspondientes y devidas a la gravedad del asunto, que los motiva, principalmente en las confesiones tomadas a los reos, y otros particulares aunque prevenidos por el Promotor fiscal, Dice que por lo resultante de dichos autos hace culpa, y cargo a la referida Luisa Colodron de la reincidencia en su esceso, y delito, que tiene confesado, y se halla plenamente justificado en autos; y a los expresados Andres Colodron, Theresa Varela, y Agustin de Rueda Molon de haver sido autores, y causa de la muerte de la citada criatura por haver dispuesto la conduccion della a la distancia de cinco quartos de legua, que hai desde esta villa a la de Medina estando tan tierna como recien nacida, y con tan ligero abrigo, como el de un poco de jerga, que debe de ser pieza de autos y en estazion tan rigurosa como la que se experimentaba en la noche del dia diez, y siete de febrero proximo antecedente, en la que se conducia dicha criatura, y fue aprehendida sin alguno de los auxilios precisos, y necesarios en iguales casos a la conservacion de la vida, y precaucion de los accidentes, que podian insultarla y efectivamente se verifico por falta de la aplicazion de ellos a el tiempo en que devio hacerse, y cuio daño no pudo remediar la posterior aplicazion, por retardada y en estado en que la criatura se hallaba imposibilitada de recivirlos, como se ajusta de los autos. Y asi bien el que los medios con que se dispuso, y preparo la conduzion y exposizion de dicha criatura, intencionalmente, se dirigieron, reflexionado todo el complexo de ellos, el ipo en que se conducia a la exposicion, el que se havia de hallar en esta conformidad, y el rigor de la estacion, a quitarla la vida. En todo lo qual, que resulta plenamente justificado de autos se advierte cometido el delito mas grave, y que por el los referidos reos acusados, se han hecho acrehedores a experimentar, y que en ellos se ejecute el castigo, y penas en que han incurrido, establecidas por leyes de estos Reinos, en la expresada Luisa Colodron seria providencia, que corte la continuazion de sus escesos para ejemplo, y moderazion de otros iguales y que de ellos resulten tan lastimosos efectos; y en los referidos Andres Colodron, Theresa Varela, y Agustin de Rueda Molon, como complices, y complicados en la muerte de la mencionada criatura por autores, y causa de los medios, que la condujeron a ella, la que por esta causa les corresponde». De manera que la extraña absolución sentenciada de hija, padres y criado, expresamente respecto del infanticidio, solo puede entenderse, en el caso de la primera, por mor de la protección que merece como soltera menor de edad en cuanto a la presunción de violencia del estupro que se proyecta en la perturbación de la voluntad consecuente neonaticida, y en los demás porque actúan *tamquam principalis*. Podría añadirse, como alternativa, que se valora el conato por acto remoto en un homicidio que no se entiende cualificado, porque además en rigor no se entiende homicidio sino *expositio infantium*. En este caso el infanticidio se opone congruentemente al abandono parricida, porque no parece que el conato de abandono haya pretendido, dejando a la recién nacida en una iglesia, su muerte,

bía desarrollado Miguel de Caldero[434]. Hay otra *expositio*, sin embargo, que sí funciona *tanquam parricidium*, cuando los padres conducen al infante a un lugar desierto y peligroso, para abandonarlo y procurar su muerte; es muy elocuente que, por el contrario, la precaución para evitar la muerte en el abandono, por parte de los padres, convierta el parricidio en homicidio simple o proditorio, si no culposo[435]. Como huyendo del problema, Rudolph Engau calificará este abandono del recién nacido en lugar solitario, para que perezca, como *caedes*[436].

3. *LIBERICIDIO Y PARRICIDIO*

Así como el neonaticidio puede ser un parricidio, si lo cometen los padres y particularmente la madre[437], una vez avanzada la edad de la

---

aunque las condiciones de su traslado son un riesgo que deberían hacer temerla; como a su vez la *expositio* infanticida entraña muerte, y así se producirá cual efecto al cabo de unas horas en el supuesto en liza, también recorre el planteamiento, guadiana, la existencia de un homicidio culposo, que parece haberse juzgado leve. (Archivo de la Real Chancillería de Valladolid, Pleitos criminales, caja 0377.0001.)

434 Caldero, *Sacri regii Criminalis Concilii*, cit., Index rerum, et verborum memorabilium, Quae in hac Secunda Parte Decisionum continentur: «INFANTES, INFANTICIDIUM. / Parentes, qui in locum solitarium, & a conspectu hominum remotum, infantes abiiciunt, ea intentione, & proposito, ut moriantur, eventu subsequuto, morte puniuntur».

435 Cremani, *De iure*, cit., liber 2, caput 5, articulus 8, pp. 278-279, 283: «Ac si parentes foetum necaverint, infanticidium, si vivum abiecerint, crimen est, quod vocant infantium expositionem. […] Res autem clara est de infanticidio, nec ulla indiget probatione: expositio autem infantis, tanquam parricidium, non habetur, nisi eum parentes infantem duxerint in locum desertum, & periculosum, ut facile inde eum obiturum praevidere debuerint, atque insuper nisi vere mortuus fuerit inedia, similive caussa, quam ipsi parentes quasi voluisse videntur, qui eum exposuerunt. […] Nec tamen parricidium, sed homicidium simplex, vel proditorium est, si non parentes infantem enecent, aut loco periculoso exponant, sed extraneus, vel nutrix id faciat; cuius fidei ex veteri, nec tamen satis probata consuetudine eum mater alendum, servandumque committit, quem nuper enixa est. Quae nutrix ordinaria homicidii poena multatur, si consulto occiderit, lenius vero in eam agitur, si fecerit per imprudentiam».

436 Engav, *Elementa*, cit., liber 1, titulus 31, §391., p. 238: «Qui recens natum, vt pereat, abiecit, aut loco solitario vel hyemis tempore exposuit, de caede si qua sequuta est, tenetur».

437 El neonaticidio cometido por la madre es un *infanticidium* que merece la pena de parricidio, según Francisco Maria Gasparro, *Institutiones Criminales tribus*

víctima, en la misma infancia o en la pubertad, el libericidio, como infanticidio, también lo es. Como dirá Christopher Koch: «*Parricidium* hodie est homicidium parentum et liberorum natura talium. Parricidium liberorum speciatim dicitur *infanticidium*»[438]. El parricidio absorbe así un campo institucional infanticida en sentido lato que por regla general, como ya es sabido, combina con el entendimiento del infanticidio estricto como neonaticidio. No faltó empero una tendencia a dilatar en el infanticidio el ámbito libericida, como en Emanuel González Téllez con su preferencia por la fórmula descriptiva «De his qui filios occiderunt», que precede al tratamiento «De infantibus, & languidis expositis»: aunque no hay en sus páginas gusto por el exacto vocablo infanticida, parece que el concepto correspondiente amaga en aquella segunda expresión en donde el subyacente infanticidio viene a ser asimilado por la *expositio infantium*, si bien esto a su vez deriva en que la anterior muerte de hijos (en verdad, el acto delictivo más radicalmente infanticida) se vincule a una mayor edad infantil o pubescente, no en vano su estudio se encuentra ligado a la extensión y límites (la *pietas* frente a la *atrocitas*) de la *patria potestas*[439].

Significativamente, Matthias Berlich, después de analizar el parricidio y antes de analizar el aborto, dedica un capítulo propio, de forma conjunta, a dos formas peculiares de parricidio: el neonaticidio, al que une la *expositio infantium*, y el conyugicidio; y lo hace sin acuñar términos, descriptivamente, vacilando entre la aplicación de la pena ordinaria del homicidio y la del parricidio, y abogando por la pena extraordinaria cuando la madre auxilia en el aborto a su hija *ad pudorem*, lo que se extiende al neonaticidio causado por esta, con mayor razón si menor de edad, si aquella mandaba o aconsejaba pero no

---

partibus distributae, Venetiis, Apud Simonem Occhi sub Signo Italiae, 1756, pars 2, titulus 6, caput 1, p. 55, donde también califica como parricidio la *expositio infantium* con resultado de muerte. MIROGLI, *Istruzzioni*, cap. 13, p. 248: «L'Infanticidio quantunque volte si commetta ò dalla Madre, ò da altro Parente, ò Affine dell'occiso Bambino, non v'è dubbio, che sia compreso sotto le rigorose disposizioni delle Leggi fatte contro il Parricidio». Para BASSANI, *Theorico-praxis*, cit., liber 1, cap. 14, p. 82, si la madre comete un *infanticidium* (neonaticidio) con dolo malo comete un parricidio y merece su pena.

438 KOCH, *Institvtiones*, cit., liber 2, caput 30, §465., p. 246.

439 Emanvelis GONZALEZ TELLEZ, *Commentaria perpetva in singulos Textus quinque Librorum Decretalivm Gregorii IX. Tomvs Qvintvs*, Lvgdvni, Sumptibus Lavrentii Arnavd & Petri Borde, 1673, titvlvs 10, capvt 1, pp. 239-242.

estaba presente[440], como decía ya el cardenal Kollonicz[441]. Parece además que si el neonaticidio es una forma criminal típica de la mujer, también lo es el parricidio[442], en las circunstancias de opacidad al exterior que caracterizan al ámbito doméstico. Pero si el neonaticidio tiende hacia el régimen del homicidio por simpatía con el aborto, la edad avanzada que significa el libericidio no permite esta querencia, y se inclina no solo hacia el homicidio, sino también hacia al homicidio cualificado parricida, por razón de la sangre, que ya está singularmente tipificado. Como dice Yan Thomas a propósito del Derecho romano, el parricidio, por razón de la protección del círculo que dirige el *paterfamilias*, es un crimen de Derecho público a diferencia de la configuración del homicidio como un crimen de Derecho privado:[443] quizá este factor prístino latente explique la prototipicidad más avanzada del neonaticidio respecto del infanticidio. Por otra parte, aunque el libericidio se cualifica como parricidio, el parricidio a su vez puede ser o no ultracualificado, lo que afecta a la pena, como explica Koch, si no es que el propio infanticidio la tiene singularmente determinada[444].

---

440 Berlichio, *Quarta Pars*, cit., conclusio 7, pp. 64-66; la rúbrica, en p. 64: «Si mulier infantem suum post partum vel suffocat, vel exponit, item, si maritus uxorem, & econtra, vel sangvinei se invicem occidant, quomodo puniuntur»; y en p. 66 añade: «Deinde procedit, si mulier quidem partum non occidit, sed tantum ad vituperium evitandum celavit, & sine baptismo mori sivit». En p. 67 aparece aisladamente el término de infanticidio, ciertamente sin aclarar su alcance conceptual, en una argumentación que lo vincula a prácticas abortivas y antes de comenzar a examinar la *expositio infantium*: «Quomodo autem hoc in casu graviditas mulieris & infanticidium ab ea commissum comprobetur».

441 Kollonicz, *Forma*, cit., pars 2, articulus 66, p. 46.

442 Howard, *Law and Disorder*, cit., pp. 84-85. Vekaric, «Omicidi», cit., pp. 372-373, ofrece estadísticas de valoración conjunta de infanticidios y parricidios.

443 Thomas, «Parricidium», cit., p. 645.

444 Koch, *Institvtiones*, cit., liber 2, caput 30, §469., p. 248: «Carolvs V. 1) commemorat tantum infanticidium a matre in *partum vitalem* commissum, in quod, si dolosum est, Carolvs statuit *suffocationis in aquis* poenam, admissa tamen, iusta ex caussa, poena *subterrationis*. Quod arripientes Doctores putarunt, Carolvm in parricidium posuisse *culei* poenam; atque ius romanum retinuisse. 2) Sed id falsissimum est. Nam secundum C. C. C. 3) mentem distinguendum est inter parricidium, quod *animo deliberato*, et inter illud, quod ex *impetu atque calore iracundiae* commissum est, ita vt in priori casu *rotae* poena, extrinsecus qualificanda, obtineat, in posteriori vero *gladii* poena; excepto homicidio a matre in recens natos liberos commisso, cuius poena speciatim determinata est».

El crimen de parricidio existe cuando se mata al hijo o descendiente legítimo, así como al natural[445], pero se duda cuando el hijo es adoptivo («quia sunt ficti filii non a iure naturali, sed ciuili & positiuo inuenti», según Tiberio Deciani) aunque se incluye (porque se impone la *substantia filiationis*, no la *qualitas*) al hijo ilegítimo adulterino (*spurius & bastardus*)[446], de modo que el libericidio, cuando obedece a las causas que procuran la descendencia ilegítima no natural, no precisa de tipificación porque ya la tiene. Es sintomático que la intervención del hijo en la muerte del padre, y cabría decir que al contrario también, convierte en parricida a quien le dio dinero o un veneno con

---

[445] La filiación natural es razón de generalización en Daniel JOUSSE, *Traité de la justice criminelle de France, Où l'on examine tout ce qui concerne les Crimes & les Peines en général & en particulier; les Juges établis pour décider les Affaires Criminelles; les Parties publiques & privées; les Affaires Criminelles; les Parties publiques & privées; les Accusés; les Ministres de la Justice Criminelle; les Experts, les Témoins; & les autres Personnes nécessaires pour l'instruction des Procès-criminelles; & aussi tout ce qui regarde la maniere de procéder dans la poursuite des Crimes. Tome Quatrieme*, Paris, Chez Debure Pere, Libraire, 1771, p. 2: «Le fils naturel qui tue son pere ou sa mere, est aussi coupable de parricide. [...] Et il en est de même du gendre, ou du beau-fils, à l'égard de son beau-pere, & de sa belle mere. [...] Les peres & meres qui font mourir leurs enfants, ou petits-enfants, son aussi coupables de ce crime. [...] Le pere ou la mere qui tuent leur fils naturel, commettent aussi un parricide. [...] Et il en est de même du beau-père, ou de la belle-mere qui tuent leur gendre, our leur belle-fille»; el término de infanticidio, aplicado a tal especie de parricidio, aparece en p. 758, «Table des matieres».

[446] En el *mos italicus*, VITALINIS, *Tractatus*, cit., f. 384r. En el siglo XVI, AZPILCUETA, *Compendium*, cit., f. 197r; CANTERA, *Qvaestiones*, cit., *De quaestionibus tangentibus punitionem delictorum*, quaestio 1, cap. 6, pp. 541-543; CLARI, *Opera*, cit., liber 5, p. 397; CVIACII, *Paratitla*, cit., liber 48, titulus 9, p. 172; DECIANI, *Tractatvs*, cit., II, liber 9, cap. 5, f. 202v, y cap. 9, ff. 205v-206r; GOMEZII, *Variae*, cit., caput 3, pp. 98-99. En el siglo XVII, BRVGIOTTI, *Institvtiones*, cit., liber 3, titulus 3, pp. 142, 144; CARPZOV, *Practicae*, cit., pars 1, quaestio 8, pp. 34, 37, 39; FARINACII, *Praxis*, cit., pars 4, quaestio 120, sectio 5, pp. 182-185; GILHAVSEN, *Arbor*, cit., capvt 2, titvlvs 14, p. 68; MATTHAEI, *De criminibus*, cit., liber 48 Digestorvm, titulus 6, caput 1, pp. 575-577; RAYNALDI, *Observationum*, cit., liber 1, caput 6, §1., p. 366; SINISTRARI, *De delictis*, cit., titulus 7, §8., pp. 462, 465-466; VELA & ACUÑA, *Tractatvs*, cit., caput 27, pp. 137-138. En el siglo XVIII, CREMANI, *De iure*, cit., liber 2, caput 5, articulus 6, p. 264; ENGAV, *Elementa*, cit., liber 1, titulus 30, §377., p. 230, y §380., p. 231. Sobre esta cuestión, TORRES AGUILAR, *El parricidio*, cit., pp. 210-211, y ÁLVAREZ CORA, «La doctrina», cit., p. 312; MONTANOS FERRÍN & SÁNCHEZ-ARCILLA, *Estudios*, cit., pp. 189-190, interpretan el silencio de los fueros medievales extensos sobre la muerte de los hijos entendiendo que debería en tales casos aplicarse la pena de la traición.

este fin: un asesinato/envenenamiento parricida por razón del pariente mandatario[447]. Se confirma así la virtud expansiva del tipo de parricidio, que hace del libericidio, en un sentido amplio de legitimidad o ilegitimidad, una mera especie.

Dice Ludovico Sinistrari que es frecuente que las madres, más que los padres, cometan este parricidio que consiste en la muerte de los infantes ya adultos (esta precisión de la edad adulta separa perfectamente el parricidio del neonaticidio)[448], aunque el comportamiento criminal de las madres se explica a continuación como posible antes del nacimiento del hijo y después, luego como respectivamente *abortus procuratio* y *parricidium*, y así ahora parece aplicarse este último término también al neonaticidio. Parece que, en efecto, Sinistrari se refiere al neonaticidio cuando trata de la muerte positiva o negativa del infante: positiva, cuando con violencia, por ahogamiento o de otro modo, dolosamente, la madre mata a su hijo, lo que se considera bajo el término explícito de parricidio, y negativa, que ya no es parricidio o es un parricidio sin nombre o acaso impropio, cuando la madre no presta a su hijo lo necesario para su vida, lo que también puede suceder de dos maneras, a saber, cuando la madre abandona al hijo en un

---

[447] Vela & Acuña, *Tractatvs*, cit., caput 27, pp. 137-138. El envenenamiento es típico del parricidio, como del aborto y del neonaticidio: «Des victimes désignées? Profils des empoisonnés au Moyen Âge», en B. Garnot (dir.) *Les victimes, des oubliées de l'histoire? Actes du Colloque de Dijon, 7-8 octobre 1999*, Rennes, Presses Universitaires de Rennes, 2000, p. 448.

[448] Gowing, «Secret births», cit., pp. 105-106, se refiere a cuando «these mothers killed, with graphic violence, winsome toddlers and young children, not newborns». Al referirse Fiorentino, «Un homicide ordinaire?», cit., p. 206, a la definición del infanticidio en la *Encyclopédie méthodique*, encontraba el significado de neonaticidio (y aun de aborto: «enfant né vivant, ou prêt à naître») pero sin la referencia expresa a los padres, que permitiría entender que existe un neonaticidio no parricida, que alumbra al fin y al cabo un infanticidio puro genérico (no necesariamente parricida, por homicidio de tercero) pero limitado en el tiempo; sin embargo, en seguida la doctrina (cita de Muyart de Vouglans) introduce el parentesco en la definición, luego el parricidio, aunque curiosamente también la necesidad de que la víctima sea «d'un certain âge», en la línea de la definición de Sinistrari, y en consecuencia en la línea también de la definición de un libericidio. Así, junto al binomio de aborto y neonaticidio no parricidas estaría el binomio de parricidio y libericidio. Pero estas tendencias conceptuales expansivas y singularizadoras no van a cuajar cuando en los códigos penales decimonónicos se imponga la querencia restrictiva por la identificación entre infanticidio y neonaticidio materno.

lugar donde no podrá conseguir estos medios de vida necesarios, o cuando lo abandona donde presumiblemente lo atenderán, y salvarán su vida, terceros[449]. Las circunstancias pueden afectar a hijos no recién nacidos, obviamente, pero el riesgo que aquí se valora es tanto mayor cuanto menor sea la edad del hijo. Se trata de una especie de libericidio parricida que toma como modelo las prácticas del neonaticidio[450].

---

[449] SINISTRARI, *De delictis*, cit., titulus 7, §8., pp. 463-464: «Frequentius quidem crimen hoc committitur a Matribus cum infantibus, quam a Patribus cum filiis, jam adultis; ideo de his specialiter inquirendum, ac videndum, quando verum, propriumque crimen *parricidij* committant. Dico igitur, quod Mater potest proprium interimere, antequam ex utero egrediatur, vel postquam natus est. Si primum, non vocatur proprie tale crimen *parricidium*, seu *abortus procuratio* [...] Si autem mors infanti, jam nato, infertur, hoc potest contingere adhuc dupliciter, puta, positive, aut negative; positive quidem per ferrum, laqueum, suffocationem, ac multiplicibus aliis modis, quibus vis infertur, quos enumerat *Carpzovius*, & hoc, si malo dolo fiat, est verum *parricidium*. Negative est, quando Mater non praestat ea, quae praestare tenetur, & necessaria sunt ad vitam, & educationem infantis; & hoc dupliciter adhuc potest contingere, puta, quando Mater non solum non praestat ea, quae praestare filio tenetur, sed etiam eum sinit, aut collocat in loco, in quo illa ab aliis praestari, aut simpliciter, aut nisi ex raro accidenti, non possunt, & quando Mater, debita filio, omittit, collocando illum in loco, in quo illa ab aliis praestari posse, verisimiliter sperare potest».

[450] El neonaticidio es una suerte de arquetipo por sinécdoque del infanticidio, en tanto este concepto no consigue hacer valer su raíz estricta de afección amplia a la infancia. En la España moderna, no hay una regulación singular y específica del neonaticidio, con la excepción del romanizado Derecho valenciano, en *Fori Regni Valentiae* (1547) 9.7.77: «Hom, o fembra qui son fill ociura, o si fembra que sera prenys en qualque guisa lo part que hauia el ventre ociura sia cremada». Esta ausencia legislativa no impide una práctica judicial y una doctrina jurídica armónica con la evolución del neonaticidio en el resto de Europa. Pero el silencio legislativo explica que, mientras el Código penal francés de 1810 contemplará a la antigua usanza el infanticidio neonaticida (artículo 300: «Est qualifié infanticide le meurtre d'un enfant nouveau-né»), en una operación semántica en la que ahora el neonaticidio ha incorporado como propio, formalmente, el término de infanticidio, el Código penal español de 1822 guardará silencio, conforme por lo demás a la tradición recogida en Antonio Xavier Pérez y López, *Teatro de la legislacion universal de España é Indias, por orden cronológico de sus cuerpos y decisiones no recopiladas, y alfabetico de sus titulos, y principales materias*, tomo XVI, Madrid, En la imprenta de don Antonio Espinosa, 1797. A partir del Código penal español de 1848 el infanticidio, rubricando capítulos, se explaya con su significado una vez más neonaticida, así en el artículo 327: «La madre que por

La tipicidad de la *expositio infantium* ha tenido que aprovechar este modo de neonaticidio o libericidio que no es estrictamente parricidio, reservado al homicidio directo, de la misma manera que el parricidio del neonaticidio permite ratificar la cualificación de la pena

---

ocultar su deshonra matare al hijo que no haya cumplido tres dias, será castigada con la pena de prision menor. Los abuelos maternos que para ocultar la deshonra de la madre cometieren este delito, con la de prision mayor. / Fuera de estos casos, el que matare á un recien nacido incurrirá en las penas del homicidio» (igual, el artículo 336 de la reforma de 1850); el artículo 424 del Código penal de 1870 solo cambiará la primera pena por la de prisión correccional en sus grados medio y máximo, y el último párrafo someterá los casos no contemplados, siempre de muerte de un recién nacido, a las penas del parricidio o del asesinato; el artículo 524 del Código penal de 1928 cambiará la primera pena por la de seis meses a cuatro años de prisión y la segunda por la de cuatro a ocho años de prisión, manteniendo la regulación del último párrafo; y este último párrafo será suprimido en el artículo 416 del Código penal de 1932, que conserva los dos primeros unificando la pena de madre y abuelos maternos (siempre actores con la finalidad de ocultar la deshonra) en la de prisión menor en sus grados mínimo y medio, una solución normativa que repetirá el artículo 410 del Código penal de 1944 pero con la pena de prisión menor. Nótese que aquellos casos no contemplados por el artículo que regula el neonaticidio han de ser supuestos también de neonaticidio, hasta el momento en el que ni siquiera sea contemplada esta apertura normativa. El decreto 3096/1973 de 14 de septiembre que aprobaba el texto refundido del Código penal todavía mantendrá en su artículo 410 la solución infanticida neonaticida en los términos recogidos por el Código penal de 1944. Será tras el ominoso silencio de la ley orgánica 10/1995 de 23 de noviembre, cuando la reforma del Código penal por ley orgánica 1/2015 de 30 de marzo adoptará tres medidas: un acotamiento de edad infantil y púber en el seno de la minoría; una configuración del infanticidio (término silenciado) amplio en sentido estricto, homicida cualificado (especie de asesinato) y no estrechamente neonaticida ni libericida; y una reformalizada protección con normativa singular de los menores frente a las agresiones sexuales. Así, «Setenta y ocho. Se modifica el artículo 140, que tendrá la siguiente redacción: 1. El asesinato será castigado con pena de prisión permanente revisable cuando concurra alguna de las siguientes circunstancias: / 1.ª Que la víctima sea menor de dieciséis años de edad, o se trate de una persona especialmente vulnerable por razón de su edad, enfermedad o discapacidad»; y «Noventa y siete. Se modifica el artículo 183, que tendrá la siguiente redacción: / 1. El que realizare actos de carácter sexual con un menor de dieciséis años, será castigado como responsable de abuso sexual a un menor con la pena de prisión de dos a seis años. / 2. Cuando los hechos se cometan empleando violencia o intimidación, el responsable será castigado como responsable de abuso sexual a un menor con la pena de prisión de dos a seis años».

del homicidio y no la estrictamente parricida[451]. Pero la práctica judicial demuestra a la par que el infanticidio no requiere forzosamente la concurrencia de la *expositio infantium*, y que la pena cualificada de muerte no tiene por qué traducirse en la propia del homicidio cualificado, sino que puede ser rigurosamente la propia pena del parricidio[452].

Solo sería viable un infanticidio, en sentido amplio contra todo infante de ambos sexos propio o extraño, desde una preocupación muy subrayada por la infancia, desde el punto de vista de la violencia de la muerte, que superase la reducción familiar o doméstica en la que la tipicidad se haya cubierta por el aborto y el parricidio como tensiones extremas que absorben el neonaticidio y el libericidio. Anne-Marie Kilday considera que es en el siglo XVIII cuando se impone una política pública de protección de la «innocent blood» que se suma a la violación de la naturaleza percibida en la muerte de un hijo por su madre y se combina con el vínculo ya subrayado entre las conductas crimi-

---

[451] Así, en el pleito contra Estefanía López (en Castilla, La Puebla de Alcocer, 1618) el neonaticidio, que será calificado como filicidio, se considera expresamente un parricidio. (APÉNDICE, ff. 32r, 33r.)

[452] En el pleito contra Manuela Boto (en Castilla, Cangas de Tineo, 1789-1795) no hay abandono sino degüello de la criatura recién nacida; la obligación criminal y penal por parricidio que rige en el infanticidio neonaticida es palmaria en la querella del promotor fiscal: «pues es bien sabido por derecho que todo padre que da muerte a hijo suio, asi como este, a ascendiente, deben ser castigados con la pena ordinaria de muerte; encubados, y arrojados a rio, o mar vibos con fieras, y animales contrarios a su natural, o a lo menos, usandose de toda benignidad deben ser ahorcados, y descuartizados, mediante que el delito es de los maiores que se pueden verificar y repugnante al natural de lo humano, pues la fiera y vestia mas cruel no mata sus hijos antes bien los cria, y defiende de todo peligro, anteponiendo su vida en qualesquiera riesgo; la citada pena tienen los que coadiuban directa, o indirectamente y de qualesquier modo en semejante delito, con que siendolo tan claramente coadiubante, y culpado el don Joachin, no se halla por donde se le pueda liberar, y mas quando la justificacion que quiso hacer en su abono, le destruye, y quita toda defensa, porque quanto acredita de la mala conducta de la Manuela, es fuerte torcedor de su justicia, porque maior delito es tratar con una muger mundana, licenciosa y de torpe vida que con la honesta, y recatada, y por lo mismo que sabia lo que havia executado en el parto de la Cabaña de Palacios, pudo serle facil influirla, o precisarla a que hiciese en este lance, lo que hizo, y mas quando se le quiere tratar de sencilla, y docil». (ARCHIVO DE LA REAL CHANCILLERÍA DE VALLADOLID, Pleitos criminales, caja 0625.0005.)

nales y la inmoralidad sexual[453]. Pero esa viabilidad alcanza exclusivamente, con el aliento de ciertos modelos de violencia sexual, a una prototipicidad del infanticidio[454].

---

453 Kilday, *Women*, cit., pp. 60-62.

454 Aun prototipicidad práctica, si, como dice Kilday, *Women*, cit., p. 63, «The deficiency of statistics related to infanticide is compounded by the fact that in the cases that were brought to court, the degrees of proof necessary to charge a suspect in the first place were somewhat derisory. It is clear that many indictments were founded on little more than circumstantial neighbourhood gossip or unsubstantiated rumour rather than on firm 'material' evidence or wrong-doing. In this way infanticide looks like a close cousin of witchcraft».

APÉNDICE:
PLEITO CONTRA ESTEFANÍA LÓPEZ (1618)

Processo Criminal que la Justicia de la villa de La Puebla de Alcocer remite conpulsado a los dichos alcaldes del crimen de la Real Audiencia de Granada para que conste la justificazion que tubo para ahorcar a Estefania. Vista del lugar de las Casas de Don Pedro sin enbargo de appellazion. (Archivo Histórico Nacional, Sección Nobleza, Osuna, C. 400, D. 73.)

Año de 1618.

Va cerrado y sellado.

[1] Bexar... Puebla de Alcocer. 31... Agosto... Año... 1618.

[2r] Su merced el dicho alcalde recibio juramento della diga y declare si la dicha Estefania esta preñada o lo a estado y aviendo celebrado el juramento en forma de derecho dixo que la dicha Estefania tiene calostros y en tenerlos nos demuestra estar o aver estado preñada y prosiguiendo en la pregunta se le torno a mandar a la dicha comadre la tornase a mirar y yo el presente escrivano alzando las faldas de la saya le vide las piernas llenas de sangre y que demostraria aver parido y preguntandole que avia fecho lo que habia parido dixo que en casa de su padre lo tenia y que lo avia parido sin dias y estava muerto y luego su merced el dicho alcalde en compañía de mi el presente escrivano y de Llorente Sanchez hijo de Diego Ruiz y de Alonso Ruiz de Cebrian Garcia y Francisco Sanchez Quexal y Francisco Sanchez Cabañas y el hijo de Francisco Sanchez Cabañas vezinos deste dicho lugar y yendo con nosotros la dicha Estefania a el ultimo aposento de la casa del dicho Pedro Garcia padre de la dicha Estefania y junto a una

cama y en el suelo estava un niño varon que parecia estar rebuelto en la tierra. [2v] Y baja y alzandole del suelo la dicha Marta Muñoz mostro y parecio ser de edad de poder aver nacido a luz y esta muerto y andandolo mirando a ver si tenia algun golpe o herida y parecio tener una herida en el pescuezo en el lado izquierdo degollado y otra cruzada en la oreja yzquierda digo en el pecho izquierdo y la oreja yzquierda desgarrada de todo lo qual su merced el dicho alcalde mando a mi el presente escrivano de ser testimonio dello y yo doy fe que la dicha criatura estava muerta y con las dichas heridas segun dicho es y enterragada y llena de paxa que parecia aver estado entre paxa por que dello conste lo firme y sume el dicho alcalde Juan de Mansilla ante mi Diego de Velasco escrivano.

En este dicho lugar Casas Don Pedro en este dicho dia mes e año dichos para mas averiguacion su merced dicho alcalde recibio juramento en forma devida de Pedro de Alonso Garcia del Balle el sastre morador en este dicho lugar y ello hizo y celebro y su cargo del prometio de dezir verdad y siendo preguntado [3r] al tenor de la cabeza del proceso y lo que sabe de este caso es que yendo oy dicho dia a puestas del sol a casa que avia dexado de coger en casa de Juan Garcia de Pedro algo le dixo a este Maria Morena su muger ve y aqui que dicen que esta de parto Estefania la hija de Pedro Garcia Magariño y ansi como se lo dixo a este vino a el dicho alcalde y le dixo lo que avia oydo y que vido como el dicho alcalde en compañia de mi el presente escrivano fue a hazer deligencias sobre ello y andandolas haziendo oyo dezir que avian hallado una criatura acabada de nacer y muerta y que tenia unas heridas y que esto es lo que sabe y la verdad y ques de edad de treinta y cinco años poco mas o menos y no firmo por no saber. Firmolo su merced el dicho alcalde Juan de Mansilla ante mi Diego de Velasco escrivano.

Este dicho dia en el dicho lugar Casas Don Pedro este dicho dia mes y año dichos para mas averiguacion su merced el dicho alcalde le recibio juramento en forma devida de derecho y Llorente Sanchez el mozo hijo de Diego Ruiz vezino deste dicho lugar del qual fue recibido juramento en forma [3v] devida de derecho y el lo hizo e celebro y so cargo del prometio de dezir verdad y siendo preguntado diga y declare acerca de lo contenido en la cabeza de proceso dixo que lo que sabe es que esta noche le vino a llamar Francisco Sanchez Cabañas el moço hijo de Juan Sanchez Cabañas que estava en casa del dicho alcalde y le dixo quel lo venia a llamar que le llamava su merced y este testigo fue luego a casa de Pedro Garcia Magariño el Viejo a donde estava dicho alcalde y yo el presente escrivano y entrando en casa de dicho Pedro Garcia vido este testigo que en el aposento cabeza de la casa junto a una cama estava en el suelo una criatura muerta llena de tierra y paja y sacandola a cuerpo de la casa y mirandola Marta Muñoz por mandado del dicho alcalde parecio que la criatura tenia una herida en el pescuezo en el lado izquierdo y tenia otra herida como punzada en el pecho y una oreja desgarrada y questo es lo que sabe y la verdad so cargo del juramento que tiene fecho y no firmo por no saber de claro ser de edad de veinte y cinco años poco mas o menos Juan de Mansilla ante mi Diego de Velasco escrivano.

[4r] E luego su merced el dicho alcalde trujo presos a casa de Francisco Sanchez de la Cruz alguacil a la dicha Estefania y a Pedro Garcia Magariño su padre y a Maria su hermana e hija de dicho Pedro Garcia y dexo en casa de dicho alguacil a los dichos Estefania y Maria y al dicho Pedro Garcia metio en la casa del posito del Rubio y puso por guardas de las dichas Estefania y Maria a Francisco hijo de Juan Sanchez Cabañas y a Sevastian de Avalos vezino de este dicho lugar y al dicho Pedro Garcia para mas seguridad puso por guardas a Anton Serrano el mozo y a Juan Lopez zapateros vezinos deste dicho lugar y se les encargo tengan en guarda y custodia a los dichos prisioneros y atento a que estan en la plaza y cerca de la casa del dicho alcalde se les encargo que en ofreciendoles necesidad de favor llamen a el dicho alcalde que doy fe Juan de Mansilla Diego de Velasco escrivano.

E despues de lo susodicho en este dicho dia mes e año dichos su merced el dicho alcalde atento a ser muy noche torno a las Casas del dicho Pedro Garcia y cerro las puertas del corral y echo las llaves a un arca que [4v] estava en un aposento y puso por guardas de la casa a Alonso Ruiz Cardador y a Pedro Martinez deste dicho lugar a los quales les encargo tengan en guardia y custodia los bienes que estan en la dicha casa hasta en la mañana martes veinte y seis de este presente mes para ynventariarlos y hazer deposito dellos de que yo el escrivano doy fe Juan de Mansilla ante mi Diego de Velasco escribano.

En este dicho dia mes e año dichos su merced el dicho alcalde visto que este caso es gravisimo y quel delito es orrendo y de lo que se a visto consta y parece aver sido necesario hazer todas las averiguaciones posibles para saber si ay en este caso mas complices y culpados fue a la carcel donde estava la dicha Estefania y la dicha Maria su hermana y recibio juramento de la dicha Estefania diga y declare que personas fueron en parte alla y ayudarla y pues consta y parece que la criatura fue muerta de las heridas que le dieron diga y declare quien se las dio y quien sabia que estava preñada y aviendo jurado en forma de derecho por Dios y por una cruz dixolo que no avia halladose persona [5r] aparte alla ni ella sabe de persona que supiese questuviese preñada y que lo requeria al dicho alcalde prendiese a Alonso Benitez Cano vezino deste dicho lugar que era el padre de la criatura fuele preguntado si el dicho Alonso Benitez o otra persona alguna le dixeron o encitaron que matase la criatura dixo que no y preguntandole que pues la criatura esta herida en el pescuezo y oreja y pecho diga y declare con que se le dieron aquellas heridas dixo que avia nacido ansi y que aquello era la verdad so cargo del juramento y este tiene fecho y no firmo por no saber firmolo su merced el dicho alcalde Juan de Mansilla ante mi Diego de Velasco escrivano.

En vista de la dicha declaracion de la dicha Estefania por su merced el dicho Juan de Mansilla alcalde y el requerimiento firmado por dicha Estefania fue en casa de Martin Caballero posada del dicho Alonso Benitez y su merced el dicho alcalde le prendio y truxo a su casa de que doy fe Diego de Velasco.

E luego su merced el dicho alcalde [5v] prosiguiendo en la dicha causa hizo parecer ante si a Francisco Sanchez Logroño vezino deste dicho lugar persona que fue con el dicho alcalde a casa del dicho Pedro Garcia Magariño y del recibio juramento en forma devida de derecho y el lo hizo e sello y so su cargo del prometio de dezir verdad y siendo preguntado al tenor de la cabeza del proceso dixo que lo que sabe es que pasando anoche del anochecer por la calle de la carneceria salio alli de casa de Pedro Garcia su merced el dicho alcalde y le dixo que entrase en casa y entran, fue y en compañia del dicho alcalde vido que estava una criatura en el suelo muerta y que la alzo Marta Muñoz comadre y mirando el dicho niño vido que tenia una herida la criatura en el pescuezo y la dicha Marta Muñoz le dixo a mala muger como as hecho esto y questo es lo quel sabe y la verdad so cargo del juramento que tiene firmado y ques de edad de treinta y quatro años poco mas o menos y lo firmo y su merced el dicho alcalde Juan de Mansilla Francisco Sanchez Logroño Diego de Velasco escrivano.

[6r] En este dicho lugar Casas Don Pedro en veinte y seis dias del mes de junio de mil seiscientos y diez y ocho años para mas ynformacion su merced el dicho alcalde reçibio juramento de Francisco Sanchez Cabañas el mozo hijo de Francisco Sanchez Cabañas morador en este dicho lugar del qual su merced el dicho alcalde recibio juramento

en forma devida de derecho y el lo hizo e celebro y so cargo del prometio de dezir verdad y siendo preguntado al tenor de la cabeza del proceso dixo que lo que sabe es que anoche al anochecer yendo la calle abaxo de la plaza a entrar en la calle de la carneceria le llamaron su merced el dicho alcalde y yo el presente escrivano para que juntamente con ellos entrase en casa de Pedro Garcia Magariño y entrando en la casa del dicho Pedro Garcia y yendo mirando hallaron una criatura junto a una cama en un aposento la criatura que parecia aver sido nacida de aquel dia y alzandola del suelo donde estava enterregada y llena de pajas vido que el dicho niño estava muerto y que [6v] tenia una herida en el pescuezo de la qual dicha herida estava muerta la dicha criatura y esto es lo que sabe y la verdad so cargo del juramento que tiene fecho y no firmo por no saber declaro ser de edad de veinte años poco mas o menos firmolo su merced el dicho alcalde Juan de Mansilla ante mi Diego de Velasco escrivano.

E despues de lo susodicho en este dicho lugar Casas Don Pedro este dicho dia mes e año dichos para mas averiguacion del caso su merced el dicho alcalde recibio juramento de Maria hija del dicho Pedro Garcia Magariño hermana de la dicha Estefania y ella lo hizo y celebro y so cargo del prometio de dezir verdad y siendo preguntada al tenor de la cabeza del proceso diga y declare si sabia que la dicha Estefania su hermana estava preñada y que quando pario quien la parteo y si hallo con ella a el parte alla quando pario y por que causa ayer veinte y cinco dias deste presente mes le dio su padre de palos y ella estuvo que no fuese la dicha Estefania su hermana a regar una [7r] ortaliza que estava en su huerto = dixo que ella nunca supo que la dicha su hermana estava preñada ni la vido parir ni supo si avia parido hasta que entrando el dicho alcalde y otra gente que yva con el vido que en casa del dicho su padre en un aposento junto a una cama vido questava una criatura en el suelo muerta y sacandola al cuerpo de casa Marta Muñoz vezina deste dicho lugar oyo dezir que el dicho niño tenia una herida y questo es lo que sabe es la verdad so cargo del juramento que tiene fecho y que es de edad de veinte y cinco años poco mas o menos y no firmo por no saber firmo el dicho alcalde Juan de Mansilla ante mi Diego de Velasco escrivano.

En este dicho lugar Casas Don Pedro donde este dicho dia mes e año dichos el dicho alcalde fue a las casas del posito del Rubio a donde estava el dicho Pedro Garcia preso y su merced el dicho alcalde recibio juramento en forma devida de derecho del dicho Pedro Garcia y el lo hizo e celebro y so cargo del prometio de dezir verdad y siendo preguntado diga y declare [7v] si sabia que su hija Estefania estava preñada y que avia parido ayer veinte y cinco dias deste presente mes y aviendo parido un niño le mataron y se le hallo muerto en un aposento de su casa dixo que no avia sabido ni sabia ni entendido cosa alguna del caso hasta que anoche vido que fuera justicia a su casa y dezian que avian hallado un niño muerto y el dicho alcalde le prendio y truxo a la prision donde esta y questo es lo que sabe y la verdad so cargo del juramento que tiene fecho y no firmo por no saber y ques de edad de mas de sesenta años poco mas o menos y lo firmo el dicho alcalde Juan de Mansilla ante mi Diego de Velasco escrivano.

Secuestro. En este dicho lugar Casas Don Pedro este dicho dia mes e año dichos su merced el dicho alcalde fue en casa del dicho Pedro Garcia Magariño y hizo secuestro e ynventario de todos los bienes que hallo ser del dicho Pedro Garcia Magariño que son los siguientes.

[8r] Primeramente unas casas que alindan con casas de Fernando Alonso y casas de los erederos de Juan de Herrera Benitez questa frontero de la carneceria.

Y una cerca y guerto de camino de la barca que alinda con el arroyo del Pilar y con guerto de Pedro Garcia Correas vezinos deste dicho lugar.

Y una viña en la manchuela alindando con viña de Diego Benitez y viña de la biuda de Orellana vezinos deste dicho lugar.

Y un borrico rucio y su aparejo.

Y una mesa de quatro pies.

Y una mesa de gonces tabla y pie.

Un arca de vino.

Un paño viejo.

Y una estera y en ella tres sartenes sin cuasadores y un cazo y seis cucharas.

Y un plato destaño.

Y veinte platos de barro de diferentes pinturas y blancas.

Quatro escudillas blancas.

Un cantaro.

Un torno de hilar lana.

Otro torno de hilar digo un arca vieja.

[8v] Diez usadas de hilado destopa.

Y una caldera y un caldero viejo.

Una tinaja como de seis arrobas.

Otra tinaja como de quatro arrobas.

Un cuchillo de monte y un cuchillo pequeño.

Una tinaxa que hara treinta arrobas.

Otra tinaxa de diez y seis arrobas.

Otra de seis arrobas.

Otra de diez arrobas.

Una almohada de asiento.

Una hazalexa vieja.

Un dardo con su asta.

Una espada ancha antigua.

Era de los questavan en guardia.

Una hacha de hazer leña.

Una cama armada con una gerga y colchon viejo y una savana y un delantal y una almohada todo viejo.

Tres pañuelos pintados de barniz viejos.

Una caldera vieja quebrada.

Un cofrecillo vareteado viejo.

Dos valonas.

[9r] Un cordon de san Francisco.

Un paño de manos.

Unos brazales de Catalunya traydos.

Una sobremesa de color.

Dos piezas de bocaran nuevas repujadas para almadraquexas.

Y siete almohadas de bocaran en pieza.

Y un manto de anascote viejo.

Unos brazales de paño azul con unos brazaletes de terciopelo negro.

Un ferreruelo negro de paño usado.

Un paño pintado de barnis nuevo y con la pintura de santa Ana.

Un pañito pintado con la huyda a Exito.

Otro paño mayor de la misma pintura.

Otro paño nuevo con la asuncion de Nuestra Señora de Agosto.

Una savana de cerro usada de dos piernas y con una red de dos varas y media en largo.

Dos goteras de rei.

Una agua negra vieja y con la pintura de la madre de Dios.

[9v] Un delantal de cama vieja.

Unos papeles en una bolsa de pergamino.

Un cobanillo de bringe.

Un badil de hierro.

Una ralladera unas tixeras viejas.

Un calabozo.

Una berra de corobo con una poca sal.

Una aseitera vedriada.

Un cobanillo de brinbe.

Seis ovillos de hilado blanco.

Cuatro madexas de hilado de lino cerro.

Dos sillas viejas de costillas.

Unos ataderos de estopa por hilar como una libra.

Catorze cerros de lino.

Un banco de quatro pies.

Una escalera de mano.

Dos madexas destopa.

Ocho ovillos de hilado mediano.

Una pesa de dos libras de hierco digo quatro libras.

Los quales dichos bienes de suso ynventariados su merced el dicho alcalde hallo [10r] ser del dicho Pedro Magariño y mando se depositen en Simon Gonzalez deste dicho lugar a el qual mando se le notifique y se entregue en ellos y otorgue deposito dellos donde no que le apremiara a ello y lo firmo Juan de Mansilla ante mi Diego de Velasco.

Este dicho dia mes e año dichos lo notifique al dicho Simon Gonzalez de que doy fe Diego de Velasco.

Deposito. E despues de lo susodicho en este dicho lugar Casas Don Pedro este dicho dia mes e año dichos ante mi el presente escrivano y testigos aqui contenidos parecio el dicho Simon Gonzalez y otorgo que se constituya y constituyo por depositario de los dichos bienes contenidos en el ynventario antecedente del dicho Pedro Garcia y se obligo de tenerlos de manifiestos y de darlos y entregarlos cada que le sea mandado por juez competente pudiendo decaer y encurrir en las penas en que caen y encurren los depositarios que no dan quenta de los depositos que se les entregan de mas que los [10v] pagara de sus bienes diose por entregado en ellos a su voluntad y en razon de la entrega por quanto de presente no parece renuncio ally de la entrega prueva y paga con las demas deste caso y otorgo deposito en forma para lo qual obligo su persona y bienes muebles y raizes avidos y por aver dio poder a las justicias de su magestad para que le conpelan a ello por todo rigor recibiolo por sentencia pasada en cosa juzgada sobre que renuncio las leyes e derechos de su favor y la general y derechos della y el otorgante que yo el escrivano conosco cofirmo siendo testigos Juan Garcia Ballestero Pedro Martinez su hijo y el bachiller Logroño vezinos deste dicho lugar Simon Gonzalez ante mi Diego de Velasco escrivano.

Auto. En este dicho lugar Casas Don Pedro este dicho dia mes e año dichos su merced el dicho Juan de Mansilla alcalde mando remitir estos autos a la justicia de la villa de La Puebla de Alcocer para que les conste del caso [11r] y vengan a prover justizia y lo firmo Juan de Mansilla ante mi Diego de Velasco escrivano.

Del dicho vicario Carvajal teniente de corregidor en la villa de La Puebla de Alcocer y en todo su vizcondado por el presente cometo y mando a don Pedro de Bustos y Viedma alguacil mayor desta dicha villa y su tierra que luego que con esta mi comision sea requerido el y el presente escrivano vayan a el lugar Casas Don Pedro y hagan averiguacion si una criatura que pario una hija de Pedro Garcia Magariño el viejo vezino del dicho lugar esta viva o muerta o que conplices o culpados ay en la dicha muerte y quien dio favor y ayuda en la dicha muerte y quienes fueron culpados en ella haziendo las diligencias y averiguaciones necesarias prendiendo a culpados y secuestrandoles sus bienes y ponellos en deposito en pago y cuenta abonada y los acusados traellos a la carcel desta villa tomandolos pareceres y procesos de poder de qualquier justicias o escrivanos que los tuvieren y si no los dieren proceder [11v] con traellos que para ellos para cobrar sus derechos y salarios les doy poder y comision en forma qual de derecho se requiere Francisco Hernando en la villa de La Puebla a veinte y seis de junio de mil seiscientos dieziocho años Pedro dicho vicario Carvajal Rodrigo de Campos escrivano.

En la dicha villa de La Puebla de Alcocer en el dicho dia veinte y quatro de junio de dicho año notifique este por comision atras contenida a Pedro de Bustos y Medina alguacil mayor que estava en todo su vizcondado el qual la aceto dello doy fe Don Pedro de Bustos Rodrigo de Campos escrivano.

En la villa de La Puebla en el dia mes e año dichos el dicho Pedro de Bustos alguacil mayor juntamente conmigo el presente escrivano y con Miguel Perez teniente de alguacil partimos de la dicha villa de La Puebla [12r] a dar a el lugar Casas Don Pedro donde allegamos todos juntos con media ora de noche y hezimos las deligencias siguientes testigos dello Francisco de Ballejo y Francisco de Escobar vezinos desta dicha villa de Puebla de Alcocer Rodrigo de Campos escrivano.

Auto. En el lugar Casas Don Pedro jurisdicion de la villa de La Puebla de Alcocer martes veinte y seis de junio de mil y seiscientos dieziocho ante el señor don Pedro de Bustos alguacil mayor de la dicha villa y teniente de corregidor en ella y su vizcondado fui a casa de Francisco Hernandez alguacil donde suelen tener los presos deste dicho lugar y donde hallo presas con unos grillos a Estefania e Maria hijas de Pedro Garcia Magariño el viejo vezinas del dicho lugar y por no aver en el otra carcel ni otras prisiones mas de los grillos que las susodichas tienen puestos se las entrego a Juan de Mansilla alcalde ordinario [12v] del dicho lugar y a Francisco Sanchez Cabañas el mozo hijo de Juan Sanchez Cabañas y Sebastian de Avalos vezino deste lugar e les mando que so pena de cien mil maravedis para la camara del duque mi señor y gastos de justizia por mitad tengan presas ally en fiel custodia y guardia a las dichas Estefania y Maria y no dexen entrar a ninguna persona a hablar con ellas so pena que se executara la dicha pena e yncurriran en las demas penas que por el derecho estan establecidas y lo firmo don Pedro de Bustos y Viedma Rodrigo de Campos escrivano.

En este dicho lugar en el dicho dia notifique el dicho auto a Juan de Mansilla alcalde en su persona de que doy fe el qual dixo questa presto de guardar y cumplir el auto como en el se contiene Rodrigo de Campos escrivano.

En este dicho lugar en el dicho dia mes notifique [13r] el dicho auto a Sebastian de Avalos y a Francisco Sanchez Cabañas y a cada uno de por si en su persona della doy fe Rodrigo de Campos escrivano.

En el dicho lugar Casas Don Pedro en el dicho dia mes e año dichos el dicho don Pedro de Bustos alguacil mayor de la dicha villa de La Puebla y su vizcondado aviendo sido ynformado que el dicho Pedro Garcia Magariño padre de las dichas Estefania e Maria esta preso en las casas del posito deste lugar fue a requerir las prisiones y lo allo el dicho posito cerrado las puertas con un candado por de fuera y mandandole abrir entro dentro y vido a el dicho Pedro Garcia preso con unos hierros de cavallo por no aver otras prisiones y se lo entrego a el dicho alcalde y le mando a el susodicho y a Juan Lopez y a Anton Serrano vezinos deste dicho lugar guardar las puertas tengan preso y a buen recaudo a el [13v] susodicho de forma que no se vaya ni ausente so pena de cien mil maravedis para la camara del duque mi señor y que se procedera contra ellos como contra personas que ni dan quenta de los presos que les son entregados y y ansi lo mando e firmo don Pedro de Bustos Rodrigo de Campos escrivano.

E luego yo el escrivano notifique el dicho auto a Juan de Mansilla alcalde en su persona dello doy fe Rodrigo de Campos escrivano.

En este dicho dia notifique el dicho auto a Juan Lopez y a Anton Serrano guardas a cada uno de por si en sus personas dello doy fe Rodrigo de Campos escrivano.

En el dicho lugar Casas Don Pedro en el dia veinte y seis de junio de dicho año su merced el dicho don Pedro de Bustos alguacil mayor de la dicha villa dixo que atento a que la criatura que pario la dicha Estefania tiene [14r] heridas en su cuerpo y en el pescuezo que mandan demando que Juan Garcia barvero y cirujano deste dicho lugar y otras tres o quatro personas onrradas del vean la dicha criatura y declaren si nacio con dias o no y si las dichas heridas son penetrantes y mortales y murio dellas y ansi lo mando y firmo don Pedro de Bustos y Viedma Rodrigo de Campos escrivano.

En el dicho lugar Casas Don Pedro en el dicho dia veinte y seis de junio del dicho año el dicho don Pedro de Bustos alguacil mayor desta dicha villa en virtud de la dicha comision tomo e recibio juramento segun derecho de Juan Garcia barvero y cirujano deste dicho lugar y el lo hizo efecto prometio de dezir verdad y siendo preguntado por el auto atras contenido dixo que el vido un niño que parecia aver nacido con sus dias porque tenia todos mienbros enteros y crecido como los demas nacen que tienen dias questa en casa de Juan de [14v] Mansilla alcalde ordinario deste lugar el qual tiene cinco heridas que es una de la oreja yzquierda desgarrada que solamente se tenia en un poquito a la parte de abaxo y en la garganta a la parte yzquierda degollado de dos heridas una de las dos mas alta que otra y una estocada en la teta yzquierda sobre el corazon y otra en el pecho bajo el lado derecho y otra en el molledo del brazo izquierdo las quales dichas heridas son penetrantes e mortales y parecen aver sido dadas a mano y con la de la teta izquierda basta solamente para matallo de mas que estava degollado y tenia las demas heridas las quales son frescas y dadas de poco y esto es lo que sabe y la verdad y siente del caso so cargo del juramento que tiene fecho e lo firmo y ques de edad de quarenta años poco mas o menos tiempo = don Pedro de Bustos y Viedma Juan Garcia Rodrigo de Campos escrivano.

[15r] En el dicho lugar Casas Don Pedro en el dicho dia mes y año dichos su merced el dicho don Pedro recibio juramento en forma de derecho de Juan Garcia Ballestero vezino deste dicho lugar y el lo hizo e fecho prometio de dezir verdad y siendo preguntado por el auto atras contenido dixo que estando el presente este testigo y Juan Garcia barvero y cirujano y unas personas vezinos deste lugar por medio del dicho don Pedro vieron un niño questa muerto en casa de Juan de Mansilla alcalde ordinario deste dicho lugar que dizen aver parido Estefania hija de Pedro Garcia Magariño vezino deste dicho lugar el qual estaria con una herida fresca en el pescuezo en el lado izquierdo que parecia estar degollado y una estocada en la teta izquierda sobre el corazon y otra estocada en el pecho y otra en el molledo del brazo y otra cuchillada en la cabeza en que tenia cortada la oreja yzquierda las quales dichas heridas eran frescas [15v] y de pocos dias e parecian ser penetrantes e mortales que qualquiera dellas del pecho o garganta bastava para matar un ombre muy fuerte y rebusto e parecen ser da-

das por mano y esto es lo que sabe y la verdad so cargo del juramento que hizo e lo firmo y ques de edad de cinquenta y siete años poco mas o menos tiempo don Pedro de Bustos Francisco Garcia Ballestero Rodrigo de Campos escrivano.

En el dicho lugar Casas Don Pedro en el dicho dia mes e año dichos su merced el dicho don Pedro recibio juramento segun derecho de Pedro de Villana morador en este dicho lugar y el lo hizo efecto prometio de dezir verdad y siendo preguntado por el auto atras contenido dixo queste testigo e Juan Garcia barvero y cerujano deste lugar y otras personas por mandado de su merced el dicho don Pedro vieron un niño questava muerto en casa de Juan de Mansilla alcalde ordinario deste lugar que [16r] dijo averlo parido Estefania hija de Pedro Garcia Magariño vezino deste lugar el qual parecia estar de sus dias enteros y ser varon el qual tenia la oreja izquierda cortada de una cuchillada y otra herida en el pescuezo en el lado yzquierdo que parecia estar degollado y otra estocada encima de la teta yzquierda junto al corazon y una en el pecho y otra en el molledo del brazo yzquierdo las quales heridas eran frescas e parecianse dadas a mano e penetrantes e mortales que qualquiera bastava para matallo y esto es lo que sabe y la verdad para el juramento que tiene fecho y lo faz y ques de edad de veinte y cinco años poco mas o menos tiempo = don Pedro de Bustos y Viedma Pedro de Orellana Rodrigo de Campos escrivano.

En este dicho lugar en el dicho dia mes y año dichos el dicho don Pedro juntamente conmigo el presente escrivano [16v] fuimos a casa de Juan de Mansilla alcalde ordinario deste dicho lugar donde vimos un niño questava muerto que parecio aver nacido de poco el qual tenia derribada toda la oreja y una herida en la cabeza y la oreja se tenia en un pellejo por la parte de abaxo y otra herida en el molledo del brazo izquierdo que parecia estocada y una herida destocada junto a la teta yzquierda y una herida en el pescuezo del lado yzquierdo como degollado las quales heridas el dicho don Pedro y yo el dicho escrivano las vimos por vista de ojos y dello doy fe y lo firmamos don Pedro de Bustos y Viedma Rodrigo de Campos escrivano.

Auto. En el lugar Casas Don Pedro en el dicho dia veinte y seis de junio del dicho año el dicho don Pedro de Bustos alguacil mayor de la dicha villa de La Puebla del Alcocer dixo que por quanto la dicha criatura que estava muerta huele mal [17r] y se an visto las heridas que tiene y si se le a de dar sepultura eclesiastica vuesa merced mando que la dicha Estefania declare que recibio agua de el Espiritu Santo y si declarare que la recibio mando se entierre en la yglesia deste lugar y si no que Francisco Escobar alguacil deste lugar con dos personas haga un hoyo en una cerca para que alli se entierre y ansi lo mando y firmo don Pedro de Bustos Rodrigo de Campos escrivano.

En el dicho lugar en el dicho dia mes y año dichos yo el dicho escrivano notifique el dicho auto a la dicha Estefania en la carcel donde estava presa la qual dixo que la dicha criatura nacio muerta y y que ansi no se bautizo y dello doy fe Rodrigo de Campos escrivano.

En el dicho lugar en el dicho dia notifique el dicho auto a Francisco de Escobar alguacil deste lugar para que se executase e dello doy fe Rodrigo de Campos escrivano.

[17v] En el dicho lugar en el dicho dia mes e año dichos el dicho Francisco de Escobar alguacil dio fe que el y Roque Ramirez y un hijo de Juan Otero vezinos deste lugar llevaron la dicha criatura a una cerca de Sevastian Garcia cercano vezino deste lugar y alli hicieron un hoyo y lo enterraron en el y dixo no sabe firmar Rodrigo de Campos escrivano.

Confesion de Estefania.

En el lugar Casas Don Pedro juridizion de la villa de La Puebla de Alcocer en veinte y siete de junio de mil seiscientos diez y ocho años su merced don Pedro de Bustos alguacil mayor desta dicha villa de La Puebla y todo su vizcondado fue a la carcel deste dicho lugar donde estava presa Estefania Lopez hija de Pedro Garcia Magariño vezino deste dicho lugar de la qual se tomo e recibio juramento segun derecho y ella lo hizo e fecho [18r] se le pregunto lo siguiente.

Preguntada como se llama y que edad tiene dixo que se llama Estefania Lopez y ques de veinte y cinco años poco mas o menos.

Preguntada diga y declare es verdad que esta confesante a estado preñada y a parido una criatura a luz y con dias varon diga de quien estava preñada y quando lo pario dixo que confiesa que a estado preñada nueve meses y que se enpreño de Alonso Benitez sastre vezino deste lugar y que no la uvo doncella y quien la llevo su virginidad fue Diego Fernandez ausente deste lugar mas que la barriga es del dicho Alonso Benitez porque a mas de un año que trata con esta confesante sin que aya tratado otra persona y que no a avido tercero ni medianero mas de ellos ambos y que pario de el lunes pasado veinte y cinco deste presente mes al ras de mediodia y que no sabe si lo [18v] pario vivo mas que luego que le pario le dio con una pizarra en el pescuezo y que no lloro ni oyo llorar a la dicha criatura mas que la verdad es que quando nacio la dicha criatura estava esta declarante en pie y cayo la criatura en el suelo y luego como cayo lloro y por que no fuese sentida la dicha criatura le dio las heridas del pescuezo y dexo la dicha criatura en el suelo entre unas pajuelas y se salio al cuerpo de casa y allego hasta un guerto que tiene en el camino de La Puebla y rego unas eras de legumbres que alli tenia y no bolvio a casa hasta de alli a un poco y vino a su casa y se puso a hilar al torno y antes de yr a el guerto y despues de parida tambien hilo al torno y no entro a ver la criatura hasta la noche que vino la justizia deste lugar a hazer deligencias [19r] y esta confesante entro en el aposento con la dicha justizia y el niño estava ya muerto.

Preguntada diga y declare pues confiesa que le dio la herida del pescuezo declare quien le dio las demas = dixo que confiesa que luego como pario le dio las demas heridas con la dicha piedra pizarra que tenia en la mano hasta que la mato.

Preguntada diga y declare si su padre y hermana desta confesante o el dicho Alonso Benitez o otra persona alguna supieron de la dicha muerte y le dieron fauor y ayuda o consejo para ello dixo que no.

Preguntada diga y declare que por que su padre desta confesante el dicho dia lunes vino con ella y con Maria su hermana o se supo o entendio algo de la dicha paricion dixo [19v] que su padre ni su hermana no saben cosa ninguna antes la dicha hermana le preguntava si estava preñada porque dezia tenia la barriga y esta confesante siempre lo nego.

Preguntada diga y declare pues la dicha criatura nacio viva como no le echo agua del bautismo dixo que no cayo en ello de turbada questava.

Preguntada diga declare que hizo de las pares donde las echo y a quien las dio dixo que ella despues que su hermana de casa las enterro en el corral en un hoyo que hizo.

Preguntada diga y declare pues dize que su hermana estava en casa quando pario como pudo parir sin que la viese ni sentieselo dixo que quando le dio los dolores del parto su hermana estava hilando al turno en el corral y su padre no estava en casa que andava por el lugar y la dixo a la dicha su hermana como estava de dolor [20r] de tripas que le queria venir su mes y ansi entro en el aposento donde suele dormir y alli pario sin la que viese nayde ni la sentiose y esta es la verdad para el juramento que tiene fecho y dixo no saber firmar don Pedro de Bustos Rodrigo de Campos escrivano.

Auto. En el lugar Casas Don Pedro en el dicho dia veinte y siete de junio del dicho año el dicho don Pedro de Bustos alguacil mayor de la dicha villa de La Puebla fue a las casas de la morada del dicho Pedro Garcia Magariño y entro en el aposento oscuro de la dicha casa donde estava una armadura de cama de dormir y en el suelo del dicho aposento estava una piedra de pizarra larga que pesaria mas de quatro libras la qual estava suelta del suelo y mirandola tenia una mancha de sangre y la dicha piedra era aguda por la una parte como cuchilla y tenia algunas puntas y su merced el dicho alguacil [20v] mayor mando a Juan de Mansilla alcalde ordinario deste lugar la tenga en su poder y no disponga della en manera alguna hasta que la dicha Estefania la reconosca si es con la que mato a el dicho niño y lo firmaron dello el dicho Juan de Mansilla e Simon Gonzalez don Francisco de Bustos Rodrigo de Campos escrivano.

Declarazion de Estefania.

En el lugar Casas Don Pedro en el dicho dia mes e año dichos el dicho don Pedro de Bustos alguacil mayor fue a donde estava Estefania presa y della recibio juramento segun derecho y ella lo hizo e fecho aviendole sido demostrado el auto y piedra contenida en el dicho auto de arriba dixo que el dicho canto que le a sido mostrado es con el que dio e mato a el niño que pario y la sangre que tiene [21r] el dicho canto es del dicho niño y esta es la verdad y ques de edad de veinte y cinco años y dixo no saber firmar don Pedro de Bustos y Viedma Rodrigo de Campos escrivano.

Auto. En el dicho lugar Casas Don Pedro en el dicho dia mes e año dichos su merced el dicho don Francisco de Bustos alguacil mayor de la dicha villa dixo que atento que este dicho lugar no tiene juridizion para conocer deste delito ni carcel cerrada en que tener presos a la dicha Estefania e Maria hermana mando las llevar presas a la carcel de la villa de La Puebla y se vayan con ellas y en compañia del dicho alguacil mayor y de mi el presente escrivano Miguel Perez teniente de alguacil e Francisco de Escobar vezino de la villa de La Puebla los quales vayan con las armas necesarias para que les den en fiel custodia y guardia a las susodichas a las quales mando vayan en dos bestias de albarda con dos pares de grillos y que no pasen con ellas cerca de yglesias ni ermitas [21v] ni zementerios ni otras partes sagradas y ansimismo mando lleuar el dicho canto y piedra con que la dicha Estefania dizen aver muerto a la dicha criatura y cofirmo don Pedro de Bustos y Viedma Rodrigo de Campos escrivano.

Este dicho lugar en el dicho dia notifique el dicho auto a Miguel Perez alguacil de que doy fe Rodrigo de Campos.

Respuesta. El qual dixo questa presto de cumplir el dicho auto como se le manda Rodrigo de Campos escrivano.

Este dicho dia en el dicho lugar notifique el dicho auto a Francisco de Escobar en su persona dello doy fe Rodrigo de Campos escrivano.

Respuesta. El qual dixo questa presto de cumplir el dicho auto como se le manda Rrodrigo de Campos escrivano.

En el lugar Casas Don Pedro juridizion de la villa de La Puebla de Alcocer en veinte y siete de junio de mil seiscientos y diez y ocho años ante su merced don Pedro [22r] de Bustos alguacil mayor de la dicha villa la presento el contenido Pedro Garcia Magariño vezino de la villa de La Puebla de Alcocer y morador en el lugar Casas Don Pedro ante vuesa merced paresco y digo que a mi me tiene preso Juan de Mansilla alcalde del dicho lugar sin saber la causa por que y como porque pido y suplico a vuesa merced mande soltarme libremente y sin costas o a lo menos debaxo de fianzas que desde luego ofrezco y pido justizia y para ello vuestra.

Auto. Su merced el dicho don Pedro mando que dando el dicho Pedro Garcia Magariño una fianza que cada y quando que por su merced el señor corregidor deste estado le fue demandado que se ponga preso se pondra en la carcel publica de la villa de La Puebla de Alcocer y si no se pusiere se pondra el tal fiador y hara cauzion por el e pagar a lo juzgado e sentenciado e mas veinte mil maravedis para la camara de su excelencia [22v] y ansi lo mando y firmo don Pedro de Bustos y Viedma Rodrigo de Campos escrivano.

En el lugar Casas Don Pedro juridizion de la villa de La Puebla de Alcocer a veinte y siete dias del mes de junio de mil seiscientos diez y ocho años ante mi el escrivano y testigo parecio presente Juan de Ledesma vezino deste lugar y dixo que fiava e fio del dicho vezino Garcia Magariño en tal manera que cada y quando que por su merced el corregidor de la villa de La Puebla de Alcocer desta juridizion le fuere mandado a el dicho Pedro Garcia Magariño que se presente preso en la carcel publica de la dicha villa de La Puebla de Alcocer se presentara y dira la causa de su prision y no se yra ni ausentara sin licencia de su merced so pena de que el como tal fiador se pondra en su lugar y pagara lo juzgado y sentenciado y mas veinte mil maravedis para la camara de vuesa excelencia el duque de Bejar mi señor y en todo lo fia y lo a conforme del auto [23r] atras contenido e para que ansi lo cumplira obligo su persona y bienes muebles y raizes avidos y por aver y dio poder cumplido a las justizias de su magestad para que le compelan como persona pasada en cosa juzgada y renuncio todas leyes de su favor y la ley Sancimus y Geromo y sus terminos en testimonio de lo qual lo otorgo testigos dello Francisco de Vallejo e Francisco de Escobar y Hernan Sanchez vezinos de la dicha villa y el otorgante que conosco lo firmo Juan de Ledesma Rodrigo de Campos escrivano.

En el lugar Casas Don Pedro juridizion de la villa de La Puebla de Alcocer en veinte y siete de junio de mil y seiscientos y diez y ocho años ante su merced don Pedro de Bustos alguacil mayor de la dicha villa la presento el contenido.

Petizion. Alonso Benitez Cano vezino de La Puebla de Alcocer y morador en el lugar Casas Don Pedro digo que yo estoy [23v] preso sin culpa ni saber la causa por que a vuesa merced pido y suplico me mande soltar libremente y sin costas algunas o a lo menos debaxo de fianzas que ofresco que al hazerlo ansi vuesa merced hara justizia la qual pido y costas para ello escrivano.

Auto. Su merced el dicho don Pedro mando que dando fianzas el dicho Alonso Benitez que cada y quando que por su merced el señor corregidor deste estado le fuere mandado que se pondra preso en la carcel publica de La Puebla de Alcocer se pondra y si no se pusiere se pondra el dicho fiador y hara cauzion por el e pagara lo juzgado e sentenciado e mas veinte mil maravedis de pena para la camara del duque mi señor mando sea suelto y lo firmo don Pedro de Bustos y Viedma Rodrigo de Campos escrivano.

Fianza. En el lugar Casas Don Pedro juridizion de la villa de La Puebla de Alcocer a veinte y siete dias del mes de junio [24r] de mil y seiscientos diez y ocho años ante mi el escrivano publico y testigo parecio Gaspar Fernandez de la Cuadrada vezino deste dicho lugar y dixo que fiava y fio a el dicho Alonso Benitez Cano en tal manera que cada y quando que por su merced el corregidor de la dicha villa de La Puebla desta juridizion le fuere mandado a el dicho Alonso Benitez que se presente preso en la carcel publica desta villa se presentara y dira la causa de su prision y no se yra ni ausentara sin licencia de su merced so pena de quel como tal fiador se pondra en su lugar e pagara lo juzgado e sentenciado e mas veinte mil maravedis para la camara del duque mi señor y en todo lo fia conforme a el auto atras contenido e para quel ansi cumplira obligo su persona y bienes muebles y raizes avidos y por aver y dio poder cumplido a las justizias de su magestad para que le compelan a ello como por sentencia pasada en cosa juzgada y renuncio todas [24v] leyes de su favor y la ley Sancimus y la Geromo y sus terminos en testimonio de lo qual lo otorgo segun dicho es siendo testigo fiador de Vallejo y Francisco Perez Cabezas y Juan de Mansilla vezinos de la dicha villa y el otorgante que conosco lo firmo Gaspar Fernandez de la Cuadra Rodrigo de Campos escrivano.

Segunda confesion de Estefania.

En la villa de La Puebla de Alcocer a veinte y ocho de junio de mil y seiscientos y diez y ocho años ante Pedro Pizarro Carvajal teniente de corregidor en la dicha villa fue a la carcel publica della donde estava presa Estefania Lopez vezina desta villa e moradora en las Casas Don Pedro e della tomo e recibio juramento segun derecho y ella lo hizo e prometio dezir verdad y debaxo del se le leyeron las confisiones que tiene fechas en este pleito una en veinte y cinco deste presente mes ante Juan de Mansilla alcalde ordinario en el lugar Casas Don Pedro y ante testigo Diego de Velasco escrivano publico del [25r] dicho lugar y las otras dos ante don Pedro de Bustos alguacil mayor desta villa y ante mi el presente escrivano aviendo se las leydo y entendido dixo que lo que tiene dicho en las dichas confisiones es la verdad y en ello se afirma y ratifica y lo dize de nuevo fuele mostrada la dicha piedra y leyda la segunda confision que tiene dicha ante el dicho don Pedro de Bustos se afirma ratifica y si es necesario lo buelve a dezir de nueuo y quel canto que le a sido mostrado es con el que mato el niño y esto declara.

Preguntada diga y declare que fue la causa que le movio a dezir a Juan de Mansilla alcalde ordinario del dicho lugar de las Casas que prendiese a el dicho Alonso Benitez y si dio consejo favor y ayuda o palabra para que hiziese la dicha muerte dixo que la causa que le movio fue ser padre de la dicha criatura y que no ay otra cosa ninguna.

Preguntada diga y declare que tanto tiempo a que no le habla el dicho Alonso Benitez si a avido [25v] terceros de una parte o otra para llevarse recados = dixo que azen cinco meses que no le habla y que no a avido tercero y esta es la verdad y ques de edad de veinte y cinco años y dixo no saber firmar firmolo su merced don Pedro Pizarro Carvajal Rodrigo de Campos escrivano.

Auto. En la villa de Puebla de Alcocer en este dicho dia mes e año dicho su merced Pedro Pizarro Carvajal teniente de corregidor en la dicha villa dixo que atento a que la dicha Estefania Lopez esta presa en la carcel publica desta villa con una corriente y unos grillos mando se notifique a don Pedro de Bustos alguacil mayor de esta villa a cuyo cargo estan los presos de la carcel della la tenga presa en fiel custodia y guarda con prisiones conpetentes de forma que no se vaya ni ausente y ansi mesmo mando tenga cuenta con la comida que a la susodicha se le diere como se da o quien la da porque no aya o resulte algun daño de la dicha comida con apecivimiento que si ansi no lo hiziere yncurrira [26r] en las penas que por derecho estan establezidas contra quien no tiene quenta con los presos que se les entregan y mas cinquenta mil maravedies para la camara del duque mi señor y este auto mando se notifique ansi mesmo a Andres Perez alcayde de la carcel y ansi lo mando e firmo Pedro Pizarro Carvajal Rodrigo de Campos escrivano.

En este dicho dia notifique el dicho auto a Andres Perez alcayde de la carcel en su persona dello doy fe Rodrigo de Campos escrivano.

En la villa de La Puebla de Alcocer a veinte y ocho dias del mes de junio de mil y seiscientos y diez y ocho años ante el señor Pedro Pizarro teniente de corregidor la presento el contenido.

Pedro Garcia Magariño como padre legitimo de Maria Sanchez hija presa en la carcel desta villa digo que la susodicha esta sin culpa y no ay causa por donde se justifique su prision por tanto a vuesa merced pido y suplico la mande soltar libremente pues es justizia la qual pido e costas e para ello vuestra.

Auto. Su merced el dicho teniente mando [26v] que dando fianzas abonadas en que el fiador se obligue de bolver a la carcel e prision cada e quando que por su merced o por otro juez que de la causa conosca le fuere mandado bolver a la carcel e prision la bolveran y si no la bolvieren pagaran lo juzgado e sentenciado e mas cinquenta mil maravedis para la camara de su escelencia mando sea suelta y ansi lo mando e firmo de su nombre don Pedro Pizarro Carvajal Rodrigo de Campos.

Fianza. En la villa de La Puebla de Alcocer ante y ocho dias del mes de junio de mil seiscientos diez y ocho ante mi el escrivano publico y testigo parecio Martin Chamero vezino desta dicha villa y dixo que fiava e fio a Maria Sanchez hija de Pedro Garcia Magariño vezino desta villa en tal manera que cada y quando que por el señor corregidor desta dicha villa le fuere mandada a la dicha Maria Sanchez se presente en la carcel publica desta dicha villa se presentara y dara la causa de su prision y no se yra ni ausentara sin licencia de su merced so pena de que el como tal fiador se [27r] pondra en su lugar y pagara juzgado y sentenciado y mas cinquenta mil maravedis para la camara de su excelencia y en todo lo fia conforme a el auto atras contenido e para que ansi lo cumplira obligo su persona y bienes avidos y por aver dio poder a las justizias de su magestad para que le compelan a ello como persona pasada en cosa juzgada y renuncio todas leyes de su favor y la ley Sancimus del Geromo y sus terminos en testimonio de lo qual lo otorgo segun de la manera que dichos testigos dello Juan Calderon y Francisco de Vallejo y Pedro Diaz vezinos desta villa y por el otorgante que conosco que dixo no saber firmar lo firma un testigo Juan Calderon Rodrigo de Campos escrivano.

Poder. En la villa de La Puebla de Alcocer a veinte y nueve dias del mes de junio de mil y seiscientos diez y ocho años en presencia de mi el secretario y testigo parecio Pedro Garcia Magariño vezino desta villa y morador en el lugar Casas Don Pedro por lo que a el toca y como padre legitimo ques de Estefania Lopez su hija presa en la carcel publica desta villa otorgo [27v] su poder cumplido qual de derecho se requiere y es necesario a Alonso Perez de Leon vezino desta villa y procurador de causas en ella especialmente para que en su nombre y como el mismo pueda querellar y acusar de Alonso Benitez vezino desta villa e morador en el lugar Casas Don Pedro y de los demas culpados en razon de aver en un sendero llevado su virginidad y flor a la dicha Estefania y quebrantadola sus casas y ansimesmo para que pueda defender a la dicha su hija en razon de la muerte que le ymputa aver fecho y acerca dello y lo a ello anejo y conzerniente pueda poner qualesquier querelas y acusaciones y responderlas que contra el fueren puestas y hazer los demas autos pedimentos requerimientos apelaciones y protestaciones y presentar testimonios escritos y escrituras y provanzas y todo genero de prueva y hazer los demas autos juramentos de calunia e de ecesorio que necesarios sean de se hazer que para ello le da este poder tan bastante como el lo tiene con clausula de enjuiziar jurar e [28r] costituir siendo testigos dello Francisco de Vallejo e Martin Fernandez y Andres Diaz vezinos desta villa e por el otorgante que conosco que dixo no sabe firmar cofirmo un testigo Francisco de Vallejo Rodrigo de Campos escrivano.

En la villa de Puebla de Alcocer a dos dias del mes de julio de mil y seiscientos y diez y ocho años ante su merced Pedro Pizarro Carvajal teniente de corregidor a presentado el contenido.

Don Alonso Perez en nombre de Pedro Garcia Magariño y Estefania Lopez su hija presa en la carcel publica desta villa en el pleito que de oficio de justizia se procede contra ellos digo que no se les a puesto acusacion ni dado traslado de lo procesado para alegar de su justizia a vuesa merced pido y suplico se les ponga y se les mande dar copia y traslado de lo procesado para alegar de su justizia la qual y costas pido Francisco Alonso Perez.

Auto. Su merced el dicho señor teniente de corregidor mando que se ponga en el proceso y ansi lo mando Rodrigo de Campos.

[28v] Auto. En la villa de La Puebla de Alcocer a diez dias del mes de julio de mil seiscientos y diez y ocho años su merced el licenciado Juan Gonzalez de la Torre corregidor e justizia mayor en la dicha villa e todo su vizcondado dixo que para seguir este pleito y causa nonbrava y nombro por fiscal de la justizia a Martin Fernandez vezino y procurador de causas de esta villa a el qual mando acete el dicho oficio y haga la solenidad del juramento que de derecho se requiere y ansi lo mando e firmo el licenciado Juan Gonzalez de la Torre.

Este dicho dia notifique el dicho auto al dicho Martin Fernandez en su persona dello doy fe el qual aceto el dicho oficio e juro a Dios y a la cruz en forma de derecho de lo hazer bien y fielmente a su real saber y entender e lo firmo mi señor Rodrigo de Campos escrivano.

Auto. Su merced el dicho corregidor le descirnio el dicho oficio de tal fiscal y en nombre de la justizia real le dava y dio poder cumplido qual de derecho se requiere para que lo pueda seguir y fenecer en todas [29r] ynstancias el qual le da qual de derecho se requiere y le manda entregar el pleito para poner e la acusacion y lo firmo el dicho Juan Gonzalez de la Torre Rodrigo de Campos escrivano.

En la villa de La Puebla de Alcocer a diez dias del mes de julio de mil y seis cientos y diez y ocho años ante el señor licenciado don Juan Gonzalez de la Torre en esta villa la presento Martin Fernandez.

Martin Fernandez fiscal de la justizia como mejor de dicho lugar aya me querello de Estefania Lopez hija de Pedro Garcia Magariño vezina desta villa y moradora en el lugar Casas Don Pedro y de los demas que parecieren culpados a los quales acuso criminalmente y premiso lo necesario digo = que estando la dicha Estefania Lopez moza soltera debaxo de la potestad y compañia de su padre aviendose hecho preñada de Alonso Benitez sastre celo y enpreño la dicha preñez hasta tanto que llego el parto en un dia que se contaron veinte y cinco dias del mes de junio proximo pasado se encerro y entro en un aposento oscuro de su casa a donde pario un niño [29v] varon bivo de tiempo de nueve meses y capaz para poder bivir la qual luego que pario y vio en el suelo el dicho niño y hizo suyo no usando de la piedad de madre le coxio y con todo rigor de crueldad le dio cinco heridas una en la cabeza y otra en la garganta con que le degollo y las demas en el pecho y brazo yzquierdo de que le paso cuero y carne y fueron penetrantes y mortales de suerte que luego alli murio de las dichas heridas sin que el dicho niño recibiese agua de bautismo del qual despues de muerto escondio y enterro entre unas pajas y tierra del dicho aposento en lo qual la susodicha cometio grave y atroz delito dino de muerte y de otras cosas y penas establecidas por derecho y leyes destos reynos por lo qual pues de sus confisiones y sumaria y en forma son que aceto en lo que fuere en mi favor y represento en este juizio plenario con el juramento necesario esta bastantemente convencida a vuesa merced pido y suplico la condene en las penas en que a yncurrido mandandolas [30r] en su persona y bienes para escarmiento y exenplo de otros haziendo en todo cumplimiento de justizia la qual pido y las costas protesto e juro en forma devida e de derecho Juan Cano.

Auto. Su merced el dicho corregidor mando dar traslado a la otra parte y que responda para la primer audiencia e ansi lo mando e firmo de su nombre el dicho Juan Gonzalez de la Torre Rodrigo de Campos escrivano.

En la villa de La Puebla de Alcocer en el dicho dia mes e año dichos notifique el dicho auto a Estefania Lopez presa en la carcel publica desta villa y la dicha acusacion de berbo a dicha Lopez aun como en ellas se contiene testigos dello Pedro Moreno e Miguel Perez vezinos desta villa Rodrigo de Campos escrivano.

En la villa de La Puebla de Alcocer a diez y seis dias del mes de junio de mil y seiscientos y diez y ocho años ante su merced el dicho Juan Gonzalez de la Torre corregidor en la dicha villa la presento Martin Fernandez.

Martin Fernandez fiscal de la justizia en la causa contra Estefania Lopez hija de Pedro Garcia Magariño digo que se le notifico [30v] mi acusacion y querella y no a respondido acusole la rebeldia y pido a vuesa merced la aya por acusada y mande recibir la causa a prueva pido justizia y costas firmada.

Otrosi pido y suplico a vuesa merced pues que de los autos consta aver avido mas culpados en el negocio de que aviso los mande traer presos a la carcel para que con ellos se vaya siguiendo la causa pido lo pedido firmada Martin Fernandez.

Auto. Su merced el señor corregidor manda que se le notifique por segundo termino a la dicha Estefania Lopez e responda a la acusacion con apercivimiento que no respondiendo se recibira la causa a prueva y le parara el perjuizio que uviere lugar de derecho y en lo demas mando juntar los autos para vellos y lo firmo el dicho Juan Gonzalez de la Torre Rodrigo de Campos escrivano.

En la villa de La Puebla de Alcocer en el dia mes e año dichos yo el escrivano notifique el dicho auto a Alonso Perez procurador de la dicha Estefania en persona de ello doy fe Rodrigo de Campos escrivano.

[31r] Este dicho dia notifique el dicho auto de Estefania Lopez en persona della doy fe Rodrigo de Campos escrivano.

En la villa de La Puebla de Alcocer en diesisiete dias del mes de julio de mil seiscientos y diez y ocho años ante el señor licenciado Juan Gonzalez de la Torre corregidor en la dicha villa la presento.

Martin Fernandez fiscal de la justizia en la causa contra Estefania Lopez digo se le notifico mi acusacion por primero y segundo apercivimiento y no a respondido acusole la rebeldia y pido a vuesa merced la aya por acusada de recibir la causa a prueva.

Otrosi digo que la parte contraria llevo el proceso quatro dias a y no le buelve suplico a vuesa merced que un alguacil apremie a ello pido justizia y costas firmada Martin Fernandez.

Auto. El señor corregidor dixo que avia en uno estatuido el dia por acusada e recibia e recibio esta causa a prueva con termino de seis dias comunes a las partes a las quales apercibio en forma se hallen presentes al ver jurar y conocer de los testigos que la una [31v] parte presentare contra la otra e la otra contra la otra y mando que el procurador con termino buelva el pleito y si no sea apremiado a ello e lo firmo en derecho Juan Gonzalez de la Torre Rodrigo de Campos escrivano.

En la villa de La Puebla de Alcocer en el dia mes e año dichos notifique el dicho auto a Martin Fernandez en persona Rodrigo de Campos escrivano.

Este dicho dia notifique la dicha suplica de prueva a la dicha Estefania Lopez presa a la qual dixo que ella no entiende lo que se le notifica que se le notifique a su procurador Rodrigo de Campos escrivano.

Este dicho dia notifique el dicho auto a Alonso Perez procurador de Estefania Lopez en persona y dello doy fe Rodrigo de Campos escrivano.

En la villa de La Puebla de Alcocer a diez y ocho dias del mes de julio de mil seiscientos y diez y ocho años ante el señor Pedro Pizarro Carvajal teniente de corregidor la presento.

Alonso Perez en nombre de Estefania [32r] Lopez respondiendo a la acusacion que ha sido puesta por Martin Fernandez fiscal que dize ser sobre la muerte del niño que la dicha Estefania Lopez pario digo no procede y desta mi parte deve ser absuelta y dada por libre por lo siguiente.

Uno por lo general y porque carece de relazion verdadera y ansi la niego afirmandome en la primera confision que mi parte hizo ante Juan de Mansilla alcalde ordinario en el lugar Casas Don Pedro que contiene la verdad de lo que en el caso pasa lo otro porque de ningun perjuizio es a mi parte las confisiones que hizo ante don Pedro de Bustos ansi porque fueron ante juez ynconpetente como porque no son ciertas y verdaderas y contra ellas conpete a mi parte quando algunas sean beneficio de restitucion y yntegrun por ser como es menor de veinte y cinco años y no aver contra ella otra alguna provanza y ser caso tan grave que si a ella se oviera de estar se le ynpusiera pena de muerte tan rigurosa como es la del parrizidio cuya restitucion [32v] pido y juro que no es de malicia = Lo otro porque a el tiempo oy quando mi parte hizo las dichas confisiones estava con grave calentura y accidente que le avia sobrevenido del parto y ecesos que hizo en salir luego de casa y ydo regar la ortaliza de güerto desangrandose y sin prevenirlo necesario para su salud por lo qual estava tan fuera de si que notoriamente se conocia no tener sentido ni juizio natural en especial que la dicha mi parte de su naturaleza es mentecata y poco capaz de saber lo que dize. = Lo otro echase de ver questa fuera de la verdad son las confisiones ultimas pues si fuera ansi como se pretendio dar a entender que en los autos que el dicho niño tenia heridas en los pechos y garganta que parecian penetrantes mal se pudieron hazer con el ynstrumento con que se ve y conoce el herror de las dichas confisiones. = Lo otro la verdad es que mi parte sintiendose de parto y con dolores del se entro en su aposento y pario en pie [33r] y la criatura nacio muerta e murio del golpe que dio en el suelo sin que la dicha Estefania Lopez uviese dolo yn comitendo y ansi mal se puede dezir contra ella aver sido parrezida de su hijo. = Lo otro en doncellas o a lo menos en mozas questan en reputazion de tales no se considera dolo en semejantes culpas cometidas en omitendo dexando de llamar quien partease y ayudase a su parto porque no se descubra su desonor y afrenta. = Lo otro confirmase muy bien la ynociencia de la dicha mi parte y el poco talento y juizio con que hizo las dichas declaraziones pues tan fuera de orden y sin ser necesario ni preguntarselo dize quien el quito su onor y virginidad fue Diego Hernandez = palabras que menos que estar sin juizio no pudiera dezirlas. = Lo otro la dicha Estefania Lopez es muger onrada de onrados padres deudos y parientes y el niño no tenia herida alguna penetrante ni mas de las que le pudo causar el golpe que dio quando [33v] nacio y el zirujano que lo declaro no es zijurano desaminado ni mas que un barvero y ansi no se le a de dar credito alguno mayormente no aviendo calado las dichas heridas ni hecho mas que verlo ensangrentado por lo qual y de lo demas del favor de la dicha Estefania Lopez pido y suplico a vuesa merced que restituyendole ante todas cosas contra las dichas confisiones mandese le tome de nuevo proveyendola de curador par ello y en todo la de por libre pido justizia y costas y devido pronunciamiento sobre el dicho articulo de la dicha restitucion.

Otrosi suplico a vuesa merced mande librar su requistoria para que el vicario mande dar a mi parte testimonio de la edad que parece por el libro del bautismo del dicho lugar Casas Don Pedro tiene la dicha Estefania Lopez para los presentar en estos autos para lo qual firma el licenciado Francisco de la Portilla.

[34r] Auto. El dicho teniente de corregidor mando que con lo que aqui dize se entienda la prueva e mando dar traslado a la otra parte e mando dar la requistoria que pide concitacion de la otra parte y lo firmo Pedro Pizarro Carvajal Rodrigo de Campos escrivano.

Este dicho dia notifique el dicho auto al señor fiscal en persona y dello doy fe Rodrigo de Campos.

En la villa de La Puebla de Alcocer a veinte y un dias del mes de julio de mil seiscientos y diez y ocho años ante su merced el dicho Juan Gonzalez de la Torre corregidor la presento Alonso Perez.

Alonso Perez en nombre de Pedro Garcia Magariño digo que en el pleito que se procede contra Estefania Lopez su hija se hizo secresto de bienes los quales son del dicho mi parte y como tales se secrestaron en su casa y le fueron mandados a devoluer una vez y agora de nuevo se le buelven a ynpedir y enbargar y pues mi parte no tiene culpa alguna en el delito que a la dicha su [34v] hija se le ynputa y los padres no deven lastar ni ser condenados por los hijos = pido y suplico a vuesa merced y siendo necesario con el devido respeto requiere alze qualquier enbargo que en los bienes del dicho Pedro Garcia se aya fecho y se los mande entregar libremente y sin costa alguna de lo contrario con el devido respeto apelo para ante quien y con derecho devo y pidolo por testimonio el licenciado Francisco de la Portilla.

Auto. Su merced el dicho corregidor mando dar traslado a la otra parte Juan Gonzalez de la Torre Rodrigo de Campos.

Este dicho dia notifique el dicho auto a Martin Fernandez fiscal en persona Rodrigo de Campos escrivano.

En la villa de La Puebla de Alcocer a veinte dias del mes de julio de mil y seiscientos y diez y ocho años ante su merced el licenciado Juan Gonzalez de la Torre corregidor la presento Martin Fernandez.

Martin Fernandez fiscal de la justizia en el pleito [35r] con Estefania Lopez hija de Pedro Garcia Magariño respondiendo a una peticion presentada por parte del dicho Pedro Garcia en que pide se le alze el secresto y enbargo que tiene fecho en sus bienes por el delito que cometio la dicha su hija su tenor presupuesto digo que no a ni tiene lugar el dicho desenbargo atento a queste delito es gravisimo y esta el susodicho ocultado por averse fecho y cometido en su casa el dicho delito y averse hallado en ella el niño muerto como de los autos consta y no averse fecho la averiguacion que contra el y los demas culpados se haze por lo qual a vuesa merced pido y suplico mande retener los dichos bienes en el secresto y enbargo que estan pues es justizia la qual y costas pido firmado el licenciado Juan Cano.

Auto. El dicho corregidor mando ponella con los autos para vellos y prover justizia el licenciado Juan Gonzalez de la Torre Rodrigo de Campos.

En la villa de La Puebla de Alcocer a veinte y un dias del mes de julio de mil y seiscientos y diez y ocho años ante su merced el licenciado Juan Gonzalez de la Torre corregidor la presento el licenciado [35v] Martin Fernandez fiscal nombrado en la causa criminal contra

Estefania Lopez digo que si el enbargo de la repuesta que a dado a mi acusacion vuesa merced deve hazer segun y como tengo pedido por lo general y por lo que resulta de los autos y porque la confision fecha ante don Pedro de Bustos fue valida por la comision general que tuvo y como cierta y verdadera la parte contraria se ratifico en ello y se conprueva con evidencia del mismo hecho pues aviendo la susodicha acabado de parir y hallados en su aposento la criatura con las heridas deducidas en los autos es presuncion vehementisima que cometio el dicho delito y sola ella bastava para darle la pena ordinaria por ser tan nefando y atroz mayormente teniendo atencion a la crueldad con que le dio las heridas mortales que en ella se hallaron siendo la criatura mas hermosa que hasta entonces se ha visto en esta tierra y a que la privo del agua del espirytu santo que fue todo ello ynpiedad notable que no ay que hazer caso de la restitucion que la [36r] parte contraria pide porque la susodicha es mayor de veinte y cinco años y ansi lo parece por su aspeto y le enqunbe la provanza de lo contrario por ser el fundamento de yntencion esto no es delito en que a lugar la dicha restitucion por su gravedad y circunstancias y presunciones que lo adminiculan y es envencion que ser la parte contraria para evadirse de la pena que merece hazerse mentecata porque agora y siempre a sido y es persona de entendimiento y buen juizio y el hecho que hizo todo fue de malicia y no por privacion que tuviese de entendimiento y esta verdad no desdize de la confision que tiene hecha la parte contraria diziendo que las dichas heridas se las dio con una piedra porque demas que consta del cuerpo del delito que basta para castigalla sin que sea necesario averiguar el ynstrumento de la dicha piedra fue apto para hazerlas respeto de tener puntas a manera de cuchillo y estar tan tierna la criatura que con que quiera se pudieran hazer y es sin [36v] fundamento dezir que en donzellas no se presume dolo en semexantes casos porque la conservazion del onor en este delito no se escusa de la pena ordinaria por su grande ynumanidad quanto y mas que la parte contraria no lo era y avia muchos dias que avia tratado carnalmente con Diego Fernandez mucho tiempo y es persona ordinaria en quien no se daria desonor por caso semexante y conviene queste delito sea castigado con mucho rigor porque cese en esta tierra la audacia que ay en algunas mugeres en cometer pues autualmente procede vuesa merced contra dos que se dize an cometido el mesmo delito y en el dicho lugar de las Casas estando vuesa merced ausente desta juridizion se hallo unos dias atras una criatura muerta recien nacida en una cerca y no se a podido averiguar quien la echase en el dicho sitio a vuesa merced pido y suplico haga segun y como tengo pedido y presento ynterrogatorio el licenciado Diego Gallego.

Auto. El señor corregidor mando que con lo aqui dicho se entienda la prueva e mando [37r] dar traslado a la otra parte el licenciado Juan Gonzalez de la Torre Rodrigo de Campos escrivano.

Este dicho dia notifique el dicho auto a Alonso Perez en persona e dello doy fe Rodrigo de Campos escrivano.

En la villa de La Puebla de Alcocer en veinte y quatro dias del mes de julio de mil y seiscientos y diez y ocho años ante su merced el licenciado Juan Gonzalez de la Torre corregidor la presento el contenido.

Alonso Perez en nombre de Pedro Garcia Magariño en el pleito con Martin Fernandez sobre el desenbargo de los bienes de mi parte digo que sin que lo ynpida lo de contrario alegado se a de hazer como tengo pedido por lo siguiente lo uno por lo general lo otro porque siendo Estefania Lopez hija de mi parte no se puede dar genero de presuncion de culpa contra el dicho Pedro Garcia porque pario en su casa pues teniendola [37v] y avitando alli no ay reptacion ni otro acto culpable lo otro en estos casos es de creer que un ombre tan viejo como el dicho mi parte y onrado no avia de ser sabidor de cosa semejante y como quiera que los delitos no se presumen si no se pruevan y aqui no hay presuncion proxima ni aun rremota contra el dicho Pedro Garcia por ningun camino se justifica el secresto de sus bienes suplico a vuesa merced que alzandole mande se entreguen como pedido tengo pido justizia y costas y para ello firma y devido pronunciamiento sobre este articulo el licenciado Francisco de la Portilla.

Auto. Su merced el dicho corregidor mando juntarlo con los autos e el dicho Juan Gonzalez de la torre Rodrigo de Campos escrivano.

En la villa de La Puebla de Alcocer en veinte y quatro dias del mes de julio de mil seiscientos y diez y ocho años ante su merced el licenciado Juan Gonzalez de la Torre corregidor la presento Alonso Perez.

Alonso Perez en nombre de Pedro Garcia Magariño como padre legitimo [38r] de Estefania Lopez su hija digo que en el termino en que se recibio la causa a prueva mi parte no pudo hazer provanza por ser breve y mis testigos ynpedidos a vuesa merced suplico conceda a mi parte diez dias de mas termino los quales en anima de parte juro que no pido de malicia.

Otrosi digo que los vezinos de quien mi parte se entiende aprovechar son vezinos de las Casas Don Pedro a vuesa merced suplico cometa el examen dellos a el presente escrivano pido justizia y costas firmada Alonso Perez.

Auto. Su merced el dicho corregidor le concedio el termino que pide comun a las partes y dio su comision a un alcalde del lugar Casas Don Pedro para que ante el la dicha Estefania Lopez haga su ynformazion e para ello le dio poder e comision en forma qual dello se requiere y lo firmo el licenciado Juan Gonzalez de la Torre Rodrigo de Campos escrivano.

Este dicho dia notifique el dicho auto a Alonso Perez procurador en persona y dello doy fe firmado Rodrigo de Campos escrivano.

[38v] Este dicho dia mes e año dichos notifique el dicho auto a Martin Fernandez en persona y dello doy fe Rodrigo de Campos escrivano.

Este dicho dia notifique el dicho auto a Estefania Lopez en persona y dello doy fe Rodrigo de Campos escrivano.

En la villa de La Puebla de Alcocer a treinta y un dias del mes de julio de mil y seiscientos y diez y ocho años ante su merced el licenciado Juan Gonzalez de la Torre corregidor la presento Alonso Perez procurador.

Alonso Perez procurador en nombre de Pedro Garcia Magariño digo que por mandado de vuesa merced se dio mandamiento a mi parte para que de los bienes que le estan enbargados se le diesen enbargados tres ducados para defensa de Estefania Lopez [39r] su hija y para sus alimentos los quales saco y procedieron de una tinaxa que vendio y aviendolo recibido se los pidieron el presente escrivano e Antonio Garcia e Gonzalo Diaz para en quenta de sus derechos y salarios y mi parte se las dio con sencilleza como consta por estas cartas de pago de que hago demostrazion de cuya causa mi parte se quedo sin remedio de alimentos y sin defensa para su hija a que no se deve dar lugar a vuestra merced suplico mande desenbargar a mi parte sus bienes generalmente pues no a delinquido como lo tengo pedido y caso que no aya lugar le mande dar a mi parte bienes para sus alimentos y de su hija y defensa en cantidad de [39v] doszientos reales pues le consta a vuesa merced de su vejez y probeza pido justizia y costas y para ello firmada Alonso Perez.

Auto. Su merced el dicho corregidor mando que se guarde lo proveydo y ansi lo mando y firmo de su nombre el licenciado Juan Gonzalez de la Torre Rodrigo de Campos escrivano.

En la villa de La Puebla de Alcocer a treinta y un dias del mes de julio de mil y seiscientos y diez y ocho años el señor licenciado Juan Gonzalez de la Torre corregidor e justizia mayor en esta dicha villa dixo que por quanto el nombro por fiscal a Martin Fernandez procurador desta villa para que siguiese e feneciese el pleito que se haze a Estefania Lopez presa en la carcel publica [40r] della el qual no acude a el dicho pleito con la puntualidad ques razon antes ay alguna omision y negligencia en seguir el dicho el pleito y para aviarla y los presos se despachen dixo que nombrava y nombro por fiscal para que lo pueda seguir el dicho pleito y tomarlo en el estado en questa el dicho pleito a Francisco Perez Cabezas vezino desta villa a el mando lo siga prosiga y haga el juramento que de derecho se requiere questa presto de le discirnir el dicho oficio y ansi lo mando y firmo el licenciado Juan Gonzalez de la Torre ante mi Rodrigo de Campos escrivano.

En la villa de La Puebla en el dia mes e año dichos notifique el dicho [40v] auto a Francisco Perez Cabezas en persona el qual aceto el dicho oficio e juizio a Dios y a la cruz en forma de derecho de lo hazer bien y fielmente a su real saber y entender so pena de perjuro y lo firmo Francisco Perez Cabezas ante mi Rodrigo de Campos escrivano.

Auto. Su merced el dicho corregidor le discirnio el dicho oficio y en nombre de la justizia real le dava y dio poder cumplido para que lo pueda usar y exercer tal qual de derecho se requiere y lo firmo de su nombre el licenciado Juan Gonzalez de la Torre ante mi Rodrigo de Campos escrivano.

En la villa de La Puebla de Alcocer a treinta y un dias del mes de julio de mil y seiscientos y diez y ocho [41r] años ante su merced el licenciado Juan Gonzalez de la Torre corregidor e justizia mayor en la dicha villa y todo su vizcondado la presento Francisco Perez.

Francisco Perez Cabezas fiscal en el pleito con Estefania Lopez vezina desta villa y moradora en el lugar Casas Don Pedro presa en la carcel publica desta dicha villa sobre la muerte y aborso de que le acuso digo que para que conste que en esta dicha villa y su tierra se frequentan los dichos delitos de aborsos pido a vuesa merced mande a Mateo Muñoz de Baños escrivano publico desta dicha villa de un testimonio de los pleitos que ante el estan contra Teresa Vazquez hija de Juan Lopez de Cordoba y otro contra Juana Gonzalez la Logroña vezinas desta dicha villa porque del dicho testimonio con relegacion [41v] hago presentazion en quanto es en mi favor y no en mas con el juramento necesario por tanto a vuesa merced pido y suplico ansi lo provea y mande y pido justicia y costas y el oficio de vuesa merced ynploro Francisco Perez Cabezas.

Auto. Su merced el dicho corregidor mando que se saque el testimonio que pide con citazion de la otra parte y ansi lo mando y firmo de su nombre el licenciado Juan Gonzalez de la Torre ante mi Rodrigo de Campos escrivano.

Este dicho dia notifique el dicho auto Alonso Perez procurador en su persona dello doy fe Rodrigo de Campos escrivano.

Este dicho dia notifique dicho auto a Estefania Lopez en persona de que doy fe Rodrigo de Campos escrivano.

[42r] Por el presente mando a Mateo Muñoz de Baños escrivano publico y del juzgado de la villa de La Puebla que luego que este mi mandamiento le sea notificado de a Francisco Perez Cabezas fiscal de la justizia en el pleyto que trata contra Estefania Lopez un testimonio en publica forma como hayase de los pleytos questan ante el sobre los avorsos que se le oponen aver cometido La Logroña iza de Maria Gonzalez La Logroña y Teresa Vazquez hija de Juan Lopez de Cordoba de como se frequentan los dichos delitos en dicha villa y tierra con relacion de los dichos pleytos para presentar en el dicho pleyto aunque la parte de Estefania Lopez no parezca por quanto para ello es y a sido fecho en la villa de La Puebla de Alcocer a treynta y un dias de julio de mil y seiscientos y diez y ocho años firmado Juan Gonzalez de la Torre por su mandado Rodrigo de Campos.

[*Sigue el testimonio dictado en cumplimiento del mandamiento compulsorio antecedente.*]

[81r] Auto. El dicho señor corregidor mando dar traslado a la otra parte ansi lo mando Rodrigo de Ayala.

Este dicho dia notifique el dicho auto yo el presente escrivano a Francisco Perez Cabezas fiscal en su persona dello doy fe Rodrigo de Campos escrivano.

En la villa de La Puebla de Alcocer a diez y ocho de agosto de mil y seiscientos y diez y ocho años ante su merced el licenciado Juan Gonzalez de la Torre corregidor la presento el contenido Francisco

Perez Cabezas fiscal nonbrado por la justizia en el pleito criminal que a Estefania Lopez digo que mandado tener por vuesa merced hallara plenisimamente provada mi yntencion y convencida la dicha Estefania Lopez pues tiene confesada el delito y ratificada en las confisiones con su propia voluntad [81v] las quales tengo conprovadas evedentisimamente con la yvidencia del hecho pues tengo provado como la dicha Estefania Lopez estava el dia que se hallo el niño muerto con calostros ensangrentadas las piernas y las faldas de la camisa y que estava rezien parida de aquel dia y como despues se hallo en un aposento oscuro y apartado de su casa un niño varon muerto que por el aspeto parecia ser de edad de nueve meses enterrado entre un poca de tierra y pajas ensangrentado y con unas heridas penetrantes y de muerte frescas rezien dadas y asimismo se comprueba por aver hallado ensangrentado el ynstrumento con que confeso mato el dicho niño ques un canto de pizarra questava suelto en el dicho aposento agudo y a manera de cuchilla todo lo qual por ser vehemente presuncion sin sus [82r] confisiones bastava para hazer evidente el delito y para ynponer la pena ordinaria ni a ella deve ynpedir el dezir que la susodicha es mentecata como tiene alegado la parte contraria pues de mas de que la dicha Estefania Lopez es muger de sano y entero entendimiento y juizio como tengo provado y aquella destar no le deve esto escusar de la pena ordinaria porque de sus confisiones y hecho se prueva que la susodicha tuvo dolo yn comitendo pues confiesa que le mato quando comenzo a llorar por no ser sentida ni descubierta sin que su malicia le diese lugar a darle el agua del bautismo y esto se apoya mas pues despues de muerto por llevar adelante su nefanda y dannosa yntencion le enterro y escondio entre paja y tierra del dicho aposento a donde fue hallado todo como lo confiesa a fin de no ser descubierta ni tan poco verse asi a provar que es menor de veinte [82v] y cinco años pues estan convencidos los testigos por la fe del bautismo por donde consta ser mayor de veinte y siete y asi no se les deve dar credito enada de sus dipusiciones repeliendoles como criminosas pues quando los testigos deponen falso en una parte de sus depusiciones lo demas se vicia y no haze fe y a el castigo ayuda la frecuencia que ay en cometer este delito y no averse castigado y que animada con esto se atrevia a hazerlo por lo qual y por ser la susodicha persona pobre y ordinaria en quien por aver conocido carnalmente en otro tiempo a Diego Fernandez y quitadole su honor y virginidad no cabia desonor = a vuesa merced digo y suplico haga segun y como tengo de derecho = otrosi digo que para que este delito sea castigado qual conviene y se sepan los conplices y participes del delito y quien lo encubrio y dio favor o consejo y para que sean descubiertos y [83r] castigados pido y suplica a vuesa merced mande poner y ponga a la dicha Estefania Lopez a rigurosa quistion de tormento reyterandosela tantas veces quantas fueren necesarias hasta que confiese las personas que le fueron conplices y si fue en cometer el delito sola o aconpañada y quien la encubrio y dio consejo y favor y ayuda preguntandola y repreguntandola hasta tanto que haga plena y vastante provanza pido justicia y en lo necesario firma el licenciado Juan Cano.

El señor coregidor mando de ponella con el proceso de la causa para proveer ansi lo mando Rodrigo de Campos.

En la villa de La Puebla a veinte y un dias del mes de agosto de mil y seiscientos y diez y ocho años ante su merced el licenciado Juan Gonzalez de la Torre con la presente el licenciado Francisco Perez Cabezas fiscal de la justizia en el pleyto con Estefania Lopez sobre la muerte y delito que cometio diga que sin envargo de lo pedido alegado por mi parte en el dicho pleyto [83v] concluyo difinitivamente y pido justicia y costas para ello firmada Francisco Perez Cabezas.

Auto. Su merced el dicho corregidor dijo que avia y uvo este pleyto y causa por concluso para en el dar sentencia cada dia que feriado no sea para la qual mando zitar las partes y lo firmo el licenciado Juan Gonzalez de Latorre Rodrigo de Campos.

E luego yo el dicho escrivano en la dicha conclusion y cite en forma a el dicho Francisco Perez Cabezas fiscal en su persona dello doy fe.

En el dicho dia mes y año dichos notifique la dicha conclusion y citado para sentencia a Estefania Lopez en su persona dello doy fe la qual digo = que se notifique a Alonso Perez su procurador Rodrigo de Campos.

E este dicho dia veynte y uno de agosto deste dicho año yo el dicho escrivano notifique la dicha conclusion [84r] y cite en forma a Alonso Perez procurador en nombre de la dicha Estefania Lopez segun y como ella lo pidio en su persona dello doy fe Rodrigo de Campos.

Visto el proceso hecho de oficio y a pedimiento de Martin Fernandez y Francisco Perez Cabezas fiscales nonbrados contra Estefania Lopez hija de Pedro Garcia Magariño moradores del lugar Casas Don Pedro.

Allo que atento la culpa que por el contra ella resulta la devo de declarar y declaro por hechora del delito de filiscida de que esta acusada y que en su consecuencia la devo condenar y condeno a que con voz alta de pregonero que manifieste su delirio sea puesta en un seron y arrastrada a la cola del en cavallo por las calles publicas y acostumbradas desta villa y despues desto en una en una horca en la parte y sitio donde yo señalare colgada en cordel por el pescuezo hasta que muera naturalmente en la qual este un dia natural sin que persona ninguna se atreva a quitarla sin mi licencia so pena de quinientos ducados para gastos de guerra mas la condena o enperdimiento de la mitad de sus vienes que aplico para la camara [84v] y en seiscientos maravedis que aplico a los fiscales que an solicytado esta causa y en las costas justamente fechas en cuyas penas la condeno atento a que en esta villa no se puede praticar la ley ducal ansi lo pronuncio y mando por esta mi sentencia difinitiua el licenciado Juan Gonzalez de la Torre.

Pronunciamiento. Pronuncio la sentencia aquí contenida su merced el licenciado Juan Gonzalez de la Torre corregidor e justizia mayor desta villa y todo su vizcondado en veinte y dos dias del mes de agosto de mil y seiscientos y diez y ocho años y mando se notifique a las partes testigos dello don Francisco Venegas y el doctor Yegros y Francisco de Vallejo Rodrigo de Campos.

Este dicho dia mes e año dichos notifique la dicha sentencia a Estefania Lopez en su persona dello doy fe siendo testigos Rodrigo de Campos el mozo y Francisco Vallejo vezinos desta villa Rodrigo de Campos.

Este dia mes e año a veinte y dos de agosto notifique la dicha sentencia a Francisco Perez Cabezas fiscal en su persona de [85r] lo que doy fe testigo dello los dichos Francisco de Vallejo y Rodrigo de Campos = Rodrigo de Campos el mozo.

En la villa de La Puebla de Alcocer a veinte y quatro dias del mes de agosto de mil y seiscientos y diez y ocho años ante el señor licenciado Juan Gonzalez de la Torre la presento Alonso Perez en vista de su parte.

Peticion. Pedro Garcia Magariño padre familias de Estefania Lopez en el pleyto con Francisco Perez Cabezas fiscal nonbrado por la muerte del niño que a mi hija se le inputa digo que vuesa merced pronuncio sentencia en que condeno a muerte y otras cosas a la dicha Estefania

Lopez la qual sentencia hallando como deve cosa ninguna y quando alguna ynjusta y agraviada contra la susodicha pues solo se funda en la segunda confesion que hizo la susodicha ante don Pedro de Bustos a la qual por ninguna via se devio estar ni dar credito pues el dicho don Pedro fue juez ynconpetente por ser sudelegado del delegado y tiniente de vuesa merced y aviendo precedido confision [85v] que mi hija sea ante juez conpetente como lo fue Juan de Mansilla alcalde ordinario del lugar Casas Don Pedro contraria a la que hizo ante el dicho don Pedro de Bustos no se devio por ella seguir condenacion de muerte pues quando se usara de todo rigor solo se le pudiera condenar a quistion de tormento y esto es muy llano pues de la quistion de tormento con que en la seguida confision dijo aver muerto el dicho niño y de la declaracion del varvero en quanto a forma ser penetrantes las heridas del pecho no se conpadece ser verdad la dicha confision pues no se pudieron dar ni hazer con la piedra y confirmase mas pues averigua ser muy falta de entendimiento y questava con graue calentura y falta de juicio entero quando declaro por la qual salvo el derecho de la nulidad u otro remedio que a la dicha mi hija conpeta con el devido respeto apelo para que el rey nuestro señor y a donde y con derecho puede [86r] y devo y pido y requiero a vuesa merced no ynove en perjuizio desta apelacion y me la otorgue con protestacion que hago de pedir daños riesgos e yntereses que de lo contrario resultare a la dicha mi hija y a mi y lo demas que le convenga y pidolo por testimonio y otrosi para en caso que vuesa merced pretenda prover qualquier auto sobre la admision desta apelacion o si deve executar uno la dicha sentencia hablando como devo le recuso por odioso y juro no es de malicia y pido se aconpañe conforme a la ley y que e la compaña do determine con asesor letrado que no sea el doctor Sanchez abogado a quien ansimesmo recuso e juro en forma de lo contario y de no lo prover ansi torno a apelar para ante su magestad y pidolo por testimonio el bachiller Francisco de la Portilla.

En la villa de La Puebla de Alcocer a veinte y cinco dias del mes de agosto de mil y seiscientos y diez y ocho años ante su merced el licenciado [86v] Juan Gonzalez de la Torre corregidor en la dicha villa la pregunto el contenido.

Alonso Perez dello en nonbre de Estefania Lopez en el pleito que contra ella sigue Francisco Perez Cabezas fiscal sobre la muerte que se le ynputa afirmandome en la apelacion y protestas por mi parte fechas y della no me apartandome ni menos de la recusacion digo que vuesa merced mando dar traslado del dicho fiscal de la dicha apelacion y no a respondido acusele la rebeldia y pido y suplico a vuesa merced otorgue la dicha apelacion y haga en todo como por mi parte esta pedido mandandome dar el testimonio que se pidio de la dicha apelacion y de lo contrario torno a apelar para ante el rey nuestro señor y pido ante quien y con derecho puedo y devo y pidolo por testimonio el bachiller Francisco de la Portilla.

Auto. El dicho corregidor mando darlo [87r] al fiscal y que responda y que se traygan los autos para prover Rodrigo de Campos escrivano.

Este dicho dia notifique el dicho auto a Francisco Perez fiscal en persona dello doy fe Rodrigo de Campos.

En la villa de La Puebla de Alcocer a veinte y siete dias del mes de agosto de mil y seiscientos y diez y ocho años ante el licenciado Francisco Gonzalez de la Torre corregidor en la dicha villa la presento Francisco Perez fiscal de la justizia.

Peticion. Francisco Perez Cabezas fiscal nombrado en la causa contra Estefania Lopez digo que sin hazer caso de la apelacion que tiene ynterpuesta vuesa merced debe hazer justizia y executar su sentencia por lo general y que resulta de los autos que por espreso y porque la dicha Estefania Lopez esta convencida por provanza y presunciones evidentes que bastan para calificar la pena deste delito y con ellas yncurre en espontanea [87v] confision sin que le sea de provecho la alegacion que hazia de que la hizo este juez ynconpetente pues cosa llana que los tenientes de corregidor se juzgan tienen por juezes ordinarios y no delegados aunque en caso que sean nombrados por los corregidores y esto procede sin dificultad en este vizcondado porque Pedro Pizarro teniente de vuesa merced tiene provision particular del duque mi señor que se la pudo dar para el dicho oficio el qual no tiene dependencia de nonbramiento del corregidor y ansi en su ausencia es tan juez ordinario como lo es el corregidor y puede dar comision como la dio a don Pedro de Bustos ante quien la dicha Estefania Lopez hizo su confision la qual fue fecha ante juez conpetente y delegado y no su delegado como la parte contraria alega sin fundamento quanto y mas que la dicha Estefania Lopez bolvio a confesar lo mismo [88r] ante su teniente de vuesa merced y quando aquella confision uviera tenido algun efeto en la ultima no se puede considerar ninguno pues se hizo ante juez conpetente y con las circunstancias quel derecho requiere lo uno este delito es muy grave y escandaloso e ynporta a la republica el castigo no se defiera asi porque en esta tierra ay mucha frequencia en cometerle que conviene se ataje y reprima como porque la yntencion de la parte contraria es dechar fuera de la carcel a la dicha Estefania Lopez que tiene muchos parientes que lo pueden hazer y es negocio de mucho escandalo dar lugar a que se salgan los presos de la carcel publica en solo este año se an salido cinco o seis por ladrones y adulteros y otros delitos y el año pasado por atrasar la apelacion de un antezesor de vuesa merced a un salteador questava confeso y convencido dentro de pocos dias se salio de la carcel y oy dia anda haziendo mucho daño por los [88v] caminos y quando los delitos son tan graves y escandalosos como este y se temen semexantes prevenciones o ay frecuencia en cometellos es cosa llana que la sentencia sea de executar sin enbargo quando la causa esta tan bien justificada aunque no concurra que prelativamente el estar el preso convencido y confieso fuera que el hecho de Estefania Lopez uvo trayzion y alevosia y la ley de la Partida dispone que el delito en que la uviere se castigue sin enbargo de apelacion aunque no conste si no por sola la confision del reo o por provanza sin que sea necesario que concurra lo uno y lo otro y ansimismo conprehende la ley debaxo desta veinte y una otros delitos y los dotores la estienden a los que fueren semexantes a ellos con la gravedad de manera que para no otorgar la apelacion en este [89r] negocio tenemos autoridad del y especial que no se deroga ni deroga por la general en que se manda otorgarla quando el reo no es convencido y confieso porque lo sea de entender en los demas casos que por la dicha ley de Partida y su estencion no estuvieran ecetuados por tanto a vuesa merced pido y suplico mande hazer segun y como tengo pedido y para que conste del dicho escandalo y frecuencia que ay en cometer en esta tierra este delito y los demas que tengo rreferidos en esta mi peticion me mande recibir enformazion de lo alegado en ella para que en todo se administre justizia y con el castigo zesen tantas ofensas de Dios como en este genero se an cometido y cada dia cometen pido justizia y costas firma el bachiller Juan Cano.

Auto. Su merced el dicho corregidor mando que de ynformazion sumaria de lo contenido en este pedimiento con citazion [89v] de la dicha Estefania y ansi lo mando y firmo de su nombre el licenciado Juan Gonzalez de la Torre Rodrigo de Campos.

Este dicho dia notifique el dicho auto a Alonso Perez procurador y dello doy fe Rodrigo de Campos.

Este dicho dia notifique el dicho auto a Estefania Lopez en persona Rodrigo de Campos escrivano.

En la villa de La Puebla de Alcocer en veinte y ocho dias del mes de agosto de mil y seiscientos y diez y ocho años ante su merced el licenciado Juan Gonzalez de la Torre corregidor desta villa Francisco Perez Cabezas fiscal presento y porto a Pedro Calvo vezino desta villa del qual se recibio juramento segun dio y aviendolo firmado dixo queste testigo sabe que en esta villa y comarca se a tenido por muy grave y escandaloso el delito que a cometido Estefania Lopez y con su castigo sean [90r] de remediar muchos ecesos que en este genero se suelen hazer en esta tierra porque este testigo sabe que vuesa merced procede contra Teresa Vazquez y otras vezinas desta villa sobre unos aborsos y en Ciruela Esparragosa y Casas Don Pedro lugares comarcanos desta villa an cundido casos semexantes por no castigarse algunos desmanes para que sirva de exemplo a los demas y entiendo de este testigo que la apelacion que por parte de Estefania Lopez se a ynpuesto es con fin de que sus deudos y parientes que tienen muchos la saquen de la carcel como se a fecho estos años en muchos de Cinquentes que se an ydo della como fueron Miguel Perez questava sentenciado a muerte por salteador y Martin Sanchez y otro hermano suyo que parecia zercador questavan presos por cuatreros y este año pasado de seiscientos y diez y siete se salieron de la dicha carcel Miguel de Caña platero y Francisco Garcia Risco y Graviel Martin questavan presos [90v] por ladrones y Lucas Martin Francisca Gomez Barrona questavan presos por un trato de adulterio y este presente año a Alonso Rodriguez Hidalgo questava preso por ciertas palabras sucias y ansi las partes suelen apelar para enpatar sus negocios en Granada muchos años y dar en el entretanto traza con sus deudos y amigos para salirse de la carcel con lo qual no se administra justizia y esto es la verdad para el juramento que tiene fecho y ques de edad de cinquenta y siete años y lo firmo el licenciado Juan Garcia de la Torre Pedro Calvo Rodrigo de Campos escrivano.

Este dicho dia ante su merced el dicho señor corregidor el dicho Francisco Perez Cabezas presento porto a Pedro Moreno vezino desta villa del qual se recibio juramento en devida forma de derecho y aviendolo fecho dixo que el delito que la dicha Estefania Lopez a cometido es escandaloso y en [91r] esta villa y comarca ay mucha nota mormuracion y escandalo del y que si no se castiga sera causa que en esta villa y en esta comarca se cometan otros semejantes como en esta villa y lugares de su comarca se suelen cometer y conviene que aya castigo publico para el remedio dello atento que como digo tienen y suelen cometer semexantes delitos y apelar la susodicha de la sentencia contra ella dada entiende este testigo que es con animo de delatar la causa y procurar de yrse en el ynterin de la dicha causa como lo an hecho otros que an estado presos en la carcel de la villa el año pasado y presente que estavan presos por salteadores de caminos y por rovadores y adulteros y otros delitos graves que procuraron delatar sus causas y con apelaziones hasta que se fueren [91v] de la carcel y lo mismo pretendera hacer la dicha Estefania Lopez por ser muy enparentada en dicha villa y su comarca y ansi conviene se ejecute la sentencia sin envargo de apelacion y hagase esto dice ser la verdad para el juramento que tiene fecho y lo firmo y ques de edad de veinte y cinco años poco mas alla y Juan Gonzalez de la Torre Pedro Moreno Rodrigo de Campos.

En la villa de La Puebla en el dia mes y año dichos el dicho Francisco Perez fiscal presento por testigo a Bernave de Fresneda vezino desta dicha villa del qual se recivio juramento segun derecho y ello hizo y fecho prometio de decir verdad y siendo preguntado por el dicho pedimento = dijo que en esta dicha villa y comarca se a tenido por muy grave el pleito de la dicha Estefania Lopez dicen aver cometido y que conviene para buena administracion de la justizia para que los delitos no queden sin castigo que la susodicha [92r] sea exemplarmente castigada porque en esta villa y comarca ay semexantes delitos y entiende este testigo que la apelazion que por la susodicha se interpone es con animo de dilatar esta causa y a fin de entretenerla y dilatarla a ver si ay orden de yrse de la carcel desta villa como otras personas an cometido graves y atroces delitos lo an fecho y por no ejecutar sus sentencias en tiempo se an ydo de la carcel desta villa ansi los delitos an quedado sin castigo y esto es lo que save y la verdad so cargo de juramento que hizo y lo firmo y ques de cinquenta años poco mas o menos Bernave de Fresneda Rodrigo de Campos.

En la villa de La Puebla de Alcocer a veynte y ocho dias del mes de agosto de mil y seiscientos y diez y ocho años ante el señor licenciado Juan Gonzalez de la Torre correjidor [92v] en la dicha villa la presenta Alonso Perez procurador.

Peticion. Alonso Perez en nombre de Estefania Lopez presa en la carcel publica desta villa no me apartando de las apelaciones y protestas por mi parte fechas antes afirmandome en el caso y haciendolas de nuevo siendo necesario en el pleyto con Francisco Perez Cabezas fiscal digo que por otras peticiones e pedido y suplicado a vuesa merced me otorgue las apelaciones a la dicha mi parte en razon de la sentencia de muerte que vuesa merced contra ella tiene dadas y vuesa merced no a sido servido de otorgarselas pido y suplico a vuesa merced y siendo necesario devidamente y con todo mayor respeto hablando requierosIo y que las dichas apelaciones a la dicha mi parte y la mande dar el testimonio de ellas para pedir su justizia [93r] dondel viere que le conviene donde no mediante el dicho respeto otra vez en el dicho nombre buelvo a apelar de vuesa merced y de la dicha sentencia para ante el rey nuestro señor y para ante quien y consejo devo y puedo y lo pido por testimonio Alonso Perez.

Auto. Su merced mando ponella con los autos Rodrigo de Campos.

Peticion. En la villa de La Puebla a treynta dias del mes de agosto de mil y seiscientos y diez y ocho años ante su merced el licenciado Juan Gonzalez de la Torre correjidor la presento Alonso Perez procurador.

Peticion. Alonso Perez en nombre de Estefania Lopez en el pleyto con Francisco Perez Cabezas fiscal de la justizia hablando con respeto devido y no me apartando de las apelaziones recusaciones y protestas por mi parte [93v] fechas antes afirmandome en ellas y haciendo las de nuevo diga que por otras peticiones e pedido y suplicado a vuesa merced mande otorgar apelacion a mi parte della sentencia de muerte en que vuesa merced la tiene condenada y hasta agora no a sido vuesa merced servido de hacerlo por tanto mediante el dicho respeto pido y suplico a vuesa merced y siendo necesario requiero mande otorgar la dicha apelacion y apelaciones a mi parte de lo contrario en nonbre de la dicha mi parte apelo de vuesa merced y della sentencia otra vez para ante el rey nuestro señor para ante quien con derecho devo y puedo con las protestas y requisitos que mejor convengan a mi parte y lo pido por testimonio = Otrosi digo que fuera de lo contenido en las confisiones [94r] de mi parte la susodicha tiene que decir y declara ante vuesa merced aqui en suplica y siendo necesario con el respeto devido requiero las veces que puedo y de derecho devo devajo de las dichas protestas y apelaciones por persona de vuesa merced se le tome la dicha declaracion a mi parte de lo contrario mediante el dicho respeto apelo segun y como apelado tengo y dicho tengo lo que protestar conviene a mi parte y lo pido por testimonio Alonso Perez.

Auto. Su merced el dicho correjidor mando dar traslado al fiscal Rodrigo de Campos.

En la villa de La Puebla de Alcocer a treynta dias del mes de agosto de mil y seiscientos y diez y ocho años este el corregidor [94v] Juan

Gonzalez de la Torre corregidor en la dicha villa la presento Alonso Perez.

Peticion. Estefania Lopez digo que vuesa merced trata de executar en mi cierta sentencia que contra mi dio en que me condeno a muerte sobre lo que se me ynputa de un niño que pari y porque de presente estoy preñada pido y suplico a vuesa merced y siendo necesario con el devido respeto le requiero mande me visiten matronas y personas que dello entiendan y hallando como es verdad lo que aqui suspenda la execucion de la sentencia hasta que para y de lo contrario apelo para ante el rey nuestro señor y ante quien y con derecho puedo y devo y pidolo por testimonio el bachiller Francisco de la Portilla.

Auto. Su merced mando dar testimonio al fiscal y que responda y atento que recien parida la dicha Estefania Lopez [95r] vino presa a la carcel desta villa y a estado en ella sin salir della mando que declare la susodicha si esta preñada y quien la enpreño y ansi lo mando y firmo de su nombre el licenciado Juan Gonzalez de la Torre Rodrigo de Campos escrivano.

Declarazion. En la villa de La Puebla de Alcocer en treinta de agosto de mil y seiscientos y diez y ocho años yo el dicho escrivano fue a la carcel publica desta dicha villa donde estava presa la dicha Estefania Lopez y le notifique el auto proveydo por su merced el dicho corregidor la qual aviendole oydo y con juramento que hizo en forma de derecho declaro que no sabe si esta preñada o no = y por mi el dicho escrivano le fue preguntado que si es verdad que vino rezien parida a la carcel desta villa donde ha estado sin salir della y si en ella a tenido copula carnal [95v] con alguna persona que diga quien es para que se sepa la verdad = dixo ques verdad que rezien parida de dos dias o tres la trageron presa a la carcel desta villa y que en ella a estado el dicho tiempo y que no a conocido en ella carnalmente a persona alguna y esta es la verdad y dixo ques del dia de veinte y siete a poco mas o menos y dixo no saber firmar testigos dello Martin Romeu don Pedro de Bustos Pedro Calvo Juan de Leon vezinos desta villa Rodrigo de Campos escrivano.

En la villa de La Puebla de Alcocer jueves treinta y un dias del mes de agosto de mil y seiscientos y diez y ocho años don Pedro de Bustos alguacil mayor de la dicha villa y Gonzalo Diaz y Antonio Garcia alguaciles de la dicha villa en execucion de la dicha sentencia hizieron atar y amarrar en dos cavallos dos sogas largas y [96r] atallas a una cera grande y en ella metieron a la dicha Estefania Lopez atadas las manos y la sacaron de la carcel publica de la dicha villa amarrada a los dichos cavallos y arrastrando por las calles publicas desta villa con boz de pregonero que manifestava su delito y fue trayda a la plaza publica desta dicha villa donde estava fecha una horca de madera y despues de aver avido otros requisitos Juan Pizarro verdugo executor de la justizia la echo della y se puso encima de los onbros hasta que murio naturalmente y dello doy fe y fueron testigos Juan de Leon y Juan Calderon y Francisco de Valverde y otras muchas personas dello doy fe Rodrigo de Campos escrivano.

Pregon. En la villa de La Puebla en el dicho dia mes e año dichos Cristobal Picon pregonero del consejo desta villa apregono publicamente que ninguna persona la quite de la dicha horca sin licencia de su merced so pena de quinientos [96v] ducados y que procedera contra el sin su licencia y mandado y dello doy fe testigos dello los dichos Rodrigo de Campos escrivano.

BIBLIOGRAFÍA

1. *FUENTES PRIMARIAS*

Petri de ARAGON, *In secvndam secvndae Diui Thomae Doctoris Angelici commentaria. De ivstitia et ivre*, Salmanticae, Apud Guillelmum Foque, 1590.

Angeli ARETINI, *De maleficiis tractatus, de inqvirendis animadvertendisque criminibus. Opus nedum vtile, sed necessarium omnibus, maxime ijs, qui ad prouincias regendas constituti sunt. Cui tractatus Alberti de Gandino, nec non Bonifacii de Vitalinis, una cum apostillis Augustini de Arimino, & Hier. Cuchalon, ueluti apendices subiecimus*, Venetiis, Apud Franciscum de Franciscis Senensem, 1578.

Alphonso de AZEVEDO, *Commentarii juris civilis in Hispaniae regias constitutiones. Tomus quintus, octavum librum novae recopilationis complectens*, Lugduni, Apud fratres Deville, 1737.

Martini ab AZPILCUETA NAUARRI, *Compendivm omnivm opervm*, Venetiis, Apud Robertum Meiettum, 1598.

Dominicus BAÑES, *De iure & iustitia decisiones*, Salmanticae, Apud Ioannem & Andream Renaut Fratres, 1594.

Augustini BARBOSAE, *Collectanea doctorum, tam veterum quam recentiorum in Jus Pontificium Universum. Tomus tertius, in quo quintus Decretalium liber continetur*, Lugduni, Sumptibus Anisson & Possuel, 1716.

Matthaei Antonii BASSANI, *Theorico-praxis criminalis*, Ferrariae Sed Prostant Venetiis, Apud Antonium Bortoli, 1755.

Cesare BECCARIA, *Dei delitti e delle pene. Nuova Edizione Corretta e Accresciuta*, Parigi, Della Raccolta di Cazin, 1786.

Iacobi de BELLO VISV, *Avrea practica criminalis... vetustissimi cum practici, tum iuris interpretis, ex recognitione Arnoldi Baert*, Coloniae, Apud Maternum Cholinum, 1580.

Matthia BERLICHIO, *Quarta Pars Conclusionum Practicabilium, Secundum Ordinem Constitutionum Divi Augusti Electoris Saxoniae discussarum, mul-*

tis supremi Parlamenti Dresdensis, judiciorum Curialium, Facultatum juridicarum, Scabinatuum, & aliorum judiciorum, decretis, sententiis, responsis, & observationibus fori quotidianis illustratarum, Lipsiae, Sumptibus Haeredum Henningi Grosii Bibliop., 1651.

Constancio Bernaldo de Quirós, *Criminología de los delitos de sangre en España*, Madrid, Editorial Internacional, 1906.

Biblia Sacra iuxta Vulgatam Clementinam. Nova editio. Logicis partitionibus aliisque subsidiis ornata a Alberto Colunga, O. P. et Laurentio Turrado professoribus Sacrae Scripturae in P. Universitate Eccl. Salmanticensi. Novena editio, Matriti, Biblioteca de Autores Cristianos, 1994.

Henrici Boich, *In qvinqve decretalivm libros commentaria*, Venetiis, Apud Haeredem Hieronymi Scoti, 1576.

Alexandri Brvgiotti, *Institvtiones criminales*, Romae, Typis Michaelis Herculis, 1667.

Michaele de Caldero, *Sacri regii Criminalis Concilii Cathaloniae decisiones, cum additionibus ad Primam, & Secundam Partem, & Duplici Indice, Decisionum, & Additionum. Pars Secunda*, Venetiis, Ex Typographia Balleoniana, 1724.

Jacobi Cancerij, *Variarum Resolutionum Iuris Caesarei, Pontificij, & Municipalis Principatus Cathalauniae. Pars prima*, Lugduni, Sumptibus Petri Borde, Joannis, & Petri Arnaud, 1683.

Didaco a Cantera, *Qvaestiones criminales tangentes ivdicem, accvsatorem, reum, probationem, punitionemque delictorum*, Salmanticae, Excudebat Cornelius Bonardus, 1589.

Lvdovici Carerii, *Practica cavsarvm criminalivm*, Lvgdvni, Apvd Gvlielmvm Rovillivm, 1562.

Benedicto Carpzov, *Practicae novae Imperialis Saxonicae rerum criminalium. Pars I. Qvaestionum fere universarum in materia cujusqve generis homicidiorum, fractae pacis publicae, laesae Majestatis, tam humanae, qvam divinae, falsificationis monetarum, blasphemiarum, perjurii & sortilegiorum, – Pars II. Qvaestionum fere universarum in materia delictorum carnis, furtorum, rapinae, sacrilegii, falsi & injuriarum, – ex Jure Civili Romano, Imperiali, Saxonico, Ordinat. & Constitut. Electoral. decisiones absolutas, responsis scabinorum Lipsensium approbatas, & usu ac observantia fori Saxonici confirmatas*, Wittebergae, Sumptibus Haeredum D. Tobiae Mevii & Elerdi Schumacheri, 1670.

Ivlii Clari, *Opera omnia, sive Practica civilis atqve criminalis*, Lvgdvni, Sumpt. Horatii Boissat & Georgii Remevs, 1661.

Aloysi Cremani, *De iure criminali libri tres. Volumen II*, Ticini, Apud Haeredes Petri Galeatii, 1792.

Iac. Cviacii, *Paratitla in Libros qvnqvaginta Digestorvm sev Pandectarvm, Item in Libros Nouem Codicis Imperatoris Iustiniani*, Coloniae Agrippinae, Apud Ioannem Gymnicum sub Monocerote, 1594.

Iodoco DAMHOUDERIO, *Praxis rervm criminalivm, elegantissimis iconibvs ad materiam accommodis illvstrata, praetoribus, propraetoribus, consulibus, proconsulibus, magistratibus, reliquisque id genus iustitiariis ac officiariis, apprime vtilis ac necessaria*, Antverpiae, Apud Ioannem Bellerum, 1555.

Tiberii DECIANI, *Tractatvs criminalis. Tomvs secvndvs*, Avgvstae Tavrinorvm, Apud haeredem Nicolai Beuilaqua, 1593.

Ioannis Bernardi DIAZ DE LVCO, *Practica criminalis canonica*, Lvgdvni, Apvd Gvliel. Rovillivm, 1569.

Io. Rvdolphi ENGAV, *Elementa ivris criminalis Germanici-Carolini ex genvinis fontibvs dedvcta variis observationibvs et formvlis illvstrata atqve commoda avditoribus methodo adornata qvibus novas qvasdam observationes addidit D. Io. Avgvst Hellfeld*, Ienae, Svmtibus Vidvae Croekerianae, 1767.

Iacobo FABRO STAPVLENSI, *Commentarii initiatorii in qvatvor Evangelia*, 1576.

Prosperi FARINACII, *Praxis, et theoricae criminalis. Pars tertia*, Lvgdvni, Svmptibvs Horatii Cardon, 1606, – *Pars quarta*, Lvgdvni, Sumptibus Iacobi Cardon, 1631.

Alberti de GANDINO, *Tractatus de Maleficijs*, en Angeli Aretini, *De maleficiis tractatus, de inqvirendis animadvertendisque criminibus. Opus nedum vtile, sed necessarium omnibus, maxime ijs, qui ad prouincias regendas constituti sunt. Cui tractatus Alberti de Gandino, nec non Bonifacii de Vitalinis, una cum apostillis Augustini de Arimino, & Hier. Cuchalon, ueluti apendices subiecimus*, Venetiis, Apud Franciscum de Franciscis Senensem, 1578, ff. 269r-368r.

Francisco Maria GASPARRO, *Institutiones Criminales tribus partibus distributae*, Venetiis, Apud Simonem Occhi sub Signo Italiae, 1756.

Lvdovici GILHAVSEN, *Arbor iudiciaria criminalis, in qva tam delictorvm genera quam inquisitionum & accusationum, vti etiam defensionum, iudiciorum & poenarum, materia & formulae dilucide arguteque declarantur, tractantur, explicantur & continentur*, Coloniae Agrippinae, Sumptibus Petri Henningii excudebat, 1642.

Juan Elías GÓMEZ DE TERÁN, *Infancia ilustrada, y niñez instruida en todo genero de virtudes Christianas, Morales, y Politicas, que conducen á la santa educacion, y buena criança de los niños*, segvnda impression corregida, Madrid, Por Manuel Román, 1720.

Antonii GOMEZII, *Variae resolutiones juris civilis, communis, et regii tomis tribus distinctae. Tomus tertius*, Matriti, Typis Petri Marin, 1780.

Emanvelis GONZALEZ TELLEZ, *Commentaria perpetva in singulos Textus quinque Librorum Decretalivm Gregorii IX. Tomvs Qvintvs*, Lvgdvni, Sumptibus Lavrentii Arnavd & Petri Borde, 1673.

HILARIONE monacho IANVENSE, *Commentariorvm in Sacroancta IIII Evangelia, Iuxta vulgatam editionem, svmmam tvm animi pietatem, tum Euangelicae eruditionis copiam continentium: tomi dvo*, Brixiae, Apvd Thomam Bozolam, 1578.

Daniel Jousse, *Traité de la justice criminelle de France, Où l'on examine tout ce qui concerne les Crimes & les Peines en général & en particulier; les Juges établis pour décider les Affaires Criminelles; les Parties publiques & privées; les Affaires Criminelles; les Parties publiques & privées; les Accusés; les Ministres de la Justice Criminelle; les Experts, les Témoins; & les autres Personnes nécessaires pour l'instruction des Procès-criminelles; & aussi tout ce qui regarde la maniere de procéder dans la poursuite des Crimes. Tome Quatrieme*, Paris, Chez Debure Pere, Libraire, 1771.

Io. Christoph. Koch, *Institvtiones Ivris Criminalis*, Ienae, Apvd Melchioris Haeredes, 1791.

Cardinalis a Kollonicz, *Forma processus judicii criminalis, seu Praxis criminalis*, Tyrnaviae, Typis Academicis per Joannem Andream Hormann, 1697.

Io. Pavlo Lancelotto, *Institvtiones ivris canonici, qvibus ivs pontificivm singulari methodo libris quatuor comprehenditur*, Lvgdvni, Apvd Gvlielmvm, 1578.

Francisci Maradei, *Tractatus criminalis analyticus mixtus Civilibus Quaestionibus, ac plurimis recentissimis Decisionibus illustratus, & in tres partes distributus*, Neapoli, Typis & Aere Felicis Mosca, 1796.

Antonii Matthaei, *De criminibus ad lib. XLVII. et XLVIII. Dig. commentarivs*, Rhenum, Typis Ioannis a Waesberg, 1644.

Filippo Mirogli, *Istruzzioni teorico-prattiche criminali. Tomo terzo*, Roma, Nella stamperia di Generoso Salomoni, 1764.

Navegacion del hombre, a la bienaventurança de la Gloria por las tres Carreras, o estados de la Vida Humana, que son Niñez, Mocedad, y Vejez. Dividese en tres Libros, y en cada vno de ellos se trata lo que a cada vno de los sobre dichos Estados le pertenece.

Diego Perez, *Ordenanzas reales de Castilla. Recopiladas, y compuestas por el doctor Alonso Diaz de Montalvo. Glosadas. Tomo III*, Madrid, En la Imprenta de Josef Doblado, 1780.

Petro a Plaza a Moraza, *Epitome delictorvm, causarumque criminalium, ex iure pontificio regio & caesareo. Liber I*, Venetiis, Apud Hieronymum Scotum, 1573.

Guilielmi Godofredi Ploucquet, *Commentarius medicus in processus criminales super homicidio, infanticidio, et embryoctonia*, Argentorati, Sumtibus Amandi Koenig bibliopolae, 1787.

Jo. Dominici Raynaldi, *Observationum Criminalium, Civilium, & Mixtarum. Liber primus*, Venetiis, Apud Paulum Balleonium, 1699; – *Liber secundus*, Venetiis, Ex Typographia Balleoniana, 1735; – *Liber tertius*, Venetiis, Ex Typographia Balleoniana, 1735.

Ludovici M. Sinistrari, *De delictis, et poenis tractatvs absolvtissimvs*, Venetiis, Apud Hieronymum Albriccium, 1700.

Ioannes Vela & Acuña, *Tractatvs de poenis delictorum*, Salmanticae, Excudebat Didacus a Cussio, 1596.

Bonifacii de VITALINIS, *Tractatus super maleficijs, cum additionibus antea positis, necnon cum apostillis Domini Hieronymi Cuchalon Hispani, & cum summarijs nouiter additis*, Venetiis, Petrus Dusinellus excudebat, 1578, en Angeli Aretini, *De maleficiis tractatus, de inqvirendis animadvertendisque criminibus. Opus nedum vtile, sed necessarium omnibus, maxime ijs, qui ad prouincias regendas constituti sunt. Cui tractatus Alberti de Gandino, nec non Bonifacii de Vitalinis, una cum apostillis Augustini de Arimino, & Hier. Cuchalon, ueluti apendices subiecimus*, Venetiis, Apud Franciscum de Franciscis Senensem, 1578, ff. 368v-468v.

Ioannis ZANGERI, *Tractatus duo: de exceptionibus et quaestionibus, seu torturis reorum*, Francofurti ad Moenum, Apud Iohan. Gothofr. Conradi, 1730.

2. *FUENTES SECUNDARIAS*

Darlene ABREU-FERREIRA, *Women, Crime, and Forgiveness in Early Modern Portugal*, Surrey, Ashgate, 2015.

Paloma AGUILAR ROS, *El adulterio: discurso jurídico y discurso literario en la Baja Edad Media* (tesis), Granada, Universidad de Granada, 1989.

Hans-Jörg ALBRECHT, «Geschichte und Kriminologie: Was kann der historische Zugang für Untersuchungen kriminologischer Fragestellungen leisten?», en U. Böker (hg.), *Literatur, Kriminalität und Rechtskultur im 17. und 18. Jahrhundert*, Essen, Blaue Eule, 1996, pp. 36-53.

Ángel ALLOZA, *La vara quebrada de la justicia. Un estudio histórico sobre la delincuencia madrileña entre los siglos XVI y XVIII*, Madrid, Los Libros de la Catarata, 2000.

Sabina ÁLVAREZ BEZOS, *Violencia contra las mujeres en la Castilla del final de la Edad Media*, Valladolid, Universidad de Valladolid, 2015.

Enrique ÁLVAREZ CORA, «Derecho sexual visigótico», en *Historia. Instituciones. Documentos*, 24 (1997), pp. 1-51.

–, «Tipicidad y fragmentariedad criminal en la España moderna», en *Cuadernos de Historia del Derecho*, 20 (2013), pp. 207-233.

–, «La doctrina del homicidio en el siglo XVI», en *Initium. Revista Catalana d'Història del Dret*, 20 (2015), pp. 243-370.

–, «La teoría de la injuria en Castilla (siglos XVI-XX)», en E. Álvarez Cora (ed.), *Liber Amicorum. Estudios histórico-jurídicos en homenaje a Enrique Gacto Fernández*, Madrid, Dykinson, 2015, pp. 25-160.

–, «La definición del delito entre los siglos XVI y XVIII», en *Ius Fugit. Revista de Cultura Jurídica*, 19 (2016), pp. 35-63.

Milagros ÁLVAREZ URCELAY, «*Causando gran escandalo e murmuraçion». Sexualidad transgresora y su castigo en Gipuzkoa durante los siglos XVI, XVII y XVIII*, Bilbao, Universidad del País Vasco, 2012.

Chantal AMMANN-DOUBLIEZ, «Histoires d'empoisonnement en Valais au Moyen Âge: sorcellerie et justice», en *Vallesia. Bulletin Annuel de la Bibliothèque et des Archives Cantonales du Valais, des Musées e Valèrie et de la Majorie*, 58 (2003), pp. 231-281.

Susan Dwyer Amussen, «Punishment, Discipline, and Power: The Social Meanings of Violence in Early Modern England», en *Journal of British Studies*, 34-1 (1995), pp. 1-34.

Elizabeth Archibald, *Incest and the Medieval Imagination*, Oxford, Clarendon Press, 2001.

Riccardo Astolfi, «Sintesi della storia della bigamia in Roma», en *Studia et Documenta Historiae et Iuris*, 76 (2010), pp. 281-290.

Bruno Aubusson de Cavarlay, «Des comptes rendus à la statistique criminelle: c'est l'unité qui compte (France, XIXe-XXe siècles)», en *Histoire & Mesure*, 22-2 (2007), pp. 39-73.

Karl Siegfried Bader, «Aufgaben, Methoden und Grenzen einer historischen Kriminologie», en M. Killias (hg.), *Rechtsgeschichte und Rechtssoziologie. Zum Verhältnis von Recht, Kriminalität und Gesellschaft in historischer Perspektive*, Berlin, Duncker & Humblot, 1985, pp. 29-41.

Renato Barahona, *Sex Crimes, Honour, and the Law in Early Modern Spain: Vizcaya, 1528-1735*, Toronto-Buffalo-London, University of Toronto Press, 2003.

Alessio Basilico, «Giustizia ecclesiastica e trattamento del reato di stupro. Indicazioni di ricerca dalla diocesi di Teramo (1615-1750)», en *Dimensioni e Problemi della Ricerca Storica*, 14-2 (2011), pp. 207-230.

Iñaki Bazán Díaz, *Delincuencia y criminalidad en el País Vasco en la transición de la Edad Media a la Moderna*, Vitoria, Gobierno Vasco, 1995.

–, «Quelques remarques sur les victimes du viol au Moyen Âge et au début de l'époque moderne», en B. Garnot (dir.) *Les victimes, des oubliées de l'histoire? Actes du Colloque de Dijon, 7-8 octobre 1999*, Rennes, Presses Universitaires de Rennes, 2000, pp. 433-444.

–, «El estupro. Sexualidad delictiva en la Baja Edad Media y primera Edad Moderna», en *Mélanges de la Casa de Velázquez*, 33-1 (2003), pp. 13-46.

Cristian Berco, *Jerarquías sexuales, estatus público. Masculinidad, sodomía y sociedad en la España del Siglo de Oro*, València, Universitat de València, 2009.

Alexis Bernard, «Les victimes de viols à Lyon aux XVIIe et XVIIIe siècles», en B. Garnot (dir.) *Les victimes, des oubliées de l'histoire? Actes du Colloque de Dijon, 7-8 octobre 1999*, Rennes, Presses Universitaires de Rennes, 2000, pp. 455-467.

Marcelino Beroiz Lazcano, *Crimen y castigo en Navarra bajo el reinado de los primeros Evreux (1328-1349)*, Pamplona, Universidad Pública de Navarra, 2005.

Mikel Berraondo Piudo, *La violencia interpersonal en la Navarra moderna (siglos xvi-xvii)* (tesis), Pamplona, Universidad de Navarra, 2012.

Antonella Bettoni, «The perception of 'social danger' among ius commune jurists: a reconstruction of the concept of malus in Sixteenth and Seventeenth century Italian and German juridical doctrine», en *Liverpool Law Review*, 26 (2005), pp. 45-73.

Peter B. H. BIRKS, «The Early History of Iniuria», en *Tijdschrift voor Rechtsgeschiedenis*, 37-2 (1969), pp. 163-208.

Dirk BLASIUS, «Kriminalität und Geschichtswissenschaft. Perspektiven der neueren Forschung», en *Historische Zeitschrift*, 233 (1981), pp. 615-626.

Andreas BLAUERT & Gerd SCHWERHOFF, «Crime and History. The German Workshop», en *Crime, Histoire & Sociétés*, 2-1 (1998), pp. 137-140.

Jean-Baptiste BONNARD, «Phèdre sans inceste. À propos de la théorie de l'inceste du deuxième type et de ses applications en histoire grecque», en *Revue Historique*, 621 (2002), pp. 77-107.

Ugo BRASIELLO, «Sulla ricostruzione dei crimini in Diritto romano. Cenni sulla evoluzione dell'omicidio», en *Studia et Documenta Historiae et Iuris*, 42 (1976), pp. 246-264.

Yves-Bernard BRISSAUD, «L'infanticide à la fin du Moyen Âge, ses motivations psychologiques et sa répression», en *Revue Historique de Droit Français et Étranger*, 50 (1972), pp. 229-256.

Deborah G. BURKS, *Horrid Spectacle. Violation in the Theater of Early Modern England*, Pittsburgh, Duquesne University Press, 2003.

Sara M. BUTLER, «A Case of Indifference? Child Murder in Later Medieval England», en *Journal of Women's History*, 19-4 (2007), pp. 59-82.

Alain CABANTOUS, *Histoire du blasphème en Occident. XVIe-XIXe siècle*, Paris, Albin Michel, 2015.

Emilio CABRERA, «Crimen y castigo en Andalucía durante el siglo XV», en *Meridies. Revista de Historia Medieval*, 1 (1994), 9-37.

Mario CAIMI, «Estudio preliminar», en I. Kant, *Crítica de la razón pura. Edición bilingüe alemán-español*, primera reimpresión de la primera edición, México, Fondo de Cultura Económica-Universidad Autónoma Metropolitana-Universidad Nacional Autónoma de México, 2011, pp. VII-LXX.

María del Carmen CALERO PALACIOS & Francisco Javier CRESPO MUÑOZ, «Un proceso de sodomía entre los moriscos del reino de Granada, a través de la documentación del Archivo de la Real Chancillería de Granada», en *Chronica Nova*, 31 (2005), pp. 501-530.

Kelly Cristina CANELA, *O estupro no Direito romano*, Sao Paolo, Cultura Acadêmica Editora, 2012.

C. CAREY, «Rape and Adultery in Athenian Law», en *The Classical Quarterly*, 45-2 (1995), pp. 407-417.

Jessica CARMONA GUTIÉRREZ, «Los protocolos notariales como fuente para el estudio de la violencia y la conflictividad en el periodo moderno: cartas de poder, apartamientos de querellas y fianzas», en *Clio & Crimen*, 10 (2013), pp. 189-206.

Constanza CAVALLERO, «Brujería, superstición y 'cuestión conversa': historias de construcción de 'otros-cristianos'», en *Anuario de Estudios Medievales*, 41-1 (2011), pp. 343-373.

Valentina Cesco, «Due processi per rapimento a confronto (Repubblica di Venezia - seconda metà del XVI secolo», en *Acta Histriae*, 7-1 (1999), pp. 349-372.

Miguel Ángel Chamocho Cantudo, «El delito de sodomía femenina en la obra del Padre franciscano Sinistrati D'Ameno, 'De Sodomía Tractatus'», en *Revista de Estudios Histórico-Jurídicos*, 30 (2008), pp. 387-424.

Martine Charageat, *La délinquance matrimoniale. Couples en conflit et justice en Aragon (XVe-XVIe siècle)*, Paris, Publications de la Sorbonne, 2011.

Jehanne Charpentier, *Le droit de l'enfance abandonnée. Son évolution sous l'influence de la Psychologie (1552-1791)*, Paris, Presses Universitaires de France, 1967.

Rudy Chaulet, «La violence en Castille au XVIIe siècle à travers les Indultos de Viernes Santo (1623-1699)», en *Crime, Histoire & Sociétés*, 2-1 (1997), pp. 5-27.

Jacques Chiffoleau, «Dire l'indicible. Remarques sur la catégorie du *nefandum* du XIIe au XVe siècle», en *Annales. Économies, Sociétés, Civilisations*, 45-2 (1990), pp. 289-324.

Sandra Clark, «Deeds against Nature: Women and Crime in Street Literature of Early Modern England», en *Sederi. Yearbook of the Spanish and Portuguese Society for English Renaisance Studies*, 12 (2002), pp. 9-30.

Emily R. Coleman, «L'infanticide dans le haut Moyen Âge», en *Annales. Économies, Sociétés, Civilisations*, 29-2 (1974), pp. 315-335.

María José Collantes de Terán de la Hera, «El delito de adulterio en el Derecho general de Castilla», en *Anuario de Historia del Derecho Español*, 66 (1996), pp. 201-222.

–, *El delito de estupro en el Derecho castellano de la Baja Edad Moderna*, Madrid, Dykinson, 2012.

–, «Algunas consideraciones sobre el delito de adulterio: un proceso de finales del siglo xviii», en *Cuadernos de Historia del Derecho*, 20 (2013), pp. 331-352.

–, *El amancebamiento: una visión histórico-jurídica en la Castilla moderna*, Madrid, Dykinson, 2014.

–, «Incesto. Teoría y práctica en Castilla en los siglos xviii y xix», en E. Álvarez Cora (ed.), *Liber Amicorum. Estudios histórico-jurídicos en homenaje a Enrique Gacto Fernández*, Madrid, Dykinson, 2015, pp. 161-186.

Franck Collard, «Recherches sur le crime de poison au Moyen Âge», en *Journal des Savants*, 1 (1992), pp. 99-114.

–, «*Horrendum Scelus*. Recherches sur le statut juridique du crime d'empoisonnement au Moyen Âge», en *Revue Historique*, 300-4 (1998), pp. 737-764.

–, «Des victimes désignées? Profils des empoisonnés au Moyen Âge», en B. Garnot (dir.) *Les victimes, des oubliées de l'histoire? Actes du Colloque de Dijon, 7-8 octobre 1999*, Rennes, Presses Universitaires de Rennes, 2000, pp. 445-453.

–, *Le crime de poison au Moyen Âge*, Paris, Presses Universitaires de France, 2003.

Anna Coluccia, «Indagine tecnico-scientifica e valenza etica nell'attività peritale sul reato di stupro nella trattatistica settecentesca», en L. Berlinguer & F. Colao (a cura di), *Criminalità e Società in Età Moderna*, Milano, Giuffrè, 1991, pp. 147-166.

Sarah Christine Shippy Copeland, *Constructions of Infanticide in Early Modern England: Female Deviance during Demographic Crisis* (thesis), Ohio, The Ohio State University, 2008.

Ricardo Córdoba de la Llave, «Las relaciones extraconyugales en la sociedad castellana bajomedieval», en *Anuario de Estudios Medievales*, 16 (1986), pp. 571-619.

–, «Adulterio, sexo y violencia en la Castilla medieval», en *Espacio, Tiempo y Forma. Serie IV. Historia Moderna*, 7 (1994), pp. 153-184.

–, «Marginación social y criminalización de las conductas», en *Medievalismo. Boletín de la Sociedad Española de Estudios Medievales*, 13-14 (2004), pp. 293-322.

–, *El homicidio en Andalucía a fines de la Edad Media*, Granada, Universidad de Granada-Universidad de Córdoba, 2007.

Andrée Corvol, «Les délinquances forestières en Basse-Bourgogne depuis la réformation de 1711-1718», en *Revue Historique*, 259-2 (1978), pp. 345-388.

Nicola Criniti, «'Parricida': le donne e l'aborto nel mondo antico», en *Ager Veleias. Rassegna di Storia, Civiltà e Tradizioni Classiche* (2015), pp. 1-20.

Élisabeth Crouzet-Pavan, «Violence, société et pouvoir à Venise (XIVe-XVe siècles): forme et évolution de rituels urbains», en *Mélanges de l'École française de Rome. Moyen-Âge. Temps Modernes*, 96-2 (1984), pp. 903-936.

Esther Cruces Blanco, «Orden público y violencia en la ciudad de Málaga a fines del siglo XV y principios del siglo XVI (1495-1516)», en *Meridies. Revista de Historia Medieval*, 2 (1995), pp. 121-143.

María Luzdivina Cuesta Torre, «Adulterio y calumnia en el *Enrique fi de Oliva*: crimen y castigo a la luz de la legislación medieval», en *Clio & Crimen*, 7 (2010), pp. 73-110.

Nicholas Davidson, «Theology, nature and the law: sexual sin and sexual crime in Italy from the fourteenth to the seventeenth century», en T. Dean & K. J. P. Lowe (ed.), *Crime, Society and the Law in Renaissance Italy*, Cambridge, Cambridge University Press, 1994, pp. 74-98.

Maria Gigliola Di Renzo Villata, «Dall'amore coniugale 'proibito' all'infedeltà. L'adulterio nelle 'Summae confessorum' italiane (XIV-XVI secolo)», en *Italian Review of Legal History*, 1 (2015), pp. 1-41.

J. R. Dickinson & J. A. Sharpe, «Infanticide in early modern England: the Court of Great Sessions at Chester, 1650-1800», en M. Jackson (ed.), *Infanticide. Historical Perspectives on Child Murder and Concealment, 1550-2000*, Surrey-Burlington, Ashgate, 2002, pp. 35-51.

Julie Doyon, «Le 'père dénaturé' au Siècle des Lumières», en *Annales de Démographie Historique*, 118-2 (2009), pp. 143-165.
Caroline Dunn, *Stolen Women in Medieval England. Rape, Abduction, and Adultery, 1100-1500*, Cambridge, Cambridge University Press, 2013.
Alicia Duñaiturria Laguarda, *La justicia en Madrid. El arbitrio judicial en la Sala de Alcaldes de Casa y Corte (1751-1808)*, Madrid, Dykinson, 2010.
–, «La criminalidad de Madrid en los Libros de Acuerdos», en *Clio & Crimen*, 10 (2013), pp. 277-295.
Marie-Sylvie Dupont-Bouchat & Xavier Rousseaux, «Le prix du sang: sang et justice du XIVe au XVIIIe siècle», en A. Farge (ed.), *Affaires de sang*, París, Imago, 1988, pp. 43-72.
Gregory Durston, «Eighteenth Century Infanticide. A Metropolitan Perspective», en *Griffith Law Review*, 13-2 (2004), pp. 160-184.
–, *Victims and Viragos. Metropolitan Women, Crime and the Eighteenth-Century Justice System*, Suffolk, Arima Publishing, 2007.
–, *Wicked Ladies. Provincial Women, Crimen and the Eighteenth-Century English Justice System*, Newcastle upon Tyne, Cambridge Scholars Publishing, 2013.
Abigail Dyer, «Seduction by Promise of Marriage: Law, Sex, and Culture in Seventeenth-Century Spain», en *The Sixteenth Century Journal*, 34-2 (2003), pp. 439-455.
Zoë Eckman, «An Oppressive Silence: The Evolution of the Raped Woman in Medieval France and England», en *Historian. Journal of the Undergraduate History Department at New York University*, 50 (2009), pp. 1-19.
Joachim Eibach, «Neue historische Literatur: Kriminalitätsgeschichte zwischen Sozialgeschichte und Historischer Kulturforschung», en *Historische Zeitschrift*, 263-3 (1996), pp. 681-715.
Manuel Eisner, «Long-Term Historical Trends in Violent Crime», en *Crime and Justice. A Review of Research*, 30 (2003), pp. 83-142.
Marianne Elsakkers, «Inflicting Serious Bodily Harm: The Visigothic *Antiquae* on Violence and Abortion», en *Tijdschrift voor Rechtsgeschiedenis*, 71, 1-2 (2003), pp. 55-63.
Michèle Escamilla-Colin, *Crimes et chatiments dans l'Espagne inquisitoriale*, Paris, Berg International Éditeurs, 1992.
Raquel Escutia Romero, «Consideraciones en torno a la difamación escrita en Derecho romano», en *Revista de Derecho UNED*, 4 (2009), pp. 177-218.
Anna Esposito, «Adulterio, concubinato, bigamia: testimonianze dalla normativa statutaria dello Stato pontificio (secoli XIII-XVI)», en S. Seidel Menchi & D. Quaglioni (a cura di), *Trasgressioni. Seduzione, concubinato, adulterio, bigamia (XIV-XVIII secolo)*, Bologna, Società Editrice Il Mulino, 2004, pp. 21-42.
María del Pilar Esteves Santamaría & Susana García León, «Las reales ejecutorias como fuente para el estudio de la historia», en *Clio & Crimen*, 10 (2013), pp. 373-390.

Joanne M. FERRARO, «One Community's Secret: Incest and Infanticide in the Late Sixteenth-Century Veneto», en *Acta Histriae*, 15 (2007), pp. 441-452.

–, *Nefarious Crime, Contested Justice. Illicit Sex and Infanticide in the Republic of Venice, 1557-1789*, Baltimore, The Johns Hopkins University Press, 2008.

Karen FIORENTINO, «Un homicide ordinaire? L'infanticide devant le Tribunal criminel de la Côte-d'Or», en *Revue Historique de Droit Français et Étranger*, 93-2 (2015), pp. 205-243.

Marilyn FRANCUS, «Monstrous Mothers, Monstrous Societies: Infanticide and the Rule of Law in Restoration and Eighteenth-Century England», en *Eighteenth-Century Life*, 21-2 (1997), pp. 133-156.

Helen FRONIUS, «Images of infanticide in Eighteenth-Century Germany», en H. Fronius & A. Linton (ed.), *Women & Death. Representations of Female Victims and Perpetrators in German Culture 1500-2000*, Rochester, Camden House, 2008, pp. 93-112.

Thomas A. FUDGE, «Incest and lust in Luther's marriage: theology and morality in reformation polemics», en *The Sixteenth Century Journal. The Journal of Early Modern Studies*, 34-2 (2003), pp. 319-345.

Soenita M. GANPAT & Marieke LIEM & Joanne VAN DER LEUN & Paul NIEUWBEERTA, «The influence of criminal history on the likelihood of committing lethal versus nonlethal violence», en *Homicide Studies*, 18-2 (2014), pp. 221-240.

María del Carmen GARCÍA HERRERO, «Prostitución y amancebamiento en Zaragoza a fines de la Edad Media», en *En la España Medieval*, 12 (1989), pp. 305-322.

–, «La marital corrección: un tipo de violencia aceptado en la Baja Edad Media», en *Clio & Crimen*, 5 (2008), pp. 39-71.

Susana GARCÍA LEÓN, *La justicia en la Nueva España. Criminalidad y arbitrio judicial en la Mixteca Alta (Siglos XVII y XVIII)*, Madrid, Dykinson, 2012.

José María GARCÍA MARÍN, *El aborto criminal en la legislación y la doctrina (pasado y presente de una polémica)*, Madrid, Editoriales de Derecho Reunidas, 1980.

Benoît GARNOT, «La violence et ses limites dans la France du XVIIIe siècle: l'exemple bourguignon», en *Revue Historique*, 298-2 (1998), pp. 237-253.

–, «Une approche juridique et judiciaire du rapt dans la France du XVIIIe siècle», en G. Vickermann-Ribémont & M. White-Le Goff (dir.), *Rapts. Réalités et imaginaire du Moyen Âge aux Lumières*, Paris, Classiques Garnier, 2014, pp. 165-177.

Malcolm GASKILL, «Reporting Murder: Fiction in the Archives in Early Modern England», en *Social History*, 23-1 (1998), pp. 1-30.

–, *Crime and Mentalities in Early Modern England*, Cambridge, Cambridge University Press, 2003.

Stéphanie Gaudillat Cautela, «Questions de mot. Le 'viol' au XVIe siècle, un crime contre les femmes?», en *Clio. Femmes, Genre, Histoire*, 24 (2006), pp. 2-9.

Claude Gauvard & Gilbert Ouy, «Gerson et l'infanticide: défense des femmes et critique de la pénitence publique», en J.-C. Mühlethaler-D. Billote (dir.), *'Riens ne m'est seur que la chose incertaine'. Études sur l'art d'écrire au Moyen Âge offertes à Éric Hicks par ses élèves, collègues, amies et amis*, Genève, Slatkine, 2001, pp. 45-66.

Johanna Geyer-Kordesch, «Infanticide and the erotic plot: a feminist reading of eighteenth-century crime», en M. Jackson (ed.), *Infanticide. Historical Perspectives on Child Murder and Concealment, 1550-2000*, Surrey-Burlington, Ashgate, 2002, pp. 93-127.

Nicole Gonthier, «Délinquantes ou victimes, les femmes dans la société lyonnaise du XVe siècle», en *Revue Historique*, 549 (1984), pp. 25-46.

Laura Gowing, «Secret births and infanticide in seventeenth-century England», en *Past and Present*, 156 (1997), pp. 87-115.

–, *Domestic Dangers. Women, Words, and Sex in Early Modern London*, Oxford-New York, Oxford University Press, 2005.

Helmut Graff, *Die deutsche Kriminalstatistik. Geschichte und Gegenwart*, Stuttgart, Enke, 1975.

Myriam Greilsammer, «Rapts de séduction et rapts violents en Flandre et en Brabant à la fin du Moyen-Âge», en *Tijdschrift voor Rechtsgeschiedenis*, 56-1/2 (1988), pp. 49-84.

Tanu Gupta & Ramandeep Mahal, «The Use of Infanticide in English Literature», en *Research Scholar. An International Refereed e-Journal of Literary Explorations*, 2-4 (2014), pp. 112-126.

Barbara A. Hanawalt, «Violent Death in Fourteenth- and Early Fifteenth-Century England», en *Comparative Studies in Society and History*, 18-3 (1976), pp. 297-320.

Gregory Hanlon, «Les rituels de l'agression en Aquitaine au XVIIe siècle», en *Annales. Économies, Sociétés, Civilisations*, 2 (1985), pp. 244-268.

–, «L'infanticidio di coppie sposate in Toscana nella prima Età Moderna», en *Quaderni Storici*, 113-2 (2003), pp. 453-498.

–, «Routine infanticide in the West 1500-1800», en *History Compass*, 14-11 (2016), pp. 535-548.

Christopher Harper-Bill, «Monastic Apostasy in late Medieval England», en *The Journal of Ecclesiastical History*, 32-1 (1981), pp. 1-18.

Emma Hawkes, «'She vas ravished against her will, what so ever she say': Female Consent in Rape and Ravishment in late-medieval England», en *Limina*, 1 (1995), pp. 47-53.

R. H. Helmholz, «And were there children's rights in early modern England?», en *The International Journal of Children's Rights*, 1 (1993), pp. 23-32.

Sharon Howard, *Gender and Defamation in York, 1661-1700: Reputation, Authority and the Power of Words*, York, University of York, 1999.

–, «*Law and Disorder in Early Modern Wales. Crime and Authority in the Denbighshire Courts, c. 1660-1730*, Cardiff, University of Wales Press, 2008.

Raquel Iglesias Estepa, «Violencia física y verbal en la Galicia de finales del Antiguo Régimen», en *Semata. Ciencias Sociais e Humanidades*, 19 (2007), pp. 135-157.

Mark Jackson, *New-born Child Murder. Women, illegitimacy and the courts in eighteenth-century England*, Manchester-New York, Manchester University Press, 1996.

Claudia Jarzebowski, *Inzest. Verwandtschaft und Sexualität im 18. Jahrhundert*, Köln-Weimar-Wien, Böhlau, 2006.

Eric A. Johnson, *Quantification and Criminal Justice History in International Perspective*, Köln, Center for Historical Social Research-University Of Cologne, 1990.

Karen Margaret Jones, *Gender, crime and the Local Courts in Kent, 1460-1560* (thesis), Greenwich, University of Greenwich, 2001.

Sylvie Joye, *La femme ravie. Le mariage par rapt dans les sociétés occidentales du haut Moyen Âge*, Turnhout, Brepols, 2012.

Anne-Marie Kilday, *A History of Infanticide in Britain c. 1600 to the Present*, Hampshire, Palgrave-Macmillan, 2013

–, *Women and Violent Crime in Enlightenment Scotland*, Rochester, Boydell Press, 2015.

Rebecca Frances King, *Rape in England 1600-1800: trials, narratives and the question of consent* (thesis), Durnham, University of Durnham, 1998.

Eukene Lacarra Lanz, «El peor enemigo es el enemigo en casa. Violencia de género en la literatura medieval», en *Clio & Crimen*, 5 (2008), pp. 228-266.

–, «Incesto marital en el derecho y en la literatura europea medieval», en *Clio & Crimen*, 7 (2010), pp. 16-39.

Didier Lett, «'Connaître charnellement une femme contre sa volonté et avec violence'. Viols des femmes et honneur des hommes dans les status communaux des Marches au XIVe siècle», en J. Claustre & O. Mattéoni & N. Offenstadt (dir.), *Un Moyen Âge pour aujourd'hui. Mélanges offerts à Claude Gauvard*, Paris, Presses Universitaires de France, 2010, pp. 449-461.

Margaret Brannan Lewis, *Infanticide in Early Modern Germany: the experience of Augsburg Memmingen, Ulm, and Nördlingen, 1500-1800* (thesis), Charlottesville, University of Virginia, 2008.

–, *Infanticide and Abortion in Early Modern Germany*, London-New York, Routledge, 2016.

Nella Lonza, «'Two souls lost': Infanticide in the Republic of Dubrovnik (1667-1808)», en *Dubrovnik Annals*, 6 (2002), pp. 67-107.

Beatriz López Morán, «Historia criminal y archivos judiciales», en *La Administración de justicia en la Historia de España. Actas de las III Jornadas de Castilla-La Mancha sobre investigación en archivos. Guadalajara, 11-14 noviembre 1997*, Guadalajara, Junta de Comunidades Castilla-La Mancha, 1999, pp. 325-335.

Fabio T. López-Lázaro, *Crime in Early Bourbon Madrid (1700-1808). An Analysis of the Royal Judicial Court's Casebook*, Lewiston-Queenston-Lampeter, The Edwin Mellen Press, 2008.

Arlie Loughnan, *Manifest Madness: Mental Incapacity in the Criminal Law*, Oxford, Oxford University Press, 2012.

Marzia Lucchesi, Si quis occidit occidetur. *L'omicidio doloso nelle fonti consiliari (secoli XIV-XVI)*, Padova, Casa Editrice Dott. Antonio Milani, 1999.

María Dolores Madrid Cruz, «El arte de la seducción engañosa: algunas consideraciones sobre los delitos de estupro y violación en el Tribunal del Bureo. Siglo xviii», en *Cuadernos de Historia del Derecho*, 9 (2002), pp. 121-159.

–, «Relatos y narraciones en los procesos criminales. La construcción de lo verosímil en el espacio judicial», en *Clio & Crimen*, 10 (2013), pp. 225-243.

Carlos Maiza Ozcoidi, «Injuria, honor y comunidad en la sociedad navarra del siglo xviii», en *Príncipe de Viana*, 53 (1992), pp. 685-694.

R. W. Malcolmson, «Infanticide in the Eighteenth Century», en J. S. Cockburn (ed.), *Crime in England 1550-1800*, London, Methuen & Co., 1977, pp. 187-209.

Eugenia Maldonado de Lizalde, «*Lex Iulia de Adulteriis Coercendis* del emperador César Augusto (y otros delitos sexuales asociados)», en *Anuario Mexicano de Historia del Derecho*, 17 (2005), pp. 365-413.

Tomás A. Mantecón Movellán. *Conflictividad y disciplinamiento social en la Cantabria rural del antiguo régimen*, Santander, Universidad de Cantabria-Fundación Marcelino Botín, 1997.

–, «Mujeres forzadas y abusos deshonestos en la Castilla moderna», en *Manuscrits*, 20 (2002), pp. 157-185.

–, «Los impactos de la criminalidad en sociedades del Antiguo Régimen: España en sus contextos europeos», en *Vínculos de Historia*, 3 (2014), pp. 54-74.

Giuliano Marchetto, «'Primus fuit Lamech'. La bigamia tra irregolarità e delitto nella dottrina di diritto comune», en S. Seidel Menchi & D. Quaglioni (a cura di), *Trasgressioni. Seduzione, concubinato, adulterio, bigamia (XIV-XVIII secolo)*, Bologna, Società Editrice Il Mulino, 2004, pp. 43-105.

Andrea Marchisello, «'Alieni thori violatio': l'adulterio como delitto carnale in Prospero Farinacci (1554-1618)», en S. Seidel Menchi & D. Quaglioni (a cura di), *Trasgressioni. Seduzione, concubinato, adulterio, bigamia (XIV-XVIII secolo)*, Bologna, Società Editrice Il Mulino, 2004, pp. 133-183.

Jacinto MARTÍN RODRÍGUEZ, *El honor y la injuria en el Fuero de Vizcaya*, Bilbao, Diputación Provincial de Vizcaya, 1973.

Amy L. MASCIOLA, «'The unfortunate maid exemplified': Elizabeth Canning and representations of infanticide in eighteenth-century England», en M. Jackson (ed.), *Infanticide. Historical Perspectives on Child Murder and Concealment, 1550-2000*, Surrey-Burlington, Ashgate, 2002, pp. 52-72.

Peggy MCCRACKEN, «Engendering Sacrifice: Blood, Lineage, and Infanticide in Old French Literature», en *Speculum. A Journal of Medieval Studies*, 77 (2002), pp. 55-75.

Josephine MCDONAGH, *Child Murder & British Culture 1720-1900*, Cambridge, Cambridge University Press, 2003.

Sara MCDOUGALL, «The Transformation of Adultery in France at the End of the Middle Ages», en *Law and History Review*, 32-3 (2014), pp. 491-524.

Rhian Elizabeth MCLAUGHLIN, *Gentry Perceptions of Violence in Fourteenth-Century England*, York, University of York, 2014.

Shannon MCSHEFFREY & Julia POPE, «Ravishment, Legal Narratives, and Chivalric Culture in Fifteenth-Century England», en *Journal of British Studies*, 48 (2009), pp. 818-836.

Juan Miguel MENDOZA GARRIDO, *Delincuencia y represión en la Castilla bajomedieval. (Los territorios castellano-manchegos)*, Granada, Grupo Editorial Universitario, 1999.

–, «Mujeres adúlteras en la Castilla medieval. Delincuentes y víctimas», en *Clio & Crimen*, 5 (2008), pp. 151-186.

Juan Miguel MENDOZA GARRIDO & Clara ALMAGRO VIDAL & María de los Ángeles MARTÍN ROMERA & Luís Rafael VILLEGAS DÍAZ, «Delincuencia y justicia en la Chancillería de Ciudad Real y Granada (1495-1510). Primera parte. Estudio», en *Clio & Crimen*, 4 (2007), pp. 354-488.

Rosa MENTXAKA, «Delitos contra la moral sexual en las 'Etimologías' de Isidoro», en *Labeo. Rassegna di Diritto Romano*, 44-1 (1998), pp. 77-85.

Amanda Lea MIRACLE, *Rape and Infanticide in Maryland, 1634-1689: Gender and Class in the Courtroom contestation of patriarchy on the edge of the English Atlantic* (thesis), Bowling Green, Bowling Green University, 2008.

Marija MOGOROVIĆ CRLJENKO, «The abduction of women for marriage: Istria at the beginning of the seventeenth century», en *Acta Histriae*, 22-3 (2014), pp. 617-632.

Fernanda MOLINA, «La *herejización* de la sodomía en la sociedad moderna. Consideraciones teológicas y *praxis* inquisitorial», en *Hispania Sacra*, 126 (2010), pp. 539-562.

Eric MONKKONEN, «The quantitative historical study of crime and criminal justice», en J. A. Inciardi–Ch. E. Faupel (ed.), *History and Crime. Implications for Criminal Justice Policy*, Beverly Hills, Sage, 1980, pp. 53-73.

Emma MONTANOS FERRÍN & José SÁNCHEZ-ARCILLA, *Estudios de Historia del Derecho criminal*, Madrid, Safekat, 1990.

E. William Monter, «La sodomie à l'époque moderne en Suisse romande», en *Annales. Économies, Sociétés, Civilisations*, 29-4 (1974), pp. 1.023-1.033.
Miguel Ángel Motis Dolader, *Pecado y sociedad en Aragón (ss. XV-XVI)*, Zaragoza, Gobierno de Aragón, 2002.
Robert Muchembled, «Fils de Caïn, enfants de Médée. Homicide et infanticide devant le parlement de Paris (1575-1604)», en *Annales. Histoire, Sciences Sociales*, 5 (2007), pp. 1063-1094.
Wolfgang P. Müller, *The Criminalization of Abortion in the West. Its Origins in Medieval Law*, Cornell, Cornell University Press, 2012.
Heinz Müller-Dietz, «Von der Historischen Kriminologie zur Sozialgeschichte der Kriminalität und Kriminalitätskontrolle», en H.-H. Kühne (hg.) *Festschrift für Koichi Miyazawa. Dem Wegbereiter des japanisch-deutschen Strafrechtsdiskurses*, Baden-Baden, Nomos, 1995, pp. 63-74.
Terence R. Murphy, «'Woful Childe of Parents Rage': Suicide of Children and Adolescents in Early Modern England, 1507-1710», en *The Sixteenth Century Journal*, 17-3 (1986), pp. 259-270.
Nadia Nappert, *«Ad injuriam reputavit»: les délits injurieux devant la justice en Provence au XIVe siècle* (mémoire), Montréal, Université du Québec à Montréal, 2008.
Jean Nicolas, «La rumeur de Paris: rapts d'enfants en 1750», en *L'Histoire*, 40 (1981), pp. 48-57.
Glenn W. Olsen, *Sodomites, Effeminates, Hermaphrodites, and Androgynes*, Toronto, Pontifical Institute of Mediaeval Studies, 2011.
Pedro Ortego Gil, *Entre jueces y reos. Las postrimerías del Derecho penal absolutista*, Madrid, Dykinson, 2015.
Esperanza Osaba, *El adulterio uxorio en la «Lex Visigothorum»*, Madrid, Marcial Pons, 1997.
Donatella Pallotti, «'A most detestable crime'. Representations of Rape in the Popular Press of Early Modern England», en *LEA. Lingue e Letterature d'Oriente e d'Occidente*, 1-1 (2012), pp. 287-302.
José-Miguel Palop Ramos, «Notas sobre la criminalidad en Galicia a finales del siglo xviii», en *Conflictos y represiones en el Antiguo Régimen*, València, Universitat de València, 2000, pp. 181-208.
Paschalis Paschalidis, «What did *iniuria* in the *lex Aquilia* actually mean?», en *Revue Internationale des Droits de l'Antiquité*, 55 (2008), pp. 321-363.
Alessandro Pastore, *Veleno. Credenze, crimini, saperi nell'Italia moderna*, Bologna, Il Mulino, 2010.
Hervé Piant, «La justice au service des justiciables? La régulation de l'injure à l'époque moderne», en *Rives Méditerranéennes*, 40 (2011), pp. 67-85.
Miguel Pino Abad, «El delito de resistencia a la justicia en Castilla (siglos xiii-xviii)», en *e-SLegal History Review*, 19 (2015), pp. 1-32.
Pedro Andrés Porras Arboledas, «El delito de injurias de obra en el corregimiento de Úbeda (1582-1842)», en J. Sánchez-Arcilla Bernal (investiga-

dor principal), *El arbitrio judicial en el Antiguo Régimen (España e Indias, siglos* XVI-XVIII), Madrid, Dykinson, 2013, pp. 571-624.

Claudio Povolo, «L'imputata accusa: un processo per infanticidio alla fine del Settecento», en G. L. Fontana - A. Lazzarini (ed.), *Veneto e Lombardia tra rivoluzione giacobina ed Età Napoleonica. Economia, territorio, istituzioni*, Milano-Bari, Cariplo-Laterza, 1992, pp. 563-575.

Yolanda Quesada Morillas, *El delito de rapto en el Derecho castellano. Un análisis histórico-jurídico* (tesis), Granada, Universidad de Granada, 2014.

Dana Rabin, «Bodies of evidence, states of mind: infanticide, emotion and sensibility in eighteenth-century England», en M. Jackson (ed.), *Infanticide. Historical Perspectives on Child Murder and Concealment, 1550-2000*, Surrey-Burlington, Ashgate, 2002, pp. 73-92.

Luc Racaut, «Acusations of infanticide on the eve of the French Wars of Religion», en M. Jackson (ed.), *Infanticide. Historical Perspectives on Child Murder and Concealment, 1550-2000*, Surrey-Burlington, Ashgate, 2002, pp. 18-34.

Christophe Regina, «L'infanticide au Siècle des Lumières à Marseille. Une affaire de femmes», en L. Faggion & C. Regina (dir.), *La violence. Regards croisés sur une réalité plurielle*, Paris, CNRS Editions, 2010, pp. 285-311.

Herbert Reinke, «Une 'bonne' statistique pour la lutte contre la criminalité? Observations sur les origines de la statistique criminelle en Allemagne au XIXe et au début du XXe siècle», en *Déviance et société*, 22-2 (1998), pp. 113-125.

John M. Riddle, *Eve's Herbs. A History of Contraception and Abortion in the West*, Cambridge-London, Harvard University Press, 1997.

Alexandra de Rivera, *Reconstituting Patriarchy: A Study of the Criminalization of Infanticide in Early Modern England* (thesis), Massachusetts, Mount Holyoke College, 2008.

Tracey Rizzo, «Between Dishonor and Death: infanticides in the *Causes célèbres* of eighteenth-century France», en *Women's History Review*, 13-1 (2004), pp. 5-21.

Victoria Rodríguez Ortiz, *Historia de la violación. Su regulación jurídica hasta fines de la Edad Media*, Madrid, Consejería de Educación y Cultura de la Comunidad de Madrid, 1997.

Jacques Rossiaud, *Amours vénales. La prostitution en Occident. XIIe-XVIe siècle*, Lonrai, Aubier, 2010.

Randolph Roth, «Homicide in Early Modern England 1549-1800: The Need for a Quantitative Synthesis», en *Crime, Histoire & Sociétés*, 5-2 (2001), pp. 33-67.

–, «Yes We Can: Working Together toward a History of Homicide that is Empirically, Mathematically, and Theoretically Sound», en *Crime, Histoire & Sociétés*, 15-2 (2011), pp. 131-145.

Xavier Rousseaux, «Crime, Justice and Society in Medieval and Early Modern Times: Thirty Years of Crime and Criminal Justice History. A tribute to Herman Diederiks», en *Crime, Histoire & Sociétés*, 1-1 (1997), pp. 87-118.

Guido Ruggiero, «Sexual Criminality in the Early Renaissance: Venice 1338-1358», en *Journal of Social History*, 8-4 (1975), pp. 18-37.

–, *The Boundaries of Eros. Sex Crime and Sexuality in Renaissance Venice*, New York-Oxford, Oxford University Press, 1985.

Javier Ruiz Astiz, «'Vejándolas y perjudicándolas contra su voluntad': violaciones en Navarra durante el Antiguo Régimen», en *Revista de Historia Jerónimo Zurita*, 87 (2012), pp. 283-312.

Juan Sainz Guerra, *La evolución del Derecho penal en España*, Jaén, Universidad de Jaén, 2004.

José Sánchez-Arcilla Bernal, «Violación y estupro. Un ensayo para la historia de los 'tipos' del Derecho penal», en *Anuario Mexicano de Historia del Derecho*, 22 (2010), pp. 485-562.

–, «La delincuencia femenina en la ciudad de México a finales del siglo xviii», en *Cuadernos de Historia del Derecho*, 20 (2013), pp. 89-154.

–, *Jueces, criminalidad y control social en la ciudad de México a finales del siglo xviii*, Madrid, Dykinson, 2016.

Francisco Javier Sánchez-Cid, *La violencia contra la mujer en la Sevilla del Siglo de Oro (1569-1626)*, Sevilla, Universidad de Sevilla, 2011.

Mario Sbriccoli, «Fonti giudiziarie e fonti giuridiche. Riflessioni sulla fase attuale degli studi di storia del crimine e della giustizia criminale», en *Storia del Diritto penale e della giustizia. Scritti editi e inediti (1972-2007)*, Milano, Dott. A. Giuffrè Editore, 2009, pp. 491-501.

Gerd Schwerhoff, *Aktenkundig und gerichtsnotorisch. Einführung in die Historische Kriminalitätsforschung*, Tübingen, Diskord, 1999.

–, «Justice et honneur. Interpréter la violence à Cologne (XVe-XVIIIe siècle)», en *Annales. Histoire, Sciences Sociales*, 5 (2007), pp. 1.031-1.061.

Rafael Serra Ruiz, «Honor, honra e injuria en el Derecho medieval español», en *Anales de la Universidad de Murcia*, 23 (1965), pp. 55-155.

James A. Sharpe, *Crime in Early Modern England 1550-1750*, London-New York, Longman, 1984.

–, «Quantification and the History of Crime in Early Modern England: Problems and Results», en *Historical Social Research*, 15 (1990), pp. 17-32.

Judith Shaw, «Corporeal and spiritual homicide, the sin of wrath, and the 'Parson's Tale'», en *Traditio. Studies in Ancient and Medieval History, Thougt, and Religion*, 38 (1982), 281-300.

María Simón López, *Delitos carnales en la España del Antiguo Régimen: el estupro y los abusos deshonestos* (tesis), Granada, Universidad de Granada, 2010.

Hannah Skoda, *Medieval Violence. Physical Brutality in Northern France 1270-1330*, Oxford, Oxford University Press, 2013.

Alfred Soman, «Les procès de sorcellerie au Parlement de Paris (1565-1640)», en *Sorcellerie et Justice Criminelle: Le Parlement de Paris (16e-18e siècles)*, Hampshire-Brookfield, Variorum, 1992, I, pp. 790-814.

–, «Pathologie historique: le témoignage des procès de bestialité aux XVIe-XVIIe siècles», en *Sorcellerie et Justice Criminelle: Le Parlement de Paris (16e-18e siècles)*, Hampshire-Brookfield, Variorum, 1992, pp. 149-161.

Sheena Sommers, *Bodies, Knowledge and Authority in Eighteenth-Century Infanticide Prosecutions* (thesis), Victoria, University of Victoria, 2002.

Enrique Soria Mesa, «Tomando nombres ajenos. La usurpación de apellidos como estrategia de ascenso social en el seno de la élite granadina durante la época moderna», en E. Soria Mesa & J. J. Bravo Caro & J. M. Delgado Barrado (coord.), *Las élites en la época moderna. La monarquía española*, Córdoba, Universidad de Córdoba, 2009, tomo I, pp. 9-27.

Laura Spence, *Women who Murder in Early Modern England, 1558-1700* (thesis), Coventry, University of Warwick, 2010.

Linda Gail Stone, *Terrible Crimes and Wicked Pleasures: Witches in the Art of the Sixteenth and Seventeenth Centuries* (thesis), Toronto, University of Toronto, 2012.

Simon Teuscher, «Devianz, Gewalt, Soziabilität und Verwandtschaft am Übergang vom Mittelalter zur Neuzeit», en *Traverse. Zeitschrift für Geschichte*, 18-1(2011), pp. 77-103.

Courtney Thomas, «Not Having God Before his Eyes': Bestiality in Early Modern England», en *The Seventeenth Century Journal*, 26-1 (2011), pp. 149-173.

Yan Thomas, «Parricidium. I. Le père, la famille et la cité. (La *lex Pompeia* et le système des poursuites publiques)», en *Mélanges de l'École Française de Rome. Antiquité*, 93-2 (1981), pp. 643-715.

Manuel Torres Aguilar, *El parricidio: Del pasado al presente de un delito*, Madrid, Editoriales de Derecho Reunidas, 1991.

–, «El delito de bigamia: estudio general y especial perspectiva en el Tribunal de la Inquisición de Sevilla en el siglo xviii», en E. Gacto Fernández (ed.), *El centinela de la fe. Estudios jurídicos sobre la Inquisición de Sevilla en el siglo xviii*, Sevilla, Universidad de Sevilla, 1997, pp. 173-232.

Valérie Toureille, *Vol et brigandage au Moyen Âge*, Paris, Presses Universitaires de France, 2006.

Randolph Trumbach, «Male Prostitution and the Emergence of the Modern Sexual System: Eighteenth-Century London», en A. Lewis & M. Ellis (ed.), *Prostitution and Eighteenth-Century Culture*, London-New York, Routledge, 2015, pp. 185-201.

David M. Turner, *Fashioning Adultery. Gender, Sex and Civility in England, 1660-1740*, Cambridge, Cambridge University Press, 2005.

Helfried Valentinitsch, «Blutschande, Kindsmord und Sodomie. Eine Familientragödie in der Steiermark im 17. Jahrhundert», en *Mitteilungen des Steiermärkischen Landesarchivs*, 50-51 (2000-2001), pp. 391-397.

Manon Van der Heijden, «Women as victims of sexual and domestic violence in seventeenth-century Holland: criminal cases of rape, incest, and maltreatment in Rotterdam and Delft», en *Journal of Social History*, 33-3 (2000), pp. 623-644.

–, *Women and Crime in Early Modern Holland*, Leiden-Boston, Brill, 2016.

Richard Van Dülmen, *Verbrechen, Strafen und soziale Kontrolle. Studien zur historischen Kulturforschung*, Frankfurt am main, Fischer Taschenbuch Verlag, 1990.

Lieven Vandekerckhove, «On the Origins of the Punishment of Suicidal Behaviour in Old-European Law – Historical *versus* Sociological Explanation», en *European Journal of Crime, Criminal Law and Criminal Justice*, 7-3 (1999), pp. 314-330.

Nenad Vekaric, «Omicidi tra parenti nella Repubblica di Ragusa (1667-1806)», en *Acta Histriae*, 10-2 (2002), pp. 367-390.

Sonia Vernhes Rappaz, «'Rapt' et 'séduction', poursuite d'un crime moral et sexuel à Genève au XVIe siècle», en G. Vickermann-Ribémont & M. White-Le Goff (dir.), *Rapts. Réalités et imaginaire du Moyen Âge aux Lumières*, Paris, Classiques Garnier, 2014, pp. 87-103.

Georges Vigarello, *Historia de la violación. Siglos xvi-xx*, trad. A. Martorell, Madrid, Ediciones Cátedra-Universitat de València-Instituto de la Mujer, 1999.

María Begoña Villar García, «Violencia y delitos en los tiempos modernos. Publicística y documentación», en *Baetica. Estudios de Arte, Geografía e Historia*, 32 (2010), pp. 471-492.

Garthine Walker, «Rereading Rape and Sexual Violence in Early Modern England», en *Gender & History*, 10-1 (1998), pp. 1-25.

–, *Crime, Gender and Social Order in Early Modern England*, Cambridge, Cambridge University Press, 2003.

–, «Everyman of a Monster? The Rapist in Early Modern England, c. 1600-1750», en *History Workshop Journal*, 76-1 (2013), pp. 5-31.

–, «Rape, Acquittal and Culpability in Popular Crime Reports in England, c. 1670-c. 1750», en *Past & Present*, 220-1 (2013), pp. 115-142.

Katherine D. Watson, «Women, violent crime and criminal justice in Georgian Wales», en *Continuity and Change*, 28-2 (2013), pp. 245-272.

Jeffrey R. Watt, *Choosing Death. Suicide and Calvinism in Early Modern Geneva*, Kirksville, Truman State University Press, 2001.

J. Carter Wood, «Criminal Violence in Modern Britain», en *History Compass*, 4-1 (2006), pp. 77-90.

Keith Wrightson, «Infanticide in Earlier Seventeenth-Century England», en *Local Population Studies*, 15 (1975), pp. 10-22.

Made in United States
Orlando, FL
04 November 2026

90201477R00157